全国普通高等学校人文社会科学重点研究基地
北京师范大学史学理论与史学史研究中心　主办

中文社会科学引文索引（CSSCI）来源集刊

史学理论与史学史学刊

JOURNAL OF HISTORICAL THEORY
AND HISTORIOGRAPHY

2019年下卷(总第21卷)

杨共乐　主编

社会科学文献出版社
SOCIAL SCIENCES ACADEMIC PRESS (CHINA)

《史学理论与史学史学刊》编委会

卷首语

杨共乐

《史学理论与史学史学刊》2019年下卷（总第21卷）即将出版，现将本卷内容作一个介绍。本卷设立“庆祝中华人民共和国成立七十周年”“中国古代史学研究”“中国近现代史学研究”“外国史学研究研究”“中外史学交流”“历史文献学”“当代史学评论”等栏目，刊发论文22篇，后有附录2篇。

2019年是中华人民共和国诞生70周年纪念年，全国同庆。本刊开辟专栏，发表周文玖教授《回顾与思考——70年来中国史学史学科的轨迹及未来发展》，以及董立河教授与博士生金嵌雯合作的文章《西方历史哲学研究在中国：70年回顾与反思》，分别对70年来的中国史学史、西方历史哲学的成就及其未来发展，予以回顾、总结和展望。前者认为，中华人民共和国成立以来，中国史学史学科的发展可分为四个阶段。第一个阶段是“文革”前十七年，中国史学史经过短暂的沉寂，到六十年代前期兴起，并有初步的发展；第二阶段是“文革”十年，这是学科建设的停滞时期；第三个阶段是自“文革”结束到20世纪末，是学科恢复和开拓新局面的时期；第四个阶段是进入21世纪以来的近20年，学科在走向成熟的同时，也面临着变革和更化。关于中国史学史学科的未来发展，文章提出“经典史学史”概念，从近年的史学史研究中概括出几个范式，主张从六个方面推进学科建设。后者指出，历史哲学是一门关于历史的哲学。西方历史哲学研究在我国经历了一个不断发展的过程，这一过程包括三个阶段：从新中国成立之初通过学习苏联、对旧的唯心史观及西欧中心论进行批判而开始的初步研究，到改革开放之后对历史哲学概念、研究范围及重要流派和人物进行探讨，从而建立起基本的研究体系，再到新世纪以来对后现代西方历史哲学及其新趋向的研究。构建中国特色的历史哲学学科体系、学术体系和话语体系，应该以唯物史观为指导，以源远流长的民族史学为根基，同时也不应拒绝西方历史哲学的参与。

"中国古代史学研究"栏目安排 4 篇论文。刘伟的《史鉴传承、政治教化与〈国语〉的经典化》论述了《国语》被经典化的原因和过程。指出《国语》中蕴涵的以史为鉴思想，既是周初以来以周公为代表的政治思想家所推崇的"殷鉴"思想的延续，也是春秋战国之际政治与社会变革在思想文化领域的反映。君主纳谏与臣下谏诤在很大程度上都是史鉴思想在政治生活中的表达方式与实践路径。与史鉴思想相呼应，《国语》很重视对贵族子弟进行以历史上的治乱兴衰为主要内容的政治教育，也注意民间教化以稳定社会。随着中国历代统治者对史鉴思想的重视，《国语》的经典地位得以确立。吴海兰的《试析刘知幾的正统思想——以〈史通〉的史学批评为考察中心》通过分析《史通》的史学批评，论述刘知幾的正统思想，并由此断定汉唐之际是中国历史上正统之争与正统再造的重要阶段。刘知幾对史书中关于楚汉、汉晋之际与东晋南北朝的正统问题都有评论。他承认武则天的正统地位，否定唐初的北朝系统。刘知幾关于正统的史学批评不仅深受儒家名实观念和华夷之辨的渗透，同时还受其本人正统思想的影响。程源源的《〈十七史详节〉史学思想初探》论述了南宋史学家吕祖谦的史学思想。《十七史详节》是吕祖谦的一部史抄之作，却蕴涵吕氏丰富的史学思想。表现为：重视编纂方法的运用，体现求通的历史思想；重视突出史学的地位，显示出史家的高度自觉意识；持守儒家重义轻利传统，历史评判以道德为准的，具有义理化史学倾向；重视发挥史论的历史教育作用，重视读史方法的运用，强调历史的知识性和可读性的统一。袁昆仑的《〈历代名臣奏议〉的编纂及对朝鲜王朝的影响》论述了明朝永乐时期黄淮、杨士奇奉敕编纂的《历代名臣奏议》的主要内容及其传入朝鲜王朝的情况和影响。认为《历代名臣奏议》在朝鲜半岛的际遇，是中国史籍对朝鲜王朝政治和文化影响的一个缩影。

中国近现代史学近些年来颇受青睐，来稿也多。“中国近现代史学研究”栏目刊发8篇论文。周倩的《从〈无邪堂答问〉看朱一新的历史教育实践与思想》论述了广东名儒朱一新的历史教育成就。《无邪堂答问》是朱一新任广雅书院学长期间，汇集师生论辩问难之语而成的一本书，内含大量史学问答的内容，集中反映了朱氏的历史教育实践与思想。该书纠正生徒对史学的错误认识，引导他们拓宽史学视野，不溺考据；以“致用”为原则推荐读史书目，将现实关切融入历史教育之中。刘澍的《晚清知识分子对印度亡国史的研究》以康有为、马建忠等在印度实地考察的游记，晚清报刊中有关印度的论述，魏源、章太炎等未亲临印度者的想象，《小方壶斋舆地丛钞》中各种晚清印度地理著作等作为基本史料，分析晚清士人对导致印度亡国原因的论述。结合美、英、法、澳大利亚等国学者的印度研究著作，深入探研晚清士人论述印度的文本之内涵。付耶非的《清末民国史家编修国史教科书中的“上古史”书写》，通过回顾清末民国史家所编修的中学国史教科书对于“上古史”的书写，认识到这一时期教科书的体例由注重全面性的通史向注重宏观趋势专史转变；语言上由文言文逐步向白话文转变；内容上逐渐由传统史学转变为现代史学。反映了近代新式史学教育的发展和传统史学向现代史学的嬗变。郭玉春的《南高学派创建“中华新史学”的理论实践及其学术意义》指出，南高学派对欧美新史学理论是积极传播的。南高学派骨干张其昀、缪凤林、陈训慈等，将欧美新史学的综合史观、法国朗格诺瓦与瑟诺博司的史料考证方法相结合，构建出包括史学本体论、历史观和史学方法论的一套较为完整的“中华新史学”理论体系。南高学派的史学理论体系是中国史学现代转型的另一种形式。姜文的《陈垣与北平师范大学史学系》运用丰富的档案资料论述陈垣对北平师范大学史学系的贡献。1929—1931年，陈垣担任北平师范大学史学系主任。在主持系务期间，他通过引入名师，改革课程体系，为史学系的教学、科研奠定了基础。在教学上，他讲究教学方法，注重培养学生的独立工作能力。在科研方面，他积极鼓励并指导史学系学生开展学术研究。在史地系向史学系转变的历史时期，陈垣为北平师范大学史学系的发展做出了突出贡献，在北京师范大学历史学科的发展史上起到了承前启后的关键作用。谢贵安的《谷霁光对〈宣统政纪〉的校勘及学术批判》论述了1930年代谷霁光校勘《宣统政纪》的背景、校勘成就、校勘方法，以及他对《宣统政纪》的学术批判。认为在与伪满的斗争中，谷霁光以笔为武器，通过对《宣统政纪》在学术上的全盘否定，揭露和批判了伪满藉《政纪》以接续正统、树立溥仪形象的图谋。于延亮的《民国时期高校南洋史课程的设置》运用较多的教学资料，揭示南洋史课程在民国高校开设的情况。认为南洋史设课始于民初之北大，暨南大学、厦门大学等大学开设多种南洋史，辅仁大学南洋课程亦不少。暨南大学把南洋史作为全校必修，先后开课四十余种，对南洋史尤其重视。。东方语专、海疆学校等专门学校也将南洋课程定为必修。

因研究对象近似或地域从属关系，南洋史与华侨史、拓殖史和印度史常一校同时开设。作为一门小众课程，南洋史不在部定之列，教员各自标举，课程名目与授课内容差异较大。

在“外国史学研究”栏目，况明祺对荷兰莱顿大学赫尔曼保罗的史学理论作了介绍和评述。赫尔曼·保罗将德性语言引入历史哲学领域，分析历史学家的行为，并在角色理论的启发下构建起以德性为核心的“学者角色”的概念。他的史学理论体现了西方史学理论界中的新研究议程。德性语言与学者角色是一种概念工具而非判定标准，有着主体性的特征。它在反思历史学学科规范与自律性方面有着启发意义，同时它也为审视中国史学提供了一个新视角。

王庆婷考察了历史主义在近代中国的传播与接受。历史主义是发端于德国的一种思潮。20世纪20年代开始在中国得以传播，传播途径比较狭隘。但这并未影响它对中国史学产生作用。一些主流史学家在不同程度上接受了历史主义，并在史学研究中加以运用。由于种种原因，历史主义在中国没有形成一种思潮，但它促进了近代中国历史哲学与史学理论的发展。

在“历史文献学栏”栏目，郭倩的《清华简〈心是谓中〉与诸子文献之比较研究》对清华简《心在谓中》进行了研究，认为该简是楚地出土的战国中期偏晚文献。简文强调“君民人”的关键在于“治心”。这一思想有古老的源头，且在《孟子》、《管子》能找到相似的观点；其特重智识“心”的观点，更接近《管子》。与传世诸子文献比较，简文对于“心”与“身命”、“天命”关系的阐述，与孟荀特重“心”之于“天命”“人道”重要性的观点类似，而更接近荀子的思想。陈涛的《敦煌本景教〈志玄安乐经〉羽田本、佐伯本录文再比较》对敦煌本景教《志玄安乐经》的价值作了说明，梳理了流传日本及面世的情况，对羽田本和佐伯本录文进行了文字比对，认为羽田本、佐伯本均存在不同程度的失误，而佐伯本的失误较羽田本为多。文中所附日本杏雨书屋藏《志玄安乐经》照片，颇有价值。张升的《从“文字狱档”看清代以书为礼现象》通过考察《清代文字狱档》收录的“蔡显《闲渔闲闲录》案”“黄检私刻奏疏案”相关档案，发现清代士大夫以书（私刻）为礼的普遍性：并据此推测清代私刻本一次开印的数量在20部至200部之间。张双智、杜常顺的《近代青海考察记及调查资料考述》对近代以来青海考察的情况和有关的调查报告做了叙述，并作了粗线条的阶段性划分，即晚清、北洋军阀统治时期、九一八事变后的十四年三个阶段，而以最后一个阶段的成绩为最大。

“当代史学评论”安排了赵贞、时培磊的文章，分别对孙宁先生关于唐代户籍的研究和乔治忠先生清朝官方史学的研究进行评述。最后是两篇反映本中心一年来大事和一年来国内史学理论与史学史学科发展成就的附录。

2019年是不平凡的一年。本刊在发表学者们扎实成果的同时，也注重反映时代脉搏的跳动和本学科学术前沿动态。“纪念白寿彝先生诞辰110周年”“总结新中国70年来的本学科成就”等栏目的设置，都体现了这一旨趣。传承优良传统，追求卓越学术，不断把本学科向前推进，是本刊的重要使命。

目 录

·庆祝中华人民共和国成立七十周年·

·中国古代史学研究·

·中国近现代史学研究·

·外国史学研究·

·中外史学交流·

·历史文献学·

·当代史学评论·

CONTENTS

To Celebrate the 70th Anniversary of the Founding of the People's Republic of China

Ancient Chinese Historiography

Modern Chinese Historiography

Foreign Historiography

Historical Philology

Reviews on Contemporary Historiography

庆祝中华人民共和国成立七十周年

回顾与思考

——70年来中国史学史学科的轨迹及未来发展

周文玖

（北京师范大学历史学院、史学理论与史学史研究中心，北京　100875）

摘　要： 中华人民共和国成立70年以来，中国史学史学科的发展可分为四个阶段。第一个阶段是“文革”前十七年，中国史学史经过短暂的沉寂，到20世纪60年代前期兴起，并有初步的发展；第二阶段是“文革”十年，这是学科建设的停滞时期；第三个阶段是自“文革”结束到20世纪末，是学科恢复和开拓新局面的时期；第四个阶段是进入21世纪以来的近20年，学科在走向成熟的同时，也面临着变革和更化。关于中国史学史学科的未来发展，本文提出“经典史学史”概念，从近年的史学史研究中概括出几个范式，主张从六个方面推进学科建设。

关键词： 四个阶段　经典史学史　多元范式

2019年是中华人民共和国成立70周年。梳理70年来中国史学史学科走过的道路，既是为了纪念这个特殊的年份，也是以此为契机对本学科做一定意义的总结和反思。史学史本身是一门高度自觉的学科，20世纪末以来，史学史界的同仁们经常进行自我总结和反思，特别是逢国家政治生活需要纪念之年份，这种总结和反思一般比较多。应该说，这是十分必要的，因为史学史学科发展与时代息息相关。纪念主题不同，总结和反思的视角会有差异，但都会从不同的视野增进对自身的认识，进而推动本学科更加有效的进步。

对70年中国史学史学科走过的历程，我们可以划分出四个阶段。从新中国成立到“文革”是第一个阶段；“文革”十年是第二个阶段；“文革”结束到20世纪末是第三个阶段；21世纪以来是第四个阶段。下面依次概述这几个阶段的成就和特点，并就未来学科发展提出自己的思考。

一 第一阶段：沉寂、兴起及初步发展

1949年10月1日，中华人民共和国成立。无论是对中国而言，还是从世界历史的高度来看，这都是一个伟大的历史开端，中华民族从此迈向一个崭新的时代。政治、经济、学术、社会生活等，无不进入开辟新时代的洪流。作为在民国时期初步建立起来的一门专史，中国史学史也将在新的时代重新寻求自己的位置和前进的方向。

在第一个阶段的前五年，也就是1950～1954年，中国史学史的研究几乎是空白。这点从中国史学史论著索引能够清楚地反映出来。对于这种情况，杨翼骧先生的回忆可以把我们带回那个历史场景，从中不难悟出其中的原因。杨先生说：

> 1950年，我认识了对中国史学史这门学科做出重要贡献的老前辈金毓黻先生。金先生那时已自外单位调任北京大学文科研究所教授，与史学系的教师在一起学习马列主义，讨论思想改造问题，因开会频繁，时常见面。他虽年逾花甲，但学习积极，每次发言都认真检查自己，态度诚恳，深为大家所敬重。有一次散会后我悄悄问他：“先生还研究史学史吗？我过去没有机会做您的学生，今后能向您请教有关史学史的问题吗？”他说：“我们现在要紧的是学习马列主义，改造旧思想，业务上的事情将来再说吧，况且我已多年不研究史学史了。”可见解放初还没有研究史学史的适宜条件。①

① 宁泊（姜胜利）：《史学史研究的今与昔——访杨翼骧先生》，《史学史研究》1996年第4期。按：1997年冬，笔者曾到南开大学杨翼骧先生寓所拜见杨先生，此时笔者正师从瞿林东先生读博士研究生，参与河北教育出版社“20世纪中国史学名著”的编纂工作（编纂工作委员会主任为瞿林东先生），该丛书收金毓黻著《中国史学史》。该书的出版联络、版本选择、新式标点等事宜恰归笔者负责。这次出版的金著《中国史学史》，以金著1957年修订本为底本，将其删去的1944年版本的第十章“最近史学之趋势”及“结论”附在后面。记得当时曾向杨先生问了这样的问题：“金先生在修订本删去第十章是不是出于谨慎？”杨先生表示肯定，他说，金毓黻先生为人非常谨慎。在那次谈话中，金先生最后还说了一句：“研究史学史，要讲历史观，有危险，我劝你也别搞了。”可见，一些老学者在新中国成立初期对从事这门学科研究有思想顾虑。

所谓没有“适宜条件”，主要是在社会转型初期，整个历史学在基础理论和研究方法上都在经历一场深刻的改造，处于小众学科的史学史研究一时未遑开展。变化发生于1955年，这年是传统说法的司马迁诞生2100周年，郭沫若发表《“太史公行年考”有问题》，并引起了争鸣。侯外庐、卢南乔以及苏联史学家雅·沃斯科波依尼科夫均发表纪念司马迁的文章。此后，司马迁及《史记》为学术研究所关注，由此带动了史学史研究开始受到重视。1956年，《史学译丛》第2期发表了苏联《历史问题》杂志社论——《论历史科学史的研究》，这是新中国成立之后把史学史学科建设提到日程上来的先兆。因为当时中国学习苏联，苏联学者的观点对中国史学界是有重要影响的。该文说：“历史科学史的目的是研究许多世纪以来的历史知识的积累过程和历史科学的发生与发展的过程，研究历史科学发展的规律性，表现具体历史环境、阶级斗争和当代的政治、哲学及其他观点对于历史思想的制约性。”[①] 文章还阐述了这门学科的重要意义和对待史学遗产的态度。1956年6月的全国高校历史教材会议强调了史学史的重要性[②]。金毓黻的《中国史学史》修订本盖是在这种背景下出于对教材的需要由商务印书馆于1957年再版的[③]。

新中国成立后中国史学史学科真正兴起的标志是1961年4月召开的全国文科教材工作会议。这次会议确定编写中外史学史教材。中国史学史教材分两部：一部是中国古代史学史，由北京师范大学白寿彝教授任主编；另一部是中国近现代史学史，由华东师范大学吴泽教授任主编。还有一部外国史学史教材，由复旦大学耿淡如教授任主编。此后在全国掀起了史学史学科基本理论问题的讨论热潮，北京、上海、广州、武汉、济南、西安等地都专门召开了研讨会，报纸、学术期刊也大量刊登史学史基本问题的

---

① 《史学译丛》1956年第2期。

② 参见白寿彝《史学史工作四十年——在史学史座谈会上的讲话》，《史学史研究》1989年第4期；郑嗣仁《郑天挺教授大事记》，载封越健、孙卫国编《郑天挺先生学行录》，中华书局，2008，第539页。

③ 笔者2017年7月17~18日在长春参加金毓黻先生诞辰130年纪念会，从长春的朋友处得到金先生赠与友人的书之扉页上用毛笔所写类似识语的照片，由此“识语”可知金先生删掉第十章是出于刘大年的建议。其曰：“一九五六年，我计划重印此书，先请刘大年同志鉴定。经其披览一过，告我同意重印，惟指出导言应修正，第十章谈近代史学者应全删，其余各章有关立场观点之不正确者并应订正。翌年，我在病困中，虽照所指各节修改，并经卞君孝萱校订多处，终以仓卒付印，难免粗疏。兹以重印行世，又值病痊，感念大年同志启示之惠，谨志册端，永矢弗爰　一九五八年六月　黻记。”

讨论文章和专题论文。三位主编所在的高校都成立了专门的教研室，编资料、办刊物，积极为编写教材做准备。耿淡如、白寿彝、刘节、汪伯岩、师宁、林迅等先生都发表了论述史学史基本理论问题的专文。对中国史学史上的重要史家或重要史著的研究也开展起来了，孔子、《左传》、司马迁或《史记》、班固或《汉书》、刘知幾或《史通》《资治通鉴》、郑樵、顾炎武、王夫之、章学诚或《文史通义》、乾嘉学派、梁启超等受到更多的关注，产生了高质量的论文①。在教学方面，史学史在一些高校中得以恢复，白寿彝、刘节、吴泽、朱杰勤、杨翼骧、陈守实等都在大学开设此课，并招收了中国史学史专业的研究生或进修教师，为中国史学史学科培养了新中国成立后第一批史学史专业人才。白寿彝教授到“文革”开始前，已经完成了从远古时代到唐朝中叶的中国史学史教材之撰述，内部印行500册。史学史学科在20世纪60年代前期，真可谓朝气蓬勃、云蒸霞蔚。但不可否认，史学史在这时期也存在弱点：一是政治上“左”的指导思想对学术研究具有直接的影响，史学史研究也不例外，如有些著作和论文过分强调史学史研究必须贯穿阶级斗争理论，带有浓重的意识形态色彩；二是史学界学习马克思主义时间短，又多在政治运动中学习，对马克思主义的掌握和运用，还不够成熟。这两点都反映了时代的局限性，是史学史研究的不利因素，应该不断克服。然而，1965年以后，随着政治运动的不断升级，史学史研究受到更大的干扰，学科的发展趋于停顿。“文革”开始后，因各种因素影响，史学史教学完全瘫痪，研究的热潮一下子冷落了。

这一阶段的中国史学史学科建设，除了上述进展，还有两点值得注意。一是史学史学科重镇的国内格局基本定型，北京师范大学、华东师范大学、南开大学、复旦大学、中山大学、山东大学是当时史学史研究和学科建设最有成绩的高校。尹达先生虽然以考古学著名，但他关注史学史建设，是1956年发表《论历史科学史的研究》的刊物《史学译丛》之主编。对新中国的史学史学科建设，他有起动之功。改革开放后他在中国社会科学院创建史学史研究室，招收中国史学史专业的研究生，主编《中国史学发展史》，这些都不是偶然的。二是作为领导者，周扬、翦伯赞的重要作用不能忽视。白寿彝先生高度评价周扬的贡献。他说：“在这一阶段里，

① 吴泽先生主编、袁英光先生编选的《中国史学史论集》（上海人民出版社，1980）两册，汇集了这一时期的代表性成果。

周扬同志的功劳很大。他没有写过史学史的文章和著作，但在史学史工作的开展上起到了很大的推动作用。在1961年教育部召开的全国文科教材工作会议上，他开始把中国史学史和西方史学史作为必须编写的教材提出来，并指定专门的单位、具体的人负责去做。这是史学史工作上的一件大事”。[①] 翦伯赞是全国文科教材工作会议历史组的召集人，历史专业教材编审工作组组长，具体负责历史教材工作。他重视史学史教材建设，指定吴泽先生担任《中国近现代史学史》的主编，“1961年夏天，翦老趁吴泽同志来京之便，于6月27日下午在民族文化宫专为吴泽同志召开中国现代史学史座谈会，参加者有范文澜、侯外庐、郑天挺、尹达、刘大年、黎澍、白寿彝、周一良、金灿然等著名史学家。翦老在座谈会上说：文学有史，哲学有史，都有史，史学也有史，应该有史学史”。[②] 1962年4月，他亲自到上海，组织《外国史学史》编写的讨论会，并提出指导性意见[③]。他本人撰有《跋〈宋司马光通鉴稿〉》《论刘知幾的史学》等论文。

二 第二阶段：十年停滞

第二个阶段是中国史学史学科建设停滞时期。“文革”十年，各门学科的发展受到严重的阻碍，像史学史这样的比较年轻的学科，受到的冲击尤其严重，它在“文革”中实际处于被冻结的状态。但无论如何，这是一个时代，史学史学科发展到今天，也必须经过它。白寿彝先生对这十年的史学史工作这样写道：

> 从“社会主义教育运动”开始，接着又是十年动乱，史学史研究工作受到严重的阻难。《中国史学史教本》成了某些人向我找麻烦的资料。但也因此，我不得不反复思考我在史学史上提出的论点，对某些论点倒理解得多了一些。[④]
>
> 在这时期，历史受到歪曲和编造，史学受到破坏，史学史工作不能正常地进行。但马克思主义史学工作者并没有放弃自己的职责，他

① 白寿彝：《史学史工作四十年——在史学史座谈会上的讲话》，《史学史研究》1989年第4期。
② 田珏：《翦伯赞与历史教材编写》，《历史教学问题》1986年第1期。
③ 田珏：《翦伯赞与历史教材编写》，《历史教学问题》1986年第1期。
④ 白寿彝：《中国史学史》第一册，上海人民出版社，1986，第177页。

们在经历各种折磨中在不断提高认识的水平。在十年的恶风恶雨过去后，史学史工作所出现的繁荣，也可以说明他们在经受考验后的新的状况。对这十年，我们不应看作历史的空白，我们应该认真地进行总结。①

这是一位老史学史专家对这十年中国史学史学科历史的辩证认识。“文化大革命”使人们经受了考验，使人们在逆境中对问题的思考更加深刻，它为以后更加成熟的史学史研究提供了宝贵的经验和教训，为新的史学史研究热潮的到来积蕴力量，准备条件。

三 第三阶段：恢复和开拓新局面

第三个阶段的特点是恢复和开拓新局面。“四人帮”垮台后的前两年，即从 1976 年 10 月到 1978 年底，是国家在徘徊中前进的两年。与其他学科一样，史学史学科在这两年中开始恢复，特别是 1978 年恢复了研究生招生制度，第一届中国史学史专业研究生得以入学。进入 20 世纪 80 年代以后，中国史学史学科建设进入快速发展的轨道。“文革”前的学术孕育和积累，终于在这一时期释放、结果。十年之内，以“中国史学史”为书名的有近 20 种之多，举其要者，有朱杰勤的《中国古代史学史》（河南人民出版社，1980），刘节的《中国史学史稿》（中州书画社，1982），仓修良、魏得良的《中国古代史学史简编》（黑龙江人民出版社，1983），张孟伦的《中国史学史》（上下册）（甘肃人民出版社，1983、1986），尹达主编的《中国史学发展史》（中州古籍出版社，1985），高国抗的《中国古代史学史概要》（广东高等教育出版社，1985），白寿彝的《中国史学史》（第一册）（上海人民出版社，1986），施丁的《中国史学简史》（中州古籍出版社，1987），陶懋炳的《中国古代史学史略》（湖南教育出版社，1987），周春元编著的《中国史学史》（贵州师大学报编辑部，1989），邹贤俊主编的《中国史学史纲》（华中师范大学出版社，1989），吴泽主编的《中国近代史学史》（江苏古籍出版社，1989）等。此外还有断代或专论性质的史学史著述，如瞿林东的《唐代史学论稿》（北京师范大学出版社，1989）、周

① 白寿彝：《史学史工作四十年——在史学史座谈会上的讲话》，《史学史研究》1989 年第 4 期。

一平的《司马迁史学批评及其理论》（华东师范大学出版社，1989）等。这些著作可以分为两类：一是成书于“文革”前，到20世纪80年代才出版的，如朱杰勤、刘节的书基本属于这种情况；二是在“文革”前打下的基础，在已有基础上20世纪80年代探索的新成果。白寿彝先生的《中国史学史》（第一册）是他1983～1984年新撰的，代表了他的最新思考成果。该书的长篇叙论，对中国史学史学科的基本理论做了系统论述，不仅为作者本人研究中国史学史所遵循，而且对整个中国史学史界产生了深远的影响，是新时期中国史学史研究的一座灯塔。吴泽先生主编的《中国近现代史学史》是20世纪60年代接受编写教材任务的成果，标志着20世纪60年代规划教材——中国近现代史学史的完成。施丁、陶懋炳、邹贤俊是20世纪60年代前期跟随白寿彝先生进修的高校教师，瞿林东是白寿彝先生1964年招收的中国史学史专业研究生，他们的中国史学史基础都是“文革”前打下的。老一代和中年一代的史学史著述，均经过了“文革”的沉淀，在20世纪80年代春风化雨的环境下，或属于老干发新枝，或属于破土生新苗。20世纪80年代对学科建设最重要的事件是在白寿彝先生主持下，全国老、中、青史学工作者聚会北京，开了一次“全国史学史工作座谈会”（1985年）。参会学者既有西方史学史工作者，也有中国史学史工作者，涉及论题非常广泛，学者们畅所欲言，讨论充分，在理论上特别是在史学史的学科性质、研究内容方面，提出许多新的认识，并从组织上有力地推动了全国史学史工作者的交流和协作。吴泽、杨翼骧主编的《中国历史大辞典·史学史卷》1983年出版，这是中国史学史第一部专业辞典，对学科建设的规范化具有重要作用。在学术期刊方面，1961年创刊的《史学史资料》[①]，1981年改名《史学史研究》（季刊），楚图南题写刊名，由内部期刊而变为公开发行。1987年创刊的《史学理论》意在以介绍和研究国外史学理论为主。史学理论与史学史学科关系密切，该刊也刊登中外史学史论文。《史学理论》的创办是中国史学界对外开放、重视国外史学思想潮流的体现，也是史学界重视专业理论建设的反映。1989年，中华人民共和国成立40周年，周朝民等编著的《中国史学四十年》和肖黎主编的《中国历史学四十年》先后出版，中国史学史的四十年历程和成就

① 1961年6月创刊，原名《中国史学史参考资料》《中国史学史资料》，不定期出刊，至1964年7月停刊，共出9期。1979年复刊，改名《史学史资料》，出刊5期；1980年出刊6期，两年内出刊11期。

在两书中均有总结；白寿彝先生也发表了文章《史学史工作四十年——在史学史座谈会上的讲话》。

而进入20世纪90年代，中国史学史学科可以说进入了全面创新时期。研究生制度恢复以来初始几年招收的研究生于20世纪80年代毕业，走上教学和科研岗位，经过10年的探索，到90年代进入了学术研究的成熟期。他们日益成为20世纪90年代发表和出版中国史学史论文、专著的生力军。胡逢祥、张文建著的《中国近代史学思潮与流派》（华东师范大学出版社，1991），吴怀祺著的《宋代史学思想史》（黄山书社，1992）、《中国史学思想史》（安徽人民出版社，1996），陈其泰著的《史学与中国传统文化》（书目文献出版社，1992）、《中国近代史学的历程》（河南人民出版社，1994），谢保成的《隋唐五代史学》（厦门大学出版社，1995），乔治忠的《清代官方史学研究》（台湾文津出版社，1994），姜胜利的《清人明史学研究》（南开大学出版社，1997），王学典的《历史主义思潮的历史命运》（天津人民出版社，1994）、《二十世纪后半期中国史学主潮》（山东大学出版社，1996），等等，是这种情况的典型反映。20世纪90年代中国史学史研究在内容上有四个特色。一是对传统史学理论的研究有了更加自觉的重视，并取得了切实的成就。瞿林东的《中国古代史学批评纵横》《史学志》等著作是比较突出的表现。二是20世纪史学成为研究热点。这与临近世纪之末，总结一个世纪学术的要求密切相关。对中国史学史学科自身发展史也做了专门系统研究，出现了以此为题的博士学位论文。三是分支学科的建设取得明显的进展，如史学思想史、历史编纂学、史官制度史、历史文献学史、史学批评史等都出现了专书。四是研究范围扩大了，如文史关系、经史关系、少数民族史学、史学与社会的互动等受到重视，并有一定的成果。在中国史学通史方面，继续出版新作，如王树民先生的《中国史学史纲要》、瞿林东先生的《中国史学史纲》等。白寿彝先生主编的《中国史学史教本》也在他生命的最后阶段完成定稿。杨翼骧先生编著的《中国史学史编年》完成了前三册。由于史学史学科建设取得的丰硕成果，其重要地位得到史学界的普遍认可，在1997年的学科目录中，史学史与史学理论是一级学科历史学下的八个二级学科之一。

20世纪90年代与80年代比较，史学史研究一个重大的变化是意识形态色彩淡化了，特别是对中国近现代史学的叙述，越来越少使用“资产阶级史学”“无产阶级史学”等概念了。在经过林甘泉和戴逸等著名史家文章的自我检讨和说明之后，史学史研究的话语系统出现了根本性的转变。

林甘泉是重要的马克思主义史学家，他 1996 年在《历史研究》上发表了《二十世纪的中国历史学》，明确表示不使用资产阶级史学的提法。他说："这里我说'近代实证史学'，而不说'资产阶级史学'，是经过一番考虑的。长时期以来，包括我自己在内的许多同志，习惯于把非马克思主义的中国近代史学家称为资产阶级史学家。实际上这种提法是否科学和准确，很值得研究。""学派分野和阶级分野虽然有一定联系，却不能完全画等号，这是我们考察中国近代史学发展的基本线索时，必须实事求是地对待的一个重要问题。"① 戴逸时任中国历史学会会长，他 1998 年在《历史研究》上发表了《世纪之交中国历史学的回顾与展望》，表达了与林甘泉相近的观点。他说："过去，用资产阶级历史学和无产阶级历史学来区别这两个学派，用阶级属性来标识某个学派和某种学说，这未必能十分确切。阶级属性是由经济和政治地位决定的，知识领域里的阶级划分要复杂得多。"② 他在为河北教育出版社出版的大型丛书"二十世纪中国史学名著"所写的"总序"中再次强调这一点："过去常常用资产阶级史学家和无产阶级史学家区分两代史学家，用阶级属性看待一个学者、一种学术，这并不科学。阶级是由经济、政治等社会地位决定的，知识领域里的阶级划分要复杂得多。很多知识带有普遍真理的性质，各阶级都可以接受。自然科学没有阶级属性，不存在资产阶级物理学、无产阶级物理学。社会科学有所不同，在世界观、历史观上可以判断阶级属性，但其中是否也有与自然科学相同的真理性的知识？历史智慧任何阶级都可以借鉴，不能说这是资产阶级智慧，那是无产阶级智慧……把这种知识与智慧简单地归纳为资产阶级的或无产阶级的，这种划分方法很不妥当。"戴逸还谈到了过去不同史学派别的相互影响及学术继承的问题。他说，20 世纪前半期的实证史学和马克思主义史学，也有许多重要的相通之点，如进化史观、理性主义、爱国主义、求实精神等。马克思主义史学吸收了实证史学的优点并加以发展。马克思主义学派和其他学派之间有一个相互学习和继承的问题。研究 20 世纪的中国历史学不能割断学术上的传承和联系，简单地把历史学家们置于相互对立的营垒之中。吴怀祺先生在《历史学百年·总论》中也谈到类似的问题，他说，"不能把中国马克思主义史学家和其他史学家的成就完全对立起来；也不能把具有不同学术观点、学术风格，当然也有不同的

① 林甘泉：《二十世纪的中国历史学》，《历史研究》1996 年第 2 期。

② 戴逸：《世纪之交中国历史学的回顾与展望》，《历史研究》1998 年第 6 期。

缺失的马克思主义史学家对立起来，进行褒与贬”。[①]

20 世纪 90 年代以后，大陆史学界与港、台地区的史学交流逐步开展。香港学者许冠三的《新史学九十年》在内地学界赢得众多读者，许冠三本人曾受邀到山东大学讲学，他的治学特点对山东大学的中国近现代史学史研究的影响显而易见。杜维运、逯耀东、雷家骥、张荣芳、戴晋新等台湾学者的中国史学史著述也被引进大陆，得到较高的评价。1998 年 6 月，中国大陆、台湾和香港三地学者在台湾台中市举行史学史研讨会，大陆学者仓修良、瞿林东、吴怀祺、陈其泰、张广智参加了该次会议，从而开启了海峡两岸暨香港史学史学科学者的面对面交流。

四　第四阶段：学科的成熟与思变的焦虑

第四个阶段也就是进入 21 世纪的近 20 年，中国史学史学科的进展主要表现在第三个阶段所规划蓝图的实施和完成，史学史研究的精细、规范程度提高了，史学史学科更加专业化。史学史研究的精细和规范化程度的提高，主要体现在论文写作方面。论文要求说明前人研究成果，引用资料，注释要详细而准确。这个阶段，出版了中国史学史的学科史研究专著及学科理论专著，这是史学史学科专业化水平发展到成熟阶段的重要标志。

2000 年、2003 年、2005 年，白寿彝先生、杨翼骧先生、吴泽先生先后逝世。三位先生是新中国成立以来中国史学史学科的主要开拓者，也是恢复研究生招生制度后最早的博士生导师，为各自学校的学科建设、人才培养以及中国的史学史学科发展做出了很大贡献。三位先生的辞世，标志着史学史学科一个时代的结束。

2000 年 1 月，北京师范大学史学理论与史学史研究中心成立，它是教育部设立的全国普通高等学校人文社会科学重点研究基地，是国家重视史学史学科建设的反映。该基地每年召开的国内史学理论与史学史研讨会和数年一次的国际研讨会，为全国史学史工作者提供了学术交流的平台。基地创办的《史学理论与史学史学刊》影响愈来愈大，成为继《史学史研究》《史学理论研究》之后的又一重要专业刊物。

① 北京市社会科学界联合会、北京市历史学会组织编写《历史学百年》，北京出版社，1999，第 71 页。

第四阶段的成果极其丰富，每年上千篇论文，专著层出不穷，难以详细列举。这里仅从研究内容和特点方面做出归纳。

（1）研究范围进一步扩大，古代少数民族史学史、佛教史学史、官方史学及修史机制、近现代史学史、史学与经学的关系、中外史学交流等受到更多的重视，产生了可喜的研究成果。

（2）在中国史学史通史、中国史学思想通史、中国历史理论史、断代史学史等方面，均出版了大部头著作，如白寿彝主编的 6 卷本《中国史学史》（上海人民出版社，2006），谢保成独立完成的 4 卷本《增订中国史学史》（商务印书馆，2016），吴怀祺主编的 10 卷本《中国史学思想通史》（黄山书社，2002）和 6 卷本《中国史学思想通论》（福建人民出版社，2011），瞿林东主编的 3 卷本《中国古代历史理论》（安徽人民出版社，2011），胡逢祥等著的 3 册本《中国近现代史学思潮与流派》（商务印书馆，2018），乔治忠著的 3 册本《清代官方史学与私家史学相互关系研究》（花木兰出版社，2016）。学术分量大大增强了。

（3）在史学史研究的资料建设方面，成就很大。杨翼骧先生编著的《中国史学史资料编年》，在杨先生逝世后经乔治忠、朱洪斌进一步增订，趋于精善完备；龚书铎、瞿林东主编的《中华大典·史学理论与史学史分典》是一部大型类书，门类齐全，涉及文献浩繁；王东、李孝迁主编的《中国近代史学文献丛刊》，利用数字化资源，用互联网检索技术，汇集了大量清末和民国史学文献，为中国近现代史学研究注入了更加丰富的资源。此外，《史通》《文史通义》等经典文献的整理、今释、新编，近现代史家文集（包括日记）的出版，成绩也很值得称道。

（4）史学史研究队伍扩大。除了本专业培养的，其他相近专业如从事学术文化史研究的学者，也纷纷进入史学史研究的行列。

（5）研究范式多元化。通过史学史专业与其他专业的交融、中国史学与西方史学的比较研究、中国学者外国学者的学术交流，中国史学史研究的手段、范式更加多样了。

由上述这些表现可见，这个阶段的中国史学史研究在四个阶段中取得的成绩最大。但吊诡的是这二十年对史学史研究现状不满的声音最多。大家对如何进行史学史的创新问题不断进行探讨，甚至在探讨中发一些牢骚。此类文章发表得虽然也不少，但真正有建设性意义的并不多见。之所以出现这种一面取得成绩，一面又对成绩不满的情况，我想主要是这一时期分量大的学术成果基本还是第三阶段史学史学科发展规划的实施，研究手段也没有大的变化，给人一种陈陈相因的感觉。有这种感觉虽属正常，但感性大于理性。客观地说，完成第三阶段的史学史规划，没有一二十年的时间是不可能的。在已有的规划和模式下写出花样翻新的学术成果，这本身就是矛盾而不合理的诉求。

在此想简要单独评述一下复旦大学朱维铮先生的中国史学史教研活动。复旦大学在史学史学科方面以西方史学史研究和人才培养享誉国内。这是耿淡如先生奠基、张广智先生发扬光大取得的业绩。在中国史学史学科建设方面，该校长期以来似乎很少参与其他高校的学术活动。尽管朱维铮先生在2004年和2006年的《复旦学报》上发表了《史学史三题》《历史编纂学：过程与形态》等颇有新意的文章，但因为他以治历史文选、经学史、思想史名家，他的这些文章被当作他的业余爱好并未受到太多的关注。2012年他逝世后，他的学生为他整理的《中国史学史讲义稿》《朱维铮史学史论集》于2015年出版，令人知晓原来复旦大学也有重视和开设中国史学史课程的传统，朱维铮先生是中国史学史战线上的一名老兵。早在20世纪50年代，陈守实先生就在复旦大学讲授中国史学史，1960年朱氏担任陈守实先生的助教，与陈先生共同讲授这门课，“1978年秋，朱先生重返讲台。自此，除在国外访学，朱先生一直主讲中国史学史课程，直到1990年下半叶”。[①] 从朱氏不断编制、反复修订的中国史学史教学大纲可以看出，他在中国史学史教学方面确实下了很大的功夫。他不断更新自己的教学讲义，讲课和考试都别具一格。朱氏还长期担任著名经学史家周予同先生的助教，协助周先生编《中国历史文选》，参与整理校点章太炎著作等，历史文献学、思想史均为其专长。他计划撰著一部中国史学史(盖是多人合作)[②]，题曰《中国史学的历史进程》，分三卷，分别是《历史编纂学》《历史观念史》《中外史学的交流和比较》。他对过往的中国史学史著作甚少满意，对自己的这部著述期许很高，说道：“如所周知，梁

---

① 廖梅、姜鹏：《中国史学史讲义稿·整理说明》，复旦大学出版社，2015。

② 邹振环说：“当年，张广智和笔者曾被朱维铮委托主持该项目的第三卷，即‘中外史学交流史’的相关卷次，可惜由于各种原因，这一中国史学史研究的构想未能完成。张广智的部分构想和阶段性成果汇入其主编的《20世纪中外史学交流史》（北京师范大学出版社2007年）；笔者也在撰写该项目部分研究成果的基础上，完成了属于中国近代史学交流史的《西方传教士与晚清西史东渐》（上海古籍出版社2007年）一书。正是循着拓展中国近代史学史研究空间的思路，2017年笔者完成了《20世纪中国翻译史学史》的编纂。”（邹振环：《20世纪中国翻译史学史与近代史学新领域的拓展》，《河北学刊》2019年第2期）

启超晚年首倡中国史学应该‘独自做史’，并且设计了‘做’史学史的四部曲，包括史官、史家、史学的成立及发展、最近史学的趋势。那以后，便出现了‘以梁氏之条目’撰写的中国史学史的专著。迄今近七十年，在这门学科史的领域里，论著日增，但对史学的诠释，对史学史的编纂思路，有没有从根本上超越梁启超呢？似乎不见得。”① 然而，他除了留下了一些论文和著述设想、大纲，比较成熟的书稿似未出现。他的《中国史学史讲义稿》，有不少精义，但不够系统，元朝以后阙略不备，也是未完之作。朱维铮先生文字功夫深，不时有思想犀利之论。但也有追求文奇之弊，如一些标题——必须写歪的“正史”“实录”不实等，自有其表述之妙，但往往不够平实，放大了正史、实录的局限性，其价值评判不免消极的批评过多，有失全面和客观。“出师未捷身先死”，朱氏没有实现其夙愿，的确是史学史界的憾事。但愿他的学术传人，能发现朱氏更多的手稿，并承继其衣钵，完成其未竟的写作计划。

五　经典史学史与史学史研究范式的多元化

新中国成立以来的中国史学史是在民国时期史学史建设的基础上进行的。第一个阶段的学科建设，对民国时期的史学史状况不免批评多而肯定少，这在破旧立新的过程中是难以避免的。但那时对民国时期的史学史著述还是注意借鉴的，白寿彝先生20世纪60年代编的《史学史资料》就登载了多种民国时期的中国史学史讲义目录。到第三个阶段，对民国时期的建设成就的认识肯定得就比较多了。如1985年，白寿彝先生在“全国史学史工作座谈会”上指出：“旧的总是讲这个人、那个人，这不是写史学史书的体裁。写史学史应该贯通整个历史过程。一家家讲是一个过程，没有这个过程讲不出来（整个史学发展过程），另一方面如果完全按问题写，光知道几个历史观点，最基本的书都不知道也不一定好。所以想把旧的写法同新的想法结合起来写。”杨翼骧先生也高度肯定朱希祖、梁启超的学术贡献，说：“首先在大学课堂上讲授中国史学史的，应推北京大学史学系主任朱希祖先生。”“梁氏指出的四项内容‘最少应特别注意’的，而后来的史学史著作却大都没有超出这些内容，而且叙述很不详细。”② 从梁启

① 朱维铮：《史学史三题》，《复旦学报》2004年第3期。

② 宁泊：《史学史研究的今与昔——访杨翼骧先生》，《史学史研究》1996年第4期。

超时代对中国史学史学科的开辟，到白寿彝时代中国史学史学科的繁荣景象，中国史学史已经建立了比较成熟的学科体系。

这里，我想提出一个概念“经典史学史”，来总结这个学科的理论成就。所谓经典，就是标准和规范。“经典史学史”就是指最能体现史学史学科本质的史学史内容和研究活动。

综合梁启超、白寿彝等先生关于中国史学史学科基本理论的论述，我们对中国史学史的研究内容，可以做出如下概括。

（1）研究史家、史著（包括史家、史著所涉及的历史理论、史学批评、历史文献学思想、历史编纂学、历史文学）。

（2）研究历代官方历史撰述、史官制度、修史机制（也就是所谓官方史学）。

（3）研究史学与其他相关学问的关系（史学与经学、玄学、理学的关系，史学与文学的关系，经部书、子部书、集部书所包含的史学思想）。

（4）研究史学与社会的互动（史学思潮、社会对史学的影响、史学对社会的影响）。

（5）研究中外史学交流（中国史学在外国的传播和影响，外国史学在中国的传播和影响）。

需要说明的是，中国史学包括现在中国境内的所有民族的史学，因此，中国境内的各个少数民族，不论是已经被融合的民族，还是现存的少数民族，其史学遗产，都是中国史学史研究的对象。

以上这些内容是自中国史学史学科产生以来，几代史学史工作者逐步形成的共识。在当前史学史研究范式不断多元化的趋势下，我认为，可以把这些内容确定为经典史学史的范畴。

提出经典史学史这个概念有什么意义？或者说，为什么要提出这个概念？

首先，这是正确总结自身学科历史的需要。中国史学史学科从产生至今，有将近百年的历史，在发展过程中，有主流，有支流；有一帆风顺的时候，也有遭受挫折的时候。经过大浪淘沙，在20世纪末已经形成了自己完备的学科体系、基本的思维方式、治学路数。它们包含着史学史学科开拓者的心血和创造性成果。随着学科的发展，在此基础上产生新的学科增长点、新的思维范式、新的治学路数将是必然的。提出经典史学史，既是对史学史学科开创者成果的尊重，又表明史学史研究的发展是在固有的基础上进行的。史学史的发展，就如滚雪球，越滚越大。而最初的那个核心雪球，就是经典史学史。

其次，这是学科发展及创新的需要。进入21世纪，学术创新的呼声不断，但有一种倾向，认为史学史研究范式陈旧，没有新鲜感，并把造成这种状况的原因归结于过去的史学史研究路数。我觉得这是不恰当的。史学史研究需要不断创新，但无须把对现状的不满都归结于过去的学术成果及其学术路数上去，不要以为把过去的研究路数一脚踢开，与过去一刀两断，就能够开创史学史研究新局面。我们可以大胆地开创新局面，大胆地引进新的研究方法，吸收其他学科的研究路数和写作方法，但这与尊重已有的史学史路数并不矛盾，既有的史学史路数不是学术创新的拦路虎和障碍物。学术必须不断创新，否则学术研究就没有前途，但学术创新应以尊重已有成果为基础，否则就是空中楼阁；为了创新，把近百年来史学史学科的基本理论推翻和抛弃，这种创新就不是史学史研究了。再者，既有的路数下的学术探索还有巨大的空间，还有许多学术领地没有开垦。经典史学史还具有旺盛的学术生命力。学科发展要处理好继承和创新的关系。提出经典史学史，意在强调创新要在继承的基础上进行。

最后，这是确立学术标准、学术规范的需要。史学理论与史学史过去是“历史学”这个一级学科下的八个二级学科之一（1997年学科目录）。现在，历史学包括三个一级学科：中国史、世界史、考古学。以往的“史学理论与史学史”现在分成了“史学理论与中国史学史”“史学理论与外国史学史”两部分，分属于“中国史”“世界史”两个一级学科。但不管怎样，它的学科性质没有变化。20世纪80年代以后，随着中国史学史学科人才培养的增多，高等学校数量的扩大，史学理论与史学史专业得到了很大的发展。现在绝大多数本科院校的历史学专业都设有史学理论与史学史类的课程，招收史学理论与史学史专业研究生的高校也越来越多了，已经不局限于几个著名高校培养史学理论与史学史专业人才了。全国史学史与史学史学科的教研队伍有了一定的规模。教研队伍毕业于不同的院校，有的是从其他专业转过来的。此外，相近专业如历史文献学、中国哲学史、学术思想史、文化史专业的学者也向史学史专业靠拢、渗透，甚至成为史学史专业的研究生导师。从业人员变得庞杂了，这就需要建立一个学术标准、学术规范。即使有的学者，特别是原来不是这个专业的学者，不认同这个标准和规范，通过提出经典史学史的概念，最起码也能使他们知道史学史经过近百年的发展，有自己的学术畛域，有不同于其他学科的研究对象、研究内容。

近20年来，史学史研究的路数可划分为经典派、掌故派、武打小说派、静态派、动态派。如此划分是根据主要的研究特征做出的，并无褒贬之意，而且我也不认为各个范式完全独立，彼此之间毫不融合。

经典派是以梁启超、白寿彝等为代表的史学史开拓者所创建的研究范式。有人把此范式视为正统派，我更愿意称之为经典派，因为其所研究的内容及表现出的特点最能体现史学史学科的本质。这是中国史学史研究的基本范式，是经过几代史学前辈探索的结晶。此范式的特点是通过研究史家、史著、修史机制、史学与其他学科的关系、史学与社会的关系探讨史学成就，揭示史学发展过程，总结史学发展规律。史家传记、著述文本、典章制度史著作是主要材料。对史家、史著的研究包括研究其历史观、历史文献思想、历史编纂学、历史文学等。

掌故派主要研究学人关系、学人生活、学人的治学生态。档案、日记、书信、回忆录、书评、新闻报道等，是这派治学的主要材料。他们并不看重学者的著述。这派学人的文章具有很强的叙事性，一般通俗易懂，把枯燥的史学史（学术史）写得生动有趣，但往往缺少集中的主题和明确的论点。这种治学路数大概是受西方叙事主义或社会史的影响而产生的。目前在学术界还相当活跃，得到不少年轻学者青睐。

武打小说派就是把学术史写得有类于武打小说，善于揭示和描绘学者或学派之间的对立及斗争，探究学者的心理活动，甚至有一些诛心之论，注重烘托气氛，在揭示矛盾中展示史学的发展过程。这派学者所依据的材料除了掌故派重视的日记、书信、档案等，也涉及学者的论著，但很少大量引用。

静态派主要表现在对文本研究上，对文本进行结构分析，从死的文本中发掘材料，基本以归纳法进行作业。经典派在研究史学文本时常带有静态派的特点。

动态派主要表现在研究史学现象、史学运行机制等方面。它要求把史学置于社会大背景下，将史学的各种联系以及史学的活动状态写出来。

上述几种范式各有优缺点。但经典派范式是最基本的研究范式，是史学史研究者必须掌握的范式；在此基础上，根据研究对象的需要，吸收其他范式的优长，使史学史研究既不偏离轨道，又从选题到呈现形态不断有所创新，进而形成风格多样、百花齐放的局面，应是中国史学史学科未来发展的趋向。

中国史学史学科要随着时代的发展而不断进步。70年的成就是巨大的，但我们在看到成绩的同时，还要清醒地认识到不足。最明显的不足是没有产生诸多具有广泛影响乃至国际影响的经典之作，堪称名著的尚待时间之检验。知不足是向上的车轮，新时代中国史学史学科建设还没有松懈的理由。

关于未来中国史学史的发展，我认为应在以下六个方面着力。一是要不断发掘新史料，不断发现新课题，在深、细方面下功夫。二是要适当地由博返约，在拓展中国史学史研究的基础上，提炼史学理论，将重点转移到著作的质量而不是数量上，写出具有重大影响的经典之作，切实建立起具有中国民族特色的史学史学科体系、学术体系、话语体系。三是要通过研究马克思主义经典著作，提高研究者的理论修养和水平。早在 30 年前，白寿彝先生就提出这个问题，要求重新学习马克思主义，但这一提议似乎没有得到应有的重视。往往是说得多，做得少。当前史学史界的理论思维水平还不够高。要提升中国史学史的层次，这个课非补不可。四是加强对中国史学名著的研读，强化专业基本功。五是借鉴新方法、吸收新观念，重视与他国史学的横向比较。六是要具有世界眼光，加强国际学术交流，使中国史学史学科走向世界。

中国史学史学科经过近百年的建设，已经成为一门高度专业化的学科，在历史学系统中具有举足轻重的地位，但中国史学史学科要不忘初心，就是说，我们不能忘记建设和研究这门学科的出发点和目的。中国史学史是一门专史，但不是普通的专史，它是历史学发展到较高阶段自我批评的产物，是为推动历史学事业而产生的，关系到整个历史学的发展。每一位史学史工作者在从事专业研究时，对此都应保持清醒而开阔的学术眼界。

西方历史哲学研究在中国：70 年回顾与反思

董立河　金嵌雯
（北京师范大学历史学院、史学理论与史学史
研究中心，北京　100875）

摘　要： 历史哲学是一门关于历史的哲学。西方历史哲学研究在中国经历了一个不断发展的过程，这一过程可分为三个阶段：从新中国成立之初通过学习苏联、对旧的唯心史观及西欧中心论进行批判而开始的初步研究，到改革开放之后对历史哲学概念、研究范围及重要流派和人物进行探讨，从而建立起基本的研究体系，再到 21 世纪以来对后现代西方历史哲学及其新趋向的研究。构建中国特色的历史学学科体系、学术体系和话语体系，应该以唯物史观为指导，以源远流长的民族史学为根基，同时也不应拒绝西方历史哲学的参与。

关键词： 西方历史哲学　中国　70 年　回顾　反思

历史哲学，简单说来，是一门关于历史的哲学。由于“历史”一词一般有两种含义，它既可指发生在人类身上的各种事件，也可指有关这些事件的叙述或知识，所以“历史哲学”通常指向两个不同的方向：一是对于历史事件进程的概观，二是对于历史思维过程的反思。历史哲学对史学实践具有一种必要的甚或根本性的和构成性的作用。就第一个方向而言，它能够为历史学家讲述一个有意义的故事提供必要的理论框架；就第二个方向而言，它能够帮助历史学家构建一种可意的史学范型以指导自身的历史写作。因此，历史哲学研究对当前构建具有中国特色的历史学的学科体系、学术体系和话语体系具有重要作用。本文试就新中国成立 70 年以来的我国西方历史哲学研究状况做一梳理，勾勒其大致的发展脉络，最后进行

简单的盘点和反思。作为一种个性化概述，文章走马观花，挂一漏万，粗疏不当之处，尚祈学界同仁鉴谅。

一 1949～1977：对西方历史哲学的初步研究

在新中国成立以前，我国一些学人便已对西方历史哲学有所了解。朱谦之和李大钊是其中的两位代表人物。在20世纪20～40年代，朱谦之出版了《历史哲学》（泰东书局，1926）、《黑格尔的历史哲学》（商务印书馆，1936）、《孔德的历史哲学》（商务印书馆，1941）等一系列有关历史哲学的著作，这些著作基本触及了西方历史哲学牵涉的主要议题，如人类历史的发展进程、历史书写的内容、史学的性质以及史学的致用功能等。李大钊则在讲义《史学思想史》中强调了历史观的重要性，在他看来，与“过去的陈编”不同，像康德、维柯这类思想家所表达的历史观是对活泼泼的、有生命的历史的解释，是“有关史实的知识和解喻”,“实为人生的准据”。[①] 李大钊尤其推崇马克思的唯物史观，这是因为，在史学上，唯物史观是对全体人民及其生活、制度和理想之进步的研究，它的目的是“得到全部的真实”；在人生问题上，唯物史观“给人以奋发有为的人生观”，推动和指导“人类本身的性质内求达到较善的社会情状”。[②]

新中国成立后，我国学人更加关注唯物史观。1951年7月，在中国史学会成立大会上，郭沫若总结了新中国成立初期我国史学界初步转变方向的六大表现，其中第一条即为，“大多数的历史研究者已经逐渐从旧的唯心史观转向新的唯物史观”。[③] 这一转变很大程度上是通过学习苏联史家有关唯物史观的阐释以及对现代西方历史哲学的批判实现的。20世纪50年代，《学习译丛》刊发了一系列探讨历史唯物主义及辩证唯物主义的译文，包括《论抓住历史事变链条中的基本一环》（1952年第9期）、《列宁对历史唯物主义的发展》（1954年第5期）、《规律的属性和概念》（1956年第7期）、《论历史的和逻辑的范畴》（1956年第9期）、《关于必然性和偶然性》（1958年第2期）等。这些译文通过对历史规律、历史发展的动力、历史研究的对象等问题进行阐释和说明，论证了辩证唯物主义和历史唯物

---

① 李大钊：《史观》,《李大钊全集》第4卷，人民出版社，2006，第252、254页。

② 李大钊：《唯物史观在现代史学上的价值》,《李大钊全集》第3卷，人民出版社，2006，第219～221页。

③ 郭沫若：《中国历史学上的新纪元》,《进步日报》1951年7月29日。

主义的一些主要观点。同时，译文也包含了对诸如克罗齐“历史主义”、比尔德“相对主义”等所谓资产阶级历史哲学的批判①。国内对旧的唯心史观的批判主要集中于对胡适“多元史观”等的批判上。这种批判指明，首先，对于考察历史现象，一定有一种根本的“看法”，抛弃如“唯物”或“唯心”这类根本问题的史观只会“弊于‘末’，而不知‘本’”。其次，社会历史是合规律的、不随人的意志为转移的有机联系的整体，它以一定的社会物质生活条件为基础。史学家的任务，是要在复杂多样的历史现象中，透视它们的本质和发展规律，以阐明历史事件或思想文化的前因后果。② 这实际上是在说，史学家的科学研究不可能脱离历史观的指导，而唯物史观能够帮助史学家科学地把握历史变化的过程以及历史运动的整体。对唯物史观的理解和应用也鲜明地体现在职业史学家对史学议题的选择上。随着史学家逐渐展开对中国古史分期、中国封建土地所有制形式、中国封建社会农民战争、中国资本主义萌芽及汉民族形成等问题的大讨论③，我国史学界加深了对唯物史观的认识。

1961 年，苏联学者 И. С. 康恩所著《哲学唯心主义与资产阶级历史思想的危机》中译本出版，次年，包括康恩在内的多位学者的作品集《穷途末路的资产阶级历史哲学》中译本出版，这两部著作成为这一阶段中国学者了解西方历史哲学的最主要文本。在前面这部以“帝国主义时代历史哲学批判纲要”为副标题的著作中，康恩将历史哲学看作“唯心主义哲学和资产阶级的社会学、历史学、政治科学之间的一个连接的环节”。④ 他从“历史主义的危机”谈起，试图说明在这种危机中如何产生出“反动的”历史哲学，并对这种历史哲学的主要流派及其对职业史家理论思维的影响进行批判分析，进而站在马克思列宁主义的立场上，提出最为迫切的理论问题。这部书所批判的历史哲学流派，包括德国的新康德主义（文德尔班、李凯尔特、马克斯·韦伯）、非理性主义（以狄尔泰为代表的“生命哲学”、以斯宾格勒为代表的“文化形态学”、美国实用主义）、新黑格尔主义（克罗齐、柯林武德）、新实证主义（罗素、波普尔、加登纳）和宗

① 〔苏〕伊·库恩:《论克罗齐的“历史主义”》,《学习译丛》1957 年第 4 期;〔美〕赫·阿普特克:《历史和现实》,《学习译丛》1956 年第 11 期。

② 参见嵇文甫《批判胡适的多元历史观》,《历史研究》1955 年第 4 期。

③ 参见《历史研究》编辑部编《建国以来史学理论问题讨论举要》，齐鲁书社，1983。

④ 〔苏〕康恩:《哲学唯心主义与资产阶级历史思想的危机》，乔工、叶文雄等译，生活·读书·新知三联书店，1961，第 1 页。

教的历史哲学。康恩将这些流派归于“批判的历史哲学”，他认为，“‘历史主义’的问题归结为首先是对历史知识的批判、对历史知识的理论前提的分析。而从哲学的非理性主义、相对主义和怀疑论的立场对历史知识进行的这种‘批判’，其结果不仅是导致完全否认历史科学的客观性，而且也导致否认历史过程本身的客观性”。[①] 康恩认为，由于这些理论无法解决史学家所面临的认识论和方法论问题，西方史学家就在表面上抛弃了历史哲学，而以自己“科学的”经验主义为豪，由此造成历史和哲学之间的分裂更加扩大的局面。但事实上，康恩指出，不管史学家“是否愿意这样做，但他们总不能躲开哲学”，在研究复杂方法论问题的时候，史学家便又马上陷入历史哲学中去，产生了与这些“资产阶级”历史哲学不谋而合的结论。[②] 康恩敏锐地指出了历史哲学与实践史家之间的关系，也阐明了这些历史哲学流派及思想家的一些最主要观点。但康恩也将这些历史哲学流派简单地归于“资产阶级”或“反动的”历史哲学，将其置于与历史唯物主义相对立的立场上，认为他们一味地反对历史科学，否认历史事实和历史规律，否认人类历史的统一性，从而否定了这些流派看待历史本体和历史认识的可取之处，以及他们对实践史家反思历史的推促作用。合集《穷途末路的资产阶级历史哲学》则可以看作对《哲学唯心主义与资产阶级历史思想的危机》的扩展和补充。这两部作品为中国学者间接了解黑格尔之后的西方历史哲学提供了重要渠道。但不可否认，这两部著作行文中所表现出的简单化和公式化也影响了中国学界，造成史学界和哲学界对西方历史哲学在一定程度上的拒斥。对此，张广智评价说，学者们从中得到的西方历史哲学知识“在相当大的程度上往往是走了样的”。[③]

西欧中心论是这一阶段批判西方历史哲学的另一重心。1956 年，北京三联书店出版了王造时根据西布利（J. Sibree）英译本翻译的黑格尔《历史哲学》。1959 ~ 1966 年，汤因比的三卷本《历史研究》（索麦维尔节录本）的中译本陆续出版。1963 年，斯宾格勒（当时译作施本格勒）《西方的没落》节译本也由商务印书馆出版。这三部著作是这一阶段除苏联人的作品外为数不多的被直接译为中文的西方历史哲学著作。作为马克思主义哲学的直接理论来源，黑格尔的作品受到了较多关注。而斯宾格勒和汤因

① 〔苏〕康恩：《哲学唯心主义与资产阶级历史思想的危机》，第 61 页。

② 〔苏〕康恩：《哲学唯心主义与资产阶级历史思想的危机》，第 203 ~ 205 页。

③ 何兆武、陈启能主编《当代西方史学理论》，上海社会科学院出版社，2003，第 583 页。

比的作品，则多被作为“主观唯心主义”和“西欧中心论”的代表受到批判。一些作者指出，虽然斯宾格勒或汤因比的作品以支持文化多样性而著称，但在这种观点背后，实际上隐藏着“西方文化优于一切”的思想，其试图“通过强调西方文化的特殊精神和特殊使命来宣扬一种改头换面的‘西欧中心论’”。[①] 这种对“西欧中心论”的批判，实际上源于新中国成立后建设世界史新体系的需要。1961 年，周谷城在《文汇报》上发表文章，指出了当时所有的世界史教科书“几乎都以欧洲为中心，俨然欧洲史一样”的问题，由此呼吁我国的世界史研究应当建立起一个新体系，书写具有世界性的世界整体的历史。[②] 这篇文章在当时引发了很大反响，世界史学界随即展开了有关如何重新构造这一体系的讨论，吴廷璆、吴于廑等学者做出了重要论述。[③] 这一时期对西方历史哲学中体现的“西欧中心论”的批判虽较为朴素，但对世界史新体系的建设具有重要意义。在全球史研究兴起的今天，有关这一议题的讨论仍然有其价值。

可以说，到 1961 年前后，随着政治氛围的缓和，国内学界形成了展开西方历史哲学研究的一定条件。1961 年，国内史学界就中西史学史中的相关问题进行了一次大讨论，这次讨论提到，史学思想，特别是历史观，是贯穿史学史的红线[④]，从而将对历史观的研究放在了重要位置，而历史观正是历史哲学研究中的重要组成部分。当然，这时的学者依然对历史哲学有所误解，他们在很大程度上仍然将其定性为一种与历史唯物主义对立的资产阶级唯心主义哲学。同年底，为贯彻高教部有关编写文科教材的精神，在上海召开了一次编写外国史学史教材的会议，会议决定由田汝康负责编译一本有关西方史学流派的教材，翻译参与者包括王造时、王养冲、雷海宗、陈铨等人。该书至 1964 年基本完工，但随后“文化大革命”爆发，出版计划被束之高阁。直到 1982 年，金重远对这部书进行重新校订和

---

① 齐世荣：《德意志中心论是比较文化形态学的比较结果——评〈西方的没落〉》，载〔德〕奥斯瓦尔德·斯宾格勒《西方的没落》，齐世荣等译，商务印书馆，1991，第 1 ~ 5 页。还可参见曹未风《对汤因比的“历史研究”批判之三——关于“文明生长”》，《学术月刊》1959 年第 1 期。

② 周谷城：《评没有世界性的世界史》，《文汇报》1961 年 2 月 7 日。

③ 重要的作品包括吴廷璆《建立世界史的新体系》，《光明日报》1961 年 4 月 9、10 日；吴于廑《时代和世界历史——试论不同时代关于世界历史中心的不同观点》，《江汉学报》1964 年第 7 期；等等。

④ 《国内史学动态》，《历史研究》1962 年第 2 期。

补译，最终以《现代西方史学流派文选》[1] 之名出版。这部译文集涵盖的历史哲学流派范围甚广，涉及如狄尔泰、梅尼克、雷蒙·阿隆、波普尔、比尔德、克罗齐等思想家的重要篇章，在今天依然具有较高的参阅价值。

二 1978～2000 年前后：西方历史哲学研究内容体系的基本建立

改革开放之后，随着全国各学科领域学术研究的全面复兴，我国的西方历史哲学研究开始真正起步，进入建立学科基本研究体系的阶段。这主要体现在三个方面：首先是证明历史哲学研究的合法性，其次是确定历史哲学研究的范围，最后是在前两者基础上展开对重要议题的探讨以及对各流派和人物的全面研究。

这一时期的历史哲学研究是从重新认识黑格尔的历史哲学开始的。1980 年，西南师范学院历史系学生徐勇发表文章，认为应该改变之前完全否定黑格尔历史哲学的态度，批判继承其中的有益成分。[2] 1981 年，纪念黑格尔逝世 150 周年学术讨论会召开，与会者系统地证明了，黑格尔的历史哲学虽然本质上是唯心主义的，但它也是历史唯物主义的萌芽。[3] 这种重新认识黑格尔历史哲学的观点也催生了几部有关西方历史哲学的早期专著，如侯鸿勋的《论黑格尔的历史哲学》（上海人民出版社，1982）、薛华的《黑格尔对历史终点的理解》（中国社会科学出版社，1982）和陈乐民的《“欧洲观念”的历史哲学》（东方出版社，1988）等。

很快，对黑格尔历史哲学的重新探讨拓展到了对“历史哲学”整体概念的讨论上。1984 年，张文杰撰文指出，现代西方历史哲学通常可以分为两大流派，“一个是思辨的历史哲学，另一个是批判的历史哲学。前者一般着重研究过去的模式、历史变化的性质和历史的价值、目的与意义等问题；后者则着重讨论历史的解释、历史的个体和历史的客观性等问题”。这是国内较早对历史哲学做出区分的论述。但张文杰的这篇文章仍然采取了将历史哲学与唯物史观对立起来的路径。他立足于客观性问题，指出现代西方历史哲学都存在一种普遍倾向，即否认历史过程的客观性，否认历

---

① 田汝康、金重远选编《现代西方史学流派文选》，上海人民出版社，1982。

② 徐勇：《对黑格尔历史哲学的一点探讨》，《西南师范学院学报》1980 年第 1 期。

③ 《纪念康德、黑格尔学术研讨会》，《国内哲学动态》1981 年第 10 期。

史认识的可能性，这是主观唯心主义哲学和不可知论在历史研究中的反映。[①] 鉴于当时史学界和哲学界存在对“历史哲学”这一概念本身的模糊认识，何兆武在1986年撰文指出，大家通常使用的近现代历史哲学一般专指西方唯心主义的历史哲学，而马克思主义关于人类社会发展的普遍规律的科学也是一种历史哲学，它是唯物主义的历史哲学。由此，唯物史观被包含在了广义的历史哲学之中。何兆武认为，人们在认识历史的时候不会仅限于要求知道或确定历史事实，他们还要求从历史事实中总结出一种理论观点来，找出历史发展和变化的规律，对历史事实赋之以意义，从而把历史事实归纳为一种理论体系。而这种理论性的活动就是历史哲学。[②] 这意味着，历史哲学对完善人们的历史认识来说是必需的，不管它是唯心的还是唯物的。王晴佳也认为，很多史家在写史时会注意史学方法的革新，但方法的革新离不开理论的指导，从广义上说，理论归根结底也是一种方法。因此，历史学的发展需要历史哲学。[③]

事实上，当中国学界展开这些探讨的时候，在西方，思辨的历史哲学已“臭名昭著”，被替之而来的分析的历史哲学斥为一些站不住脚的神话。因此，如何处理这两者之间的关系，是否要像西方人那样将思辨的历史哲学从历史哲学研究的领域中排除出去，也成为这一阶段中国学者的讨论重心。在《从思辨的到分析的历史哲学》一文中，何兆武观察到最近一个世纪西方历史哲学的演变趋势是从思辨的走向分析的。他指出，思辨的历史哲学虽试图找出历史事实背后的理性原则、规律或意义，但通常带有浓厚的形而上学观念的局限。而分析的历史哲学认为，要理解历史事实，首先在于分析和理解历史知识的性质，对历史的假设、前提、思想方法和性质进行反思。因此，分析的历史哲学严厉批评思辨的历史哲学体系是徒劳无功的。[④] 思辨的历史哲学与分析的历史哲学的划分是1951年英国哲学家沃尔什（W. H. Walsh）在《历史哲学导论》中提出的[⑤]。这种划分被大部分的中国学者接受。但沃尔什在这部著作中的基本立场是褒扬分析的历史哲学，贬斥思辨的历史哲学。中国学者没有简单地接受这种立场。何兆武在指出历史哲学的发展趋向后，进一步认为，分析的历史哲学对思辨的历史

① 张文杰：《现代西方历史哲学中有关历史客观性问题的认识》,《世界历史》1984年第2期。
② 何兆武：《从思辨的到分析的历史哲学》,《世界历史》1986年第1期。
③ 王晴佳：《历史学的发展需要历史哲学》,《世界历史》1986年第8期。
④ 何兆武：《从思辨的到分析的历史哲学》,《世界历史》1986年第1期。
⑤ 〔英〕沃尔什：《历史哲学导论》，何兆武、张文杰译，社会科学文献出版社，1991。

哲学的指责是不恰当的，其狭隘之处在于，它在探讨问题时把历史本身（这本来是历史哲学的最重要的对象和前提）轻而易举地一笔勾销了。不管是思辨的历史哲学还是分析的历史哲学，都有其价值。思辨的历史哲学虽不可能掌握历史的真实和全貌，但它们在某些环节或某些方面触及了历史科学的某些根本问题；而分析的历史哲学对某些问题提法的精确度和明晰性则凸显了其科学价值。① 1990 年，杨耕论证了历史哲学是思辨的历史哲学和分析的历史哲学的统一。他认为，历史本体论必然要对历史认识论起一种导向作用，但本体论的确立又有赖于认识论的支撑，同时本体论本身也是人们认识世界的一种结果。因此，现代历史哲学的基本内容应是历史本体论与历史认识论的有机统一。②

还需提及的是，前文中提到的几位学者皆没有对分析的与批判的历史哲学作进一步区分，他们笼统地将主导英美的实证主义和主导德国的反实证主义思潮合而为一，认为它们一般都倾向于支持历史研究并非科学的观点。肖朗在区分历史哲学时则采用了另一种方法，他分之为“理性主义”流派和“实证主义”流派。理性主义流派最具代表性的是维柯、赫德尔、黑格尔等思辨的历史哲学家和克罗齐、柯林武德等人，他们主张把注重演绎和推理的唯理主义的方法论运用于历史研究；实证主义流派的代表人物包括孔德以及波普尔、亨普尔等人，他们主张把注重分析和归纳的经验科学的方法论运用于历史研究。③ 这实际上强调了两者理论渊源上的不同。从根本上说，这种分类方式与前述从研究对象出发进行划分的分类方式并不矛盾。事实上，之后也有学者将两者结合起来，例如周建漳就把狄尔泰、文德尔班等新康德主义者和克罗齐、柯林武德等新黑格尔主义者的理论归于批判的历史哲学，具有人文主义倾向；而将亨普尔等实证主义者的理论归于分析的历史哲学，他们将科学主义奉为圭臬。④

假如用思辨的与分析、批判的历史哲学相划分的眼光来考察中国自身的历史哲学研究历程，那么在这一阶段，学术界也呈现了从对历史本体到对历史认识进行讨论的转变过程。当然，在这里，我们是将新中国成立后

① 何兆武：《从思辨的到分析的历史哲学》，《世界历史》1986 年第 1 期。

② 杨耕：《历史哲学：在哲学和历史科学的交叉点上——兼论历史唯物主义的现代形式》，《中国人民大学学报》1990 年第 2 期。

③ 肖朗：《当代西方历史哲学》，《世界史研究动态》1985 年第 3 期；《略论近代西欧历史哲学的两大流派》，《南京大学学报》（哲学社会科学版）1986 年第 3 期。

④ 周建漳：《20 世纪西方历史哲学概观》，《厦门大学学报》（哲学社会科学版）1999 年第 2 期。

学者们有关历史发展动力、历史规律、历史创造者或社会形态（包括人类社会发展阶段、历史分期、中国封建社会延续）等问题的理论争论看作有关历史本体的争论。进入20世纪90年代后，更多学者转向了对分析、批判的历史哲学的研究。例如，田晓文从论述批判的历史哲学所着重探讨的两个纯粹史学问题——史学的解释和史学的客观性问题——出发，论证了批判的历史哲学对历史知识的探讨无不以某种对历史进程的反思为前提，无不以某种“思辨的历史哲学”为指导。[①]

除了对分析、批判的历史哲学的流派特征进行研究之外，这一阶段还发生了几场涉及历史认识论中重要论题的讨论，其中影响较大的是有关历史知识性质的辩论。1996年，在《对历史学的若干反思》一文中，何兆武将历史学定义为一种人文知识（Geisteswissenschaft）而非自然科学（Naturwissenschaft）意义上的科学。何先生指出，鉴于历史具有两重性，即作为自然世界的一部分和作为人的创造物，历史学也包括两个层次，第一个层次是对史实的认知，即历史学Ⅰ，它属于自然世界，是科学的；第二个层次是对所认定的史实的理解和诠释，即历史学Ⅱ，它属于人文世界，是人文的。相较于历史学Ⅰ，历史学Ⅱ对历史学来说更为根本，它赋予历史学以生命。同时，历史学Ⅱ又由理性思维和体验能力两部分构成，两者的综合就成为历史理性。因此，历史学是科学，但又不仅仅是科学，它既有科学性，又有科学之外的某些东西。换句话说，科学性是历史学的必要不充分条件。[②] 这一观点引发了学者们的讨论。一些学者提出了可进一步商榷的意见。比如庞卓恒即对认为史学家加以“心灵体验”的部分只能是人文的而非科学的主张表示质疑，他认为，历史学Ⅱ同样能够用实证的方法加以验证，能够发现其发展演变的规律。[③] 一些学者则循着何先生的思路，提出了可进一步讨论的问题。比如张耕华从史学家实际的研究状况出发，提出要考察历史学Ⅱ的科学性，不仅涉及“实然”的问题，还涉及“应然”，即能否为人们普遍接受和认可的问题。他认为，历史学Ⅱ需要有一种“应然”的尺度来比较其中的意见分歧，作为知识分子的历史学家理应成为“社会的良心”，成为普遍和一般“应然”的维护者。从这种意义上说，以“应然”为标准来考

① 田晓文：《“批判的历史哲学”的批判》，《历史研究》1990年第3期。

② 何兆武：《对历史学的若干反思》，《史学理论研究》1996年第4期。

③ 庞卓恒：《历史学是不是科学——与何兆武先生商榷》，《史学理论研究》1997年第3期。

察历史学Ⅱ的正误，更接近法理思维而非科学思维。[①] 这场讨论充分显示了中国学者对历史知识之本质这一历史哲学重要议题的浓厚兴趣，它也在很大程度上反映了西方现当代历史哲学对中国学者的影响。

研读原著对研究西方历史哲学至关重要。在这一阶段中，有大量西方史家或哲学家的著作被译成中文出版，其中包括维柯、孔多塞、康德、雅斯贝尔斯等人的思辨的历史哲学作品，也包括新黑格尔主义者克罗齐和柯林武德的作品以及沃尔什、威廉·德雷、波普尔等人的作品。[②] 此外，何兆武还主编了一部有关历史理论与史学理论的近现代西方史学著作选，收录了自文艺复兴以来西方重要的历史学家及历史哲学家之主要著作的选段。[③] 这些，都为中国学者研究和探讨西方历史哲学提供了直接的原典材料。

与翻译相关原著共同推进的，还有对西方历史哲学的系统梳理和介绍。在这方面值得一提的是几部专著，包括韩震的《西方历史哲学导论》、何兆武、陈启能主编的《当代西方史学理论》和严建强、王渊明合著的《西方历史哲学：从思辨的到分析的》等。在《西方历史哲学导论》中，韩震较为全面、系统地介绍了西方历史哲学在各个不同时期的主要代表观点，从西方历史哲学的兴起到思辨的历史哲学的几种主要体系到分析的或批判的历史哲学的各种流派，并运用了马克思主义的理论、观点和方法，对它们进行了批判。这部著作的一个特点是，作者简单明快地将思辨的历史哲学称为"历史的哲学"，将批判和分析的历史哲学称为"历史学的哲学"。[④]《当代西方史学理论》则主要关注20世纪的西方历史哲学和史学流

① 张耕华：《从怀疑论、配景论说到历史学Ⅱ的普遍性问题》，《史学理论研究》1999年第1期。

② 〔意〕维柯：《新科学》，朱光潜译，商务印书馆，1989；〔法〕孔多塞：《人类精神进步史表纲要》，何兆武、何冰译，生活·读书·新知三联书店，1998；〔德〕伊曼努尔·康德：《历史理性批判文集》，何兆武译，商务印书馆，1990；〔德〕雅斯贝斯：《历史的起源与目标》，魏楚雄、俞新天译，华夏出版社，1989；〔意〕克罗齐：《历史学的理论和实际》，傅任敢译，商务印书馆，1982；〔英〕柯林武德：《历史的观念》，何兆武、张文杰译，中国社会科学出版社，1986；〔加〕威廉·德雷：《历史哲学》，王炜、尚新建译，三联书店，1988；〔英〕卡尔·波普：《历史决定论的贫困》，杜汝楫、邱仁宗译，华夏出版社，1987；等等。

③ 何兆武主编《历史理论与史学理论：近现代西方史学著作选》，商务印书馆，1999。

④ 韩震：《西方历史哲学导论》，山东人民出版社，1992。韩震的这种称法也与当今西方一些史学理论家的区分不谋而合，如塔克和库卡宁将之区分为"philosophy of history"和"philosophy of historiography"。Aviezer Tucker，*Our Knowledge of the Past*：*A Philosophy of Historiography*，Cambridge：Cambridge University Press，2004，pp. 2–3；Jouni-Matti Kuukkanen，*Postnarrativist Philosophy of Historiography*，New York：Palgrave Macmillan，2015，p. 6。

派，对新康德主义、新黑格尔主义、分析的历史哲学以及文化形态史观、生命派的史学理论等进行详细、系统的介绍和评析。此书行文夹叙夹议，读者不但可以从中理解西方历史哲学的基本观点，而且能够在评析中受到启发。[①] 严建强和王渊明的著作则采用了不同于前两部著作的编纂方式，其上下编分别以“思辨的历史哲学”和“分析与批判的历史哲学”为标题，在简略介绍了每一类别的发展历程后，以专题为中心，对两种历史哲学中的主要议题进行通俗易懂的介绍。[②] 此外，这一时期也出现了大量论文，对思辨的历史哲学、批判和分析的历史哲学中的具体流派和人物以及阐释学对历史哲学的贡献等进行介绍和分析。[③]

总的说来，到20世纪末，随着研究者对历史哲学概念、历史哲学关切的主要议题以及重要历史哲学家思想之认识的不断深入，我国西方历史哲学研究这一分支学科的内容体系已基本建立起来。

三　2000年前后至今：西方后现代历史哲学研究及其后

20世纪70年代初，在美国史学家海登·怀特所著《元史学：19世纪欧洲的历史想象》的推动下，西方的历史哲学研究经历了一个“语言学转向”或“叙事转向”的过程，学者们纷纷利用叙事和转义等文学理论元素，着手分析历史文本和话语。从这种路径出发对历史学所进行的分析，学界通常称之为“后现代历史哲学”。进入21世纪以来，我国西方历史哲学研究的最突出特征即在于对后现代历史哲学的集中研究。

事实上，早在1987年，比较文学领域的杨周翰即已在文中论及海登·怀特强调历史叙事之文学性的观点。[④] 到20世纪90年代末，后现代历史哲学作为一个独立理论流派所形成的新趋向已经基本上得到国内学者的认可。进入新千年之后，我国的西方后现代历史哲学研究真正打开了局面：

---

① 何兆武、陈启能主编《当代西方史学理论》，中国社会科学出版社，1996。

② 严建强、王渊明：《西方历史哲学：从思辨的到分析的》，浙江人民出版社，1997。

③ 有关这一阶段中诸多论文的具体观点，可参见韩震、孟鸣岐《历史哲学：关于历史性概念的哲学阐释》，云南人民出版社，2002，第216~253页。

④ 这篇文章最早以“Fictionality in Historical Narrative: Different Interpretations”为题发表于1987年的“中美比较文学双边会议”上，随后以“历史叙述中的虚构：不同的解释”为题刊于《中国比较文学》“1989年第1期，上海教育出版社，第1~5页”。

一方面后现代历史哲学主要代表性著作先后有了中译本；[①] 另一方面出现了不少研究后现代历史哲学的研究作品。

2004 年，《史学理论研究》《学术研究》《东岳论丛》等刊物不约而同地开设有关后现代主义与历史学的专栏。在这些专栏的推动下，学者们各抒己见，表达对后现代历史哲学的不同观点和态度，并就后现代历史哲学为历史学带来的诸多挑战展开讨论，将我国的后现代历史哲学研究引向纵深。[②]

有关后现代历史哲学的讨论，焦点之一在于历史叙事问题。一些学者对后现代语境下历史叙事的概念进行了解释。周建漳将叙事视为史家用来处理历史现象，将其整合成有条理、有意义的形式的语言模式，是认识与表达的统一。在他看来，叙事乃是人类更原始也是最基本的意义建构方式。虽然元叙事具有虚构性，但这不意味着人类要放弃自身对整个历史的宏观理解的努力，人类正是通过将生活世界“叙事化”而获得意义，一旦迷失意义，我们的文明也将陷入危机。作者在文中表达了自己捍卫叙事合法性的决心和立场。[③] 同样的，彭刚也认为，叙事作为一种话语模式，通过将特定的事件序列依时间顺序纳入一个能为人理解和把握的语言结构中，进而赋予事件以意义。[④] 与传统叙事观不同，后现代叙事观更强调叙事对史学的内在性以及叙事本身的虚构性，进而凸显历史叙事与文学叙事之间的相似之处，这无疑会牵涉历史叙事的真实性或客观性问题。针对这

① 其中代表性的译著有〔美〕海登·怀特《元史学：十九世纪欧洲的历史想象》，陈新译、彭刚校，译林出版社，2004；〔荷〕F. R. 安克施密特《历史与转义：隐喻的兴衰》，韩震译，北京出版社、文津出版社，2005；〔英〕基思·詹金斯《论“历史是什么？”——从卡尔到埃尔顿到罗蒂和怀特》，江政宽译，商务印书馆，2007；〔波兰〕埃娃·多曼斯卡编《邂逅：后现代主义之后的历史哲学》，彭刚译，北京大学出版社，2007；〔美〕汉斯·凯尔纳《语言和历史描写——曲解故事》，韩震、吴玉军等译，大象出版社、北京出版社，2010；〔美〕海登·怀特《话语的转义——文化批评文集》，董立河译，大象出版社、北京出版社，2011；〔荷〕F. R. 安克斯密特《历史表现》，周建漳译，北京大学出版社，2011；〔荷〕安柯斯密特《历史表现中的意义、真理和指称》，周建漳译，译林出版社，2015；等等。

② 有关我国西方后现代历史哲学研究的具体状况，还可参见韩震、董立河《关于西方后现代历史哲学研究的新进展》，载中国社会科学院哲学研究所编《中国哲学年鉴 2009》，哲学研究杂志社，2009，第 105～115 页，以及 Dong Lihe, Jin Qianwen, “The Study of Western Postmodern Philosophy of History in China on the Four Decades of Reform and Opening Up”, *Frontiers of Philosophy in China*, Vol. 3, No. 2, 2018。

③ 周建漳：《历史及其理解和解释》，社会科学文献出版社，2005，第 206～249 页。

④ 彭刚：《叙事、虚构与历史——海登·怀特与当代西方历史哲学的转型》，《历史研究》2006 年第 3 期。

一问题，陈新认为，后现代的历史叙事观实际上是把对历史真实的讨论从历史事实层面转移到历史再现（historical representation）的层面，从而超越了实在论的真理观，但这种做法实际上也抽掉了历史真实性的可靠基石。为此，作者主张把历史事实中存在的实在性与真实性问题化解为主体间性（即真实性源于不同认识主体之间的认同），从而把史实的真实转换成史学的真实。[①] 从后现代的视角出发，彭刚认同传统实在论的确存在一些问题，因为历史文本整体所表达的隐喻性意义确实远远超出了单个陈述之和的字面意义。但这不意味着历史叙事完全脱离了真实性。史学家在进行叙事时并不是完全自由的，他必然会受到史料的约束。在关于哪些史实是无法回避或者具有更大重要性的问题上，史学家的学术共同体往往能够达成共识。[②] 韩震和董立河表达了对后现代历史哲学既同情又批判的态度。一方面，他们不赞同传统叙事观在有关历史叙事问题上的幼稚实在论观点，从而肯定了后现代主义者对历史叙事虚构性和主观性的揭示；另一方面，他们也反对后现代主义者将历史叙事等同于文学虚构，从而掏空历史客观性的极端倾向。在他们看来，无论历史叙事采取何种形式，它都必须以反映历史真实为目的，它与文学虚构之间的区隔不可被完全忽视。[③]

后现代历史哲学的另一大关注点是历史转义问题。相较于历史叙事，中国学者有关这一问题的研究略显单薄，讨论主要围绕历史转义的内涵及真实性等问题展开。陈新曾就怀特的历史转义思想展开探讨。在他看来，怀特的转义理论为历史真实提供了一种新的理解，可以称为“真理的转义论”（tropical theory of truth），它主要针对的是作为整体的历史文本及其结构。运用比喻性语言表述的实在其实就是一种想象，而且实在只有通过这种想象的方式才能接近。[④] 韩震、董立河关注的是历史转义的概念及其与历史真实的关系问题。他们从隐喻入手，论证隐喻何以能够引导读者去发现其背后的真实意义，进而论证历史转义并不意味着与演绎或归纳逻辑推理相悖，转义也可以成为认识过去的有效工具。[⑤]

---

① 陈新：《西方历史叙述学》，社会科学文献出版社，2005，第 92 ~ 121 页。

② 彭刚：《相对主义、叙事主义与历史学客观性问题》，《清华大学学报》（哲学社会科学版）2008 年第 6 期。

③ 韩震、董立河：《历史学研究的语言学转向——西方后现代历史哲学研究》，北京师范大学出版社，2008，第 168 ~ 231 页。

④ 陈新：《历史·比喻·想象——海登·怀特历史哲学述评》，《史学理论研究》2005 年第 2 期。

⑤ 韩震、董立河：《历史学研究的语言学转向——西方后现代历史哲学研究》，第 299 ~ 309 页。

在后现代历史哲学研究快速展开的同时，在思辨的历史哲学和分析的历史哲学领域，学者们也取得了一些重要成果。在思辨的历史哲学方面，刘家和批驳了黑格尔历史模式中对中国历史特点的曲解。在《历史哲学》中，黑格尔将中国历史看作抽象的、“毫不寓有历史的判断和理性”的非历史的历史，从而将中国历史与整个西方历史对立起来。黑格尔认为，世界历史只有从作为东方世界的末端的波斯进入西方以后，才开始成为真正的历史，不管具体文明是连续还是断裂，历史主体精神始终是不断发展的，并在日耳曼世界到达终点。对此，刘家和指出，黑格尔的这一说法虽然在逻辑上似乎是“完满的”，但在一个更为总体性的层面上，他的历史哲学恰恰成了真正非历史的，它不是现实世界里实际发生或出现过的真正的历史过程。在刘家和看来，世界历史不断形成的过程，既有纵向的文明连续与断裂的方面，又有横向的融合与分解的方面，纵横两个方面的发展是相辅相成的。[①] 刘家和的这一讨论实际上延续了新中国之初即提出的建设世界史新体系的问题，他从学理上对“西欧中心论”做出辩驳，从而肯定了中国历史本身的发展过程、特点和价值。此外，从黑格尔的历史哲学出发，刘家和还对“以史为鉴”的传统观点进行了思考。[②] 这些思考很好地将中国历史与西方哲学结合起来，引人深思。在批判的历史哲学领域，随着2010年杜森所编《历史的观念》增补版的中译[③]，对柯林武德历史哲学的研究成果日渐增多。就分析的历史哲学而言，也有更多分析哲学家如布莱德雷（F. H. Bradley）、加登纳（Patrick Gardiner）、阿瑟·丹托（Arthur C. Danto）、雷克斯·马丁（Rex Martin）等人著作的中译本得到出版，对这些人物的研究也随之跟进。值得注意的是，这些有关思辨的和分析、批判的历史哲学的研究并不是与后现代历史哲学研究完全脱节的，更进一步说，这些研究中的很大一部分本身即融入了后现代的视角，甚至是对后现代历史哲学所提问题的回应。

在2010年前后，前述有关历史叙事、历史转义和历史客观性问题的后现代历史哲学讨论虽然依旧进行，但逐渐趋于平淡，中国学界似乎进入一个总结、批判后现代历史哲学，并试图超越后现代历史哲学研究的进程之

---

① 刘家和：《关于历史发展的连续性与统一性问题——对黑格尔曲解中国历史特点的驳论》，《北京师范大学学报》（社会科学版）2009年第1期。

② 刘家和：《关于“以史为鉴”的对话》,《北京师范大学学报》（社会科学版）2010年第1期。

③ 柯林武德：《历史的观念》（增补版），扬·冯·德·杜森编，何兆武、张文杰、陈新译，北京大学出版社，2010。

中。这种变化与西方历史哲学界发生的理论转向密切相关，这种转向的重要诱因之一在于安克斯密特的“历史经验”理论。我国一些学者注意到了这种理论转向，例如，彭刚指出，安克斯密特的理论重心从“叙事实体”到“历史表现”再到“历史经验”的转移，标示当代西方历史哲学出现了值得注意的新趋向和新变化。[①] 董立河也关注到西方学者对“经验”“在场”等概念的研究，随后用“后－后现代主义”这样一个出自西方学者的称谓来指涉这种新动向，认为它有可能成为一种新的理论范式，表明了一种试图超越后现代主义的态度或诉求。[②]

对具有非理性倾向的后现代主义的超越，必然导致对历史理性的探究。早在2003年，刘家和在《论历史理性在古代中国的发生》一文中明确指出历史理性实际包括“历史的理性”与“史学的理性”，并探讨了古代中国人对历史理性的认识。[③] 2012年，《学术研究》发起“什么是历史理性”的专栏，学者们从历史理性与历史感、历史叙事中的历史理性及德罗伊森、狄尔泰的历史理性批判思想出发，探讨了西方历史哲学传统及后现代之后的历史理性问题。[④] 近几年来，中国学界在继续开掘后现代历史哲学思想资源的同时，也在持续关注西方历史哲学的各种新的理论动向[⑤]，并致力于历史理性或历史知识客观性的重建工作[⑥]。后现代历史哲学在揭示先前为史学家所忽略的历史文本层面的同时，也在历史本体上解构了宏

---

① 彭刚：《从“叙事实体”到“历史经验”——由安克斯密特看当代西方史学理论的新趋向》，《历史研究》2009年第1期。

② 董立河：《从“叙事”到“在场”——论安克施密特的史学理论嬗变及其意义》，《江海学刊》2010年第3期；董立河：《后－后现代历史学理论：一种可能的新范式》，《史学史研究》2014年第4期。

③ 刘家和：《论历史理性在古代中国的发生》，《史学理论研究》2003年第2期。

④ 这组文章包括彭刚《历史理性与历史感》，吕和应《德罗伊森的“历史理性批判”》，董立河《狄尔泰的“历史理性”及其当代启示》，陈新《简论历史理性与历史叙事》，载《学术研究》2012年第12期。

⑤ 参见彭刚《历史记忆与历史书写——史学理论视野下的“记忆的转向”》，《史学史研究》2014年第4期；陈新《近10年西方史学理论界有关历史时间的讨论——兼评〈关于时间的新形而上学〉》，《江海学刊》2013年第1期；赖国栋《时间的等级游戏：长时段与微观史》，《江海学刊》2013年第1期；黄艳红《欧洲历史中的过去和未来——简析科泽勒克和阿尔托格的历史时间研究》，《史学理论研究》2014年第4期；等等。

⑥ 参见董立河《后现代主义之后的历史理性与史学实践》，《历史研究》2013年第5期；董立河《思辨的历史哲学及其对于历史学的价值》，《中国社会科学评价》2017年第3期；顾晓伟《后分析历史哲学与历史知识客观性的重建——当代西方史学理论的一个新趋向》，《中国社会科学评价》2017年第4期。

大叙事和历史意义，在历史认识上解构了历史知识的客观性基础。如何在后现代历史哲学的基础上，重新讲述历史元叙事，重新奠定历史认识的合理性基础，已成为不容回避的重要论题。

总之，新中国成立之后的这 70 年中，从前 30 年基于唯物史观对以唯心史观为核心的西方历史哲学的批判性认识，到改革开放之后 20 多年对西方历史哲学各种论题的全面研究，再到进入新千年后近 20 年来对后现代历史哲学的译介、接受直至批判，中国的西方历史哲学研究日趋成熟和理性。构建中国特色的历史学学科体系、学术体系和话语体系，当然应该以唯物史观为指导，以源远流长的民族史学为根基，但也不可拒绝西方历史哲学的参与。唯物史观是马克思经典作家扬弃西方思辨的历史哲学的产物，也只有在批判借鉴各种西方思辨历史思想的过程中，才能增强自身的生命力和感召力。以素朴经验主义为认知前提的民族史学，只有批判学习现当代西方历史哲学的反思和怀疑精神，才能提高自身的学理性和坚韧性。同时，研究西方历史哲学的中国学者，也应该立足于中国历史学学科建设的现实需要，认真听取中国实践史家的批评意见，努力做好西方历史哲学中国化的工作。

中国古代史学研究

史鉴传承、政治教化与《国语》的经典化*

刘　伟

（曲阜师范大学历史文化学院，山东曲阜　273165）

摘　要：《国语》中蕴含的以史为鉴思想，既是周初以来以周公为代表的政治思想家所推崇的“殷鉴”思想的延续，也是春秋战国之际政治与社会变革在思想文化领域的反映。君主纳谏与臣下谏诤在很大程度上都是史鉴思想在政治生活中的表达方式与实践路径。与史鉴思想相呼应，《国语》很重视对贵族子弟进行以历史上的治乱兴衰为主要内容的政治教育，也注意民间教化以稳定社会。在中国古代史鉴思想的发展过程中，《国语》也被经典化了。

关键词：《国语》　史鉴　谏诤　教化

《国语》，相传为鲁国左丘明所作，一般认为它是中国第一部国别史著作。从其中记载的西周春秋时期大量具有警世鉴戒意义的君臣言论和历史事件来看，为当时执政者提供政治上的参考是《国语》编纂的主要意图，其思想体系也因此体现出浓厚的政治功利倾向。事实上，《国语》中蕴含的这种以史为鉴思想，既是周初以来以周公为代表的政治思想家所推崇的“殷鉴”思想的延续，也是春秋战国之际政治与社会变革在思想文化领域的反映。

---

*　本文为国家社科基金项目“《国语》研究史”（15BZS065）的阶段性成果。

一　从“殷鉴”到“周鉴”——《国语》与史鉴思想的传承

中国古代的政治家，向来重视对前人经验教训的总结。现存最早的经典文献《尚书》中就有很多总结三代为政得失的文字，周初统治者通过宣讲历史对殷商遗民及诸侯重臣进行的训导教化，通过反思历史而总结实现周王朝长治久安的经验教训，开启了中国史鉴传统之先河。[①] 就以其开篇《尧典》来说，这篇经过周人整理加工的文章便为周代以及后世君王所应具备的政治、道德素质树立了一个可资效仿的样本。在文献整理者的笔下，远古时代的尧成为近乎完美的君主形象，并成为后世治国者的典范。后来编订《尚书》的孔子也说：“大哉尧之为君也！巍巍乎！唯天为大，唯尧则之。”[②] 便是把尧当成了社会治理的楷模。

《尚书》中洋溢着商周统治者对本族祖先历史功绩的颂扬之辞，显然是要以先人的辉煌业绩激励后来者，并为后来者的政治措施提供事实依据。如盘庚为了顺利迁都，便以先王作说辞：“殷降大虐，先王不怀厥攸作，视民利用迁。汝曷弗念我古后之闻？……予若吁怀兹新邑，亦惟汝故，以丕从厥志。”[③] 既然先王遇到灾难时不贪恋营造的宫室华居（不怀厥攸作），而是考虑民众利益而迁徙（视民利用迁），那么自己的迁都行为也就是有法可依的了。对于那些不听从劝说的人，盘庚也是拿出“先王”与“乃祖乃父”的例子，以史为证，恩威并施，更使其迁都之计成为对历代先王治国经验的一次实践。周人代商后，也非常注意吸取历史经验。“武王已克殷后二年，问箕子殷所以亡。箕子不忍言殷恶，以存亡国宜告。”[④] 可见周人从建国伊始便已经开始总结国家存亡之道了，《尚书》中的《洪范》篇，其缘由便是武王自称“不知其彝伦攸叙”，因此向箕子请教，这事实上就是对于如何以殷为鉴、使周室国祚延绵的初步探索。周公封康叔于卫时，也教导他“往敷求于殷先哲王，用保乂民。汝丕远惟商耇成人，

① 李建：《“殷鉴”思想论略——以〈尚书·周书〉为中心的探讨》，《史学史研究》2009年第2期。

② 《论语·泰伯》。

③ 《尚书·盘庚》。

④ 《史记·周本纪》。

宅心知训。别求闻由古先哲王，用康保民”。[①] 强调的也是“先哲王”的治国经验。

集中体现“殷鉴”思想的《尚书》虽然多有对君王借鉴历史经验的记录，但从其全书来看，并不是为此而作。晁福林先生指出，“以史为鉴”的前提是对历史进行改铸与剪裁，以适应现实社会的需要。[②] 而春秋战国之际成书的《国语》正是这样一本著作，从头到尾表现出编纂者强烈的以史为鉴的目的。《国语》对西周中后期到春秋时期政治、军事人物、事件的记载，就是由此提醒主政者应该注意从历史中吸取经验教训，在光大先人业绩的同时，尽力避免重蹈亡国者的覆辙。《楚语下》载楚人叶公子高的话说：“人求多闻善败以监（鉴）戒也”，就是对这一编纂目的的极好说明。

那么，在春秋战国之际，为什么会出现这样一部与《资治通鉴》颇有相似之处的历史著作？简单地说，我们可以把它归因于那个时代人类精神的觉醒。经济的发展、血缘关系的淡化以及政治社会层面上的巨大变动都使人类的潜力得到激发，促进了人们的深刻思考，使精神的觉醒成为现实。[③] 在这一背景下，出现对历史经验总结、反思与借鉴的潮流也就是情理之中的事了。王晖先生也曾指出：“春秋战国时期，人们不断反思历史，总结历史经验，于是专门性的古代史书及现代史书都出现了。这时的史书不但数量多而且编纂方式也不少。这些史书的出现，都是为了达到历史的借鉴作用而作的。”[④]《国语》便是这样一部为那个时代的政治家们编纂的历史著作，也是中国史鉴传统发展史上的重要一环。

如果说周初统治者的“殷鉴”思想是要从周革殷命中寻找经验教训的话，那么《国语》的编纂者则把着眼点放在西周中期以来，特别是春秋时期的政治变化上，由此成为体现“周鉴”思想的重要代表作。值得注意的是，“殷鉴”是周初统治者对前朝经验的总结，而“周鉴”则是周人对自身历史发展中所出现问题的总结。究其原因，则是日益显著的政治与社会变革。学界对殷周之际的那场剧烈变革讨论颇多，也给予了充分重视，尤

① 《尚书·康诰》。

② 晁福林：《改铸历史：先秦时期“以史为鉴”观念的形成》，《史学史研究》2010 年第 2 期。

③ 关于人类精神觉醒的问题，参看刘家和先生《论古代的人类精神觉醒》一文，载《古代中国与世界》，武汉出版社，1995，第 577 ~ 599 页。

④ 王晖：《春秋战国时期历史经验总结的思潮与史书》，《史学史研究》1998 年第 4 期。

以王国维的《殷周制度论》为代表。事实上，两周交替在中国历史发展进程中的影响同样巨大，一个重要后果便是西周确立的整套宗法封建制度的土崩瓦解，由此出现了春秋时期的“礼坏乐崩”局面，进而导致了春秋战国之际的又一次深刻变革。而正是由于看到了这一点，《国语》编者迫切希望当时的执政者们能够从中吸取经验教训，以适应新形势的需要。可以说，《国语》一书的编纂，既体现出编者对西周中期以来旧秩序走向崩坏的忧心忡忡，又体现了编者对那个时代社会变迁的深邃见识。

善于总结前人的思想成果，并把它们融入自己构建的体系之中，是中国历代思想家的共同特点。《国语》一书的编纂也是如此。对传统思想资源的继承与发展，是《国语》史鉴思想的重要特征。《国语》引用的经典文献数量很多，大致可以分成传世文献与口头文献两大类。据笔者粗略统计，经过编纂者整理过的《国语》文字中引用的传世文献有十余种，以《诗经》《尚书》频率较高，并涉及当时流传于世的其他史、志、训、铭文、盟约等。除了传世文献外，《国语》还大量引用了流传于民间的口头文献，形式丰富多彩，可大略分为谣谚、“古人之言”、“某闻之”等三类。

晚清杜文澜在所编《古谣谚·凡例》中曾说：“谣谚二字之本义，各有专属主名。盖谣训徒歌，谚训传言。……歌者咏言之谓，言者直言之谓；咏言即长言，直言即径言。”可见“谣”与“谚”虽然有区别，但都是民众生活与思想世界的直接反映。[①] 综合起来看，《国语》中的谣谚，有来源于人民生产生活经验的，有从人类心理出发总结出来的，还有一些是以政治预言的形式在某个特定时期广泛流传的。但引用者最后都把它们归结到政治借鉴与道德教化上，这是《国语》引用谣谚的突出特色。

《国语》中称引的“古人之言”，包括多种不同的形式，如“古人有言”“先民有言”“先人有言”“人有言曰”“外人之言”“古之训”等，这些“古人之言”都是长期以来在中国古代社会中流传很广的经典话语，最初出自何人之口已经不可考。还有一些是有明确归属的，如“史佚有言”“管敬仲有言”以及卫武公关于治国的话都是此类。这些有明确来源的言论，都是出自博学多才或曾建功立业的人物之口。

与各种形式的谣谚和古人之言相比，《国语》中以“某闻之”“某闻之曰”“某闻之某曰”“某闻曰”等形式出现的口头文献数量更多，据笔

① 赵世瑜：《谣谚与新史学——张守常〈中国近世谣谚〉读后》，《历史研究》2002年第5期。

者粗略统计，有40余处，其内容则可分为道德、治国之方、君臣规范和生活经验四小类。[①]

不管是传世文献还是口头文献，都是长期以来人们从事生产、生活经验的总结。《国语》中如此多的引用，正说明了编纂者对于来自历史的经验教训的重视。

二 《国语》史鉴思想与谏诤传统

《国语·楚语下》记载了一个让人深省的故事：楚人王孙圉到晋国聘问，晋卿赵简子把一种称为“白珩”的玉视为楚国之宝，而王孙圉则认为白珩算不上什么国宝，“楚之所宝者”除了“能作训辞以行事于诸侯”的观射父和主管楚国物质生产与储备的薮泽云、连徒洲外，还有左史倚相。这是一位“能读《三坟》《五典》《八索》《九丘》”等古代典籍的“良史”，[②] 王孙圉说他“能道训典以叙百物，以朝夕献善败于寡君，使寡君无忘先王之业”，这才是“楚国之宝”。由此可见，那些在政治、经济、军事与外交领域贡献卓著者固然可谓国宝，而能够以历史上的治乱教训规劝君主者也是不容忽视的国家栋梁。可以说，国君之纳谏与臣下之谏诤正是中国史鉴思想得以世代传承和发挥作用的重要途径，而《国语》中的大量记载充分体现了这一点。

虽然君主处于至高无上的地位，但自古以来的有德之君都深知人才对

① 陈来：《古代思想文化的世界》，三联书店，2002，第153～157页。另外需要指出的是，虽然笔者把《国语》中称引的口传文献分成了谣谚、古人之言和“闻之曰”三大类，但这三者在事实上往往有交叉之处，并不能截然把它们分开。如《周语下·太子晋谏灵王壅谷水》条中太子晋所引：“人有言曰：‘无过乱人之门。’”《左传·昭公二十二年》作“人有言曰：‘唯乱门之无过’”。而《左传·昭公十九年》作“谚曰：‘无过乱门’”。再如《晋语九·阎没叔宽谏魏献子无受贿》条：“人有言曰：唯食可以忘忧。”《左传·昭公二十八年》作“谚曰：‘唯食忘忧’”。又如《楚语下·叶公子高论白公胜必乱楚国》：“人有言曰：‘狼子野心，怨贼之人也。’”《左传·宣公四年》作“谚曰：‘狼子野心’”。对于这种现象，南北朝时期著名学者刘勰曾云：“谚者，直语也。……《牧誓》曰‘古人有言，牝鸡无晨。’《大雅》云‘人亦有言’‘惟忧用老’，并上古遗谚，《诗》、《书》所引者也。”可见学者达人早对古人之言与谚语的密切关系有所认识。所谓的古人之言有时候就是谚语，有时候则由于行文的需要和语言环境的不同而不加说明，故而可称其为引谚之变例。相关论述可参看胡从曾《〈左传〉〈国语〉引谚之变例》，《浙江师范学院学报》（社会科学版）1983年第2期。

② 《左传·昭公十二年》。

国家的重要作用，也往往比较注意接受臣下们的合理建议。《吕氏春秋·自知》云："尧有欲谏之鼓，舜有诽谤之木，汤有司过之士。"商代名臣傅说也说"木从绳则正，后从谏则圣"①，可见善于纳谏也已经内化为中国古代政治生活中统治者的基本素质和要求了。《左传·襄公十四年》引《夏书》曰："遒人以木铎徇于路，官师相规，工执艺事以谏。"② 则夏代已经初步形成了纳谏制度。商代诸王多有善于纳谏者，如商汤，伊尹说他"肇修人纪，从谏弗咈，先民时若；居上克明，为下克忠；与人不求备，检身若不及，以至于有万邦，兹惟艰哉！"③ 再如中兴之君武丁，"得傅说以来，升以为公，而使朝夕规诲，曰：'若金，用女作砺。若津水，用女作舟。若天旱，用女作霖雨。启乃心，沃朕心。若药不瞑眩，厥疾不瘳。若跣不视地，厥足用伤'"。④ 武丁把自己和傅说比喻成船和水、干旱饥渴与润物甘霖之间的关系，足见其对纳谏的重视。与此形成鲜明对比的是，商纣王一味宠信奸佞之人，不听忠臣劝谏，导致身死国亡的下场。《国语》编者深谙此间的道理，能够编纂这样一部以资政为目的的巨著就是明证。

《国语》书中充满了君臣言论的记载，其中就有大量要求君主虚心纳谏的话。《晋语六》引用晋卿范文子的话说："古之王者，政德既成，又听于民，于是乎使工诵谏于朝，在列者献诗使勿兜，风听胪言于市，辨祆祥于谣，考百事于朝，问谤誉于路，有邪而正之，尽戒之术也。先王疾是骄也。"有德之君就应该像"古之王者"那样广开言路、虚心纳谏。引发国人暴动、造成西周动乱的周厉王是《国语》编者树立的一个反面典型。他不仅不听人民的意见，还使卫巫"弭谤"，《周语上》记载了大臣邵（召）公的反对意见，并有了下面一段议论：

> 防民之口，甚于防川。川壅而溃，伤人必多，民亦如之。故天子听政，使公卿至于列士献诗，瞽献曲，史献书，师箴，瞍赋，矇诵，百工谏，庶人传语，近臣尽规，亲戚补察，瞽、史教诲，耆、艾修之，而后王斟酌焉，是以事行而不悖。

邵公首先强调了君主纳谏的重要性，并把纳谏与疏导洪水等同视之。

① 《尚书·说命》。

② 《左传》所引《夏书》见古文《尚书·胤征》："先王克谨天戒，臣人克有常宪。百官修辅，厥后惟明明。每岁孟春，遒人以木铎徇于路。官师相规，工执艺事以谏。"

③ 《尚书·伊训》。

④ 《国语·楚语上》。

邵公以为，天子为政就应该广开言路，积极纳谏，可以通过公卿、列士、瞽史、瞍矇、百工、庶人、近臣、亲戚等多种渠道来实现。君主要想在政治上取得成功，必须以宽广的胸怀接受臣民的劝谏，之后再斟酌损益，才能达到最好的效果。

《国语》中收录了大量与君主纳谏有关的事例，强调为君者应该从主观上积极接受臣下的建议，敢于承认自己的错误、承担责任，并采取措施加以补救。从春秋史实来看，君主纳谏对于政权的稳固大有裨益，有时候也是君主统治艺术升华的标志。越王句践就是一个很典型的例子。句践在上台后便对吴国用兵，结果遭到惨败，这就促使句践开始从自己身上找原因："寡人不知其力之不足也，而又与大国执雠，以暴露百姓之骨于中原，此则寡人之罪也，寡人请更。"表现出了积极悔过的态度。随后他接受大臣范蠡、文种等的建议，采取一系列措施增强实力，并一再重申"昔者之战也，非二三子之罪也，寡人之罪也"。①即使句践的自省可能只是一种姿态，但他随后的补救措施则为后来灭吴提供了重要保证。与句践类似的还有楚恭王。楚恭王是庄王之子，他在位期间在鄢陵战役中失败，丢掉了霸主宝座。这成了他心头永远的痛，一直到临死的时候还念念不忘，表示反省。"不谷不德，失先君之业，覆出国之师，不谷之罪也。若得保其首领以殁，唯是春秋所以从先君者，请为'灵'若'厉'。"②恭王认为自己没能弘扬先人的功业，不是一个称职的君主，因此要求死后以"灵"或"厉"为谥，《国语》把此事记录下来，既表明了编者的赞赏之意，又对当世君王提出了忠告：勇于自我反省、接受臣下建议，对自己、对本国都是一种负责的态度。

《国语》编者除花大量笔墨记录君主纳谏外，也把历史上那些不纳谏者的事迹记录下来，可以用作教育执政者的反面教材。《楚语上》详细记录了发生在楚国君臣之间的一件事：暴虐的楚灵王对白公连续不断的劝谏很是腻烦，但又不好发作，便找史老想办法以使白公以后不再劝谏。白公对灵王拒不纳谏的态度非常失望，他用历史上善于纳谏的武丁、齐桓、晋文与灵王作比较，认为灵王本就不如他们，但还拒绝纳谏，必然不会有什么好结果。最终白公对灵王彻底失去了信心，"杜门不出"，而灵王不久便在内乱中死去，可谓咎由自取。《国语》编者特地把灵王拒绝纳谏而招来

① 《国语·越语上》。
② 《国语·楚语上》。

杀身之祸的结果记录下来，以此证明为君者拒绝纳谏的后果可能非常严重。吴王夫差也是这样一个例子。夫差与越王句践讲和后，便大举北上与齐晋争霸。大将申胥表示反对。他提出的“王其盍亦鉴于人，无鉴于水”的经典主张虽然成为后世明君们的座右铭，但却不能打动一心称霸的夫差。申胥又拿楚灵王拒绝纳谏最后身死他乡的例子提醒夫差：“此志也，岂遽忘于诸侯之耳乎?”申胥还指出吴国北上争霸的隐患，就是暂时依附自己的越国。应该说，申胥的劝谏既有理论深度，又有个案分析，还表现了卓越的战略眼光，无奈为君者已经听不进任何建议了。在与齐国的战争中，吴国取得了暂时的胜利，夫差便昏了头脑，更认为申胥的话不可听从。申胥不愿再在其治下为将，毅然自杀，还让人“以悬吾目于东门，以见越之入，吴国之亡也”[①]，但他这种以死为谏的选择仍然被一意孤行的夫差所抛弃。后来的历史发展证明，夫差因为不听从申胥的死谏而吞下了亡国的苦果。

纳谏，在一定程度上是君主对自身政治能力缺陷的弥补手段。晏子云：“朝居严则下无言，下无言则上无闻。下无言则谓之喑，上无闻则谓之聋。聋喑非害国家而如何也?”[②] 作为君主，如果没有臣下的不同意见，便无法全面把握国家的情况，进而对权力运行与协调造成消极影响。《国语》把许多前代君主纳谏与拒谏的史实记录下来，隐隐体现了其对于当时执政者从谏如流的期望之情。一般来说，盛世明君往往乐于纳谏，如范蠡之谏句践；而处于战乱之中或刚愎自用、荒淫暴虐者则一般不听劝谏，如邵公谏厉王弭谤。《国语》所载这些正反两方面的例子，向当时的为臣者揭示出劝谏的对象、原则与方法，足可作为他们的行动指南。

与君主纳谏相呼应，《国语》也在不同场合强调了臣下谏诤的重要性。劝谏既是为臣者的职责所在，也是忠君的表现形式。《国语》举例说，晋卿赵盾因为屡次直言进谏而成为晋灵公打击的对象，但在晋国卿大夫们看来，这正是赵盾忠君的表现。如智武子云：“夫宣子尽谏于襄、灵，以谏取恶，不惮死进，可不谓忠乎！”[③] 正因为政治家们都把劝谏看作忠心事君的重要方式，才有了《国语》中君主虚怀若谷、谏臣层出不穷的景象。

《国语》中记载的劝谏之事，对象一般是周天子和各国诸侯，也包括

---

① 《国语·吴语》。

② 《晏子春秋·内篇谏下》。

③ 《国语·晋语六》。

主政的卿大夫。其中，由于君主在国家政治生活中的重要地位，在他们身上出现的违反礼制之事便被视为臣下劝谏的重点，此时有责任感的大臣往往挺身而出，指出君主之失。鲁国大夫里革便是《国语》大力宣扬的一个人物。据《鲁语上》，鲁宣公见莒太子以宝贝来投奔，便高兴得不顾他是杀君而来的事实想收留他，还赏赐土地；而里革宁愿违反君命也要把莒太子驱逐出境。这是里革随机应变以实际行动谏阻宣公的成功案例，宣公也承认了自己的错误。除此事外，《鲁语上》还记载了“宣公夏滥于泗渊，里革断其罟而弃之”的例子，里革以历史上“桀奔南巢，纣踣于京，厉流于彘，幽灭于戏”的例子说明君主如果“以邪临民”，就会遭遇同样的下场。一句“断其罟而弃之”的简单描述，便把一个勇于劝谏、不畏强权的诤臣形象展现在读者面前。宣公知错就改，他不但把里革看成“良罟”，还要以此为教训时刻不忘，也不失为一代明君。《国语》编者记录二事，明显表现出了对里革犯颜直谏与宣公善于纳谏的欣赏。

纳谏与劝谏的主体是君主与臣下，但二者身份并不是对等的。因此，臣下劝谏能不能取得预期效果，理由充分固然重要，采用简明而具有说服力的方式让君主接受才是最关键的。再者，君主能够采纳臣下的意见自然值得肯定，但如果他们不听劝谏，为臣者就可以像虞国人宫之奇那样弃之而去，[①] 这也是符合当时礼制的做法。《礼记·曲礼下》云：“为人臣之礼，不显谏。三谏而不听，则逃之。”战国大儒孟子也曾说：“君有过则谏，反覆之而不听，则去。”[②] 为臣者对国君劝谏的态度根据身份不同而不同，在君主不听劝谏的情况下，贵戚之卿可以选择改立新君，而异姓之卿则可以离君主而远去，这甚至成为先秦时期隐士群体的一个重要来源。由此可见，宫之奇做出逃亡的选择完全为人们所接受，是合乎当时的臣道原则的。《国语》所载宫之奇的例子，也是对当世君主的一种警示：如果出现谏臣退隐的现象，那也就昭示着国家的衰落。

由上举《国语》所载诸例可见，不管是君主纳谏，还是臣下的谏诤，援引过去发生过的事例是非常普遍的现象。这恰恰说明，纳谏与谏诤在很大程度上都是史鉴思想在政治生活中的表达方式与实践路径。

---

① 《晋语二》：“伐虢之役，师出于虞。宫之奇谏而不听，出，谓其子曰：‘虞将亡矣！……吾不去，惧及焉。’以其孥适西山。三月，虞乃亡。”宫之奇谏而不听后隐居西山之事就是一个很好的例证。

② 《孟子·万章下》。

三 《国语》史鉴思想与政治教化

君主纳谏与臣下谏诤是时人践行史鉴思想的重要途径，而在《国语》编者看来，仅仅做到这一点显然是不够的。一个有历史眼光的政治家不仅要考虑将历史上的治乱经验运用在正在发生的事情上，还要考虑尽可能挖掘这些经验教训的长远价值，以实现政治与社会效益的最大化与恒久化。从这种战略眼光出发，对自家子弟进行政治与道德教化便成为贯彻史鉴思想、追求长治久安、延续政治生命的必然选择。

中国古代的家教活动经历了一个漫长的发展过程。家庭、家族一出现，家教活动也就随之产生了。最初的家教情况由于没有文字这一载体而难闻其详，但应以原始生产、生活经验为主要内容。记载较早的教育活动，见于《尚书》与《史记》等诸多文献。如《五帝本纪》说“颛顼氏有不才子，不可教训，不知话言，天下谓之梼杌。”《舜典》说舜曾命夔“典乐、教胄子”。《列女传·母仪传》说启母涂山“独明教训，而致其化焉。及启长，化其德而从其教，卒致令名。”值得注意的是，早在氏族时代，帝王贵族的家教便已经具有政治意味，且有专门人员从事此类活动。西周建立后，王公贵族更是经常搬出前贤明王的事迹对储君和其他子弟进行教育，希望以此确保政权根基的稳固。相传周文王的母亲太任在怀孕期间就有针对性地进行了胎教，文王出生后果然不同凡响。[①] 文王夫妻也曾对武王进行教育，[②] 而《尚书》中的《酒诰》《康诰》《梓材》等篇，又记录了武王、周公对姬姓贵族的训诫之词，《无逸》篇则全是周公教育成王要勤于政事、不能淫逸的言论。《国语·周语下》载卫彪傒的话说：“周诗有之曰：‘天之所支，不可坏也。其所坏，亦不可支也。’昔武王克殷，而作此诗也，以为饫歌，名之曰‘支’，以遗后之人，使永监焉。”则武王还曾以诗歌的形式教育子孙。

---

① 《列女传·母仪传》云：“大任者，文王之母，挚任氏中女也。王季娶为妃。大任之性，端一诚庄，惟德之行。及其有娠，目不视恶色，耳不听淫声，口不出敖言，能以胎教。溲于豕牢，而生文王。文王生而明圣，大任教之，以一而识百，卒为周宗。君子谓大任为能胎教。”

② 《逸周书·文传解》：“文王受命九年……召太子发曰：‘吾语汝：所保所守，厚德广惠，忠信爱人，君子之行。’”《列女传·母仪传》：“大姒教诲十子，自少及长，未尝见邪僻之事。及其长，文王继而教之，卒成武王周公之德。”

在《国语》时代，周天子权威渐失，诸侯列国相互征伐，列国内部也是纷争不断，身处旋涡中的君王贵族颇有朝不保夕之虞。在这种情况下，一些有识之士深切地感受到加强对子弟的教育以提高其自身政治、道德素质的重要性，并为此采取了各种措施。除了正常进行的学校教育外，还恢复西周时期的做法，在宫室、家族内部安排专人对王子、公子、国子等进行教育。《国语》中记载了大量从事家教活动的官职和人物，足见此时对贵族家教的重视。在这些家教活动中，太傅（傅）具有特别重要的地位。《晋语四》载晋人胥臣的话说“文王在母不忧，在傅弗勤，处师弗烦”，可见太傅（傅）一职在先周时期就已经出现了，而且师、傅并列，则其与学校中的“师”是有区别的。在一定程度上，太傅（傅）可以说是周天子、诸侯为其继承人设立的家庭教师，其教育内容，则以《楚语上》所载楚人申叔时所说为比较全面：

> 教之春秋，而为之耸善而抑恶焉，以戒劝其心；教之世，而为之昭明德而废幽昏焉，以休惧其动；教之诗，而为之导广显德，以耀明其志；教之礼，使知上下之则；教之乐，以疏其秽而镇其浮；教之令，使访物官；教之语，使明其德，而知先王之务用明德于民也；教之故志，使知废兴者而戒惧焉；教之训典，使知族类，行比义焉。

申叔时所说各项，包括了礼乐、历史、德行、政法等方面，足见当时对君位继承人自身素质的要求之高，其中尤其重视对过往历史经验的教育。

对于除君位继承人以外的其他贵族子弟来说，他们接受家教的方式也有多种。有的以朝中位尊德显的卿大夫为师，如《晋语四》载晋文公重耳为公子时曾从胥臣读书；有的则是由家族中的长辈担当起了家教的任务，这可以《鲁语下》所载公父文伯之母（敬姜）为代表。至于父子、兄弟之间的政治、生活经验的传承，在《国语》中更是屡见不鲜，《齐语》说管子提倡“父兄之教”，晋卿范武子、范文子、范宣子祖孙三代之间的家教更是《晋语》诸篇着力塑造的典型，此不赘述。

综合起来看，德教是当时贵族家教的重要内容，但其核心和出发点，仍然是以过去时代的治乱兴衰为主要内容的政治教育。敬姜非常强调礼节，但还是以“君子能劳，后世有继”来告诫季康子要勤于政事；范武子通过杖打文子使他领会到官场中的奥妙，并学以致用；密康公之母劝说儿子不要娶“三女”，也是为他的政治前途考虑的……《国语》中搜集的这些材料，使我们得以体会到编纂者的良苦用心：在列国之间、国内政治势力之间激烈斗争的时候，许多曾经非常强大的家族，就是因为子弟由于自身修养的缺陷而逐渐丧失了在政治斗争中的优势，从而导致家毁族亡。《国语》编者看到了问题的关键，便把这些事例搜集起来，提供给后世的统治者参考，以使他们能够维持原有地位，避免亡国灭家的命运。

上层建筑之巩固，有赖于社会基础之稳定。而要稳定社会基础，就不能忽视民众。在一般情况下，普通民众只要能维持基本的生存环境、掌握基本的经济权益，便不会对社会稳定构成威胁。这一点是历代统治者都清楚的。《史记·五帝本纪》说黄帝就曾“时播百谷草木，淳化鸟兽虫蛾，旁罗日月星辰，水波土石金玉，劳勤心力耳目，节用水火材物”，张守节《正义》云：“言黄帝教民，江湖陂泽山林原隰皆收采禁捕以时，用之有节，令得其利也。”炎帝神农氏更是以教会人民耕作之术而流芳百世。传说中时代稍晚的帝喾也“取地之财而节用之，抚教万民而利诲之，历日月而迎送之”。[①] 由此可见，我国早期的领袖人物就已经有意识地施教于民了。当然，这个时候的教化，和当时低下的经济发展水平密切相关。

虞夏商周时期，历代君王也没有放弃对民众的教化。《郑语》载周王室大臣史伯说：“虞幕能听协风，以成乐物生者也。夏禹能单平水土，以品处庶类者也。商契能和合五教，以保于百姓者也。周弃能播殖百穀蔬，以衣食民人者也。”在《国语》时代，各国政治家、思想家对于民众的重视更超出以往，并形成了一股思潮。基于这种重民思潮，这个时期的统治者更注意对民间社会的教化，特别是强调下层民众的基本经济利益，这更体现出为政治服务的战略意图。据《周语上》，周襄王时期的内史过就曾明确援引古代圣贤君主的做法说：“古者，先王既有天下，又崇立上帝、明神而敬事之，于是乎有朝日、夕月以教民事君。”这就告诉人们，在敬天的基础上坚持对民众的教化，以达到让人民“事君”的目的，是历代维持社会稳定和争取人民支持的重要手段，周天子当然也不应该例外，至于诸侯，也应该在周天子的领导下起到教化民众的作用。具体做法，可以包括制度、仪式、礼节、正面宣传等方面。如果这些方式都不能奏效的话，就需要刑罚的帮助了。这就是《尚书·舜典》所谓“扑作教刑”，刑罚也就成为教化的补充手段。而在一般情况下，民间教化应该以“节事”为本。《越语下》中引用范蠡的话说，人民休养生息是推行教化的前提条件，

① 《史记·五帝本纪》。

如果在时机不成熟的时候仓促行事，就将损害民众的经济利益。在这种情况下，就必须“抚民保教”。经济好转了，人民富裕了，教化推行了，“乃可以有天下之成利”。以经济利益为民间教化之本的主张抓住了问题的关键，《国语》中还记录了不少政治家、思想家的类似看法。如《周语下》载伶州鸠云：“若夫匮财用，罢民力，以逞淫心，听之不和，比之不度，无益于教。”《楚语上》载楚大夫士亹云：“若民烦，可教训。”等等。由上可见，《国语》之编纂，又有对民间社会进行教化的意味，这也体现了《国语》编纂者重视民众、希望以此稳定社会以为政治服务的思想。

通过上面几方面的初步分析，《国语》一书中浓厚的史鉴意识也就清晰地呈现在我们面前。《国语》之编纂主要是以历代治乱之迹为统治者提供借鉴，同时又具有教化价值。贯穿全书的主导思想，是为当时的政治现实服务。一个很明显的事实是，在《国语》编纂者看来，那个时代的人们要想走出战乱与灾祸的泥潭，就必须深入传统思想资源中去，从祖先留下的历史遗产中寻找可资借鉴的经验。而在今天看来，《国语》对历代治乱经验与传统思想资源的重视，也告诉了我们同样的道理。在《国语》时代之后的两千年间，人们也不断从《国语》的思想宝库中吸收营养。于是，和早于它的《诗》《书》等文献一样，《国语》也被经典化了。一言以蔽之，历代思想家对经典文献及其优秀思想的继承与发展，塑造了在中国世代相传的以史为鉴、继承与创新并重的美德。

试析刘知幾的正统思想

——以《史通》的史学批评为考察中心

吴海兰

（厦门大学人文学院历史系，福建厦门　361005）

摘　要：汉唐之际是中华正统之争与正统再造的重要阶段，刘知幾总结汉唐时期的史学，正统问题是不能回避的内容。刘知幾对楚汉时期、汉晋之际与东晋南北朝的正统问题都有展开史学批评，这源于其以儒为本的治学立场，从而使其正统观的儒学因素十分突出。刘知幾关于正统的史学批评不仅深受儒家名实观念和华夷之辨的渗透，同时还受其本人正统思想的影响。刘知幾的正统思想植根于时代，承认武则天的正统地位，否定唐初的北朝系统。刘知幾的正统思想有其特点。

关键词：刘知幾　正统思想　史学批评

1902年梁启超倡导史界革命，曾将正统论作为中国旧史学最荒谬的观念予以激烈抨击，但朱维铮敏锐地指出梁启超又极力称道刘知幾、郑樵、章学诚等人的史学，视为中国史学进化的表征，忘记了刘知幾等人是“正统论的坚决捍卫者”。[①]饶宗颐先生在其《中国史学上之正统论·小引》中，也提及刘知幾《史通》亡佚的《体统》篇，作为“论统之作”。[②]不过，

---

① 朱维铮：《中国史学上之正统论·序》，载饶宗颐《中国史学上之正统论》，上海远东出版社，1996，第3页。

② 饶宗颐：《中国史学上之正统论》，第1页。关于刘知幾所说的“体统”，在《史通》中出现七次，含义大致可以分为两种。一是指体裁体例，如卷一《六家》中说《九州春秋》“寻其体统，亦近代之国语也”；卷三《书志》中说书、志、记、录、说等（接下页）

目前所见关于中国古代正统论的梳理，极少涉及刘知幾，大约主要因为其没有留下关于正统问题的专文。《史通》是对中唐以前史学发展的系统总结，汉唐之际是中华正统之争与正统再造的重要阶段，特别六朝时期，国家四分五裂，南北对峙，几十个政权频繁地兴衰更替，促使各政权对正统地位的追求尤为迫切，“自有晋南徙，魏乘机运，周隋禅代，历世相仍，梁氏称邦，跨据淮海，齐迁龟鼎，陈建宗祊，莫不自命正朔，绵历岁祀，各殊徽号，删定礼仪。”① 这一时代特征必然在史家及其著作之中有所体现。刘知幾总结汉唐时期的史学，自然不能回避这一时代课题，其《史通》对汉唐之际的正统问题给予了较多的关注和批评。学术界对刘知幾的研究虽然已十分广泛而精深，但对其正统思想还缺乏系统而深入的讨论。②我们以为只有深入了解刘知幾的正统思想，才能更好地理解其对前人史书史学的评判及其史学思想，因此，本文将以《史通》为中心，来尝试考察他的正统思想。下文将从三个方面展开讨论：一，《史通》关于正统问题的史学批评；二，刘知幾正统观的儒学因素；三，刘知幾的正统思想及其特点。

一　《史通》关于正统问题的史学批评

宋以前，中国正统争论较为集中的阶段，是汉晋之际与南北朝时期。

（接上页）“名目虽异，体统不殊”；卷六《叙事》批评司马迁叙事“自周已往，言所不该，其文阔略无复体统”；卷七《探赜》说魏收倘若混合记录南北，易于“体统不纯，难为编次”；卷十《自叙》“辨其指归，殚其体统”；卷二十《忤时》“古者刊定一史，纂成一家，体统各殊，指归咸别。”二是指正统，仅见于卷七《探赜》。檀道鸾评论习凿齿撰《汉晋春秋》，“当桓氏执政，故撰此书，欲以绝彼瞻乌，防兹逐鹿”。刘知幾反驳“安有变三国之体统，改五行之正朔，勒成一史，传诸千载，而藉以权济物议，取诫当时。”唯有此例，与“正朔”相对，符合饶宗颐先生“体统”即正统之说。

① （宋）宋敏求编《唐大诏令集》卷八十一《命萧瑀等修六代史诏》，商务印书馆，1959，第466页。

② 目前所见者，主要有饶宗颐《中国史学上之正统论》《史料三》中收录了《史通》的《探赜》《列传》，并略作评述；许凌云《刘知幾评传》（南京大学出版社，1994）认为刘知幾的正统观念表现在“传以释纪”论和“求名责实”论；河北师范大学董文武指导的4篇硕士论文（王真《刘知幾几对两晋史学评述之研究》、艾静《刘知幾关于南朝史学评论之研究》、柴剑《刘知幾对北朝史学评述之研究》、陈金庄《刘知几关于唐前期史学论断之研究》）都有关于刘知幾正统论的叙述，但都仅寥寥数笔，未能深入展开。此外，周文玖《刘知幾史学批评中的理性主义精神》（《史学理论与史学史学刊》2018年第2期）对刘知幾的正统观念也略有论述。

刘知幾的《史通》不仅对这两个阶段的正统问题都有批评，而且对楚汉时期的正统问题也予以特别的关注。

（一）《史通》对楚汉时期正统问题的批评

古往今来，围绕《史记》的体例而展开的争议颇多，其中项羽本纪与吕太后本纪，尤为争论的焦点。[①]班固的《汉书》保留高后本纪，而将项羽降为列传，体现了班固与司马迁正统立场的差异。司马迁在《史记》中，有“统”的观念而无正伪之分，他说：“三王之道若循环，终而复始。周秦之间，可谓文敝矣。秦政不改，反酷刑法，岂不谬乎？故汉兴，承敝变易，使人不倦，得天统矣。”[②]班固提出不同看法，说“汉绍尧运，以建帝业”，批评司马迁“私作本纪，编于百王之末，厕于秦、项之列”，因此“探撰前记，缀集所闻，以为《汉书》”。[③]在班固的观念中，不仅项羽，连秦王朝都不属于正统。六朝以来，《史记》的地位难及《汉书》：“梁时，明《汉书》有刘显、韦稜，陈时有姚察，隋代有包恺、萧该，并为名家。《史记》传者甚微。”[④]刘知幾称《史记》贯通古今“劳而无功”，且“言罕褒讳，事无黜陟”；而《汉书》包举一代，“言皆精炼，事甚该密，故学者寻讨，易为其功”。[⑤]这个评价与时代风气是一致的。

具体到项羽本纪，刘知幾在《史通》中多次予以驳斥，看法基本类似，如“项羽僭盗而死，未得成君”、“羽窃帝名，正可抑同群盗”[⑥]、“项羽僭盗而纪之曰王，此则真伪莫分”[⑦]、“羽之僭盗，不可同于天子”[⑧]等等。秦灭亡后，诸侯逐鹿，楚汉相争，刘邦得胜而称“帝”，项羽失败而为“盗”，这岂不正是成王败寇的正统观念作祟？刘知幾说过“未闻势穷者即为匹庶，力屈者乃成寇贼”[⑨]，但他对项羽的评价毫无疑问与此矛盾。虽然《史记》中五帝、夏、殷等本纪与项羽本纪叙事方式类似，但刘知幾

---

① 汪文学：《正统论——发现东方政治智慧》，陕西人民出版社，2002，第252～259页。

② （汉）司马迁：《史记》卷八《高祖本纪》，中华书局，2013，第493～494页。

③ （南宋）范晔：《后汉书》卷四〇上《班彪列传附班固传》，中华书局，1965，第1334页。

④ （唐）魏徵：《隋书》卷三十三《经籍志二》，中华书局，1973，第957页。

⑤ （唐）刘知幾：《史通》卷一《六家》，浦起龙：《史通通释》，上海古籍出版社，2009，第8、20页。

⑥ （唐）刘知幾：《史通》卷二《本纪》，第34页。

⑦ （唐）刘知幾：《史通》卷四《称谓》，第99页。

⑧ （唐）刘知幾：《史通》卷二《列传》，第42页。

⑨ （唐）刘知幾：《史通》卷四《称谓》，第99页。

认为五帝、夏、殷“正朔相承，子孙递及，虽无年可著，纪亦何伤”，而项羽“殊夏氏之后羿，似黄帝之蚩尤。譬诸闰位，容可列纪；方之骈拇，难以成编。”[①]这是从血统上强调正闰不可混淆，否定项羽本纪的必要。

关于吕后本纪，刘知幾的态度也值得深究。《史记》中有《吕太后本纪》，没有惠帝本纪，《汉书》保留了《高后纪》，但补充《惠帝纪》。刘宋时期刘勰对高后入纪深表不满：“孝惠委机，吕后摄政，班史立纪，违经失实。何则？庖犧以来，未闻女帝者也。汉运所值，难为后法。牝鸡无晨，武王首誓；妇无与国，齐桓著盟。宣后乱秦，吕氏危汉，岂唯政事难假，亦名号宜慎矣。张衡司史，而惑同迁、固，元帝王后，欲为立纪，谬亦甚矣！”[②]可见刘勰对司马迁和班固关于吕后入本纪的处理都持批评态度。此外，北齐刘轨思虽赏识班固之史才，但“讥其本纪不列少帝，而辄编高后”。刘轨思批评《汉书》的言论，目前仅见于《史通》的摘录，具体细节不详；而刘勰对《史》《汉》吕后纪的负面评价保存完整，清晰可见，但刘知幾批评的对象却仅为刘轨思。刘知幾针对刘轨思批评《汉书》不为少帝刘弘立本纪，驳斥说刘弘非刘氏子而窃养于汉宫，“时天下无主，吕宗称制，故借其岁月，寄以编年。而野鸡行事，自具《外戚》。”吕后称制犹如周、召执政，“历纪共和之日。而周、召二公，各世家有传”。班固为吕后立纪并非自我发明，而是遵循先例，符合事宜，“岂谓虽浚发于巧心，反受嗤于拙目也”。[③]此外，刘知幾还强调“吕后以妇人称制，事同王者。”[④] 也就是说，吕后进入本纪，乃名实相符。这是从名实一致的角度认可吕后本纪的合理性。

（二）《史通》对汉晋之际正统问题的批评

魏蜀吴三国中，刘备以宗室身份占据名分优势，却没有实力定鼎中原；曹魏实力最强，“以受禅于汉，因循汉正朔弗改”[⑤]，却始终难以打破与吴蜀的鼎立局面，也就难以论证天命所归。当时有人提出“盖闻天无二

---

① （唐）刘知幾：《史通》卷二《列传》，第42页。

② （梁）刘勰：《文心雕龙》卷四《史传》，范文澜：《文心雕龙注》，河北教育出版社，2002，第251页。

③ （唐）刘知幾：《史通》卷七《鉴识》，第190～191页。

④ （唐）刘知幾：《史通》卷十七《杂说中》，第451页。

⑤ （晋）陈寿：《三国志》卷三《明帝纪》，中华书局，1971，第108页。

日，土无二王。今天下鼎立，正朔有三，是以远人惶惑，不知所归也。”[①]曹魏代汉后虽然进行了一系列的正统化运作，却事倍功半，最后统一的使命不得不留给司马氏完成。[②]陈寿由蜀入晋，其《三国志》以魏为正统，魏帝入本纪，称曹氏父子为魏王、天子或帝；对吴、蜀二主直呼其名，叙吴、蜀之史必记魏之年号，以明正统在魏。东晋时期，习凿齿著《汉晋春秋》，“于三国之时，蜀以宗室为正，魏武虽受汉禅晋，尚为篡逆，至文帝平蜀，乃为汉亡而晋始兴焉。”[③]改蜀汉为正统，魏、吴为偏霸。

刘知幾对三国时期正统的看法存在矛盾：

> 当汉氏云亡，天下鼎峙，论王道则曹逆而刘顺，语国祚则魏促而吴长。但以地处函夏，人传正朔，度长絜短，魏实居多。二方之于上国，亦犹秦缪、楚庄，与文、襄而并霸。原注：蜀昭烈主可比秦缪公，吴大帝可比楚庄王。[④]

> 隋内史李德林著论，称陈寿蜀人，其撰《国志》，党蜀而抑魏。刊之国史，以为格言。案曹公之创王业也，贼杀母后，幽逼主上，罪百田常，祸千王莽；文帝临戎不武，为国好奢，忍害贤良，疏忌骨肉。而寿评皆依违其事，无所措言。刘主地，居汉宗，仗顺而起，夷险不挠，终始无瑕。方诸帝王，可比少康、光武；譬以侯伯，宜辈秦缪、楚庄。而寿评抑其所长，攻其所短。是则以魏为正朔之国，典午攸承；蜀乃僭伪之君，中朝所嫉。故曲称曹美，而虚说刘非，安有背曹而向刘，疏魏而亲蜀也？夫无其文而有其说，不亦凭虚亡是者耶？习凿齿之撰《汉晋春秋》，以魏为伪国者，此盖定邪正之途，明顺逆之理耳。[⑤]

刘知幾指责曹操为当之无愧的乱臣贼子，曹魏开国之君曹丕也毫不具备明君气象。反之，刘知幾对刘备极力褒扬：“居汉宗，仗顺而起，夷险不挠，终始无瑕。方诸帝王，可比少康、光武；譬以侯伯，宜辈秦缪、楚

---

① （晋）陈寿：《三国志》卷四十三《吕凯传》，第1046页。
② 朱子彦、王光乾：《曹魏代汉后的正统化运作——兼论汉魏禅代对蜀汉立国和三分归晋的影响》，《中国史研究》2011年第1期，第140页。
③ （唐）房玄龄等：《晋书》卷八十二《习凿齿传》，中华书局，1974，第2154页。
④ （唐）刘知幾：《史通》卷四《称谓》，第99页。
⑤ （唐）刘知幾：《史通》卷七《探赜》，第197页。

庄。”所以，“论王道则曹逆而刘顺”。他还驳斥了李德林关于《三国志》“党蜀而抑魏”的看法，认为陈寿对刘备的评价“抑其所长，攻其所短”，对曹氏“曲称曹美，而虚说刘非”。刘知幾不满于《三国志》的正统倾向，因此肯定习凿齿的《汉晋春秋》伪魏而正蜀，“盖定邪正之途，明顺逆之理耳”。但另一方面，刘知幾又说虽然在王道与国祚长短方面曹魏都处于劣势，但“地处函夏，人传正朔，度长絜短，魏实居多”，可见他仍然承认曹魏在三国中占据了地理和皇位禅让的优势，总体上略胜一筹。另外，他在《史官建置》篇中说“偏隅僭国，夷狄伪朝”也有史官，不应忽略，最先列举的就是蜀汉时期王崇补东观，许盖掌礼仪，郤正任秘书郎，广求书籍，说明“典校无阙，属辞有所”。①可见蜀汉仍是属于“僭国”“伪朝”。这与上述他对习凿齿的评价存在一定的矛盾，说明刘知幾对于三国正统问题的看法尚未成熟。

不过，刘知幾强调昭烈帝刘备与吴大帝孙权可分别比拟于秦穆公和楚庄王，对他们的地位不应过度贬低。这表明他并不认可陈寿《三国志》中对吴、蜀入传的处理。他认为梁武帝敕撰的《通史》中将吴、蜀列入世家，处理适当。因吴、蜀二主若“题之以纪，则上通帝王；榜之以传，则下同臣妾”，都不合适，唯有梁武帝的《通史》“去太去甚，其得折中之规乎！”②刘知幾还批评鱼豢、孙盛撰写三国史事，直呼刘备、孙权之名讳，“方于魏邦，悬隔顿尔，惩恶劝善，其义安归”。③这些都表明刘知幾认为魏蜀吴三方没有本质的差别。

（三）《史通》对东晋南北朝时期正统问题的批评

自公元311年永嘉之乱开始，至589年隋灭南朝陈，三百多年中国长期处于南北对峙的局面。不仅民族矛盾异常尖锐，频繁的王朝更替和众多的政权并立，也导致正统之争十分激烈。北方政权以据有中原这一地理优势而争夺正统，南方朝廷以拥有华夏文明而自命正统。这样的现实背景，必然会对史家的著述产生影响。

对于东晋南北朝时期的正统观念，刘知幾有一个大体较为客观的评价：

> 续以金行版荡，戎、羯称制，各有国家，实同王者。晋世臣子党

---

① （唐）刘知幾：《史通》卷十一《史官建置》，第289页。
② （唐）刘知幾：《史通》卷二《世家第五》，第39页。
③ （唐）刘知幾：《史通》卷四《称谓》，第99页。

附君亲，嫉彼乱华，比诸群盗。此皆苟徇私忿，忘夫至公；自非坦怀爱憎，无以定其得失。至萧方等始存诸国名谥，僭帝者皆称之以王。此则赵犹人君，加以主号；杞用夷礼，贬同子爵。变通其理，事在合宜，小道可观，见于萧氏者矣。①

“金行”指西晋，因魏承汉，汉为火德，火生土，故魏为土德；晋承魏，土生金，故晋为金德。刘知幾认为五胡十六国各自建立政权，首领实为王者，东晋君臣及史家愤其“乱华”而鄙之为群盗，此乃“苟徇私忿，忘夫至公”。梁元帝萧绎的长子萧方等著《三十国春秋》，以晋为主，附刘渊以下二十九国史事，存诸国名谥，诸帝称以王号，刘知幾认为该书的处理类似“赵（武灵王）犹人君，加以主号；杞用夷礼，贬同子爵”，根据具体情况予以适当变通，“事在合宜，小道可观”，较为可取。可见，在东晋与十六国之间，刘知幾是选择以东晋为正统的。北魏崔鸿著《十六国春秋》，仅记十六国历史，魏收认为崔鸿“二世仕江左，故不录僭晋、刘、萧之书。又恐识者责之，未敢出行于外。”②崔鸿出自清河崔氏，此支曾仕南燕慕容德，南燕灭后再归刘宋，曾祖崔旷、祖父崔灵延都曾在刘宋出仕。到其父辈归北魏已是孝文帝时期，因而未受到崔浩事件的牵连。《十六国春秋》没有记录东晋南朝的历史，魏收以为这是因崔鸿受到家族“世仕江左”的影响，刘知幾不同意这一看法：

案于时中原乏主，海内横流，逖彼东南，更为正朔。适使素王再出，南史重生，终不能别有异同，忤非其议。安得以伪书无录，而犹罪归彦鸾者乎？且必以崔氏祖宦吴朝，故情私南国，必如是，则其先徙居广固，委质慕容，何得书彼南燕，而与群胡并列！爱憎之道，岂若是邪？且观鸿书之纪纲，皆以晋为主，亦犹班《书》之载吴、项，必系汉年，陈《志》之述孙、刘，皆宗魏世。何止独遗其事，不取其书而已哉！③

刘知幾认为《十六国春秋》是崔鸿“鸠诸伪史”而成，原无南方的记

① （唐）刘知幾：《史通》卷四《称谓》，第100页。
② （北齐）魏收：《魏书》卷六十七《崔光传附崔鸿》，中华书局，1974，第1502页。
③ （唐）刘知幾：《史通》卷七《探赜》，第198页。

载，这不能归罪于崔鸿。至于当时的正统政权，刘知幾认为毫无疑问当属东晋，所谓“使素王再出，南史重生，终不能别有异同，忤非其议。”倘若以崔氏祖先出仕南朝而怀疑其有所偏党，那么其先祖也曾投奔南燕，为何南燕在该书中与其余诸胡并列？可见魏收的猜测并无根据。

北朝史书中，刘知幾主要以魏收的《魏书》为对象讨论与正统观念相关的问题，涉及的内容主要包括以下两个方面：（一）“厚诬江左”。《魏书》对南朝政权，“曲加排抑，同建邺于蛮貊之邦”；[①] “桓、刘诸族，咸曰岛夷。是则自江而东，尽为卉服之地。”[②]关于南朝的史事，魏收虽多取材于沈约的《宋书》，却随意删改，隐瞒真相，如司马睿出于牛金、刘骏上淫路氏之类。另如《宋书·索虏传》中记载元嘉二十七年（450）北魏拓跋焘南征事，刘知幾说“其间胜负，盖皆实录焉”，而魏收“如事有可耻者，则加减随意，依违饰言”。[③] 《宋书》中记载拓跋焘“遣使饷太祖（宋文帝刘义隆）骆驼名马，求和请婚”，“又求嫁女与世祖（宋孝武帝）”；[④]《魏书》中则改为刘义隆主动请和，“求进女于皇孙”，被拓跋焘以“师婚非礼”[⑤] 拒绝。刘知幾批评魏收的说法“尤可怪也”。因为江左皇族和水乡庶姓，无论是亡命抑或俘囚，“一诣桑乾，皆成禁脔”。这都是《魏书》自述，并非他国所传。可见“北之重南，其礼如此”，所以不太可能“黄旗之主，亲屈己以求婚，而白登之阵，反怀疑而不纳”。总之，刘知幾认为魏收“深嫉南国，幸书其短”，[⑥]因替北魏争正统而不惜颠倒事实。[⑦] 刘知幾不了解的是，《魏书》将东晋南朝及十六国诸政权等同僭逆，实渊源于北魏李彪所撰北魏当代史书《国书》，[⑧]但魏收显然认同这一处理，

---

① （唐）刘知幾：《史通》卷七《曲笔》，第 184 页。

② （唐）刘知幾：《史通》卷五《因习》，第 128 页。

③ （唐）刘知幾：《史通》卷十七《杂说中》，第 456 页。

④ （南宋）沈约：《宋书》卷九十五《索虏传》，中华书局，1974，第 2352 页。

⑤ （北齐）魏收：《魏书》卷九十七《岛夷刘氏传》，第 2139 页。

⑥ （唐）刘知幾：《史通》卷十七《杂说中》，第 456～457、459 页。

⑦ 南北双方对求婚一事的记载互相矛盾，刘知幾采信南朝《宋书》，但证据并不十分充足。目前所见关于此事的讨论，仅有张金龙《北魏政治史·三》（甘肃教育出版社，2008，第 395 页）提出《宋书》的记载于情理不合，《魏书》的记载与事实也不完全符合，应该是北魏先遣使为皇孙求婚，而后刘宋才遣使回访，并委婉拒绝了求婚。也就是说，《宋书》的记载更为可信。此外，笔者以为《宋书》卷七一《江湛传》（第 1849 页）或许可以作为北朝主动求婚的佐证：“索虏至瓜步……虏遣使求婚，上召太子劭以下集议，众并谓宜许，湛曰：‘戎狄无信，许之无益。’”

⑧ 何德章：《〈魏书〉正统义例之渊源》，《魏晋南北朝史丛稿》，商务印书馆，2010，第 380 页。

并继承了下来。(二)“轻抑关右”。刘知幾指责魏收在《魏书》中替北魏争夺正统，将东晋与五胡都比作“群盗”，完全忽视匈奴、羯等政权都在北魏之前建国，且拓跋氏曾“膜拜稽首，自同臣妾”，[①]如今匈奴等却反被视为北魏臣属而列入《魏书》传记中，魏收可谓厚颜之极。另外，北魏分裂为东、西魏后，又分别被北齐与北周取而代之，魏收仕于北齐，因此《魏书》中以东魏为正统，对东魏的历史叙述详赡，不惜笔墨；对西魏军政大事多只字不提，或语焉不详，投奔西魏宇文泰的孝武帝竟被魏收称为“出帝”，此即刘知幾所谓的“谄齐则轻抑关右”。可见，刘知幾认为《魏书》不仅在南北正统问题上存在偏颇，即使对同属北方政权的历史记载也有失客观公正。

值得注意的是，刘知幾不仅不满意魏收《魏书》中的正统立场，对隋代魏澹等人重修的《魏书》也有批评。魏澹对魏收《魏书》的修改，主要体现在义例，其中特别重要的一点就是“以西魏为真，东魏为伪”[②]，东魏孝静帝被贬入列传，西魏文帝、恭帝进入帝纪。刘知幾对此的看法是“以暴易暴，古人以为嗤。如彦渊（魏澹字）之改魏收也，以非易非，弥见其失矣”。[③]魏澹《魏书》的价值被完全否定了。

二　刘知幾正统观的儒学因素

中国史学上的正统论是儒家正统思想的典型反映，如果离开中国传统文化中的正统——儒家思想，史学正统论便是无源之水、无本之木。[④]刘知幾关于汉唐时期正统问题的史学批评，正源于其以儒为本的治学立场。

刘知幾以史名家，且曾自述过少年时代对《古文尚书》十分抗拒：“每苦其辞艰琐，难为讽读。虽屡逢捶挞，而其业不成。”[⑤]这可能会给我们留下印象，以为刘知幾在儒学方面没有根基，不足称道。其实刘知幾也说过“仆幼闻《诗》、《礼》”，十一二岁后才对于“史传之言，尤所耽悦”。[⑥]

---

① （唐）刘知幾：《史通》卷四《断限》，第 90 页。

② （唐）刘知幾：《史通》卷十二《古今正史》，第 339 页。

③ （唐）刘知幾：《史通》卷十八《杂说下》，481 页。

④ 董恩林：《试论历史正统观的起源与内涵》，《史学理论研究》2005 年第 2 期，第 22 页。

⑤ （唐）刘知幾：《史通》卷十《自叙》，第 267 页。

⑥ （唐）刘知幾：《史通》卷二十《忤时》，第 554 页。

高宗永隆元年（680），刘知幾20岁时以进士“射策登朝”。[①]进士科自贞观八年（634）始，至少需读经、史一部，可见刘知幾考中进士仍需经术方面的功夫。而且兄长刘知柔“代传儒学之业”，[②]刘知幾纵然偏好史学，耳濡目染中也不能不受到家庭的影响。

刘知幾的儒学，在开元七年（719）围绕《孝经》等书展开的辩论中有所体现。刘知幾认为唐代流行的今文《孝经》并非郑玄所注，应以隋开皇十四年校书学士王孝逸寻得的古文孔安国注取而代之，因为孔注被隋代学者王劭赞为“经文尽正，传义甚美”。刘知幾还指出《汉书·艺文志》中《易》有十二家，无子夏《易传》，该书直至萧梁时期阮孝绪《七录》中才出现，比较可疑。中书门下承认“子玄博识，诚则纯儒”，但否定前人不可取，“令诸儒与子玄对质定”[③]。刘知幾在争论中孤立无援，“司马贞与学生郗常等十人尽非子玄”，于是朝廷“卒从诸儒之说”[④]。刘知幾说自己读书“触类而观，不假师训”，“其所悟者，皆得之襟腑，非由染习”。[⑤]这种独立钻研、不迷信前人成说的精神，正与怀疑《孝经》郑注的态度吻合。但是，刘知幾并不是否定孔子和儒家经典，他只是不满于“庸儒末学，文过饰非，使夫问者缄辞杜口，怀疑不展”“儒教传授，既欲神其事，故谈过其实”[⑥] 的学术现状，试图在破除迷信的前提下重新认识经典。刘知幾对孔子极为景仰，称其“以大圣之德，应运而生，生人已来，未之有也”，表示“恨不得亲膺洒扫，陪五尺之童；躬奉德音，抚四科之友”。[⑦]他对儒家典籍也推崇有加，说“尼父裁经，义在褒贬，明如日月，持用不刊。”[⑧]特别是《尚书》和《春秋》“师范亿载，规模万古，为述者之冠冕，实后来之龟镜。”[⑨]虽然他少年时期十分抗拒《尚书》，成年后却赞其为“七经之冠冕，百氏之襟袖。凡学者必先精此书，次览群籍。譬夫行不由径，非所闻焉。”[⑩]所以，我们绝不可以因为刘知幾的“疑古”“惑经”而

---

① （唐）刘知幾：《史通》卷十《自叙》，第268页。
② （后晋）刘昫等：《旧唐书》卷一百二《刘知幾传》，中华书局，1975，第3174页。
③ （宋）王钦若：《册府元龟》卷六〇四《学校部·奏议三》，中华书局，1960，第7249页。
④ （唐）李隆基：《孝经正义·御制序并注》，北京大学出版社，2000，第12页。
⑤ （唐）刘知幾：《史通》卷十《自叙》，第268页。
⑥ （唐）刘知幾：《史通》卷十四《惑经》，第369、386页。
⑦ （唐）刘知幾：《史通》卷十四《惑经》，第369页。
⑧ （唐）刘知幾：《史通》卷六《浮词》，第147页。
⑨ （唐）刘知幾：《史通》卷六《叙事》，第153页。
⑩ （唐）刘知幾：《史通》卷四《断限》，第90页。

怀疑其为孔子学说的信徒。①

由于刘知幾深受儒家及孔子学说的影响，导致其正统观中的儒学因素十分突出。

首先，刘知幾的正统观侧重名实之辨。正统论作为一种权力合法性理论，本质上是一个名实问题。②名实之辨诞生于春秋末期礼崩乐坏之际，此时旧事物崩溃，新事物不断产生，名实不符的现象十分突出。孔子在这种情况下提出正名的主张，他认为为政必先正名，以使名实相符。虽然春秋末期对名实问题展开讨论的并不限于儒家，道家、墨家、名家都有不同的看法，但儒家的优势是后继有人，传承不绝；特别是荀子、董仲舒都进一步发展了孔子的正名思想，尤其董氏的学说被汉代官方认可，从而产生深远的影响，形成讲究“名正言顺”的传统。这一传统在政治上的影响，就是每当政权更迭，新的王朝如何说明自身的正统地位或合法性都会成为不能回避的大事；而分裂时期，凡有志于一统天下的政权也都会竭力追求正统地位。这也是汉以后正统问题日渐受到关注的重要原因。

刘知幾尊奉孔子的教诲，对“正名”尤为重视，他说“孔子曰‘唯名不可以假人。’又曰：‘名不正则言不顺。’‘必也正名乎！’是知名之折中，君子所急。况复列之篇籍，传之不朽者邪！”③“夫名以定体，为实之宾，苟失其途，有乖至理。”④因为刘知幾深受孔子及儒家正名思想的影响，他对汉唐时期正统问题所展开的史学批评，都严格遵循“求名责实”的要求。如他多次批评司马迁为项羽立本纪，使用最多的词语就是“僭盗”，称项羽未能成为君主，不应讳其名字，呼曰王者。即使项羽曾自号西楚霸王，那也只类似诸侯，不同于君主：“霸王者，即当时诸侯，诸侯而称本纪，求名责实，再三乖谬。”⑤此外，刘轨思指责《汉书》为吕后立本纪，被刘知幾抨击为“拙目”，刘知幾强调“时天下无主，吕宗称制”，“吕后以妇人称制，事同王者”。可见，他还是从名实相符的角度承认吕后本纪的合理性。此外，刘知幾对刘备的称许，也有名分的考虑，因为刘备“居汉宗，仗顺而起”，所以刘知幾才会有“论王道则曹逆而刘顺”看法。

---

① 许凌云：《中国儒学史》（隋唐卷），广东教育出版社，1998，第385页。

② 汪文学：《正统论——发现东方政治智慧》，第30页。

③ （唐）刘知幾：《史通》卷四《称谓》，第99页。

④ （唐）刘知幾：《史通》卷四《题目》，第85页。

⑤ （唐）刘知幾：《史通》卷二《本纪》，第34页。

其次，刘知幾的正统观中华夷之辨色彩浓厚。虽然最早强调“华夷之辨”观念的是春秋时期的管仲和齐桓公，但孔子及儒家在其基础上提出“裔不谋夏，夷不乱华”，确立了“夷夏大妨”和“华夏中心”、“华夏正统”的价值模式，以此维系“内诸夏而外夷狄”① 的统治格局，坚守“不与夷狄之主中国”② 的“华夷大防”，维护以华夏为主体的中国中心秩序。战国时期，随着周天子正统地位的下降，四夷相继逐鹿中原，争夺华夏正统。四夷在争夺霸主地位的过程中，受华夏正统认同模式的影响，选择主动归属华夏文化。这种华夏正统认同的模式影响极为深远，“百世垂为定则”③。此后，凡是边疆少数民族入主中原，几乎都是沿用这一模式，以天命论争夺中原的合法统治权利，并以华夏正统自居作为获得合法性的关键。东晋南北朝时期，匈奴、鲜卑、羯、氐、羌等少数民族政权先后建立，它们彼此之间相互争夺中原霸权，而且为了论证政权的合法性与正统性，不断从汉文化中寻找理论依据，相互攻击，争夺正统地位。这就是所谓“莫不自命正朔，绵历岁祀，各殊徽号，删定礼仪”。④

刘知幾虽然承认“五胡”领袖等同于“王者”，认为东晋斥责其为“群盗”是出于私愤，不是公正之论，但总体来看，其《史通》中关于六朝时期正统问题的史学批评，体现出对中原华夏政权的维护和对少数民族政权的轻视。刘知幾对北方游牧民族多有偏见，如“戎实豺狼，非我族类”。⑤ “魏本出于杂种，窃亦自号真君。”⑥这都是充满歧视的种族论。以此为认识前提，他基本不承认少数民族政权的正统性。如他对萧方等的《三十国春秋》中以两晋史事为主，附列二十九国，给予了较为肯定的评价，表明他同意两晋政权是当时的正统所在。事实上，刘知幾也毫不隐瞒自己的这一立场，他说“当晋宅江、淮，实膺正朔”。⑦ 另如梁武帝时期授命吴均撰成的《通史》，记载自三皇至梁代的历史，体例仿效《史记》，具体到周边少数民族政权，如六朝时期的“五胡”及拓跋氏，都被列入《夷狄传》，刘知幾认为该书“上下通达，臭味相依”，⑧认可吴均的处理方式，

① （春秋）左丘明：《左传》成公十五年，《十三经注疏》，中华书局，1980，第2297页。

② （春秋）左丘明：《左传》昭公二十三年，《十三经注疏》，第2327页。

③ 刘师培：《刘师培全集》第二册《攘书·夷裔篇》，中央党校出版社，1997，第2页。

④ （宋）宋敏求编《唐大诏令集》卷八一《命萧瑀等修六代史诏》，第466页。

⑤ （唐）刘知幾：《史通》卷一四《惑经》，第374页。

⑥ （唐）刘知幾：《史通》卷四《断限》，第90页。

⑦ （唐）刘知幾：《史通》卷五《因习》，第128页。

⑧ （唐）刘知幾：《史通》卷一《六家》，第17页。

从而也就表明刘知幾对十六国及北魏等少数民族政权正统性的否定。魏收的《魏书》为北魏争正统，东晋南朝及十六国诸政权都被视为僭逆，刘知幾对该书特别不满，批驳尤多。如他说魏收“深嫉南国，幸书其短”[①]；并指责《魏书》中以东晋为“僭晋”，南朝为“岛夷”，是“深诬江外”，“爱憎出于方寸，与夺由其笔端，语必不经，名惟骇物”。[②]事实上，南北朝时期，南北对峙的政权都标榜自己是正统而贬抑对方，北称南为“岛夷”，南视北为“索虏”。刘知幾仅攻击北方，对南方政权的所作所为却选择性忽视，这表明他对南方汉族政权的偏袒。自魏晋以来，少数民族在军事、政治、文化上逐渐渗透，使得华夷身份带有一定的相对性及模糊性。所谓“夷而进于中国，则中国之”，这就使华夷身份具有转换的可能，即胡可以为汉，汉可以为胡，其标准在文化而不在血统。[③]北魏政权统一北方后，面临由夷变华的身份转换，由道武帝拓跋珪开其端倪，至孝文帝迁都洛阳，定鼎嵩洛，获得地域上的绝对优势后，其华夷身份的转换就基本完成。[④]在这个过程中，北魏全面推行汉化改革，移风易俗，兴复儒学，呈现继承华夏正统的强劲态势，形成一种北重南轻、北朝压倒南朝的倾斜状态。[⑤]而刘知幾对北魏在文化方面的进步和后来居上，也完全没有看到，他说“自杂种称制，充牣神州，事异诸华，言多丑俗”。[⑥]“魏收以元氏出于边裔，见侮诸华，遂高自标举，比桑乾于姬、汉之国；曲加排抑，同建邺于蛮貊之邦。”[⑦]他认为即使“地处函夏”，外族也无法就此拥有正统，“先王桑梓，翦为蛮貊，被发左衽，充牣神州”，[⑧]是变夏从夷，属于倒退。他仍然坚持旧观念，认为东晋南朝虽偏居江南，却衣冠南渡，礼乐不坠：“自咸、洛不守，龟鼎南迁，江左为礼乐之乡，金陵实图书之府；故其俗犹能语存

① （唐）刘知幾：《史通》卷十七《杂说中》，第458页。

② （唐）刘知幾：《史通》卷四《称谓》，第100页。

③ 陈寅恪：《隋唐制度渊源略论稿》，上海古籍出版社，1980，第50页。

④ 于涌：《华夷身份转换与北魏文化的正统认知》，《中央民族大学学报》（哲学社会科学版）2015年第6期，第119页。

⑤ 何德章：《北魏国号与正统问题》，《历史研究》1992年第3期，第125页；秦永洲：《东晋南北朝时期中华正统之争与正统再造》，《文史哲》1998年第1期，第70页；罗新：《十六国北朝的五德历运问题》，《中国史研究》2004年第3期，第47页；倪润安：《南北朝墓葬文化的正统争夺》，《考古》2013年第12期，第79页。

⑥ （唐）刘知幾：《史通》卷六《叙事》，第167页。

⑦ （唐）刘知幾：《史通》卷七《曲笔》，第184页。

⑧ （唐）刘知幾：《史通》卷六《言语》，第140页。

规检，言喜风流，颠沛造次，不忘经籍。”[①] “东晋之书，宋、齐之史，考其所载，几三百篇，而伪邦坟籍，仅盈百卷。若使收矫鸿之失，南北混书，斯则四分有三，事归江外。”[②]

刘知幾生活在唐这样大一统的时代，在评价六朝历史时，仍然固执地坚持东晋南朝为正统之所在，而对北方少数民族政权的成绩与进步视而不见，还从种族血统的角度攻击他们为“豺狼”和“杂种”，这些都体现了其正统观中浓厚的华夷之辨色彩。

三　刘知幾的正统思想及其特点

刘知幾针对汉唐时期正统问题的史学批评，不仅受儒家名实观念和华夷之辨的渗透，还受其本人正统思想的影响。

刘知幾的正统思想植根于其时代。《史通》始撰于神龙二年（706）[③]，成书于唐中宗景龙四年（710）[④]，此时正是由武周政权回归李唐的转折阶段。在武则天执政及称帝期间，刘知幾的官阶稳步上升：考中进士后，由正九品下的获嘉主簿，升至从四品上的率更令，其间未曾大起大落，也未遭过贬斥，甚至还担任撰写起居注这样比较重要的工作。在当时大规模严厉打击世族势力的情况下，刘知幾没有受到波及，其兄长刘知柔还参与过平定徐敬业讨武的行动，可见刘氏不是武周政权的反对派。[⑤]联系刘知幾及其家族的政治立场，我们就不难理解他对吕后入本纪的支持态度。

刘知幾曾从刘勰的《文心雕龙》中吸收过很多养分，《史通·自叙》中说：“自《法言》已降，讫于《文心》而往，固以纳诸胸中，曾不慸芥者矣。”但他对吕后入本纪的赞成态度，显然与刘勰的反对不同。不过我们并不因此同意刘知幾比刘勰进步得多[⑥]的看法。刘知幾曾表示“父子争国，枭獍为曹，礼法不容，名教同嫉。”[⑦]武则天废逐中宗，改唐为周，所作所为，正可谓“礼法不容，名教同嫉”。刘知幾居然毫无贬斥，数次参

---

① （唐）刘知幾：《史通》卷六《言语》，第 140 页。

② （唐）刘知幾：《史通》卷七《探赜》，第 198 页。

③ 乔治忠：《〈史通〉编撰问题辩正》，《中国历史文献研究》（一），华中师范大学出版社，1986，第 171 页。

④ （唐）刘知幾：《史通原序》，第 2 页。

⑤ 赵俊：《〈史通〉理论体系研究》，辽宁大学出版社，1990，第 68 页。

⑥ 杨绪敏：《敏学斋史学探研录》，黄山书社，2012，第 25 页。

⑦ （唐）刘知幾：《史通》卷十四《申左》，第 392 页。

与武则天实录的撰写，[①]对其多有回护，[②]而且还予以理论的支持，宣扬“史氏有事涉君亲，必言多隐讳，虽直道不足，而名教存焉”。[③]“臣子所书，君父是党，虽事乖正直，而理合名教。”[④]正如有的学者所指出“在历史领域里为某朝某代争正统，实际上就是为当朝政权争正统”。[⑤]刘知幾在《史通》中“上穷王道，下掞人伦”[⑥]，倡导严格恪守儒家纲常伦理，却对吕后本纪秉持宽容接纳的态度，实际含蓄地表明了他对武则天入本纪的支持，也就是说他承认武则天的正统地位。

另外值得关注的是，刘知幾对魏收《魏书》与魏澹《魏书》正统立场的双向否定，也与武则天时代的正统观念密切相连。魏澹等因受隋文帝诏令而改修《魏书》，以西魏为正统，其实也是客观形势使然。周一良先生指出：因隋代北周而建，周代西魏而立，若不以西魏为正统，则隋得国不正。唐高祖受禅于隋，唐之先世曾在西魏出仕，入周后任八柱国之一，“故唐初史臣大抵偏袒北朝，尤右西魏及周”，“盖当时风习使然也”。不过，周一良说刘知幾于《魏书》虽讥评备至，但不及尊东魏为正统事，“能自拔于时人偏私之见，洵有识已。”[⑦]笔者对此有不同看法。据有关研究，可知唐初封周、隋帝胄为“二王”，历运承袭周、隋，以此表明唐初统治者在其政权合法性构建问题上，认定自己承袭自西魏、北周、隋这一北朝历史脉络。这种带有强烈政治色彩、由官方认定的历史脉络，抛却了东晋南朝，也扬弃了十六国北齐。但随着关陇集团的式微，有关唐代历运与正统问题，开始出现变化。从永昌元年（689）起，武则天开始使用周之正朔，并封周、汉之后为“二王”，舜、禹、成汤之裔为“三恪”，“周、隋宜同列国”，[⑧]从根本上改变了唐初以来的“唐承周隋”的历运传统。[⑨]这就是刘知幾所面临

---

① 〔英〕杜希德：《唐代官修史籍考》，黄宝华译，上海古籍出版社，2015，第118页；谢贵安：《中国已佚实录研究》，上海古籍出版社，2013，第88页。

② （清）赵翼：《廿二史札记校证》卷十六《旧唐书前半全用实录国史旧本》，王树民校证，中华书局，1984，第345～346页。

③ （唐）刘知幾：《史通》卷七《曲笔》，第183页。

④ （唐）刘知幾：《史通》卷十四《惑经》，第377页。

⑤ 汪文学：《正统论——发现东方政治智慧》，第28页。

⑥ （唐）刘知幾：《史通》卷十《自叙》，第271页。

⑦ 周一良：《魏收之史学》，载《周一良学术论著自选集》，首都师范大学出版社，1995，第251页。

⑧ （宋）宋敏求编《唐大诏令集》卷四《改元载初赦》，第19～20页。

⑨ 吕博：《唐代德运之争与正统问题——以“二王三恪”为线索》，《中国史研究》2012年第4期，第124页。

的武周朝廷不同于唐初的正统选择。刘知幾曾谈及历史上的“三恪”问题：“始自纳陛，迄于登坛。彤弓卢矢，新君膺九命之锡；白马侯服，旧主蒙三恪之礼。徒有其文，竟无其事。”①表明他对此有所关注。只有从这个角度出发，我们才能理解为何刘知幾称魏澹改西魏为正统是“以非易非”，因为武周时期，无论东魏西魏，乃至于隋，都不再被视为正统。

刘知幾的正统思想受时代影响，同时也具有自己的独特之处，其特点主要有以下三点。

第一，具有一定的独立性。

刘知幾对东晋南北朝时期正统的取舍，表明其以南方汉族政权为正统所在，这种正统思想既区别于唐初的北朝系统，也与武周否认曹魏至隋近四百年所有政权的合法性不同。他对唐初诸史各与正统的理念也没有重视，他所倡导的“国靡爱憎，人无彼我”的理念，在唐初所修的八部正史中有较好的体现，诸史采用各书本国，南不叙北、北不叙南的方法，事实上是互不干涉，各与正统。②但刘知幾都视而不见。这表明他没有完全盲从官方的意识形态，而保留了自己的独立思考，这与其宣扬“所悟者，皆得之襟腑，非由染习”③的治学精神是基本符合的。

第二，存在一定的矛盾。

刘知幾的正统观念本身存在一定的矛盾。如他对魏、蜀孰为正统的纠结，另如他批评东晋君臣视五胡为群盗，是“苟徇私忿，忘夫至公”，其本人却一再贬斥拓跋氏为“杂种”；他还认为隋一统天下后，“海内为家，国靡爱憎，人无彼我”，④因此《隋书·经籍志》不应再沿用《七录》设置“伪史”类，其《古今正史》中也确实包含了十六国及北朝史书，但行文中竟又说“伪史宣布，大行于时”。⑤刘知幾的正统观念中，得地之多寡（魏）、据位之久（吴）、前代之血胤（蜀）、前代之旧都所在（魏）、中国种族（东晋南朝）等不同方面都有涉及，但“互相矛盾，通于此则窒于彼，通于彼则窒于此”⑥的毛病，也都有所体现。

① （唐）刘知幾：《史通》卷五《载文》，第115页。
② 汪文学：《正统论——发现东方政治智慧》，第270页。
③ （唐）刘知幾：《史通》卷一四《惑经》，第268页。
④ （唐）刘知幾：《史通》卷五《因习》，第128页。
⑤ （唐）刘知幾：《史通》卷一二《古今正史》，第335页。
⑥ 梁启超：《新史学》，商务印书馆，2014，第108～109页。

第三，尚未发展成为系统的理论。

《史通》中讨论正统的《体统》篇已佚，我们无法窥知刘知幾对汉唐时期正统观念的理论总结，只能通过分散于《史通》诸篇中有关正统问题的看法来探究其正统思想。从目前所见的史料来看，刘知幾缺乏关于正、伪的理论界定，在其思想中虽有简单的地理正统、文化正统、种族正统的区分，但他并没有做出理论性的说明，也就尚未发展成为系统的理论。这也是后世讨论正统论时很少有人关注到他的重要原因。

不过，毫无疑问，正统思想影响了刘知幾对各类史书的评判和认识，也影响了他的史学思想。无论是对于史书记载体例的选择、史事记载的详略、历史人物及王朝历史地位的褒贬，都有正统论在其中发挥着作用。只有深入了解刘知幾的正统思想，才能更好地理解其对前人史书史学的评判及其史学观念。

《十七史详节》史学思想初探*

程源源

（中国国家博物馆、中国社会科学院近代史所，北京 100006）

摘　要：《十七史详节》（以下简称《详节》）作为一部颇具代表性的史钞之作，其中蕴含了作者吕祖谦丰富的史学思想。《详节》重视编纂方法的运用，体现求通的历史思想，注重对现当代历史撰述材料的应用。《详节》重视突出史学的地位，显示不断增强中的史家自觉意识。《详节》具有义理化史学倾向，持守儒家重义轻利传统，历史评判以道德为准的。《详节》重视发挥史论的历史教育作用，重视读史方法的运用，强调历史的知识性和可读性的统一。

关键词：吕祖谦　《十七史详节》　南宋　史学思想

《十七史详节》作为一部史钞作品，对旧史进行删繁就简是其宗旨所在。相较于现今中华书局版诸史，《十七史详节》只占旧史五分之一的篇幅。《十七史详节》之所以能流传下来并且在史钞作品里颇具代表性，除了篇幅精简适中，更为重要的是其独立存在的史学价值，以及很强的可读性。吕祖谦在删减裁削中不但撮取了十七史各书的精华，还注重对撰述旨趣的揭示，他吸收各家注书的成果，注重对史论的吸收，使得《十七史详节》蕴含丰富的史学思想。关于《十七史详节》的研究，以往学者多有涉猎，主要集中于对其某一部或某一方面的研究，①以及从编纂体裁上探讨其

---

*　本文由国家博物馆馆级青年项目（项目编号：GBKX2019Q28）资助。

①　主要有周兆新《〈三国演义〉与〈十七史详节〉的关系》，《文学遗产》1987 年第 5 期；韩伟表《〈三国演义〉与史志杂记渊源关系研究述评》，《中华文化论坛》2006 年第 3 期；陈居渊《吕祖谦的正统史观与〈三国志详节〉》，《中共宁波市委党校学报》2009 年第 4 期；刘天振、李进《吕祖谦〈十七史详节〉“艺文志”节录特点述评》，《浙江师范大学学报》（社会科学版）2015 年第 3 期。

特点[①]。而对于《详节》中史学思想的探讨虽有所涉及，却不够深入系统，本文拟在过去成果基础上再作述论。

一 《十七史详节》的成书经过

吕祖谦的《年谱》中对于《详节》一书并无记载，但据陈振孙在《新唐书略》[②]“解题”下所说：“吕祖谦授徒，患新史难阅，摘要抹出，而门人钞之”[③]，可知至少《唐书详节》是吕祖谦在授徒期间所作。而从《十七史详节》的子目里也可以看出，《东汉详节》也是出于门人之手。明人林俊认为：“吕成公《史记详节》成于早年，芟辑阔疏”。[④] 杨士奇也有“谓东莱早年所成”[⑤] 之语。从《年谱》中我们可以看出，吕祖谦早年授徒是乾道三年（1167 年）开始“有学子前来讲习者”，[⑥] 中间时有间断，淳熙元年（1174 年）“遣散诸生”，[⑦] 大致《十七史详节》的成书时间即在这一时期。

由于在《年谱》和《文集》中并没有提到《十七史详节》的相关情况，后世学者对于《详节》的作者情况存在争议。王鸣盛认为：“吕祖谦有《十七史详节》二百六十九卷，此书随意采掇，粗疏无理，疑亦出于南渡书肆嫁名祖谦，而其为宋时人笔则无疑。”[⑧] 王氏怀疑《详节》是当时书商托名祖谦而作，原因是此书“随意采掇，粗疏无理”，不像是出自史学大家的手笔。客观地说，《详节》确实存在体例不精、为例不纯的现象，但据此认为《详节》作者并非吕祖谦似乎并不恰当，吕祖谦一贯重视史学的价值，其创办书院讲学也有编撰《详节》这种通俗历史读物的需要。最有可能的情况是，《详节》的成书并非吕祖谦一人独撰，其门人也参与辑

---

① 主要有徐蜀《史钞的起源与发展》，《史学史研究》1990 年第 2 期；李红岩《史钞及其与中国传统史学之普及》，《河南社会科学》2008 年第 4 期；杨松水《吕祖谦笔下的周瑜形象——兼论〈十七史详节〉的史学笔法》，《巢湖学院学报》2012 年第 2 期；张庆伟《史钞渊源考略》，《河南图书馆学刊》2015 年第 2 期；王记录《论“史钞”》，《史学史研究》2016 年第 3 期。

② 按：《新唐书略》即是《唐书详节》初本。

③ （宋）陈振孙：《直斋书录解题》卷四《杂史类》，上海古籍出版社，1987，第 110 页。

④ （明）林俊：《见素集》卷四，《文渊阁四库全书》本。

⑤ （明）杨士奇：《东里文集》卷十，《文渊阁四库全书》本。

⑥ （宋）吕祖谦：《吕祖谦全集》第一册，浙江古籍出版社，2008，第 741 页。

⑦ 吕祖谦：《吕祖谦全集》第一册，第 744 页。

⑧ （清）王鸣盛：《十七史商榷》卷九十九，清乾隆五十二年洞泾草堂刻本。

录工作。此外，当时的书贾亦有增补图籍情况，“每种前冠以疆理、世系、纪年诸图，乃从宋末书肆所行纂图互注注本加入，非东莱所作，益信矣。”① 可能正是由于《详节》不是出自吕祖谦一人之手，因而吕祖谦的弟弟吕祖俭在作《吕祖谦年谱》时并未提及此书。

“十七史”指的是《史记》《汉书》《后汉书》《三国志》《晋书》《宋书》《南齐书》《梁书》《陈书》《魏书》《北齐书》《周书》《南史》《北史》《隋书》、新旧《唐书》、新旧《五代史》。十七史卷帙浩繁，学者难以尽阅，且对初学者来说，读懂十七史难度很大。针对这两个问题，“宋儒东莱吕成公又总会而为《十七史》，使数千年之事迹，学者一展阅旬月之间，可悉其要。”② 吕祖谦一方面对原书的内容进行了必要的缩减；另一方面则是关注于注解和史评的选取，使得《详节》通俗易懂。《十七史详节》子目包括《东莱先生增入正义音注史记详节》二十卷、《参附汉书三刘互注西汉详节》三十卷、《诸儒校正东汉详节》三十卷、《东莱先生标注三国志详节》二十卷、《东莱先生校正晋书详节》三十卷、《东莱先生校正南史详节》二十五卷、《东莱先生校正北史详节》二十八卷、《东莱先生校正隋书详节》二十卷、《诸儒校正唐书详节》六十卷、《东莱先生校正五代史详节》十卷，共 273 卷。吕祖谦及其弟子在节录时也对原作进行了校正的工作，并吸纳了各家注释，如《史记详节》分别吸收了《史记索隐》《史记正义》的成果，《西汉详节》吸收了《三刘汉书标注》的成果，等等，这就使得《十七史详节》既具通俗性，同时也有一定的学术价值。《十七史详节》有宋、元、明、清历代刻本传世，元好问在《集诸家通鉴节要序》中说道：“汝下弋唐佐集诸家《通鉴》成一书，以东莱《吕氏节要》为断。”③ 徐渭的《路史》，其中“故事多据《十七史详节》”。④ 可见此书在当时学者眼里亦是颇有分量，是关于十七史的工具书之一。由于《十七史详节》在元、明、清时期各有校本出现，本文所论版本以黄灵庚于 2008 年主编的上海古籍出版社版本为主。

---

① （清）丁丙：《善本书室藏书志》卷十，清光绪刻本。

② （宋）吕祖谦编纂，黄灵庚主编《十七史详节》第八册《附录》，上海古籍出版社，2008，第 5160 页。

③ （金）元好问：《遗山文集》卷三十六，文渊阁四库全书本。

④ （清）纪昀总纂《四库全书总目提要》卷一百二十八《子部三十八·杂家类存目五》，河北人民出版社，2000，第 3300 页。

二 《十七史详节》的编纂思想

《十七史详节》是史钞类史书的典型代表之一。据现有的文献记载，学者们认为史钞出现在战国时期，《史记》中记载“铎椒为楚威王傅，为王不能尽观《春秋》，采取成败，卒四十章，为《铎氏微》。赵孝成王时，其相虞卿上采春秋，下观近势，亦著八篇，为《虞氏春秋》。”[①] 这种因“不能尽观”而将《春秋》“采取成败”，编成40章的做法，已是较早的史钞形式。之后随着史书的丰富，史钞作品不断出现，到宋代史钞发展迎来了繁荣时期：一是史钞数量和质量都显著提高，据《宋史·艺文志》记载，宋代出现的史钞类作品就有74部，其中沈枢的《通鉴总类》、吕祖谦的《十七史详节》和《两汉精华》、杨侃的《两汉博闻》、洪迈的《史记法语》都是其中的优秀作品。二是目录学上史钞从杂史、别史、史评中独立出来。“早在北宋初年编成的《龙图阁书目》中已将史钞独立设目”,[②] 马端临《文献通考》中设“史评史钞”类，《宋史·艺文志》中史钞也是独立类别，这是史钞类作品不断发展的结果。

宋代史钞类史书的发展也带来了编纂学上的新变化，据四库馆臣云：“嗣后专抄一史者，有葛洪《汉书钞》三十卷，张缅《晋书钞》三十卷。合抄众史者，有阮孝绪《正史削繁》九十四卷。则其来已古矣。沿及宋代，又增四例。《通鉴总类》之类，则离析而编纂之。《十七史详节》之类，则简汰而刊削之。《史汉精语》之类，则采摭文句而存之。《两汉博闻》之类，则割裂辞藻而次之。”[③] 宋代以前史钞作品的编纂形式主要有两种：对一部史书的节抄和对多部史书的节抄。到宋代则又出现了四种新的形式：“离析而编纂之”，即是对原来的史书重新进行改编；“简汰而刊削之”，指的是删减原书节录其中内容；“采摭文句而存之”，是摘抄史书的美文编成书籍；“割裂辞藻而次之”，指的是将史书中逸闻逸事汇编成册。《十七史详节》是“简汰而刊削之”这一类型的代表作品，它是在保留原书基本框架的前提下删减篇幅而成。

《十七史详节》的编纂体现了求通的思想。一是表现在古史记述上。

① （汉）司马迁：《史记》卷十四《十二诸侯年表·序》，中华书局，1959，第510页。

② 王记录：《论“史钞”》，《史学史研究》2016年第3期。

③ （清）纪昀总纂《四库全书总目提要》卷六十五《史部二十一·史钞类》，河北人民出版社，2000，第1761页。

《史记》作为十七史的第一部，其记事以五帝为始。而当时古史著作则从求通的角度出发，记事多从三皇开始。《详节》吸收了这一思想，吕祖谦于《五帝纪》前编有《三皇纪》，以司马贞《史记索隐》中的“三皇纪”为正文，补之以刘恕《通鉴外纪》的相关内容，并将苏辙的《古史》中的内容与《史记》和《索隐》内容相对照，指明异同。二是表现在历史记载的连续性上。《详节》保留了原书的基本框架，并将十七史作为整体按顺序节录下来。《四库全书总目》指出，史钞作品有的是在旧有史书体裁上加以改造创新，有的是打乱旧史体例重新分门别类，更有的不受体例限制随笔杂抄的。[①] 然《十七史详节》却基本保留了原书的目录，并没有随一己之意加以重编。对于这一特点，《四库全书总目提要》认为：“附存其目，俾儒者知前人读书，必贯彻首尾。即所删节之本，而用功之深至，可以概见。”[②] 之所以将旧史的目录全部附上，首先是希望可以“存其目”。史书在流传过程中，往往篇目缺损，留存其目对史书的文献学意义重大，吕祖谦正是意识到了这一点，因而注重对旧史目录的保存。其次是吕祖谦认为读史应“贯彻首尾”。他将十七史作为整体，按前后顺序节录，如若一凭己意打乱原书框架，则不利于对历史发展大势的把握，他认为：“至于观其他书，亦须自首至尾，无失其序为善。若杂然并列于前，今日读某书，明日读某传，习其前而忘其后，举其中而遗其上下，未见其有成也。”[③] 吕祖谦把从《史记》开始到《五代史》为止的纪传体史书节录下来，就是将从黄帝开始到宋以前的纪传体史书加以整理，史书的记载虽局限于朝代，但对历史发展的认识不应以朝代为限，不能“习其前而忘其后，举其中而遗其上下”，《十七史详节》正是体现了“自首至尾，无失其善”的这种求通的思想。

《十七史详节》的编纂，还注重对现当代历史撰述材料的运用，尤其以重视“通鉴学”著作的引用为特色。司马光《资治通鉴》的问世对当时史学影响极大，有一大批史书得益于《通鉴》的撰述而问世。司马光自己在撰成《资治通鉴》的同时，还编纂了关于《通鉴》中对种种史料如何选取所作出说明的《通鉴考异》，收录《通鉴》全书大纲的《通鉴目录》，以及简洁记载上古至宋代治平年间史事的《稽古录》等。其他受《通鉴》

---

① 王记录：《论“史钞”》，《史学史研究》2016 年第 3 期。

② （清）纪昀总纂《四库全书总目提要》卷六十五《史部二十一·史钞类》，河北人民出版社，2000，第 1766 页。

③ （宋）吕祖谦：《吕祖谦全集》第一册，浙江古籍出版社，2008，第 714 页。

影响而成就的史著如刘恕的《通鉴外纪》、范祖禹的《唐鉴》以及胡寅根据《通鉴》所载史实而加以议论的《读史管见》等。以上这些史著，吕祖谦在《十七史详节》中均有涉及。除此之外，《详节》中还有杨时、石敏若、孙甫等人的史论，以及对苏辙《古史》的引用等。可以说《十七史详节》吸收了当时史学发展的最新成果，通过史论、史注的形式反映到其书中。得益于史钞这一相对自由的撰述形式，在一部书中集中各家论述，我们可以从中窥见宋人如何读史、如何品评史事。

三 《十七史详节》突出史学的地位

宋代一方面史学发达，另一方面却受理学影响出现“经尊史卑”“经细史粗”的观点。吕祖谦虽为理学中人，却是理学家当中最具有重史意识的学者，《十七史详节》一书便很好地体现了这样一种意识。诚如四库馆臣评价《详节》所言：“然南宋诸儒，大抵研究性命，而轻视史学。故朱子作《贡举私议》，欲分年试士，以《史记》《两汉》为一科，《三国》《晋书》《南北史》为一科，《新旧唐书》《五代史》为一科。盖虚谈无实之弊，朱子亦深虑之矣。祖谦虽亦从事于讲学，而淹通典籍，不肯借程子玩物丧志之说，以文饰空疏。故朱子称其史学分外仔细。附存其目，俾儒者知前人读书，必贯彻首尾。即所删节之本，而用功之深至，可以概见。则此二百七十三卷者，虽不能尽诸史之全，而足以为宋儒不废史学之明证也。”① 四库馆臣认识到在南宋荣经陋史的风气下，史学多为学者所轻，这一“虚谈无实”的现象甚至引起了理学大家朱熹的担忧，不同于当时大部分理学家，吕祖谦一直对史学“分外仔细”，这部《十七史详节》的出现，不但是吕祖谦重视史学价值的体现，也是“足以为宋儒不废史学之明证也”。

《十七史详节》的重史意识主要表现在两个方面：一是注重对史学的学术史发展的记述，这一部分主要表现在对旧史的《艺文志》节录上；二是注意节录序、赞、论等形式多样的史论，加强了对史学的自觉意识。史书中《艺文志》对各家学说考镜源流，并对当世文献进行分门别类，是学术史、目录学研究的重要参照标准之一。在《十七史详节》中，所录史书中撰有《艺文志》的有三家：《汉书·艺文志》《隋书·经籍志》《新唐

① （清）纪昀总纂《四库全书总目提要》卷六十五《史部二十一·史钞类》，河北人民出版社，2000，第1765～1766页。

书·艺文志》。吕祖谦尤为重视史部文献的节录，在《汉书·艺文志》中，史学附于“春秋经”下，吕祖谦对“春秋经”小序几乎全录，到《隋书》中，出现了经史子集四部分类法，吕祖谦对于“史部类”的小序，除个别不甚要紧的字句，几乎全部取录，比之现今中华书局版，吕祖谦的《十七史详节》还多出“霸史”的小序。而相比之下，原书中篇幅大致相等的子、集二部内容被大量缩减，两部加起来还不及史部篇幅。吕祖谦在《十七史详节》中非常注重对史论的选取，有学者在分析宋代史钞作品中说道：“史钞编者特别重视对史学理论及史学评论的抄辑，注重通过史钞这样一种便捷的形式，向大众传播各种各样的历史评论和史学评论，彰显史学自身的地位。”① 吕祖谦充分认识到了史论的重要价值，他认为史论是了解史书内涵的重要手段，史论是针对具体史事所发，但其所指往往在史事之外，这就为读者深刻理解历史和史学提供了途径，初学者建立历史和史学的鉴赏品位有赖于从前贤那里习得方法，而史论无疑是史书的精髓所在。从史学史的角度来看，注重史论是建立史学自身话语体系的重要方式，通过史论而形成一套评价史事、臧否人物的标准，这既是对传统史家品德的发扬，也是赋予史学本身新的活力。

吕祖谦在对古史的记载上虽然深受理学的影响，但仍坚持史家求真的本质属性。对于以上诸书中关于先王的记载，吕祖谦有自己的评价标准：“孔子未作，道学者不可附会臆说也。小司马以伏羲、女娲、神农为三皇，未知何据？苏子以伏羲、神农、黄帝为三皇，以少昊附颛顼，高辛、尧、舜为五帝者，盖本于孔安国序《书》……故以黄帝为三皇，少昊为五帝，今并存之，以俟览者。”② 吕祖谦意识到了古史中存在臆想、推测成分，从史家求真的角度予以辨析，认为理学家对先王的“附会臆说”并不可取。吕祖谦在《十七史详节》中重视体现当时的时代特色，即史学的义理化倾向，但是不同于一般理学家从天理的角度考察历史的治乱兴衰，对历史人物和历史事件也从理学的视角进行阐发，他坚持史学对求真的探索并以此为原则评价各家的历史撰述，这可能就是为何朱熹批评他：“东莱聪明，看文理却不子细。……缘他先读史多，所以看粗着眼。”③

① 王记录：《论“史钞”》，《史学史研究》2016年第3期。

② （宋）吕祖谦编纂，黄灵庚主编《十七史详节》第一册，浙江古籍出版社，2008，第31页。

③ （宋）朱熹：《朱子语类》，《朱子全书》第十八册，上海古籍出版社、安徽教育出版社，2002，第3851页。

四 《十七史详节》的义理化色彩

理学这一发源于北宋中期、繁荣于南宋时期的学术思潮，对当时包括史学在内的各家学术都产生了深远影响。就史学而言，出现了义理化倾向，《十七史详节》也明显具有这一时代特点。

重义轻利。重义轻利是传统儒家思想，宋代理学则强化了这一思想。纵观《十七史详节》一书，也明显具有这种理学观念。据《新唐书》记载，李德裕经略西川之时，吐蕃维州守将悉怛谋以城降，李德裕希望发兵守住维州，但朝中牛僧孺以吐蕃与唐朝有盟约在前，于是遣返悉怛谋于吐蕃，放弃占领维州这一军事要塞。吕祖谦在《详节》中节录这段史实，并引入司马光的评论道：

> 论者多疑维州之取舍，不能决牛李之是非。臣以为：悉怛谋在唐则为向化，在吐蕃不免为叛臣。德裕所言者利也，僧孺所言者义也。匹夫徇利而忘义犹耻之，况天子乎！以是观之，牛、李之是非自可见矣。①

吕祖谦在此认同司马光的评价，其标准即是“重义轻利”，认为在对维州的取舍上，李德裕重利，牛僧孺重义，其中自然牛是而李非。吕祖谦引入这段史评，其用意是要以此告诫读者，即便是匹夫之流也不能徇利而忘义，更不要说以君子为理想的读书人了。

义理化的史学在评价历史人物时往往以道德为准的。在班固《汉书》的“高祖纪”下，刘邦初拥天下后，萧何为其修未央宫，有言如下：

> 上见其壮丽，甚怒，谓何曰：“天下匈匈，劳苦数岁，成败未可知，是何治宫室过度也!”何曰：“天下方未定，故可因以就宫室。且夫天子以四海为家，非令壮丽亡以重威，且亡令后世有以加也。”上说。②

吕祖谦在《西汉书详节》中，对这段内容全部予以保留，并加入了司马光的评论：

---

① （宋）吕祖谦编纂，黄灵庚主编《十七史详节》第八册，浙江古籍出版社，2008，第4735页。

② （汉）班固：《汉书·高帝纪第一下》，中华书局，1962，第64页。

司马温公曰：王者以仁义为丽，道德为威，未闻其以宫室填服天下也。天下未定，当克己节用，以趋民之急；而顾以宫室为先，岂可谓之知所务哉！昔禹卑宫室而桀为倾宫。创业垂统之君，躬行节俭以训示子孙，其末流犹入于淫靡，况示之以侈乎！乃云“无令后世有以加”，岂不谬哉！[①]

吕祖谦引用司马光的这段史论，旨在强调“君德”的重要性，他认为君主应“克己节用”，以“节俭训示子孙”，而不是以“宫室填服天下”。但我们从这段史实来看，萧何修建未央宫有其政治目的，并非单纯的骄奢淫逸，吕祖谦以义理的标准来衡量历史人物，对这种急功近利的霸道政治提出批判。

吕祖谦认为君主仅仅有仁义之心是不够的，还需具有“大义”。《汉书·外戚传》有：

居数月，乃召惠帝视“人彘”。帝视而问知其戚夫人，乃大哭，因病，岁余不能起。使人请太后曰：“此非人所为。臣为太后子，终不能复治天下！”以此日饮为淫乐，不听政，七年而崩。[②]

吕祖谦引用司马光《资治通鉴》中对惠帝的评价，认为“若孝惠者，可谓笃于小仁而未知大义也”，并且指出了惠帝应当“为人子者，父母有过则谏；谏而不听，则号泣而随之”。[③] 吕祖谦与司马光一样，认为惠帝在“家”和“国”这两方面都没有做好，于“家”，也即孝道，惠帝应对吕后进谏甚至哭求；于“国”则惠帝不应弃国家于不顾。这种从道德角度对历史人物进行评价正是理学思想的体现。

以义理为标准的天理史观对史学的影响还体现在对历史阶段的划分上。《唐书详节》中“礼乐志”下有评论：

范祖禹曰：三代不封禅而王，秦封禅而亡。人主不法三代而法秦，以为太平盛世，亦已谬矣。太宗方明，朝多贤臣，而佞者犹倡其

① （宋）吕祖谦编纂，黄灵庚主编《十七史详节》第一册，浙江古籍出版社，2008，第373、374页。

② （汉）班固：《汉书·外戚传第六十七上》，中华书局，1962，第3938页。

③ （宋）吕祖谦编纂，黄灵庚主编《十七史详节》第二册，浙江古籍出版社，2008，第1156页。

议。独魏徵以为时未可，而亦不以其事为非也。其后，使颜师古议其礼，房乔裁定之，徵亦预焉。贞观之末，屡欲东封，以事而止。高宗、明皇遂踵行之，终唐之世，惟抑宗元以为非。[①]

吕祖谦借范祖禹的论述，来否定唐代的封禅活动。其理由是三代圣王统治时期并无封禅，秦封禅而灭亡，后世君主理应效法三代不封禅，而唐太宗“屡欲东封”，唐高宗、玄宗接踵封禅，这些都是应当制止的行为。这里肯定三代实际上是对理学的推崇：三代是天理流行的时代，三代以下则是人欲横流的时代。理学家希望人们回到天理流行的三代时期，因而以三代时期的行为事迹作为衡量史实的标准之一。

《新唐书》中记载唐玄宗于开元二十七年（739 年）“二月己巳，群臣上尊号曰‘开元圣文神武皇帝’”。[②]《详节》中对此予以节录，并引范祖禹评语：

三皇称皇，五帝称帝，三王称王，岂其德不足欤？名号一而已矣。及秦兼皇帝之号，固已僭矣，后世因而不改，以为法。汉哀惑于妖谶，始有陈圣刘太平之号；周宣骄恣，自称天元。高宗称天皇，武后称天后。尊号之兴，盖本于此。开元之际，主骄臣谀，遂著以为故事。使其臣子生而加谥于君父，岂不悖哉！[③]

吕祖谦借范祖禹之口，对秦之后君主喜加尊号的现象提出批评。

五 《十七史详节》的历史教育思想

十七史作为纪传体史书的代表，又被称为“正史”。吴怀祺先生通过考察晁公武和王应麟两位宋代学者的论述，认为在他们眼里，“所谓‘正史’，只是‘便于批阅’，并没有十分推崇的意味。”[④] 正是由于“十七史”具有“便于批阅”的长处，方便“随时节抄”，[⑤] 且对于初学者来说，纪

① （宋）吕祖谦编纂，黄灵庚主编《十七史详节》第七册，浙江古籍出版社，2008，第 3918 页。

② （宋）欧阳修：《新唐书》卷五，中华书局，1975，第 141 页。

③ （宋）吕祖谦编纂，黄灵庚主编《十七史详节》第七册，浙江古籍出版社，2008，第 3864、3865 页。

④ 吴怀祺：《中国史学思想史》，商务印书馆，2007，第 134 页。

⑤ （清）纪昀总纂《四库全书总目提要》卷六十五，河北人民出版社，2000，第 1765 页。

传体史书阅读起来难度也相对较低，非常适合用来作为历史教育的普及读物。

首先，重视发挥史论的历史教育作用。《十七史详节》编纂的目的之一，是出于科举的需要。在宋代科举考试中，策、论在进士科和制科中占据重要的地位，策、论是以政论和史论为主的综合性考试，而吕氏作《十七史详节》的初衷，便是为了学子研习历史的需要，故而该书非常注重史论。《十七史详节》对史书中的“论”“赞”“史臣曰”等史论内容基本全部保留。该书的史论来源也非常丰富，并不局限于史书本身的论赞。例如在《史记详节》中，引用的史论包含裴骃的《史记集解》、司马贞的《史记索隐》、刘恕的《通鉴外纪》、苏辙的《古史》，还有司马光、胡寅和杨时的相关评论。前三部书是解读史记的常用书目，但苏辙的《古史》和司马光、胡寅、杨时的评论则是集中反映了宋代史学家、理学家如何认识历史和评议史学，具有强烈的现实意义。在《汉书详节》中，他将班固《叙传》中的内容附于各目之下，发挥史论的作用。吕祖谦对史论的选取多从客观情况出发，并不是凭一己好恶来取舍诸家论述。《朱子语录》记载：“伯恭子约宗太史公之学，某尝与之痛辨。子由《古史》言马迁浅陋而不学，疏略而轻信。此二句最中马迁之失，伯恭极恶之。”[①] 吕祖谦在《十七史详节》中，却将苏辙的这句“为人浅近而不学，疏略而轻信”原原本本的录入。近代学者刘咸炘说：“两宋人策论，皆宗苏氏，虽多夸谈，而于其本朝治体则甚明了，为元、明以来所不及。策论虽有短哉，亦有裨于史学也。”[②] 苏辙史论笔势纵横，文采斐然，有所创见，对于学子学习写作策论大有裨益。

其次，强调读史方法的重要性。一是读史要有详略。史书水平有高有低，十七史亦是水平参差不齐，学生无须部部详读精看，这是吕祖谦编写《十七史详节》的认知前提。吕祖谦认为：“学者观史各有详略，如《左传》《史记》《前汉》三书皆当精熟细看，反覆考究，直不得一字草草。自《后汉》《三国志》以下诸史，只是看大纲，始末成败。盖自司马氏、班氏以后作史者，皆无史法。”[③] 当然吕祖谦在《详节》中对他认为应当“精熟细看，反覆考究，直不得一字草草”的《史记》《汉书》也做了大

① （宋）朱熹：《朱子语类》，《朱子全书》第十八册，上海古籍出版社、安徽教育出版社，2002，第3853页。

② 刘咸炘：《刘咸炘论史学》，上海科学技术文献出版社，2008，第177页。

③ （宋）吕祖谦：《吕祖谦全集》第七册，浙江古籍出版社，2008，第1页。

量的删减，但他对史书质量的整体认识是有道理的，班、马以下诸史只需看出历史大要即可，无须精读。那么对其进行简汰刊削，自是不在话下了。纵使《史记》这样的杰作，吕祖谦也认为："看《史记》又与看《左传》不同，《左传》字字缜密，《史记》所载却有岁月差互、先后不同处，不似《左传》缜密"，[①] 因而也还是有简汰的必要。二是读史要从大处着眼。《十七史详节》以精简的篇幅为我们勾勒出历史发展的脉络，其中史事上下千年，去取予夺之间殊为不易，吕祖谦秉持"看史书事实，须是先识得大纲领处"[②]。所谓的"大纲领"，就是一个时代的特征，吕祖谦总结为"一代纲纪、风俗、消长、治乱"，[③] 与此不甚相关的则刊削之。三是读史要有次序。"史当自《左氏》至《五代史》依次读，则上下首尾洞然明白。"[④]《十七史详节》不但从时间上"上下首尾洞然明白"，使学者可以从古至今通读下来，而且十七史的形成历经时间考验，是纪传体史书中的精品，以此为读本不致误人子弟。

再次，重视历史的知识性和可读性的统一。《详节》作为教授生徒和初学者的历史普及读物，既不可阅读难度过大，又不能缺乏历史知识教育。吕祖谦充分利用前人对十七史的研究成果，以注解的方式加入《详节》中，解决了知识性和可读性的兼顾问题。宋代关于十七史已经出现不少史注名作，补充史事的如裴松之《三国志注》，训释史文如《史记》三家注、《汉书》颜师古注、《后汉书》李贤注等，吕祖谦充分吸收以上名家的注书，帮助后学释读研究史书。注解性内容的增多虽能降低阅读的难度，但是相应的也增加了《详节》的篇幅，那么"使数千年之事迹，学者一展阅旬月之间，可悉其要"[⑤] 这一撰述目的便无法实现。针对这一问题，吕祖谦主要采取以下办法：一是多个注解只选取一个节录。仅以《史记·三代世表》为例，"太史公曰：五帝、三代之记，尚矣。自殷以前诸侯不可得而谱，周以来乃颇可著。"这段话共有三个注解，第一个注解是解释此表撰述原委："此表依《帝系》及《系本》。其实叙五帝、三代，而篇唯名《三代系表》者，以三代系长远，宜以名篇；且三代皆出五帝，故叙

---

① （宋）吕祖谦：《吕祖谦全集》第七册，浙江古籍出版社，2008，第 1 页。

② （宋）吕祖谦：《吕祖谦全集》第六册，浙江古籍出版社，2008，第 2 页。

③ （宋）吕祖谦：《吕祖谦全集》第一册，浙江古籍出版社，2008，第 561 页。

④ （宋）吕祖谦：《吕祖谦全集》第一册，浙江古籍出版社，2008，第 714 页。

⑤ （宋）吕祖谦编纂，黄灵庚主编《十七史详节》第八册《附录》，上海古籍出版社，2008，第 5160 页。

三代要从五帝而起也”;[①] 第二、第三个注解分别对“尚矣”和“谱”作解释。到《史记详节》中，吕祖谦只保留了第一个注解，第二、第三条阙而不录。对于训诂内容的省略相对来说对读史的影响较小，而能反映出史家的撰述方法的注解无疑更为重要。二是对于有的注解阙而不录。裴松之的《三国志注》在史实的增补和考订上非常出色，是后世研读《三国志》不可或缺的工具书之一，吕祖谦的《三国志详节》也不例外，仅以《武帝纪》为例，其中注解都是来自裴注。但吕祖谦对裴注的内容做了大量删减，裴注中大量引用的《曹瞒传》的内容，吕祖谦并未收录，而对裴注引用的《魏书》《九州春秋》《魏略》《异同评》等注解则酌情录入，究其原因，在于《曹瞒传》所录内容怪诞无稽，且多是诋毁曹操之论，不符合吕祖谦审定史实的标准。

吕祖谦在《十七史详节》中将一部史书中出现在不同地方的对一人一事的叙述整理出来，运用“互注”的形式标注出来，如在《汉书详节》中，在《武帝纪》下的互注中，摘录的内容分别来自《昭帝赞》《宣帝纪》《王子侯表》《刑法志》《食货志》《郊祀志》《艺文志》《仲舒传》《相如传》《司马迁传》《梅福传》《魏相传》《儒林传》《欧阳生传》《循吏列传》《匈奴传》《西域传》，包含政治、经济、军事、学术等各方面内容。这种“互注”的形式还见于《后汉书详节》和《唐书详节》中。这种注解无疑对作者要求极高，不但要非常谙熟整部书的内容，而且要对所记载的史实有深刻的理解。

吕祖谦还利用注解的方式弥补正史的不足。《唐书详节》和《五代史详节》是在参考新旧两种史书的基础上，以《新唐书》和《新五代史》为蓝本节录而成，但他在史论部分以“旧史云”的方式增补史事并加以评价。《新唐书·太宗本纪》中有“丁巳，以旱诏公卿言事。三月甲午，李靖俘突厥颉利可汗以献”。[②] 吕祖谦在“四年”之后补入了《旧唐书》所记载的史事，并穿插范祖禹的史论，[③] 这就弥补了《新唐书》本纪过于简略的缺点，有助于读者理解史事。

---

① （汉）司马迁：《史记》卷十三，中华书局，1959，第487页。

② （宋）欧阳修：《新唐书·太宗本纪》，中华书局，1975，第31页。

③ （宋）吕祖谦编纂，黄灵庚主编《十七史详节》第七册，浙江古籍出版社，2008，第3845～3846页。

《历代名臣奏议》的编纂及对朝鲜王朝的影响

袁昆仑

（南开大学历史学院，天津　300350）

摘　要： 永乐时期，黄淮、杨士奇奉敕编纂《历代名臣奏议》，收集商周至宋元时期历代名臣奏疏，分为君德、圣学、孝亲、敬天、郊庙、治道、经国等六十七门，共350卷。作为第一部由皇帝敕令编纂的奏议汇编，永乐皇帝希望借此达到“君能纳善言，臣能尽忠不隐”的目的。清初该书传入朝鲜王朝，不仅被朝鲜王朝重新刊刻，还成为肃宗、英祖等经筵日讲的重要史籍，正祖时期还仿照该书编纂《奏议纂要》和《国朝名臣奏议要略》等书。《历代名臣奏议》在朝鲜半岛的际遇，是中国史籍对朝鲜王朝政治和文化影响的一个缩影。

关键词： 《历代名臣奏议》　朝鲜王朝　经筵日讲　中朝（韩）史籍交流

《历代名臣奏议》350卷，明永乐时由黄淮、杨士奇等奉敕编纂的第一部官修奏议史籍，因卷帙浩繁，编纂后未大规模刊印，仅赐予王公大臣，因此很长时间不为世人所知。崇祯时，张溥对《历代名臣奏议》进行删削，并作《序》重刻。清初，张溥儿子张永锡及孙张玉璇和张玉衡又重校刊刻，是书流传渐广，并传入朝鲜半岛，成为朝鲜王朝肃宗、英祖、正祖时期经筵日讲的重要书籍。关于此书，已有相关研究，但很少关注其对朝鲜王朝的影响。[①] 透过此书，可窥探中国典籍在朝鲜王朝的际遇及中国文

① 系统研究《历代名臣奏议》的论文较少，主要有顾吉辰的《略论〈历代名臣（接下页）

化在朝鲜半岛的影响。本文拟在吸取相关研究成果的基础之上，对该书在朝鲜王朝的影响进行考察，以期对中朝史学交流有所裨益。

一 《历代名臣奏议》的编纂与刊刻

奏议是中国古代社会臣子向君主进言的上行公文文体之一，也是封建君主政体下大臣参政议政的重要方式。奏议发展到唐宋时期，已有大量整理成册，如唐代《魏郑公谏录》《郭子仪奏议》《李绛论事集》等，其中多数已遗失，现存唐陆贽撰《陆宣公奏议》是古代奏议的典范之作。宋代，奏议类史籍开始大量编纂，如《唐名臣奏议》《包孝肃奏议》《欧阳文忠公从谏集》《王荆公奏议》《贾魏公奏议》等。[①] 同时，宋代还出现对奏议进行分类汇编的著作，如赵汝愚编《皇朝名臣奏议》，收录北宋一朝诸臣奏议，分君道、帝系、天道、百官等十二门，每一门类下再进行细分，如君道门下又分君道、帝学、政体、慈孝等十二小类，共计 114 小类，成为宋朝奏议编纂的代表。元代，因政治风气变化等原因，奏议类史籍的编纂出现暂时沉寂。明代，奏议类书籍又开始大量出现，《历代名臣奏议》是较早的一部。靖难之役后，明成祖为笼络士人，组织史籍编纂，成书甚富，如《古今烈女传》《文华宝鉴》《永乐大典》《圣学心法》等。《历代名臣奏议》亦是其中之一，其是中国历史上第一次由皇帝下诏对以往奏议文献进行的总结汇编，该书的编纂，彰显了永乐皇帝的治国理念。

有关《历代名臣奏议》编纂原因及过程，史书并无明确记载，故其详细情况较难考察。据《明太宗实录》永乐十四年（1416）十二月“壬申”条记载：

> 《历代名臣奏议》书成。先是，上以玺书谕皇太子，令翰林院儒

（接上页）奏议〉的历史价值》（《学术月刊》1992 年第 7 期）、张岩《致治之道 千古一鉴——评〈历代名臣奏议〉》（《职大学刊》1995 年第 4 期）、王婉《从〈历代名臣奏议〉看宋代的慎刑思想》（硕士学位论文，吉林大学，2017）等，分别探讨了其材料来源、文献价值、版本体例等方面。其他如白寿彝主编《中国通史》第八卷甲编《序说》（上海人民出版社，2006，第 10 页）、王树民《史部要籍解题》（中华书局，2003，第 302 页）、杨翼骧编著《中国史学史资料编年》（元明卷）（商务印书馆，2013，第 149 页）等，对此书有知识性介绍。

① （宋）尤袤：《遂初堂书目》，载王云五主编《丛书集成初编》（海山仙馆丛书本），商务印书馆，1935，第 31 页。

> 臣黄淮、杨士奇等采古名臣直言，如张良对汉高，邓禹对光武，诸葛孔明对昭烈及董贾、刘向、谷永、陆贽奏疏之类，汇录以便观览。至是，书成以进，上览而嘉之，赐名《历代名臣奏议》。因谓侍臣曰："致治之道，千古一揆。君能纳善言，臣能尽忠不隐，天下未有不治。观是书，足以见当时人君之量，人臣之直。为君者以前贤所言，便作今日耳闻；为人臣者以前贤事君之心为心，天下国家之福也。"遂命刊印，以赐皇太子、皇太孙及大臣。①

《明太宗实录》中并未指明何时开始编纂，仅指出成祖令黄淮、杨士奇等人"采古名臣直言……汇录以便观览"。另据明人黄佐《翰林记》"修书"条记载，永乐七年（1409），余鼎等人编撰《圣学心法》成，于是"又以玺书谕皇太子，令学士黄淮、杨士奇等采录古名臣直言并奏疏汇类，以便观览。十四年十二月书成，赐名《历代名臣奏议》。遂命刊印，以赐皇太子、皇太孙及大臣"。②

此两条史料相互补正，可知：一、《历代名臣奏议》开始编撰于永乐七年，由黄淮和杨士奇负责。黄淮，字宗豫，号介庵，浙江永嘉人。洪武二十九年（1396）进士，授中书舍人。永乐时入值文渊阁，升翰林编修，并辅皇太子监国。杨士奇，名寓，以字行，号东里，江西泰和人。建文帝时，王叔英因其史才而举荐其参与修《太祖实录》，遂诏入翰林，任编纂官。成祖时，改任编修，不久即入内阁，参与机务。二人永乐时均任翰林编修等职，深得成祖信任，并奉敕编纂《历代名臣奏议》。前后历时共七年，至永乐十四年（1416）书成。二、此书编纂乃是采录"古名臣直言……以便观览"，以期达到"君能纳善言，臣能尽忠不隐，天下未有不治"的效果。该书将收录的奏议文，分君德、圣学、孝亲、敬天、郊庙、治道、经国等67门，每一门以时间顺序，抄录前人奏疏，共计350卷。其门类、卷数见表1。

表1 《历代名臣奏议》门类、卷数表③

门类	卷数	门类	卷数	门类	卷数	门类	卷数
君德	5卷	学校	3卷	听言	7卷	国史	2卷

① 《明太宗实录》卷183，永乐十四年十二月壬申条，史语所校印本第2册，1931，第1971页。

② （明）黄佐：《翰林记》卷13，影印《文渊阁四库全书》本，史部第354册，台北商务印书馆，1986，第997页。

③ 表格据明黄淮、杨士奇编《历代名臣奏议》（上海古籍出版社，1989）制作。

续表

门类	卷数	门类	卷数	门类	卷数	门类	卷数
圣学	4卷	风俗	2卷	法令	7卷	律历	3卷
孝亲	3卷	礼乐	11卷	慎刑	3卷	谥号	2卷
敬天	1卷	用人	24卷	赦宥	1卷	褒赠	2卷
郊庙	9卷	求贤	1卷	兵制	6卷	礼臣	2卷
治道	46卷	知人	5卷	宿卫	1卷	巡幸	1卷
法祖	2卷	建官	4卷	征伐	10卷	外戚	2卷
储嗣	3卷	选举	8卷	任将	6卷	宠幸	1卷
内治	2卷	考课	2卷	马政	1卷	近习	3卷
宗室	2卷	去邪	14卷	荒政	6卷	封禅	1卷
经国	24卷	赏罚	3卷	水利	5卷	灾祥	20卷
守成	1卷	勤政	1卷	赋役	6卷	营缮	2卷
都邑	1卷	节俭	2卷	屯田	1卷	弭盗	3卷
封建	1卷	戒佚欲	3卷	漕运	1卷	御边	20卷
仁民	5卷	慎微	1卷	理财	12卷	夷狄	11卷
务农	2卷	谨名器	2卷	崇儒	1卷		
田制	1卷	求言	2卷	经籍、图谶	1卷		

由表1可见，《历代名臣奏议》中“治道”门最多，共46卷，“经国”和“用人”门类分别为24卷，三者合计占全书1/4，表明明成祖对国家治理的重视。同时，此书编纂完成后，仅“赐皇太子、皇太孙及大臣”，“顾其书在当时未大颁行”①。到崇祯时期，复社领袖张溥感叹“余小子生长三十年未尝一见，询之郡县学官掌故，有愕不知为何书者”，反映了《历代名臣奏议》在明代“镌版不行，受读无路，绝而不问，同于禁书”的情况。② 崇祯八年（1635），张溥在京师期间，得看同社友人藏本，但“字间摩脱难识，最后得太原藏本相雠正，乃竟读”③，因此，开始对350卷本内容进行删削和点评，并“慎刑”入“法令”门，定为66门350卷。清初，张溥儿子张永锡及孙张玉璇和张玉衡又对此书重校刊刻，去除“夷狄”一门，将“御边”减至一卷，是为320卷本。

① 《明孝宗实录》卷169，十三年十二月戊申条，第3073页。

② （明）张溥：《七录斋合集》卷12，齐鲁书社，2015，第242页。

③ （明）张溥：《七录斋合集》卷12，第242页。

乾隆朝修《四库全书》时，以永乐本为底本，将“夷狄”改为“四裔”门，对其中一些字句也进行删削更改，之后将其收录。《四库全书总目》对其评价为“自汉以后，收罗大备。凡历代典制沿革之由，政治得失之故，实可与《通鉴》、三通互相考证……虽义例芜杂，而采摭赅备，亦古今奏议之渊海也。”① 四库馆臣认为其地位与《通鉴》、三通相互参证，并且是“古今奏议之渊海”，也可见其地位。

总体而言，在明清两代，《历代名臣奏议》几经刊刻，明末清初，还敕谕“令生员诵读讲解”②，但限于史料缺乏，今人对其流传及诵读的详情无从得知。而明、清两朝的经筵日讲也以《四书》《五经》等儒家经典为主，是书未有一席之地。

二 《历代名臣奏议》在朝鲜王朝的刊刻

《历代名臣奏议》是明初所编众多“经世”类书籍的一种，由于朝鲜是明朝藩国，是书编纂的消息很快传到朝鲜王朝。

朝鲜中宗十二年（1517 年）八月的朝讲之后，大司宪崔淑生告于中宗“中国之儒，撰集《历代奏议》，使后人矜式焉”，并认为朝鲜历代名臣硕儒奏章中皆有可取之处，请求“刊《东国名臣奏议》，以传于后”。③ 文中《历代奏议》即为《历代名臣奏议》之简称，此时朝鲜儒臣已知道明朝编纂《历代名臣奏议》的情况，且受此启发，希望编纂《东国名臣奏议》。光海君二年（1610，万历三十八年）三月，光海君令“《后汉书》、《南北史》、《辽》、《金》、《元史》、《太平御览》、《历代名臣奏议》等册，今此千秋使行次，令户曹给价，以官本极择贸来”。④ 朝鲜王朝已有意购入此书，并令千秋使“择官本”买入，但从文献记载及韩国现存《历代名臣奏议》版本来看，⑤ 此次使节并未购得此书。

肃宗二十年（1694）二月的经筵日讲，弘文馆因礼仪之事上奏肃宗，有

---

① （清）永瑢等：《四库全书总目》卷 55，中华书局，2003，第 502 页。

② （明）张居正 等：《大明会典》卷 78，《万有文库》本第 57 册，商务印书馆，1929，第 17 页；康熙和雍正朝《大清会典》也均记载有顺治九年敕谕，与《大明会典》同。

③ （朝鲜王朝）《中宗实录》卷 29，十二年八月乙巳条，日本东洋文化研究院影印本，第 21 册，1959，第 165 页。

④ （朝鲜王朝）《光海君日记》卷 27，二年闰三月乙亥条，第 32 册，1962，第 268 页。

⑤ 韩国现存刻本《历代名臣奏议》均为 321 卷（包括目录 2 卷），且以清初刻本为底本刊刻而成。

"《历代名臣奏议》:'晋明帝,宗庙始建,旧仪多缺云,而所论,只在昭穆世次'"[①] 之语。馆臣举《历代名臣奏议》内容作为例证,说明其应看过此书,《历代名臣奏议》此时已传入朝鲜王朝。因韩国现存最早《历代名臣奏议》为清初刻本,朝鲜刻本也以此为基础进行刊刻,因此,是书传入朝鲜王朝大致为清初至康熙三十三年(1694),即朝鲜王朝仁祖至肃宗时期。

肃宗时期,此书开始在朝鲜王朝刊印。三十四年(1708)三月六日昼讲时,肃宗令"《名臣奏议》勿为抄删,令艺阁全秩印出"。[②] 十八日昼讲之后,特进官崔西恒认为"《名臣奏议》乃是稀罕之册,而今此所印,只是九件。一番印出之后,随机毁板,不但工役之可惜,亦非广布之道",且今册纸充足,请求加印十件,获得肃宗的赞同。[③] 十月六日,侍讲官李肇、崔西恒等对刊印之事又进行讨论:

> 侍讲官李肇曰:"本馆有《三国史》,即金富轼所撰也。曾前禀旨请刊,既已撰写校正而尚未举行,分付校书馆使之开刊,何如?"崔西恒曰:"云阁方印《名臣奏议》,两役不可并举,《三国史》待《名臣奏议》毕役后,当为印出矣。"上曰:"《名臣奏议》毕役后,《三国史》始役,可也"。[④]

从朝鲜儒臣对《历代名臣奏议》刊印的讨论可以看出:一,《历代名臣奏议》在朝鲜王朝"乃是稀罕之册",虽卷帙浩繁,肃宗仍令"勿为抄删,全秩印出";二,《三国史》是高丽时期金富轼所撰记载新罗、百济和高句丽的官方正史,虽然"曾前禀旨请刊",且已"撰写校正"完毕,但仍需《历代名臣奏议》刊印完成之后,方可开刊,因此,《历代名臣奏议》的刊印在朝鲜王朝极受重视。

《历代名臣奏议》在朝鲜王朝刊印具体过程,因史料缺乏,待考。目前韩国共藏四种刻本,分别为:(一)60 册本《历代名臣奏议》,319 卷,

---

① 《承政院日记》肃宗二十年二月二十四日,韩国国史编纂委员会 1961 ~ 1977 年,第 355 册,第 138 页。

② 《承政院日记》肃宗三十四年三月六日,第 441 册,第 55 页。《历代名臣奏议》在朝鲜王朝文献中多简称为《名臣奏议》,宋代赵汝愚编《国朝诸臣奏议》在朝鲜文献中也称《皇(王)朝名臣奏议》,有时也称《名臣奏议》。因二者内容分类有所区别,且《国朝诸臣奏议》及其简称在文献中出现次数较少,根据文献上下文可具体分辨,所以,笔者所引称《名臣奏议》者,均指《历代名臣奏议》。

③ 《承政院日记》肃宗三十四年三月十八日,第 441 册,第 83 页。

④ 《承政院日记》肃宗三十五年十月六日,第 451 册,第 22 页。

目录2卷，四周单边，半页10行18字，内向二叶花纹鱼尾；（二）64册本《历代名臣奏议》，319卷，目录2卷，四周双边，半页10行18字，内向二叶花纹鱼尾；（三）80册本《历代名臣奏议》，319卷，目录2卷。四周双边，半页10行18字，内向二叶花纹鱼尾；（四）100册本《历代名臣奏议》，320卷，目录2卷。半页9行18字，头注，上黑鱼尾。其中第四种为清初传入本，现存明清刻本均半页9行18字，且天头有张溥注，上黑鱼尾。朝鲜王朝刊刻《历代名臣奏议》与明清刻本相比，张溥注均被删去，且改为双鱼尾。朝鲜刊本以清初刻本为底本，缺"慎刑"一门，并将经籍和图谶各自独立为一卷，将"御边"和"夷狄"两门删去，成六十四门。从韩国现存《历代名臣奏议》版本来看，朝鲜王朝至少对该书进行过三次刊印。①

三　《历代名臣奏议》与朝鲜王朝的经筵日讲

《历代名臣奏议》成书后的很长一段时间内，仅用于"赐内阁及五府、六部、都察院、通政使司、大理寺、詹事府、翰林院、左右春坊、司经局、国子监并六科十三道"② 及明代藩王，永乐帝所谓"为君者以前贤所言，便作今日耳闻"的教化作用并未实现。该书传到朝鲜王朝后，即成为肃宗、英祖和正祖时期经筵日讲的重要史籍之一。

肃宗时期，《历代名臣奏议》即被用于经筵日讲。肃宗三十四年（1708）三月，检讨官任守绀请求"抄出《历代名臣奏议》，进讲为宜。"③ 四月十八日召对之后，侍读官洪致中认为《历代名臣奏议》篇秩浩瀚，领略较难，请求以《纲目》《史记》等进讲，肃宗以"《纲目》乃其常目之册，而此后进讲，则以《名臣奏议》为之"回应，可见肃宗对此书的重视。④ 七月柳凤辉等讲官，"请继讲《名臣奏议》，许之。"⑤ 肃宗三十七年（1711）八月后，《历代名臣奏议》用于经筵日讲的记载渐次增多，二十四

① 韩国学者认为60册本为戊申字混入补字版，印于英祖年间；80册本为三铸甲寅字版，印于仁祖年间，序为后刷；64册本则未作说明，详见韩国学中央研究院官网（http://rinks.aks.ac.kr/）。

② 《明孝宗实录》卷169，十三年十二月戊申条，第7册，第3074页。

③ （朝鲜王朝）《肃宗实录》卷46，三十四年三月甲戌条，第41册，1965，第109页。

④ 《承政院日记》肃宗三十七年四月十八日，第460册，第45页。

⑤ （朝鲜王朝）《肃宗实录》卷50上，三十七年七月癸卯条，第41册，第223页。

日，“未时，上御兴政堂，召对……柳凤辉读《历代名臣奏议》第一卷君德篇，自周武王践祚，至朕所不取……李世最继读……权业继读……读至篇终”。[①] 读的过程中柳凤辉还提醒肃宗，“《名臣奏议》，无非人君之所鉴戒，况此篇，专论君德，尤当留意。”[②] 召对官读后，会对其内容详细讲解，如读“君德”篇鲁哀公与孔子就“君子不博”讨论内容时，柳凤辉借机劝诫肃宗“凡善恶谓之二关，必须知其善者而行之，知其恶者而去之，而苟非明理，又无以择之精也”。[③] 在读和讨论中，朝鲜儒臣将《历代名臣奏议》传达的善恶观念等传递给肃宗。

除召对之臣读及君臣讨论外，肃宗对文中的关键词也命侍读官解读。肃宗三十八年（1712）七月二十四日，“命恒，于第三丈解公平正直之义……命恒，于第四丈解手不释卷之义……（洪）重休，于十四丈解国之兴亡，不由蓄积之义……命恒，于二十三丈解爱吝班荣之义”。[④] 这几段内容均见于《历代名臣奏议》卷27“治道”门，“公平正直”和“手不释卷”之语为唐太宗与房玄龄讨论为君、为相及读书的召对。关于“公平正直”，吴命恒认为君臣必以公平正直为先，“凡在一政一令，无不出于公平正直之上，然后可以成化”，而“手不释卷”则是太宗致治的根本。洪重休也认为宰相及其他官吏须用读书人，肃宗虽然文治武功卓著，但“一日怠惰，恐致一篑之亏”，因此，劝诫肃宗要勤于读书；“国之兴亡，不由积蓄”为马周论隋代得失的奏疏，洪重休认为“保国之道，在于得民，若不能得民，则虽有积蓄，其谁与守之”，劝诫肃宗要“察省苍生，损上益下”。[⑤]“爱吝班荣”一词出于宰相李峤上书武后的奏疏，意在劝诫武后裁汰冗员，以减少府库虚耗。此时朝鲜王朝也存在官爵、赏赐杂乱的弊端，特别是“若得北京一张朝报，则不辨真伪，辄施金玉之资”，吴命恒进言道，“而继自今，必须爱吝爵资，无至滥授，以重赏典，以激其心宜矣”。[⑥] 可以看出，在讲解过程中朝鲜儒臣将为君、保国及选官之道等理念传达于肃宗，获得肃宗的认同。肃宗在位四十余年，政治上不断转换执政派系，

① 《承政院日记》肃宗三十七年八月二十四日，第462册，第108页。

② 《承政院日记》肃宗三十七年八月二十四日，第462册，第108页。

③ 《承政院日记》肃宗三十七年八月二十四日，第462册，第109页。

④ 《承政院日记》肃宗三十八年七月二十四日，第470册，第40～42页，文中第三丈、第四丈为奏疏篇数，即第三篇、第四篇。

⑤ 《承政院日记》肃宗三十八年七月二十四日，第470册，第40页。

⑥ 《承政院日记》肃宗三十八年七月二十四日，第470册，第42页。

通过扶弱抑强强化王权，还实行社会改革，减少了对良民和贱民的掠夺，实现了朝鲜社会的长期稳定，这与《历代名臣奏议》等史籍所宣扬的“致道”精神密不可分。

英祖时代，《历代名臣奏议》继续作为经筵日讲史籍。英祖七年(1731)十月二十一日，英祖令侍读官李宗城点检将要进讲的册子是否完备，李宗城进而认为可以“《名臣奏议》进讲”。[①] 九年（1733）六月，英祖令进讲《陆宣公奏议》后以《历代名臣奏议》继讲，侍读官以该书“其于为治之道，亦当有益矣”，同意进讲。[②] 但英祖及朝鲜儒臣也认为“《名臣奏议》编秩浩繁，全数进讲甚难”，可“抄出其紧要者进讲”，于是英祖命弘文馆诸臣抄出《历代名臣奏议》中有益于治道者进讲。[③] 十年(1734)一月，英祖对抄选事进行催促，“欲讲《名臣奏议》，抄选事不可迟延”。[④] 六月，副提学李宗城与金尚星、金若录、南泰良、俞最基等抄选完毕，“拣取君德（五篇）、圣学（四篇）、敬天（一篇）、仁民（五篇）、勤政（一篇）、赏罚（三篇）、知人（五篇）、听言（七篇）、戒逸欲（三篇）、谨名器（二篇），别单书进”，获得英祖嘉奖。[⑤]九月，《历代名臣奏议》出现于经筵召对中，据《英祖实录》记载，“庚辰，行召对，讲《名臣奏议》”；“癸巳，行召对，讲《名臣奏议》”；“甲午，行召对，讲《名臣奏议》”。[⑥]

此三次召对内容全部被《承政院日记》所记载，以癸巳召对（九月二十一）为例。辰时（早上七到九时）英祖于熙政堂行召对，参赞官任守迪、侍读官吴瑗和俞健基、假注书南德老、记事官朴玷、记注官金启白以及奉朝贺李光佐同为入侍。参赞官与侍读官为朝鲜王朝经筵厅官员，负责朝鲜国王的经筵日讲；假注书为承政院官员，负责日常记录；记事官和记注官为朝鲜王朝史馆春秋馆官员，负责如实记载，以便于修史；而“功臣不堪任事者，授奉朝贺”[⑦]。英祖令吴瑗读《历代名臣奏议》卷二“君德”篇之后，又令南德老等人将卷三读完，此两卷共包括司马光、孙觉、富

---

① 《承政院日记》英祖七年十月二十一日，第733册，第67页。
② 《承政院日记》英祖九年六月二日，第761册，第10页。
③ 《承政院日记》英祖九年十一月二十八日，第768册，第195页。
④ 《承政院日记》英祖十年一月二十九日，第772册，第134页。
⑤ （朝鲜王朝）《英祖实录》卷38，十年六月己未条，第43册，1965年，第447～448页。
⑥ （朝鲜王朝）《英祖实录》卷39，十年九月，第43册，第458～460页。
⑦ （朝鲜王朝）《睿宗实录》卷6，元年七月甲申条，第14册，第523页。

弼、王安石等 38 人共计 48 篇奏疏。司马光上宋神宗奏疏中指出，人君“修心之要有三，一曰仁，二曰明，三曰武；治国之要亦有三，一曰官人，二曰信赏，三曰必罚”，[①] 侍读官先讲文义，之后君臣开始讨论奏疏内容。侍读官认为司马光虽然将“明”“武”与“仁”对等，但事实上“仁兼三者”，因此，君主以“仁”为先。而治国三条，则是“官人最急，而赏不僭，罚不滥，亦为治之要也”，吴瑗借机进言“今赏典过滥，比前尤多”，人君应做到赏罚必当。[②] 然后君臣对司马光及其思想进行讨论，李光佐认为司马光乃“九分人，恐于仁之全体，有所未尽”，原因则是司马光“既不能与天理同流，则不能尽其分矣”；英祖认为“光为司马氏，书丞相诸葛亮入寇，又以魏为正统，果有查滓，而恐儒臣太浅看矣”。[③]因此，朝鲜王朝君臣对司马光奏疏的讨论，不仅限于奏疏内容本身，也涉及朝鲜儒学的天理观、正统观等。之后，英祖君臣又讨论孙觉、王安石、曾巩、吕公著、江公望和朱熹等人奏疏，内容非常广泛。

英祖也会借书中相关史实，申明自己施政策略。如读《历代名臣奏议》卷 38“治道”篇中唐文宗“朋党论”之语时，英祖对经筵之臣感叹，“文宗苟得其道，去党何难？牛、李所争，不过君子、小人，犹不至于以忠逆相争矣”。[④] 朝鲜王朝的党争一直非常激烈，英祖实行“荡平策”，对四色（南、西、老、少）一视同仁，试图弥平党争，取得了很好的效果，朝鲜王朝的政治、文化等也在英祖时期得到稳定发展。英祖认为“牛李所争”并非“忠逆相争”，而是“君子、小人”之争，透过英祖评价，可以看出儒家文化中“君子观”对英祖思想的影响。同时，“文宗苟得其道，去党何难”之语，表明英祖对“荡平策”效果的认可。朝鲜儒臣面对现实问题时，也会援引《历代名臣奏议》中相应史实对英祖进行劝诫。十年七月，因久旱不雨，英祖拟于立秋后祈雨，询问于诸臣，奉朝贺闵镇远以宋孝宗时杨万里奏疏为基础，认为人君应以诚事天，不可倦怠，“且《名臣奏议》，敬天、灾祥两条，多不待祈祷而得雨者。若令儒臣抄出写进，以备观省，则实为修省之一助，伏为上裁。”[⑤] 第二天，弘文馆大臣“就《名臣奏议》敬天、灾祥两编，抄出五

① （明）黄淮、杨士奇等编《历代名臣奏议》，第 14 页。
② 《承政院日记》英祖十年九月二十一日，第 787 册，第 61 页。
③ 《承政院日记》英祖十年九月二十一日，第 787 册，第 62 页。
④ （朝鲜王朝）《英祖实录》卷 39，十年十一月乙亥条，第 43 册，第 464 页。
⑤ 《承政院日记》英祖十年七月二十八日，第 783 册，第 203 页。

条，别单书进”。[1] 因此，在面对久旱不雨而英祖欲求雨时，朝鲜儒臣以《历代名臣奏议》中内容劝诫英祖注重修身反省。

总之，英祖时期，虽对《历代名臣奏议》进行抄选进讲，但英祖认为“今讲《名臣奏议》，而不言其心，则是欺其心也，进讲此书，于心不无歉然处矣”，作为人君既要做到“有过而能悟而改之”，又要“量材而授官，度功而加赏，审罪而刑罚……皆得其当，则可以服人心”。[2] 因此，英祖时代对《历代名臣奏议》的讨论更加深入全面，不仅涉及奏疏内容本身，也涉及奏疏之人及思想。

《历代名臣奏议》在正祖朝仍有一定影响，正祖继位不久即询问《历代名臣奏议》相关情况，[3] 在为阁臣金钟秀所纂《名臣奏议要略》所作序中，正祖也称“予平日喜观《历代名臣奏议》”，但该书用于经筵的记载相对较少。[4] 纯祖时，经筵中有关《历代名臣奏议》的记载更少，但该书仍有一定影响。纯祖十年（1810），校理洪仪泳陈时务的若干条即以《历代名臣奏议》中所载为据，“臣谨按：龟年在光宁之间，立朝名节，实为一时之贤卿，而其谠言嘉谟则尤于论灾异七条，大有可观者，其七条则见于《名臣奏议》，臣不必更事烦陈……而谨取其中要切者，论断以奏”。[5] 此奏疏收录在《历代名臣奏议》卷308，为彭龟年于宋光宗二年（1191）春天因“雷电交加，有旨访时政阙失”而作，劝光宗“可令侍从、台谏两省卿监、郎官、馆职，各条具时政阙失闻奏”[6] 共七条，内容较多。洪仪泳以此劝诫纯祖内省修身、广开言路、选贤任能，效法“仁宋”，希望达到“一言足以兴邦”的效果。

四　朝鲜王朝仿《历代名臣奏议》的史籍编纂

朝鲜王朝仿《历代名臣奏议》编纂史籍，主要在正祖时期。正祖受《历代名臣奏议》等启发，命“阁臣等取宋朝三贤（二程和朱熹）、本朝九贤奏

① 《承政院日记》英祖十年七月二十九日，第783册，第213页。
② 《承政院日记》英祖十年九月八日，第786册，第64页。
③ 《承政院日记》正祖元年一月十四日，第1393册，第101页。
④ 朝鲜正祖：《群书标记》，《朝鲜时代书目丛刊》第2册，中华书局，2004，第1168页。
⑤ 《承政院日记》纯祖十年十月八日，第1989册，第30页。
⑥ （明）黄淮、杨士奇等编《历代名臣奏议》卷308“灾祥门”，第3990页。

议之最剀切，尤鉴戒者”，编纂《奏议纂要》八卷。[①] 此外，因《历代名臣奏议》卷帙浩繁，还命奎章阁提学金钟秀抄节，附以皇明诸臣奏议和罗、丽奏议，编纂《历代名臣奏议要略》，在编次过程中，金钟秀对“书中格言之可作箴规者，条列于左”，[②] 希望有资劝诫。《历代名臣奏议要略》编纂完成之后，金钟秀又仿《历代名臣奏议》体例，对朝鲜王朝时期奏议抄选、编纂，成《国朝名臣奏议要略》六卷。其卷数、目次等见表2。

表2 《国朝名臣奏议要略》卷数、目次表[③]

卷数	目次	人数	奏疏篇数	卷数	目次	人数	奏疏篇数
卷一	君德	44	68	卷四	去邪	12	12
卷二	圣学	8	9		赏罚	8	10
	孝亲	9	9		勤政	5	5
	储嗣	9	9		节俭	16	18
	治道	24	24		戒佚欲	8	9
	内治	21	24		慎微	4	4
卷三	宗室	24	30		谨名器	3	3
	经国	8	8	卷五	求言	4	4
	仁民	12	12		听言	57	70
	务农	1	1		法令	15	20
	田制	12	13		慎刑	22	28
	学校	6	6		荒政	13	16
	风俗	10	10		赋役	21	24
	礼乐	20	24	卷六	理财	11	12
卷四	用人	10	11		崇儒	6	6
	知人	7	7		国史	2	2
	建官	4	4		谥号	9	9
	选举	10	10		礼臣	13	15

① 朝鲜正祖：《群书标记》，第1167页。《奏议纂要》以人物为序，共收录包括“二程”、朱熹、赵光祖、李滉、李洱等人奏疏105篇。

② （朝鲜王朝）金钟秀：《夢梧集》卷4“奎章阁故事”，《历代名臣奏议要略》现已不存。

③ 统计表格以韩国学者白丞镐《奎章阁所藏〈国朝名臣奏议要略〉考》（韩国《震檀学报》2017年第2期）一文为基础，略有改动。

续表

卷数	目次	人数	奏疏篇数	卷数	目次	人数	奏疏篇数
卷六	巡幸	7	7				
	外戚	8	9				
	近习	5	5				
	灾祥	18	20				
	营缮	7	7				
	弭盗	2	2				
小计	25	295	340	小计	17	220	256

从表2中可见，《国朝名臣奏议要略》共计42门，以卷次来看，与明修《历代名臣奏议》中“治道”门卷数最多不同，《国朝名臣奏议要略》中“君德”门单独为一卷，内容最多，表明朝鲜王朝更注重“君德”。朝鲜王朝以朱子学立国，推崇朱熹的伦理道德观念，反映在史籍编纂上，即更注重君王的德行教育。而从人数和奏疏篇数上看，“听言”“治道”“慎刑”门等在篇幅上也多于其他，这一安排是朝鲜王朝正祖时期政治、文化和社会发展状况的真实映照。朝鲜正祖以博学多识、作风开明而著称于世，此时的朝鲜社会安定，文化繁荣，士农工商全面发展，其发展程度达到朝鲜王朝历史上的顶峰，正祖也因此被称为“圣君”，而“听言”“治道”“慎刑”正是这一现实状况的反映。同时，“宗室”门内容也较多，朝鲜从太祖李成桂开始，因王位继承，宫廷政变时有发生，因此，“宗室”门篇数较多也是朝鲜王朝宗室问题突出的表现。

朝鲜高宗三十五年（1898），面对内忧外患的国内国际形势，都事官全秉熏于十一月二十日上《万言疏》，痛斥朝鲜时弊，请求改革，疏中认为“《历代名臣奏议》一书，裒合众智，广聚群才”，是“经世之指南，保邦之龟鉴”，但“惟其篇秩浩大，翻阅甚艰”，故将《历代名臣奏议》中最紧要者选出，汇为六卷，名为《百选美芹》，“因中宗朝崔世珍投进《儒贤奏议》故事”将其进献，希望“数千载明君哲辟，贤相硕辅，都俞吁咈，鸿猷丕策，皆为陛下今日受用之资，而于中兴大业，回危乱为治安者，岂不有万一之补哉!”① 其卷次、内容等见表3。

① 《秘书院日记》高宗三十五年十一月二十日，第38册，第36页。高宗时期称《秘书院日记》。

表 3 《百选美芹》卷次、页码表①

卷次	内容	页码	卷次	内容	页码	卷次	内容	页码
卷一	君德	1	卷四	慎微	1	卷六	兵制	1
	圣学	14		求言	6		宿卫	5
	孝亲	21		听言	8		征伐	6
	敬天	24		赏罚	18		任将	9
	郊庙	26		经国	20		荒政	13
	治道	31		守成	34		赋役	16
卷二	法祖	1		仁民	35		屯田	18
	储嗣	2		务农	38		国史	19
	内治	3		田制	40		经籍	21（1）
	宗室	10	卷五	学校	1		灾祥	22（7）
	求贤	12		风俗	5		营缮	25（2）
	知人	15		礼乐	9		弭盗	27（3）
	礼臣	21		建官	12			
卷三	用人	1		选举	17			
	去邪	20		考课	22			
	外戚	26		谨名器	26			
	宠幸	33		法令	28			
	近习	35		慎刑	31			
	勤政	43		赦宥	34			
	节俭	44		理财	35			
	戒佚欲	48						

1897 年 10 月，朝鲜高宗改国号为大韩帝国，其目的在于使朝鲜摆脱日本控制，走上独立发展道路，因此，大韩帝国成立后，高宗开始实行改革，以期恢复中央集权，使韩国彻底独立自主。在高宗改革期间，全秉熏上《万言疏》和《百选美芹》，希望此时高宗能“振发精明，以图自强之势，长治之方”。全秉熏在《万言疏》中提出改革时政的“一纲六目”，“选养军兵也，创造器械也，畅理财用也，做成人材也，广开言路也，图

① 此表根据韩国学者金晟焕《曙宇全秉熏的生平和著述的综合研究（一）：朝鲜居住时期（1857—1907）的活动和著述》（韩国道教文化学会编《道教文化研究》第 38 期）一文制作，略有改动，表格中括号内为已知部分篇数，其他部分未详。

成局外也，大公用人也，总其务而成其精，惟在用人一款，故用人为六目之纲焉”，[①] 因此，《百选美芹》中“用人”的比重明显多于其他。“君德”内容仍较多，说明朱子学的伦理道德观念在朝鲜半岛具有深厚影响。此外，“经国”“外戚”等内容也多于其他，这与朝鲜半岛的政治形势有很大关系，面对内忧外患，大韩帝国如何保证其自强独立，即如何“经国”，这是重要的现实问题；朝鲜王朝从正祖去世后，王权旁落，外戚在政务上的影响越来越大，高宗前期，闵妃即是外戚政治的代表，因此，《百选美芹》中相关内容的增多，也是大韩帝国现实政治的反映。

总之，朝鲜王朝在仿《历代名臣奏议》进行史籍编纂时，会根据朝鲜的现实状况取舍去取。

结 语

“采古名臣直言……汇录以便观览”而成的《历代名臣奏议》，虽几经刊刻，其在明清两代的政治生活中影响有限。是书传入朝鲜王朝后，受到朝鲜王朝肃宗、英祖等重视，成为经筵召对及朝鲜诸臣劝谏所依靠的重要史籍。是书在朝鲜王朝为何会产生如此影响呢？主要有以下两点原因。

首先，得益于中华文化对朝鲜王朝的吸引力。朝鲜半岛作为中国传统儒家文化圈的一部分，通过中国和朝鲜半岛的史籍及人员交流，不断地学习和吸收中华文化。中国史籍作为中华文化的载体，传入朝鲜半岛后，更是受到朝鲜君臣的欢迎。《历代名臣奏议》作为中国硕儒编纂的史籍，对于朝鲜王朝来说，除史籍本身性质，朝鲜王朝更重视其承载的文化内涵。

其次，该书所特有的“致道”思想与朝鲜王朝当时的政治、文化氛围相契合。朝鲜王朝肃宗到纯祖时期，肃宗、英祖等广开言路，重视文化教育及史籍的“致道”作用，朝鲜王朝也出现了社会安定、文化繁荣的局面。《历代名臣奏议》所传达的“致治之道”，即“君能纳善言，臣能尽忠不隐，天下未有不治”的理念，与朝鲜王朝此时的政治文化相契合，因此，受到肃宗、英祖等的重视。

《历代名臣奏议》及其朝鲜刻本和抄选本，作为域外汉籍交流中的一个案例，“不只是中国典籍的域外延伸，不只是本土文化在域外的局部性呈现，不只是‘吴国之旧籍’的补充增益。他们是汉文化之林的独特品

① 《秘书院日记》高宗三十五年十一月二十日，第38册，第37页。

种，是作为中国文化的对话者、比较者和批判者的‘域外之眼’”。[①] 同时，透过个案的史籍研究，“既能深入把握中国史学对周边深厚的影响，更能进一步深入研究中国史书与史学的价值，从而丰富对中国传统史学的了解”，[②]《历代名臣奏议》作为其中一个案例，丰富了我们对中国史学史的了解，有助于我们重新审视和挖掘本国文献的史学价值和内涵。

---

① 张伯伟：《域外汉籍研究入门》，复旦大学出版社，2012，第20页。

② 孙卫国：《东亚视野下的中国史学史研究》，《史学月刊》2013年第11期。

中国近现代史学研究

从《无邪堂答问》看朱一新的历史教育实践与思想

周　倩
（扬州大学社会发展学院，江苏扬州　225002）

摘　要： 朱一新任广雅书院学长期间，汇集师生论辩问难之语而成《无邪堂答问》一书，其中包含大量史学问答内容，集中反映了朱氏的历史教育实践与思想。具体来说，他着力纠正生徒对史学的错误认识；引导他们拓宽史学视野，不溺考据；以“致用”为原则推荐读史书目；将现实关切融入历史教育之中。这些实践体现了“端诸生治史之趋向”的教育理念，是朱一新育才之心、学术路径和晚清时局等因素共同作用的结果。

关键词： 朱一新　《无邪堂答问》　历史教育　实践与思想

朱一新（1846～1894），字蓉生，号鼎甫，浙江义乌人，晚清著名学者。他早年肄业于杭州诂经精舍，一生读书不辍，据《清史稿》记载：“（朱）博极群书，洞知两汉及宋明诸儒家法。”① 为当时学界所推重。鉴于其学识和影响力，光绪十六年（1890），时任两广总督张之洞聘请他出任广州广雅书院第二任学长。掌教广雅期间，他秉持“先读书而后考艺，重实行而屏华士”的宗旨，改革书院制度，“分经、史、理、文四者，延四分校主之，而院长受其成焉”②，一时间“岭东西高材生咸信向焉”③、

① （清）赵尔巽等：《清史稿》卷四四五《朱一新传》，中华书局，1988，第 12464 页。

② （清）朱一新：《无邪堂答问序》，《无邪堂答问》，中华书局，2000，第 1 页。

③ 陶湘编：《昭代名人尺牍续集小传》卷二四，载《清代传记丛刊》第 33 册，台北明文书局，1985，第 927～928 页。

“英彦之士多出其门下”[1]，大大促进了两广地区教育学术事业的发展。

朱一新在广雅期间，通过师生问答和点评课卷的形式与诸生多有互动，集其菁华而成《无邪堂答问》（以下简称《答问》），共五卷，是朱氏最重要的著作之一。该书以一问一答为基本形式，讨论问题“有订经史疑义者，有商古今学术者，有论边疆形势者，有谈国朝掌故者，门类甚多”[2]，其中包含大量史学内容。史学问答是朱一新书院历史教育实践的真实写照，集中反映了他的历史教育思想，大体来说包括以下几个方面。

一　着力纠正生徒对史学的错误认识

书院生徒初入史门，受学习能力的限制和学界不良风气等因素的影响，容易形成对史学的错误认识。朱一新教人读史，首先注重纠正其谬误，这在《答问》中多有记载。

（一）对史著把握失准

生徒在读史过程中对史著特点把握不到位，导致论断失准的现象时有发生。朱一新会及时加以纠正，例如，有生徒提出“《汉书·地理志序》似乎论古太繁”的观点，朱一新认为此论不妥，称：“班书多补《史记》之缺，《史记》无地理志，故孟坚详述古制以补之，非繁也。”[3]《汉书·地理志》虽述西汉一朝舆地，但开篇对汉以前的地理概况进行梳理，填补了《史记》的空缺，这种写法体现了班固前后照应、贯通古今的思想，故评以“繁”字有失偏颇。

再如，有生徒作《刘元城学术论》，引宋人刘元城（安世）评语，称《新唐书》“好简略，事多郁而不明”。朱一新在评卷时指出其谬误，对《新唐书》做出客观评价，认为欧阳修著史追求简严、反对冗沓，《新唐书》言简意赅，在历代正史中独树一帜，总体来说，“虽未追踪马、班，亦足凌跨六代”，宋代学者之所以有如此批评之语，实因“贵远忽近之见

① 杨炳章：《朱氏遗札叙》、《义乌朱氏论学遗札》，载《丛书集成续编》第142册，上海书店出版社，1994，第569页。

② 朱一新：《答龚菊田刺史书》，《佩弦斋文存》卷下，载《续修四库全书》第1565册，上海古籍出版社，2002，第8页。

③ 朱一新：《答问〈汉书·地理志〉补〈史记〉之缺》，《无邪堂答问》卷一，第9页。

耳。……初无所为，事郁不明也”。[①]

（二）对史法理解失当

史书编纂当遵循史法，而生徒对史法的理解往往会有偏差。例如，有人对《史记》体例提出质疑，认为项羽未称帝反入本纪，陈涉建政权仅入世家，可见其体例不纯。朱一新指出，《史记》并不以“称号”作为人物的入传标准，某人入本纪、世家还是列传，其根本标准在于“功业”：“项羽曾宰天下，诸侯听命，自当立纪。……汉诸王及萧、曹等皆有土有民，即古诸侯，故作世家，陈涉亦然。”[②]《史记》看似体例不够统一，实际上却反映司马迁对历史人物地位、作用、价值的精准把握。

再如，有生徒对评判史法优劣的标准存疑。朱一新指出，评判的根本标准在于编纂者的“史才”，具体来说，史家应当“熔铸各书，成一家言”，如果“徒排比旧文，则无为贵史才矣”。按照这一标准，历代正史之高下立见：诸史之中首推“前四史”，其次则以《新五代史》为佳，“《新五代史》为足贵，特其词旨甚明，而无微显志晦之意，故去三史尚远，要亦时代为之”，至于近世之史则徒为长编而已。[③]

（三）对史学本身认识模糊

生徒限于学识，对史学本身的认识往往不够清晰。例如，有人提出建立新文献分类法的设想，认为应该在经、史、子、集四部分类基础上，再增加“经济”“时务”两门。朱一新表示反对，称：“经济之学，皆在四部中……经济归史学，特举其多且重者言之……时务特经济之一端，亦即史学之一种。”[④] 经济、时务两门本就属于史学，无须另行增加，故生徒重建文献分类法的想法是不必要的。朱氏又指出：

> 刘歆叙《七略》并无四部之名，而《太史公书》附于《春秋》，史亦经也。然夫子未删定以来，并无经名，记言记动，悉归于史。《尚书》，记言之书也；《春秋》，记事之书也。后世史家千涂万辙，终不出此二体，然则史犹在经之前也。……大约古来文字，只有二体。

① 朱一新：《评陈庆龢〈刘元城学术论〉》，《无邪堂答问》卷一，第12页。
② 朱一新：《答王士宗问〈史记〉体例》，《无邪堂答问》卷三，第125页。
③ 朱一新：《答问方志引书体例》，《无邪堂答问》卷四，第174页。
④ 朱一新：《答问诸书略分次第》，《无邪堂答问》卷四，第159页。

> 叙事纪言者，为史体；自写性真者，为子体。圣人之言，足为世法，尊之为经，经固兼子、史二体也。文事日兴，变态百出，歧而为集，集亦子、史之绪余也。①

上述文字表达的意思有三层：第一，文献最初并无分类，只是后来随着社会的发展，书籍的数量和种类不断增加，才有了分门别类的必要；第二，“记事记言”之书即为史书，无论后世典籍分类如何演进，“记事”和“记言”都是史体的基本特征；第三，经、史、子、集四部之中，史、子为本体，经、集为延伸。以上内容高度概括了四部分类的形成过程和各部的核心特征，为生徒厘清史体的发展脉络、把握其本质特征提供了重要启示。

（四）片面追求新奇

朱一新要求生徒脚踏实地、严谨治学，反对片面追求新奇。例如，有生徒在课卷中对魏收“列家谱入《魏书》”之举表示赞同，朱一新不同意这一看法，认为《魏书》已设有《官氏志》，不必再记家谱。魏收此举“以明士族则不足，以言史法则无当……徒为疣赘，两无所处也”，是“近儒喜为新论”“人心之好异”的结果。②

再如，有生徒向他表示：“金石有益经史，似可涉猎及之。”朱一新首先肯定了金石材料对史学研究的积极意义，“石刻之益于史者，惟年月、地理、官制诸端”，同时又指出这种积极意义的有限性：金石材料“真赝错出，宜加审订，未可全据也”，并非治史的首选材料，不可为追求新奇而滥用，生徒治史的重点仍应放在传世文献之上，认为“不博稽诸史，而搜罗金石，异乎？”乃是舍本逐末的错误做法。③

二　引导生徒拓宽史学视野

朱一新执掌广雅书院时已值清末，乾嘉汉学虽已从盛极走向衰落，但仍具有一定的社会影响力。在朱氏看来，从事训诂、名物、校勘等工作，“其杰出者足以补苴缺漏，便后人之取携，不可废也”，但如果沉溺其中以

---

① 朱一新：《答问诸书略分次第》，《无邪堂答问》卷四，第158页。

② 朱一新：《评陈庆龢〈刘元城学术论〉》，《无邪堂答问》卷一，第12～13页。

③ 朱一新：《答问金石学问》，《无邪堂答问》卷四，第175页。

至于“琐碎穿凿”，就走上“班孟坚所诃为‘禄利之路’”了。① 因此，他主张生徒综各派学术之长，不可拘泥和止步于细碎考证，谓：“近儒史学校订最精，但恐劳而鲜获，且不必为。”② 这种思想在《答问》之中有鲜明的体现。

现将《答问》史学问答的具体问目列表如下：

卷数	问题
卷一	1. 评《国朝学案小识》2. 评《读〈汉书·艺文志〉》3. 评《明代风俗论》4. 答问《汉书·地理志》补《史记》之缺 5. 评《藩镇论》6. 评《南宋论》7. 评《新疆形势论》8. 评《吉林黑龙江边防考》9. 答傅维森问郑君不入《党锢传》10. 评《太史公先黄老后“六经”辩》11. 评《周世宗宋太祖用兵次第论》12. 答胡仕榜问董胶西、欧阳永叔论《春秋》13. 答问鲁无鄙疆 14. 评梁致祥的《西辽疆域考》15. 评《读〈汉书·艺文志·道家〉》16. 评《读〈汉书·艺文志〉》（二）
卷二	1. 评《读〈汉书·艺文志〉》（三）2. 答问古来精术数者 3. 答问《汉书·地理志》4. 答问《汉书·刑法志》5. 答问《汉书·食货志》
卷三	1. 答冯祖禧问《汉书·百官表》2. 答问《功臣侯表》3. 答问《汉书·天文志》4. 答问《汉书·地理志》（二）5. 答问《汉书·食货志》（二）6. 评《南宋论》7. 答问新周 8. 答问《左传》9. 答问周代学术风俗 10. 答饶从龙问《艺文志》11. 评《读〈汉书·艺文志〉》（四）12. 答王士宗问《史记》体例
卷四	1. 答问汉末党锢 2. 答问《艺文志》尔雅小尔雅入《孝经》3. 答问经史百家皆可为博文约礼之资 4. 答问读书略分次第 5. 答问四部分目
卷五	1. 评仿《辽史》例作《元史·部族表》2. 评刘奉璋《读〈汉书·艺文志〉》3. 答问《宋史·刘忠肃传》4. 答问宦寺之祸 5. 答问科举 6. 评余运贞《藩镇论》

由上表可知，《答问》记载的史学问答及其相关内容共有 44 条，其中师生答问 26 条、课卷点评 18 条，均不以考据为主要内容。生徒所提问题涉及诸多方面，有对历史事件、人物、制度的评价，如“答问宦寺之祸”“答问汉末党锢”“答问古来精术数者”“答问科举”等；有对史学篇章的解读，如“答问《汉书·地理志》补《史记》之缺”“答王士宗问《史记》体例”“答问《宋史·刘忠肃传》”等；有学史方法的探索，如“答

① 朱一新：《〈国朝学案小识〉书后》，《无邪堂答问》卷一，第 4 页。
② 朱一新：《答问读书方法》，《无邪堂答问》卷四，第 162 页。

问经史百家皆可为博文约礼之资”“答问读书略分次第”等。而生徒的史学课卷也采取多种文体，有史论，如《明代风俗论》《藩镇论》《南宋论》《新疆形势论》《周世宗、宋太祖用兵次第论》等；有史传读后感，如《读〈汉书·艺文志〉》四篇；有仿史作文，如《仿〈辽史〉例作〈元史·部族表〉》等。

同样，朱一新答问也不局限于历史考据，而是更多地体现宏观意识，主要有以下三种表现形式。第一，由点至面。朱氏答问并非就事论事，而是由“点”延伸出去，将本问题相关的重要内容一同讲明，有利于生徒形成“面”的认识。例如，他在点评《仿〈辽史〉例作〈元史·部族表〉》一文时，向学生一并介绍了部族研究的重要论著及其特点：“《钦定元史语解》分析部族最清。钱竹汀《氏族表》详于族，而略于部，盖其作书本旨不同，故体例亦异。”又将一些应特别注意的部族罗列出来：“畏吾儿即回鹘之转音。陶南邨《辍耕录》列为色目人，非蒙古也。兀良罕，即今乌梁海，乾隆时，始编佐领，本与俄国分属，近颇为俄所诱。昔宝赤养禽鸟人，合剌赤瞭望人，贵由赤善跑人，均非部族名。”[①] 为生徒研究少数民族史提供了读书路径和思想启示。

第二，由事及理。朱一新注意从事实中提炼理论，有意识地培养生徒的历史思维、丰富其历史见识、提高其道德水平。例如，有生徒问：“郑君（郑玄）亦遭禁锢，《汉书》何以不入《党锢传》？”朱一新指出，入《党锢传》者多为仕宦，郑玄不曾出仕，故不属于《党锢传》收录范围。在此基础上，他进一步总结了士子立世之“理”，认为“著述立言”是体现其价值最重要的表现形式，是否“得君行政”并不重要，“素位而行，贫贱无可耻也”。[②] 诸生也应秉持这一信念，以郑玄为榜样，不溺于名利，胸怀“著述立言”之志。再如，有生徒在《〈明夷待访录〉书后》中提出对古今兵制发展趋势的看法，认为“兵制自明以来日见其坏”。朱一新认为，历代兵制都存在缺陷，并非坏于明代，以唐代府兵制为例，“府兵之制，后世所推为善策者也，而亦不能历久无弊”，进而指出：“自古无一成不变之兵法，亦无百年不坏之兵制，在随时整饬，以适于用而已。”[③] 概括出古今兵制变化之通理，体现了“因革损益”的历史思维。

---

① 朱一新：《评仿〈辽史〉例作〈元史·部族表〉》，《无邪堂答问》卷五，第186页。

② 朱一新：《答傅维森问郑君不入〈党锢传〉》，《无邪堂答问》卷一，第11页。

③ 朱一新：《评〈明夷待访录书后〉》，《无邪堂答问》卷一，第15页。

第三，由古见今。朱一新在答问之中常流露出强烈的现实关切。例如，有生徒说："昔人言'非科举累人，人累科举'，良然。"朱一新同意这一观点，并由此谈及对当时科举乱象的看法，他说："以今制言《四书》文，义理之学也。二三场考据、词章、经济之学也。学问根柢即在科举中，岂有恃《兔园册子》[①] 而能为佳文乎？……今之为制艺者吾惑焉，庸烂恶俗者无论已。一二才士，误于歧趋，喜为别解，文义至不可通。……赝鼎纷陈，人心日伪，防伪者割裂《四书》以命题，非侮圣言而何？"[②] 再如，点评《吉林黑龙江边防考》一文时，朱一新首先对生徒考证的不足之处进行补充，再联系当时国家边防建设现状，认为应当选择要害之地重点防御，谓："沿边万里，安能处处设防？所当先事预筹者，只要害数处耳。西人用兵专注一二路，或多方误我，则有之矣。若枝枝节节而为之，彼亦无此兵力。"[③] 流露出对国家边防安危的高度关切。

从"问"与"答"两方面内容看，朱一新教人读史并不止步于事实层面的了解，而是积极引导生徒多角度、多形式地探讨史学问题，形成宽广的史学视野，以期全面提高其史学、史识、史才、史德。

三　为生徒推荐读史书目

读史是生徒学史的基本路径，在浩如烟海的史籍中为他们选择合适的书目，是掌教者历史教育理念的集中体现。朱一新执掌广雅期间以"经世致用"为准则，所荐书目主要有以下几种。

（一）《通典》《通鉴》

朱一新在点评《读〈汉书·艺文志〉》时说："史之大端，不尽于此也。《通典》、《通鉴》其庶几乎！"[④] 在他看来，《通典》和《通鉴》是生徒学史最需研读的两部著作。杜佑作《通典》，以"征诸人事，将施有政"为撰述旨趣，重视以史学服务国家。全书包括食货、选举、职官、礼、乐、兵、刑、州郡、边防九门，均为关乎国家命运的大事，统括历代史

① 《兔园册子》本为唐五代时私塾教授学童的课本，内容比较肤浅，后代指读书不多的人奉为秘本的浅陋书籍。

② 朱一新：《答问科举》，《无邪堂答问》卷五，第 201 页。

③ 朱一新：《评〈吉林黑龙江边防考〉》，《无邪堂答问》卷一，第 10 ~ 11 页。

④ 朱一新：《评〈读汉书·艺文志〉》，《无邪堂答问》卷二，第 75 页。

志，将古今典制的变迁融会贯通，正如李翰在序言中所言："参古今之宜，穷始终之要，始可以度其古，终可以行于今。"① 朱一新高度评价《通典》，认为"杜君卿之《通典》……通经于史，皆振古奇作"②，是学史必读之书。同样，司马光所撰编年体巨著《资治通鉴》，以"鉴前世之兴衰，考当今之得失"为撰述旨趣，选材上以关系"国家兴衰""生民休戚"之事为重点，借助历史记述与评论，达到"以史资政"的目的，是士人必读之书，亦为朱氏所推崇。

（二）近、当代史

朱一新曾教导生徒："史愈近者，愈切实用。故国朝掌故必须讲求，明史亦须熟读。"③ 从"致用"的角度说明了研读近、当代史的重要意义。这里的"明史"指明代史，"国朝掌故"指的是清代典制史。

朱氏在明代史中首推《明史》，在他看来，"国初修史诸臣学识，非后来所及也"，④ 故《明史》持论详慎，非一般明代史能比。另外，明中后期各类野史层出不穷，他又建议生徒道："明嘉靖以后之事，即稗史皆须博览。其朝局、民风、边才、军政，无一非取证之资。"⑤ 在熟读《明史》的基础上适当参考野史，可以为晚明研究提供丰富的参考资料。不过，考虑到野史"第其书最多，亦最杂，又皆参以恩怨之私，标榜之说"，阅读时须以"博观而约取"的态度审视之。⑥

另外，生徒应多接触清代典制史，朱一新认为："国朝掌故，尤宜讲求，典章制度、兵河漕盐以逮国家大政、名臣事迹各以类从，毕力搜讨。"⑦ 又以汉代郑玄注经一事为例，说明本朝掌故之学对治学的重要性："汉之视周犹今之视明耳。郑君注经，每以汉制况周制，本朝掌故之学也。"⑧ 从现实和学术两个方面强调了研读清代典制史的重要性。

---

① （唐）李翰：《通典·序》，浙江古籍出版社，1988，第3页。
② 朱一新：《评〈读汉书·艺文志〉》，《无邪堂答问》卷二，第77页。
③ 朱一新：《评〈读汉书·艺文志〉》，《无邪堂答问》卷二，第77页。
④ 朱一新：《评〈明代风俗论〉》，《无邪堂答问》卷一，第8页。
⑤ 朱一新：《评〈读汉书·艺文志〉》，《无邪堂答问》卷二，第77页。
⑥ 朱一新：《评〈读汉书·艺文志〉》，《无邪堂答问》卷二，第77页。
⑦ 朱一新：《答问读书方法》，《无邪堂答问》卷四，第162页。
⑧ 朱一新：《评〈读汉书·艺文志〉》，《无邪堂答问》卷二，第77页。

（三）地理书

朱一新曾教谕生徒说："昔人读书，左图右史，舆地之学为尤要。"① 舆地之学研究山川、郡县、边防，本身具有强烈的经世色彩。有生徒问："古今地理之学，求详示。……旁参者何书为要？"朱一新做了详细解答：

> 古今地理之书，多不胜举，大略分为二类：一考山川脉络，一考郡县沿革。……古图今不可得，偶有存者，亦不精。近数十年，此事乃日精一日，散图亦多不胜举。其大者，则胡文忠所刊为善本。粤中所刊董图、邹图皆不及也。中国舆地自《禹贡》外，《班志》最古。顾其书简奥，非有疏证不能通其说，《水经注》即《班志》之义疏也。……治《水经》之法，全（谢山）、戴（东原）、赵（东潜）已有成规，汪（梅村）、陈（兰甫）为图以明之。其说简而有要，董（方立）则为疏以明之。其说博而能赅，皆以今地证古地，此致用之学也。
>
> 郡县沿革，棼如乱丝。各史志外，《元和志》最简核，《方舆纪要》详于形势，二书非他志所能及。次则《舆地广记》、《元丰九域志》，不失古法而未详。明《太平寰宇记》、《舆地纪胜》稍涉泛滥，间有错误。顾亭林《郡国利病书》用意与《纪要》略同，皆当涉猎及之。若《大清一统志》、《明一统志》非寒士所易得。洪稚存府、厅、州、县志，即《一统志》之摘本也。其他，或考古一代之志，或考今一方之志，各有精者，未暇覼缕。边疆外裔之书，尤为今日急务。自官修各图志外，私家著述，近出颇多，依赖求之可矣。②

由上文可知，朱一新将舆地之学分为山川形胜和政区沿革两大类。山川形胜类应读《汉书·地理志》和《水经注》，辅以全祖望、赵东潜、戴震、钱大昕、钱献之等著名学者的相关研究之作；政区沿革类的著作更加纷繁，应以《元和郡县志》和《读史方舆纪要》为重点，辅以《舆地广记》《天下郡国利病书》《一统志》等；至于地图，应选胡文忠（林翼）所刊《大清一统舆图》。

---

① 朱一新：《答祝庆祥问〈禹贡会笺〉》，《无邪堂答问》卷三，第97页。

② 朱一新：《答祝庆祥问〈禹贡会笺〉》，《无邪堂答问》卷三，第97～98页。

四 将现实关切融入历史教育

（一）重视史鉴

晚清时期，社会日益动荡、民族危机日益加深，朱一新心系国家，在书院历史教育中树立“以史为鉴”的意识，引导学生从历史中寻求拯救危局的方法。

例如，有生徒作《明代风俗论》，将东林讲学视为明代灭亡的重要原因：“东林虽多清操，实则薰莸莫辨。故讲学愈众，风俗愈浇。”朱一新表示反对，认为东林之祸在于“横议”而不在“讲学”，说：“东林声气太盛，遥执朝权，昧于壮罔用晦之戒，亦非思不出位之义，后人当以为殷鉴。”后世统治者应吸取的历史教训是预防结党营私、维护舆论稳定，而非禁止讲学。他又说：“明之亡国……实基于嘉靖。……启祯之际，诸毒齐发……清流既尽，国步随之，明自促其亡耳。”[①] 明虽止于启、祯，但灭亡的种子早在嘉靖时就已经埋下，统治者应当树立“见盛观衰”的忧患意识，及时发现问题、调整政策，才能防患于未然，实现长治久安。

又如，有生徒作《〈明夷待访录〉书后》，文中称：“后人以王莽祸汉，安石乱宋，率不敢复言变法。然穷通久变，孔子之明训；改弦更张，贾生之上策。必泥成法，夫岂其然?”朱一新同意这一观点，并通过分析历代改革的经验教训，总结出决定变法成功的两大因素：“变法亦视其事势如何，民心如何，须因势以利导，未可违众而独行也。……历观往古，凡扫除更张荡涤旧俗者，皆鼎革时之事，非所语于守文之世。若佛民心而强为之，不至如安石之祸宋不止也。”变法是否成功，关键在于能否顺应时势、是否合乎民心，“有国者可以鉴矣”。[②]

（二）积极介绍外国历史

鸦片战争之后，列强用坚船利炮打开中国大门，古老封闭的中国逐渐被卷入帝国主义世界体系之中，了解世界、学习西方成为时代潮流。朱一新敏锐地把握住这一趋势，积极向生徒介绍外国历史。

例如，有生徒问：“日本步武泰西，甚至变服色，易徽号，而国亦因

① 朱一新：《评〈明代风俗论〉》，《无邪堂答问》卷一，第8页。

② 朱一新：《评黎元庄〈明夷待访录书后〉》，《无邪堂答问》卷三，第107页。

之日强，岂势之所值，固有当因时制宜者欤?”朱一新在回答中对日本历史进行简要介绍，他说：

> 日本旧为封建之国，事神其本俗，而教法则儒释并用，释尤盛于儒，当平氏、北条氏时，屡有以大将军削发而仍执朝权者。（见《日本史》、《日本外史》）足利氏兴，始尊儒术；藤原肃出，始宗程、朱；物茂卿、太宰纯之徒，又诋程、朱，尊汉学，皆视吾中国之好尚以为趋舍。自攘夷议起，德川归政，行欧洲之法，废支那之书，而儒、释皆不竞矣。盖彼视儒、释与西学，同一来自外邦，故迭废迭兴，不以为异，然自改制后，政烦税重，民不乐从。其俗好侠，称“游侠”曰“浮浪”，攘夷归政之举，亦浮浪辈倡议为多。（见冈氏《尊攘纪事》）①

这段文字内容丰富，不仅包括了日本历史时期的朝代更迭、兴衰治乱、民情民俗，还讲到与中国的关系及明治维新后的重大变化等，甚至列出若干本参考书目，对于生徒全面了解日本历史很有帮助。他还特别分析了日本成功“脱亚入欧”的便利条件，即日本习俗与西方有相似之处，“民情浮动，而狡悍好胜，略与西俗相同”，接受西俗相对容易，“故西人之亲中国不如其亲倭”。②

为了能让生徒方便理解、加深印象，朱一新在介绍外国历史时还常与中国历史进行对比或类比。比如在评价课卷《景教流行中国碑考》时首先指出，不同于中国历史有文献可据的特点，西欧上古历史并无太多文献记载，多为臆测。

> 中国文字孳乳寖生，形声兼备。然三代时，犹多耳治……口耳相授，久则易湮，文献难征，半由于此。外国自古逮今，无不以耳治者，其法易以行远，难以传久。……反不若见于中国史籍者之可据。欧洲政俗，自范史以下，章章可考，西人所言亦无大异。独其艺事之溯源于古者，多由臆测。③

紧接着，在说到西方人学习希腊罗马文化的传统时，他又以中国士子

① 朱一新：《答问君民共主》，《无邪堂答问》卷四，第162～163页。

② 朱一新：《答问君民共主》，《无邪堂答问》卷四，第163页。

③ 朱一新：《评黎佩兰〈景教流行中国碑考〉》，《无邪堂答问》卷二，第72页。

学习史学的传统进行类比。

> 西人于希腊、罗马古文童而习之，一以为文艺所从出，一以为政治所从出。此如中国之史学，欲以通知古事，练习词章，若古之技艺，与今固不甚同。①

另外，朱一新在介绍外国历史时，会注意与当时中国的现实问题相结合。比如，他介绍欧洲中世纪为蒙古侵占之事时，反观当时中国为列强荼毒的惨状，说道：

> 据《元史》及西书所言，是时欧洲北部亦尽为蒙古所割，而兵不逾日耳曼、奥地利亚者，以与教王先有成约，不得不留此方隅之地，俾西人偷息其间。不谓西土文明反因是而渐启，元人所得中国技艺，尽流传于外夷。明代以来，中国方闭关自治，而彼乃讲求贸易，因贸易而渐肆并吞、南洋诸岛蚕食殆尽。遂以中华之技艺，反毒中华，天时人事相连而辄发，又岂元人所及料哉？世犹有谓通商传教无与于兼并大计者，盖即西南洋之已事而一观之。②

朱一新介绍外国历史，最终落脚点和归宿却在今日之中国，希望通过自己的介绍，帮助生徒“睁眼看世界”，摆脱思想禁锢，进而思考国家命运、追寻救国救民的方法，具有强烈的经世意义。

五　“端诸生学史之趋向”

通过上面的探讨我们发现，朱一新在广雅期间，致力于帮助生徒掌握正确的史学知识和学史方法、树立“学史经世”的观念、走上正确的治史道路，体现了“端诸生学史之趋向”的教育理念。这种理念的形成至少是以下三种因素共同作用的结果。

第一，朱一新的育才之心。朱一新在广雅期间，以辨章学术、诱掖人才为务。当时的广雅书院实行日记制度，生徒“人赋以日记册，记质疑问难之语于其中”，他坚持“以次答焉”，师生交流十分频繁。③ 徐世昌《清

---

① 朱一新：《评黎佩兰〈景教流行中国碑考〉》，《无邪堂答问》卷二，第72页。

② 朱一新：《评黎佩兰〈景教流行中国碑考〉》，《无邪堂答问》卷二，第74页。

③ 朱一新：《无邪堂答问序》，《无邪堂答问》，第1页。

儒学案小传》中称："院中生徒有聪颖喜新奇者，（朱）必导以正大笃实，久而悦服。……不惜瘏川哓音，反复论难。"① 高度肯定了他在人才培养上花费的心血。朱自己也表示："诸生幸多就我绳墨，以此为教，庶鲜流弊。第使今之名士见之，必有骂我不通者。通不通何足论，期无误诸生未学之意而已。……期不负圣门教人之旨而已。"② 可见，他对于自己所担任的"圣门教人"角色和担负的教育使命有着非常深刻的认识。这种认识鲜明地体现在《答问》一书中，朱一新在序言中明确说道："若辨章学术，以端诸生之趋向，则不佞与有责焉。乃简旧所为答问之辞，辑其稍完整者，而益其所未备，釐为五卷，庸示诸生。……则夫明六经之恒言，返而求诸圣凡共由之大道。"③ 可见朱氏编纂《答问》的目的正是"端诸生之趋向"，且这里的"诸生"并不限于广雅生徒，而是通过书籍的刊印流布，为广大非广雅学子提供有益的指导，可见其"嘉惠学林"的理想和胸怀。当时广大书院之中，任院长之职而无教育之意者大有人在，"滥膺讲席，并有索取束脩、身不到馆者，殊失慎选师资之意"④ 的现象屡见不鲜，朱一新对教育事业的高度责任感以及为之付出的心血显得弥足珍贵。他的历史教育思想与"端诸生之趋向"的教育宗旨一脉相承，"端诸生学史之趋向"成为题中应有之义。

第二，朱一新的学术路径。《清史稿》曾如此评价他的学术风格："洞知……宋、明诸儒家法，务通经以致用。"⑤ 可见他治学具有"兼综汉宋"和"追求致用"两大特点。他曾在《答问》中系统阐述对汉宋二学的看法，说："自羲轩以逮今兹，自东海放乎西海，理之本诸大同者，无弗同也。而其间道术分歧，鑫午旁出。"⑥ 认为世间之"理"自古至今从未改变，而求"理"之"术"各有不同，"若汉学，若宋学，皆求道之资"。⑦ 宋学好讲宗旨、汉学坚持家法，"拘于家法者非，然不知家法不可以治经；

① 徐世昌：《清儒学案小传》卷十九，载《清代传记丛刊》第7册，第457～458页。

② 朱一新：《答龚菊田刺史书》，《佩弦斋文存》卷下，载《续修四库全书》第1565册，第7～8页。

③ 朱一新：《无邪堂答问序》，《无邪堂答问》，第1～2页。

④ 《清实录·仁宗实录（五）》卷三三六《嘉庆二十二年十一月庚戌条》，载《〈清实录〉科举史料汇编》，武汉大学出版社，2009，第670页。

⑤ 《清史稿》卷四四五《朱一新传》，第12464页。

⑥ 朱一新：《无邪堂答问序》，《无邪堂答问》，第1页。

⑦ 朱一新：《评〈明儒学案质疑〉》，《无邪堂答问》卷一，第13页。

好立宗旨者非，然不知宗旨不可与言学术”，[①] 二者各有得失，却没有优劣之分。然而，学界执门户之见排斥别派的现象层出不穷，人为割裂学问，使学者偏离正途。朱一新说：“人自以为许、郑，家自以为程、朱。许、郑、程、朱之在圣门，诚未知其能相说以解否也。而世之为许、郑、程、朱之学者，支别派分，壹若终古不可沟合，则未知许、郑、程、朱之学之果歧欤？”[②] 因此，他反对门户之见，主张“汉宋学术务持其平”，取其长弃其短，称：“于汉学家之说，自天算地舆六书音韵制度名物及校勘之学是其专长外，其有谬托汉儒之义以诋宋儒而实失汉儒之真者，诐淫害道，则必严辨之。……如讲学家空衍性天以汩义理者，则不从。”[③]

在主张兼综汉宋的同时，朱一新尤其注意批判当时汉学的弊端。他在评价生徒所作《〈国朝学案小识〉书后》一文时说：

> 至如琐碎穿凿，自谓能振汉儒之坠绪，不知此特汉博士之所为，班孟坚所诃为“禄利之路”然者……不求实是而能远绍微言，兼通大义，夫岂如汉学家所云乎？然役一世之心思才力于训诂、名物、校勘之中，其杰出者足以补苴缺漏，便后人之取携，不可废也。汉学家之言曰：“训诂、名物，治经之涂径，未有入室而不由径者。”其言良有功于经学。第终身徘徊门径之间，而不一进窥宫墙之美富，揆诸古人小学、大学之教，夫岂其然？[④]

由上述文字可见，近世汉学家所作训诂、名物、校勘，虽有“补苴缺漏”的积极作用，但“学必期其有用，功必归诸实践”，训诂只是士子求道的手段，若不能“由训诂进求义理”，终身埋头于此，只会“徘徊门径”，不能窥探学问之“美富”。朱一新兼综汉宋、反对溺于训诂的取向同样反映在历史教育上，即要求生徒放宽史学视野，综各派学术之长，不可局限于历史考据。

另外，朱一新还主张治学应当以“明体达用”为最终目标。在他看来，“行”对“学”有着决定意义：“省察克治，身体力行，乃得读书之

① 朱一新：《评〈明儒学案质疑〉》，《无邪堂答问》卷一，第13页。

② 朱一新：《无邪堂答问序》，《无邪堂答问》，第1页。

③ 朱一新：《答龚菊田刺史书》，《佩弦斋文存》卷下，载《续修四库全书》第1565册，第8页。

④ 朱一新：《〈国朝学案小识〉书后》，《无邪堂答问》卷一，第4页。

益。不然读书虽多，适足饰非长傲，愈读愈误。”① 又说：“古未有不躬行实践而可为学者，亦未有不坐言起行而可谓之学者。”② 因此，“学”以对“行”的指导和服务为最终归宿，学问须有用于世，先贤治学无不如此：“古之儒者明体所以达用，宁使世不用吾言，勿使吾言之不足用于世。故闭门造车，出门合辙。其有不合，则弗得弗措，弗明弗措以求之。周公夜以继日，仲尼铁挝三折，圣人且然，况学者乎？圣贤垂训，莫非修己治人之理。降而九流之言，百家之说，亦无不以明体达用为归。”③

朱一新掌教广雅之的教育实践也体现了“明体达用”的理念，他秉持“重实行而屏华士”的宗旨，规定：“九流百家之书、释迦摩西之教以及近时洋务西学，自有裨实用外……亦必严斥之。……言治术务求可行。”④ 史学作为经世之大端，因此受到朱一新的高度重视。他纠正宋儒对读史的错误认识，说：“宋儒言读史令人心粗，有为而言，未可藉口。朱子以东莱门人尊史、汉与六经等故云，然程、朱非不读史者也。……史之大纲悉出于经，所不同者，特其因革损益，其义例，则经已备。能求实用者，方为穷经，此非仅事训诂而已也。”⑤ 又主张“若当多事之秋，则治经不如治史之尤要”⑥，指出读史对于挽救晚清危局的重要意义，在历史教育实践中注意紧密联系现实，充分发挥“史鉴”的作用。

第三，时局对教育的新要求。朱一新生于清道光二十六年（1846），卒于清光绪二十年（1894），是国家动荡不安、危机四伏的时期，迫切需要改革教育，以识时务、求通才、救危局。然而当时学界推崇目录、校雠之学的风气仍未停止，甚至“第此为读史之始事”⑦。朱一新反对这种现象，在点评课卷《读〈汉书·艺文志〉》一文时写道：“世徒以审订文字为校雠，而校雠之途隘。以甲乙簿为目录，而目录之学转为无用。”⑧ 为了避免书院生徒埋首于校雠目录，使史学沦为无用，他秉持“经世致用”的

① 朱一新：《答律己待人》，《无邪堂答问》卷四，第131页。

② 朱一新：《〈国朝学案小识〉书后》，《无邪堂答问》卷一，第5页。

③ 朱一新：《〈国朝学案小识〉书后》，《无邪堂答问》卷一，第4页。

④ 朱一新：《答龚菊田刺史书》，《佩弦斋文存》卷下，载《续修四库全书》第1565册，第9页。

⑤ 朱一新：《评〈读汉书·艺文志〉》，《无邪堂答问》卷二，第77页。

⑥ 朱怀新：《佩弦斋杂存跋》，《拙庵丛稿》，载《近代中国史料丛刊》第28辑第272册，台北文海出版社，1968，第1764—1765页。

⑦ 朱一新：《评〈读汉书·艺文志〉》，《无邪堂答问》卷二，第75页。

⑧ 朱一新：《评〈读汉书·艺文志〉》，《无邪堂答问》卷二，第76页。

原则为学生推荐读史书目，力图改变不良的学史风气。另外，当时广东学界存在诸多弊病，其中最主要的是岭南地区长期存在的不良士风，曾任两广总督的张之洞就指出，由于岭南属于“华洋错处，事杂言哤”之地，以致“习俗所移，其志趣凡下者多存希图幸获之念，其才智颖悟者或有歧于异学之忧”[1]。朱一新自己也有同样的认识，认为“粤中多嗜学能文之士，但高才者务为新奇，未免惑乱学人心志”[2]。比如当时异军突起的康有为新学，“俗学鄙夫奉为枕秘”。为避免书院生徒误入歧途，朱一新不得不加以及时纠正辨别，引导他们走上正确的治学路径。

① 张之洞：《请颁广雅书院匾额折》，《张之洞全集》卷二六《奏议二十六》，河北人民出版社，1998，第695～696页。

② 廖廷相：《奉政大夫陕西道监察御史朱君行状》，《佩弦斋文存》卷下《拙庵丛稿》，载《近代中国史料丛刊》第28辑第272册，第1779页。

晚清知识分子对印度亡国史的研究

刘　澍

（北京师范大学历史学院，北京　100875）

摘　要： 自汉至唐，印度与中国始终有密切的联系，但随着阿富汗伽兹尼王朝对印度的攻掠，中印交通阻断。近代中印恢复交通后，由于中印两国国情有许多相似处，一批中国士人把目光投向印度，以期通过对印度亡国原因的探析、亡国过程历史的研究，来使中国避免相同命运。本文以康有为、马建忠等在印度实地考察的游记，晚清报刊中有关印度的论述，魏源、章太炎等未亲临印度者的想象，《小方壶斋舆地丛钞》中各种晚清印度地理著作等作为基本史料，以印度教形象、印度种姓制度、国民性等专题来分析晚清士人对导致印度亡国原因的论述。在解读这些晚清文本的过程中，本文将结合美、英、法、澳大利亚等国学者的印度研究著作，深入探研晚清士人对印度论述的文本内涵。

关键词： 印度　种姓制度　亡国史　晚清　知识分子

印度与中国在当今是世界人口最多的两个国家，两国人口之和大约占全球的2/5，回溯一百多年前，在晚清时期的1900年，印度（包括今巴基斯坦、孟加拉国）人口2.9亿，中国人口4.75亿，全世界人口为16.25亿[①]，中印人口占到全球的47%，其比例比现在更高。在晚清时期，中印两国在世界上，同样是人口数量举足轻重，国家地位无足轻重，历史文明悠久璀璨，现实生活生灵涂炭。在太多的相似点之下，印度莫卧儿帝国于

① 三个数据出自〔英〕科林·麦科伊韦迪、理查德·琼斯《世界人口历史图集》，陈海宏、刘文涛译，东方出版社，1992，第214、192、422页。

1859年被英国所灭，而清朝苟延残喘。殷鉴不远，一批晚清知识精英将目光投向印度，希望汲取印度覆亡的经验，以免中国重蹈覆辙。

晚清知识分子研究印度的这一选题，学界关注得不多，除林承节先生的四篇文章外，鲜有其他成果，林承节《黄楙材的印度游历和他的记载》《马建忠、吴广霈的印度之行和他们的南行日记》《康有为论印度和他的〈印度游记〉》《康有为、梁启超论英国殖民统治下的印度》四篇文章开创性地介绍了晚清知识分子游记中的印度形象，但还有许多继续深挖的空间。笔者此文着眼于研究晚清知识分子对印度亡国的历史书写，探析晚清知识分子如何借鉴印度亡国的教训，且以专题形式去研究晚清中国人如何看待印度的种姓制度、妇女地位、国民性，以期更深入地认识晚清知识分子对印度亡国史的研究情况。

一 对印度亡国原因之分析

在晚清知识分子眼中，亘古不变的种姓制度，对妇女的残酷迫害，使得绝大多数印度人无法参加现代化转型的变革，“浑噩长为太古民”的国民性使得婆罗门、刹地利等高种姓也难以真正发挥作用，这就导致印度在英国殖民者面前不堪一击，最终亡国。

（一）种姓制度——罄竹难书恶渊薮

元朝虽然实行四等人制，但是色目人、汉人身居高位者屡见不鲜，印度种姓的四等人制则使阶级彻底固化，占人口绝大多数的第四等人和不可接触者万劫不复。印度种姓在晚清知识分子的著作中多次被提到，在习惯了阶级流动的中国人眼中，这是大为骇异的。

1903年出版的《浙江潮》第1期的连载文章《印度灭亡之原因》介绍了印度种姓制的起源。“阿利安人种于此时结合大群，横溢而来，侵入印度河边之槃若普，以最强大之势力，最新颖之文明，压倒内地之土人而感化之。未几，印度之全地，过半为其所夺，是为温都人种繁荣之始基，迨后蔓延印度全土。……然其初本恐与土人混交，因以婆罗门教义，立阶级法，分别四种姓。”① 任何制度都不会是凭空构建的，在距今4000年前，

① 《印度灭亡之原因》，载北京鲁迅博物馆编《浙江潮》第1期，中央编译出版社，2014，第73、74页。

印度次大陆原住民达罗毗茶人统治印度时，印度并没有种姓制度，公元前1750～公元前1500年，一支来自中亚高原的“阿利安人种”（雅利安人）进入印度次大陆“槃若普”，即今旁遮普一带，武力征服了当地原住民达罗毗茶人（dravida），征服者为了把自己和土著居民区别开来，避免血统混乱，便将印度次大陆所有人分为四等种姓。

对于这四等种姓的划分，晚清地理学家、上海董家渡天主堂司铎龚柴在《印度考略》中是这样表述的：“国人分四类：一婆罗门，学士及僧众所从出；二曰王孙贵族，世世从军；三曰农，为商为兵，听其自便；四曰工，终身傭力，受役于人。凡此四等，皆各守世业，不得互相交接，更不得连联秦晋之好。违之者，父母恶，亲戚疏，众民绝，等诸罢民，终身不齿。以谓负本忘宗，辱莫甚也，以故贵者世贵，贱者世贱。贱者死，多有弃诸水，而葬于鱼腹。”[①] 婆罗门是雅利安人的宗教僧侣人士，“王孙贵族”指的是刹地利（ksatriya），这是雅利安人的武士阶层，这个阶层统治世俗世界，地位在婆罗门统治的神明世界之下。第三等吠舍（vaisyvarna）是雅利安人中的商人、农民、手工业者、牧民。龚柴所说“为商为兵，听其自便”，并不准确，这个阶层是不可以从军的，从军是刹地利的特权。第四等首陀罗（sudra）则是达罗毗茶人中不干脏活的人。龚柴关于四等种姓的表述过于粗疏，有些舛误，不过“贱者死，多有弃诸水，而葬于鱼腹”这个细节的确符合历史。为了维护罪恶的种姓制度，雅利安人制定了一系列严刑酷法以镇压低种姓人民的反抗，孔雀王朝的开国君主旃陀罗笈多的宰相考庇利耶《政事论》规定：“首陀罗如果自称婆罗门，就应该用毒药把他的眼睛弄瞎，或者处以800潘纳的罚金；如果他辱骂，或者罪恶的殴打了婆罗门，就应该剁掉他用以殴打婆罗门的肢体；如果他奸污了婆罗门女人，就应该把他烧死。”[②] 澳大利亚巴沙姆《印度文化史》写道：“企图侵犯拥有国王赐地的婆罗门的种种权利的人，在地契中受到了恐吓：要转生为粪堆中的蠕虫达8万年之久。”[③]

在这四个阶层外，是贱民，是达罗毗茶人中干脏活的，他们甚至没有属于自己的种姓名称。《印度灭亡之原因》说：“此外，尚有数族，其中以帕利斯族为最贱，人称之曰旃陀罗，以鞋工皮匠等为业，在印度殆不齿于

① 龚柴：《印度考略》，《小方壶斋舆地丛钞》第10册，杭州古籍书店，1985，第954页。

② 郁龙余等：《印度文化论》，重庆出版集团，2008，第83页。

③ 〔澳〕A. L. 巴沙姆主编《印度文化史》，闵光沛等译，商务印书馆，1997，第116、117页。

人类，并禁其受教育。要之，设此种阶级者，原为防止与他族结婚之渐。”《印度灭亡之原因》正确表述了旃陀罗的情况，贱民在20世纪前叫旃陀罗(candala)，意思是“不可接触者”，一批要改革印度教的印度精英崛起后叫“达利特”，意思是被压迫的、被污染的。他们的职责是清除别人的粪便，从自然死亡的牛身上剥下牛皮来制作皮革，或者负责火化死亡者的尸体。值得一提的是，在《印度灭亡之原因》之前，印度贱民的情况其实早已介绍入中国，东晋法显《佛国记》说：“举国人民，悉不杀生，不饮酒，不食葱、蒜，唯除旃荼罗。旃荼罗，名为恶人，与人别居。若入城市，则击木以自异，人则识而避之，不相唐突。”[①] 贱民出行时必须敲击木块发出响声，告诉高种姓的人回避。他们被禁止住在雅利安人视野内的村庄，只能住在村庄外的贫民窟。法显时代，“旃荼罗”的故事是作为异域奇闻介绍给国人的，而清末“旃陀罗”的故事则是作为亡国殷鉴而让中国人警醒的。

在这种生来的不平等，严格的此疆彼界之下，发生了许多让中国人感到不可思议的事情。江西人、精通地理测量之学的黄楙材在《印度劄记》写道：“婆罗门虽极贫窭，而下品富者见之，必加尊敬，莫敢相抗，甚至取其濯足之水而饮之，且不与贱者同坐饮食。”[②] 黄楙材说下等人取婆罗门的洗脚水来喝也是符合事实的，但还不是最恶心的，德国哲学家马克斯·韦伯在《印度的宗教——印度教与佛教》中说：“甚至婆罗门的粪便都具有宗教上的意义——可以用来当作占卜的工具。”[③]

这样严重的不平等，难怪出身贱民的印度宪法之父安培多迦尔说：与英国的殖民统治相比，他更害怕一个完全由高种姓的婆罗门领导的独立的印度。[④]中国也有阶级的等级制度，即士农工商，在印度排在最高的宗教人士在中国则不在这四民之中，僧道是世俗社会之外，很大程度上不能干预世俗社会。中国的非宗教知识精英就是士大夫，被印度排在第三等的吠舍在中国对应农工商，而刹地利武士军人在宋以前地位很高，在宋明则地位低下。至于首陀罗，在中国也可以找到相对应的阶层，以明清为例，明清时期中国的“首陀罗”不能参加科举，也不能做官。这种贱民主要有浙江

---

① 法显著，郭鹏注译《佛国记注译》，长春出版社，1995，第40页。

② 黄楙材：《印度劄记》，《小方壶斋舆地丛钞》第10册，杭州古籍书店，1985，第1023页。

③ 〔德〕马克斯·韦伯：《韦伯作品集》第10卷《印度的宗教——印度教与佛教》，康乐、简惠美译，广西师范大学出版社，2005，第77页。

④ 〔英〕爱德华·卢斯：《不顾诸神：现代印度的奇怪崛起》，张淑芳译，中信出版社，2007，第51页。

惰民、陕西乐籍、广东疍户、三藩之乱叛乱人员后代。浙江的惰民，相传是宋元罪人后代，他们男性从事捕青蛙，女性做媒婆、卖珠等活计。陕西乐籍是朱棣将拥护建文帝的官员妻女罚入陕西教坊司，充当官妓。广东疍户以船为家，捕鱼为业，生活漂泊不定，不得上岸居住。此外，参与三藩之乱副将以下官员家属在清朝也是贱民，他们被发配到东北苦寒之地，其后代子孙，永远都不能读书入仕，不能当兵，不能从事所有正当职业。雍正继位后，将浙江惰民、陕西乐籍、广东疍户编入正户，允许其参加科举，只有三藩之乱将领家属一直到1911年辛亥革命才得到解放。总之，中国相当于首陀罗的阶层人数是极少数，至于下辈子一定当不了人的旃陀罗，在中国历朝历代根本不存在。

康有为《印度游记》从阶级平等角度指出了中国与印度相比的优势，他说："上种刹利为王，婆罗门为士，其下种首陀为商，至下种为农工，积数千年未尝养生易种，故其人愚俭苦觳。……印之最不良者，在人类分等，不如中国人类平等。此真孔子之大功耳！"① 孔子有教无类，中国各阶级始终是流动的，秦朝末年陈胜就能喊出"王侯将相宁有种乎"的话语，与亚非欧各历史悠久的国家相比，中国人的阶级地位几乎是流动性最大的，也是平等程度最高的，尤其是有科举以后。这使得中国在走向现代化的过程中，很容易把每个阶级的人都纳入现代化生产体系中，从而快速发展，而印度的种姓制度让印度的现代化举步维艰，让莫卧儿帝国的任何改革都变得不可能，从而沦为英国殖民地。

《印度灭亡之原因》说："以阶级故，而国民之统一力，因之而大害，故一旦遇外族来侵，遂失其团结抵抗之具，坐使国日残破而已。"种姓制度导致不同种姓之间的互相疏离，任何人的命运都是自己"应得"的，任何人改变自己命运的努力都是无意义的，人的优秀与否与阶级成分完全画等号。当西方殖民者大军压境时，各种姓因为缺乏认同感，缺乏国民共同体的构建，只能坐视国家残破，无所作为，这个种姓制度作为"印度数千年良贱悬殊上下隔膜之痼习"，就是印度莫卧儿帝国被英国灭亡的最主要原因。

（二）妇女问题——纱丽殉焰血泪流

19世纪后期，中国女人虽多缠足，然而在《大清律例》的保护下还是

① 姜义华、张荣华编校《康有为全集》第五集，载《国家清史编纂委员会文献丛刊》，中国人民大学出版社，2007，第515页。

有远胜于印度女人的人权的。龚柴《印度考略》这样描述印度女性，“有妇人伉俪情笃，以身殉夫者。夫既死，积薪于野，置尸其上，举烈火焚之，妇则尽戴所有金银珠宝，绕火大哭，亲戚亦随之哭。见尸将化，妇尽撤诸宝饰，分赠亲族及生平所与厚者，乃跃入火中殉之，诚陋俗也”。[①] 马建忠《南行记》：“印度俗尚火葬，夫卒焚骸，妇必入殉，用称贞烈。今英人设例严禁，火葬虽为革，而嫠妇不殉夫矣。”[②] 魏源《海国图志》：“北方各府，其名吉斯喇地方，居民皆印度国之土人，俗尚火葬，妇与夫尸同烧，嬖妾争先蹈焰。贵家恐养女辱门，辄杀之，无恻隐之心。而婆罗门僧亦无警醒之言，反砺磨愚民，行溺女之罪。近日英国严禁此弊。”[③] 龚柴等人的描述完全符合事实，魏源所说越是“贵家”婆罗门，越杀女儿，更是让人触目惊心。

马建忠和魏源都提到英国人在印度禁止寡妇殉夫，这指的是1829年大英帝国的印度总督威廉·本廷克下令禁止寡妇自焚或被烧，寡妇焚身殉夫习俗在印度叫萨蒂制度。从1829年开始，每次英国人看到柴堆堆起，寡妇要被烧死时，就来解救寡妇，结果要么遭到印度人的群起围攻，要么就是寡妇不愿被解救，心甘情愿被烧死。英国特雷弗·菲西洛克《印度人》：“萨蒂被理想化为一种浪漫、做出牺牲和奉献的行动，在许多妇女中被认为是德行。萨蒂一词的意思是‘一个真正的妻子’。”[④] 在印度人眼中，一个真正的妻子就是应该在丈夫死后心甘情愿被烧死，若印度也有《列女传》，不知会有多少冤魂载入史册。

一个国家对女人的态度反映了这个国家的良心，梁启超在《变法通议·论女学》中表达了这样一种观点，女学最盛者，国家最强，19世纪末美国女子受教育程度最高，美国最强。“女学次盛者，其国次强，英法德日本是也。女学衰，母教失，无业众，智民少，国之所存者幸矣！印度、波斯、土耳其是也。”[⑤] 印度的一半人口被屏蔽于现代化之外，而占人口一半的女子论智力等各方面都丝毫不比男人差，郑观应《女教》说：“罄十

① 龚柴：《印度考略》，《小方壶斋舆地丛钞》第10册，杭州古籍书店，1985，第954页。
② 《马建忠集》，《中国近代人物文集丛书》，中华书局，2013，第121页。
③ 《魏源全集》第5册，岳麓书社，2004，第661页。
④ 〔英〕特雷弗·菲西洛克：《印度人》，载《外国人丛书》，上海译文出版社，1990，第43页。
⑤ 张品兴主编《梁启超全集》，北京出版社，1999，第33页。

年之力率以读书，则天下女子之才力聪明，岂果出男子下哉?”[①] 有鉴于印度女人的地位低下，晚清中国一批仁人志士推进女学，加之身为实际最高统治者的慈禧本身也是女人，她也支持兴办女学，占总人口一半的中国女人比印度女人融入现代化国家体系要容易得多，最终中国在近代避免了在列强瓜分狂潮中亡国灭种的命运。

（三）国民性——浑噩长为太古民

北洋时代，在新疆都督杨增新都督府的大堂两侧，悬挂着一副楹联："共和实草昧初开，羞称五霸七雄，纷争莫问中原事；边庭有桃源胜境，狃率南回北准，浑噩长为太古民。"姑且不论"浑噩长为太古民"是否符合北洋时代的新疆，但将其用来表述晚清中国人所观察到的印度国民性，却是再恰当不过了。

极不合理的种姓制度和对女人的残酷迫害让印度绝大多数人都无法融入现代民族国家体系，哪怕种姓属于婆罗门、刹地利的男人，也有相当一部分懒惰不堪，不思进取，这与印度教的教义和热带气候造成的国民性有很大关系。魏源《海国图志》第十九卷《五印度总述上》："印度人身体懦弱，四肢百体相称，面黑容温。其女不美，穿鼻挂环……庶民各分品等，上品者称曰巴闵，为国之儒。又有战品，乃兵弁之类，自幼读兵书、习武艺。各匠自为一品，子接父业，否则父母弃之，亲友疏之，馁毙沟渠。固执己见，不向教化，仍蹈前辙陷习恶，所拜之菩萨、神像千万，节期相接无已。其僧大有权势，教其愚民将婴儿投河，或饲鳄鱼。如有僧将死，寡妇于其墓堆薪自焚。英官禁其弊而罚之。印度之行，外屈节从权，内巧狯诡谋，说谎骗人。"[②] 魏源所说"巴闵"即为婆罗门，印度人信奉的神共计3.3亿个左右[③]，全国各种神节日不停，使得本来工作时间就不多的印度人更为懒惰。"战品"就是武士阶层的刹地利。印度教婆罗门逼低种姓把婴儿喂鳄鱼的事，也是因为恒河的鳄鱼是印度教崇拜的一种神。魏源《海国图志》还说："其铅绝斯江，僧人愚其国人，以为圣江，能投赤子以饲鳄鱼，则神佛护佑。遇大偶像乘车而来，凡所过境，民争以子及身投于轮下。"[④] "铅绝斯江"就是恒河（Ganges）。一些车辆载神而来，低

① 夏东元编《郑观应集》上册，上海人民出版社，1982，第288页。

② 《魏源全集》第5册，岳麓书社，2004，第668页。

③ 郁龙余等：《印度文化论》，重庆出版集团，2008，第81页。

④ 《魏源全集》第5册，岳麓书社，2004，第675页。

种姓者把孩子扔到车轮下被碾成肉泥，有的低种姓成年人甚至自己直接钻到车底下，以此作为给所信奉的神的“牺牲”，结束今生的苦难，希冀来生转世成婆罗门或刹地利。此外，魏源所说的印度教徒“说谎骗人”的问题，也是中外都能感受到的。《甘地与丘吉尔——抗争与妥协的政治史诗》一书写道：“印度教徒不但被人们认为软弱、迷信，而且‘神秘、狡猾……撒谎成性；虚伪是人类所特有的最卑劣下贱的恶习，却正好是印度教徒所具有的劣根性。’”①

19 世纪印度国民性如此颓废不堪，既与印度教有关，也与其热带气候息息相关。《浙江潮》第 1 期刊登的《印度灭亡之原因》说：“由于地方之温度过高，而土过肥沃，人民定居之后，即由安逸而流于奢华，由奢华而流于文弱，而流于骄惰。所谓沃土之民不才欤？余闻德国之博士阿尔滕博尔者，留学于印度数年，专研究印度历史，而著为论说曰：‘印度为炎热之邦，禾稼之蕃殖，全世界中殆无其比。因此，人民之欲望易给，无意他求。然其人民之精神气象，为炎热所制，偷惰苟安，不知向于他邦，讲求交际对待之方略。故毫无坚固忍耐之性，其国力亦萎靡而不能伸畅，其文明虽一时蔚然发生光彩，而其精神倏焉消灭，亦即其原因云。’”②

像阿尔滕博尔这样把印度国民性问题与热带气候挂钩的学者不在少数，法国史学家博丹（Jean Bodin，1530 - 1596）在《易于理解历史的方法》中提出决定民族性格的主要是地理环境和教育，他认为赤道以北，居民肤色逐渐变白，国民性也有差异。印度这样的南方民族善于沉思，具有虔诚精神，他们擅长哲学和宗教，但缺乏充沛精力，就像老人一样。北欧、德国这样的北方民族身体强壮，精力充沛，好比是青年。像西班牙、意大利、中国这样中间地带的民族国民性是南北民族的过渡，像人到中年，遇事审慎，这些国家最容易统治。③印度地处热带、亚热带，农作物一年三熟，国民根本不需要精耕细作，就可坐享其成，故“为炎热所制，偷惰苟安”。这样的民族虽然可凭借肥沃的土地一时创造璀璨文明，但最终“国力亦萎靡而不能伸畅”，在英国殖民者面前难以避免灭亡的命运。

---

① 〔美〕阿瑟·赫尔曼：《甘地与丘吉尔——抗争与妥协的政治史诗》，刘畅译，上海社会科学院出版社，2016，第 22 页。

② 《印度灭亡之原因》，载北京鲁迅博物馆编《浙江潮》第 1 期，中央编译出版社，2014，第 72 页。

③ 徐波：《文艺复兴时期法国民族史学研究》，四川人民出版社，2006，第 111、112 页。

二 对印度亡国史的书写

印度历史上多次被外国入侵者亡国，如果以雅利安人攻灭达罗毗荼人国家算起，印度早已亡国3500年以上，本节所说的印度亡国指的是蒙古人建立的莫卧儿帝国被西方殖民者不断蚕食，直至亡国的历史。印度亡国史可以分为以下四个时间段：从1497年葡萄牙达伽马抵达印度卡里库特（Calicut），至1600年英国东印度公司成立，这一段为葡萄牙沿海殖民据点时期；1600年至1757年普拉西战役，这一段为英、法、荷兰争夺印度时期；1757年至1859年印度民族大起义被彻底镇压，这一段为英国独霸印度、莫卧儿帝国苟延残喘时期；1859年至1947年为英属印度与土邦共存时期。

对于前两个时期，中国人了解很少，相应的历史书写也很少。《瀛寰志略》记载：

> 明弘治八年，欧罗巴之葡萄牙，航海至印度西南界之孟买，开凿海港，建立城邑，市舶通行，以此致富。荷兰忌之，以兵船相攻，亦攘其地立埔头，设公班衙，擅印度海之利权者数十年。迨英吉利东来，驱除两国而有其地，佛朗西亦于南印度之东界立埔头。康熙七年，英吉利在东印度之孟加拉，买地建馆，筑炮台，造屋七十所，帆樯云集，百货流通，埔头日益强盛。乾隆十七年，孟加拉酋长毁其居，囚其人，英人以大兵攻之，遂灭孟加拉，乘胜兼南、中诸部，诸部合纵御之，心力不齐，纷纷溃败，有为英所灭者，有听其置吏仅拥空名者，有受役属为藩国者，由是五印度全土，归英辖者十之七，仅余西北数部尚未服也。①

《瀛寰志略》的表述有一些错误，“弘治八年”是1495年，这一年葡萄牙人还没有来到印度，葡萄牙是1497年，也就是弘治十年才来到印度的，而且抵达的是郑和此前也到过的卡里库特，不是孟买。这次开辟新航路后，1510年葡萄牙殖民者占据果阿，从此有了在印度的第一块长期殖民地，这也是亚历山大大帝东征以来第一块由欧洲人直接统治的印度领土。此后由于1578年马哈赞河之战的失败，葡萄牙元气大伤，在印度的扩张基

① 徐继畬：《瀛寰志略》，上海书店出版社，2001，第63页。

本停止了。1600 年英国东印度公司建立，1602 年荷兰东印度公司建立，印度亡国史进入第二阶段，即英、法、荷兰争夺印度时期。“乾隆十七年”是 1752 年，这个时间有误。历史上莫卧儿帝国的孟加拉纳瓦布（意为省督）西拉杰·乌德·朵拉于 1756 年派兵攻占英国商馆，1757 年英军与孟加拉在普拉西（Plassey）展开决战，英军 2900 人将孟加拉 7 万军队打得大败，英军以死亡 22 人为代价获得胜利，夺得孟加拉统治权。

随着普拉西战役的失败，印度亡国史进入第三阶段，即英国独霸印度、莫卧儿帝国苟延残喘时期。皇帝奥朗则布去世后，莫卧儿帝国开始分崩离析，仅 1719 年皇帝就换了 4 个人，皇位不稳，内战更加频繁。此时的印度局势就像康有为《与同学诸子梁启超等论印度亡国由于各省自立书》所说：

> 当乾隆末，三十年中，印度全国上自宰相督抚，下至民间雄桀之士，议论心意经营结构，惟知愤莫卧尔朝之失政，咸欲乘蒙古运之微弱，人思脱蒙古之轭，家思复印度之基。一方自立，诸方效之。既得自立矣，又不为联邦之计，而各思为辟地强国之图；各国互攻，弱肉强食，日寻干戈，岁月益甚，生民涂炭，同族仇雠。且不独不知联邦结约之自保也，但内相屠戮以自大自肥而已；不独不思外族侵凌之可忧也，且皆藉外人以叛立内攻焉。其用心颠倒如此。①

印度各地方豪强、方面大员一个个都要脱离蒙古征服者帖木儿六世孙巴布尔创立的莫卧儿帝国，各土邦“皆藉外人以叛立内攻焉”，局面就像中国的五代十国一样，乱世英雄起四方，有枪就是草头王，而且一个个都要当石敬瑭，借助外人的势力来完成自己的鬼胎。康有为表面说的是印度，其实暗指中国，他所说印度土人各省想推翻蒙古人建立的莫卧儿帝国其实是在暗指当时中国各省离心势力、革命党要推翻清政府，这样的做法最后只能使统一的国家分裂，侵略者渔翁得利。

在该文最后，康有为直接点明：

> 是满洲之入关，无损于中国，适扩大中国天以应大地交通之运，而为万国竞长之图，是有大功于中国也。吾国人生当今日，宜如何私

① 姜义华、张荣华编校《康有为全集》第 6 集，载《国家清史编纂委员会文献丛刊》，中国人民大学出版社，2007，第 337 页。

自喜幸，适逢满、汉合会之期，而有候补万国首领之资格乎？乃恶国人之合而必欲摈之，恶国土之广大而必欲拆小之，自生内讧，以利渔人，以祈灭亡；吾夙夜寤思，真不解国人忽有异想也。……吾国人若同心扑满而自立，即步印人之后矣。岂天运欲吾中国四万万之为奴绝种乎？何国人乃有欲亡国绝种之颠倒悖谬之思想也。①

康有为认为，清军入关后开疆拓土，中国之天地比明朝大为扩展，在此之时，革命党不思团结满汉而让中国屹立于世界民族之林，反而想“同心扑满而自立”，这是要让中国自取灭亡。革命必然招致瓜分说是康有为这一派在清末改良与革命大论战时的观点，事实证明，革命成功后中国并没有遭到瓜分，但康有为所说的印度各省“内相屠戮以自大自肥”的局面的确在中国上演，只是角色主体由印度土邦换成了中国军阀。

列强远东国际条约体系为了自己的利益，不希望中国大乱，故而有了辛亥革命的“软着陆”，同理，英国在印度的统治也是如此，以武力保护条约，以利益羁縻土邦，不令其生乱。印度人可以对英国人的各种颐指气使习以为常，然而当英军的压迫直接侮辱印度人的信仰时，1857 年 5 月 10 日印度民族大起义爆发了！

1857 年至 1859 年的印度民族大起义是 19 世纪的重大历史事件，它使英国东印度公司结束了其历史使命，中国第二次鸦片战争也整整推迟了一年多。本来 1856 年亚罗号事件后英军应该很快赶到中国沿海，因为镇压印度民族大起义，耽搁了进程。在 1860 年英法联军在圆明园的大火烧醒少数中国人之前，除魏源等几个先行者外，中国无人睁眼看世界，于是浑浑噩噩的两广总督叶名琛成为中国最早知道印度民族大起义的人之一。以下就是叶名琛的情报网获取的印度民族大起义的信息，根据华廷杰《触蕃始末》记载：“时有自香港裙带路来者……或云：‘闻伊属国孟加拉作叛，彼军战败。’逾一二月，又云：‘彼军在孟加拉大败，中埋伏，覆其全军，亡一大帅，或谓亡一驸马，诸酋忧惶无措。’”② 此外，叶名琛在咸丰七年十一月十二日的奏折中说：“额尔金当七月内在孟加拉败仗之际，由陆路奔逃，已被孟夷各兵追至海边，适佛兰西有兵船数只往过，连开数炮，孟夷

---

① 姜义华、张荣华编校《康有为全集》第 6 集，载《国家清史编纂委员会文献丛刊》，中国人民大学出版社，2007，第 346 页。

② 华廷杰：《触蕃始末》，《中国近代史资料丛刊·第二次鸦片战争》第 1 册，上海人民出版社，1978，第 178 页。

之兵始行退回，额酋乃得免于难。”① 香港的情报多少有一些有效信息，印度民族大起义初期，英军寡不敌众，在孟加拉惨败是事实，但死者没有一个人是英国驸马。至于叶名琛自己的奏报，则无一字可信。英国公使额尔金根本没参与镇压印度起义，那个逃到海边的人应该指的是英国东印度公司总督坎宁（Canning），他在得知印度民族大起义的消息后，穿一条短裤就逃到海边的一艘英军战舰上了，“佛兰西”（法国）军舰之类则完全是子虚乌有。

叶名琛的“情报”完全错误，最终他不战不和不守，不死不降不走，成为千古笑柄。此后随着洋务运动的推进，中国越来越多的士大夫关注到印度民族大起义的故事，并对此做了比较准确的表述。马建忠《南行记》书写了印度民族大起义的历史。

> 咸丰八年，印度兵变，据此一载，方为英兵所破。光绪二年，英后晋号印度皇后，五印度各藩属酋长辐辏来此……二点钟至莫罗多，英之重镇也，咸丰八年兵变即肇衅于此。初英踞印度，未设官，以公司商人代治之，商人唯利是图，罔知大体，鱼肉其民，百余年来积怨刺骨。适蒙古与诸藩王后裔余灰未烬，时欲复燃，遂散布谣言，煽惑兵民之心。时制来复枪，须以脂涂弹方可入孔，印度教与回教皆忌猪肉，英人以新枪发与土兵试用，土兵不从，遂杀英弁而叛。东、北、中三方闻之响应，尽屠英弁而坑其妻子。时督印度者为凯令，调兵攻剿，二载始平。于是徙戴兰故王于缅甸，戮其子孙。英廷方悟公司之苛暴，不可复用，遂改为官制。今则学院、议事房、审院皆准土人列坐，非若前此之蔑视矣。②

马建忠对于起义导火索的表述不太准确，印度教不忌猪肉。英印当局发给士兵的子弹是用涂着猪油、牛油的厚纸包装的，在使用子弹时，必须用牙咬破纸皮，由于伊斯兰教禁食猪肉，印度教禁食牛肉，这种新子弹的使用在印度土兵心中引发强烈反弹。1857 年 5 月 10 日驻扎在德里附近莫罗多（Meerut）的印度土兵首先发难，印度全国迅速响应，“尽屠英弁而坑其妻子”。英国很快调兵遣将来镇压起义，1859 年轰轰烈烈的印度民族大起义被镇压下去。“徙戴兰故王于缅甸”指的是英国在敉平起义后把巴

---

① 《中国近代史资料丛刊·第二次鸦片战争》第 3 册，上海人民出版社，1978，第 119 页。

② 《马建忠集》，《中国近代人物文集丛书》，中华书局，2013，第 123 页。

哈杜尔·沙二世迁到缅甸。英国东印度公司“不可复用，遂改为官制”，从此印度直接由英国政府来管辖。莫卧儿帝国也由名存实亡变成了彻底灭亡。

对于晚清时来到印度的中国人而言，印度亡国的过程是过去时，而印度亡国后的状况是现在时，前者只能靠各种渠道去了解，后者则是直观目击。康有为在《与同学诸子梁启超等论印度亡国由于各省自立书》中言：

> 苟非王者，则不能与英之齐民齿矣。印度虽有学于伦敦者，学成归印，而仕不过至佐贰官、小审判官、小警察官。若全印度之司道、守令长官，则皆英人为之，印人不得与焉。……闻印人室壁颇好挂刀，经自立大变，则尽为英吏拔去，凡藏刀枪者罪殊死，故印人无携寸刃者。吾国人在印者好勇斗狠，然虽大忿，结党相战，不过手携铁尺而已。然则举全印不得有兵械可见矣。①

在印度，印度人如果不是王公，连英属印度内英国百姓的地位都不如。婆罗门、刹地利去英国留学者，回来后也不过是做个刀笔吏小官，印度的要害部门皆为英人控制。印度民族大起义后，英国对印度的武器控制就像元朝时统治者对汉人的武器控制一样，让人“无携寸刃”，充其量只能斩木为兵，根本无法有效反抗。

关于印度亡国过程的历史书写，晚清时期国人对19世纪以前的印度历史表述往往有舛误，毕竟时隔久远，且当时中国很缺乏翻译过来的印度史书，但对于印度民族大起义、印度亡国后实况的表述，除叶名琛的情报太过离谱外，其他人均有大致可靠的论述，说明晚清时期国人对印度史认识的加深。就论述内容而言，徐继畬、马建忠等人往往只是就事论事，没有跟中国的现状相结合，是偏介绍的，较少政治目的。康有为对印度亡国史的历史书写则饱含政治目的，他希望通过印度的历史来告诫中国人，革命党的“内乱”只会让外人乘隙而入，还是承认清朝统治为好，看英国对印度的殖民措施就知道，清政府再差，也会好过外来入侵者。同样是对法国大革命的表述，米什莱用传奇模式，兰克用喜剧模式，托克维尔《旧制度与大革命》用悲剧模式，布克哈特用讽刺剧模式，虽然历史学家都坚持认为自己是根据事件本身来确定表述模式，但

---

① 姜义华、张荣华编校《康有为全集》第6集，载《国家清史编纂委员会文献丛刊》，中国人民大学出版社，2007，第347、348页。

实际上对事件的描写已经构成了对事件本身的解释。康有为等人对印度亡国历史各取所需的表述也正是如此。

三　从印度亡国史中求资鉴

甲午战争后，列强掀起了瓜分中国的狂潮，中国的有识之士不断去阅读、学习外国历史，以期为中国救国之路提供借鉴，这时，与中国一样是民族众多、历史悠久的印度便成了中国的重要参照系。康有为在《与同学诸子梁启超等论印度亡国由于各省自立书》中说：

> 有与吾国同处亚洲相若，同为大陆数千里相若，同为襟海之半相若，人民繁众相若，教化甚深相若，文明甚古相若，乃至律例、风俗相若，人性和柔相若，甚且由北地入主中国相若，一统其国相若，专制政治相若。夫以十相若如是之甚，此实地球所未有，不可得者也。幸有一国为此而先发之，以为吾明镜，以为吾前车，其亦足征信，而与法、美诸国之不类不切者迥异矣。吾国人而鉴之①，可为吾国行事得失之准矣；吾国人鉴之以为行事，其亦不至大败亡绝矣。甚类吾国之国维何？则大地中之印度是也。②

如康有为所说，印度的确是“教化甚深”，“文明甚古”，丝毫不比古代中国差，印度在古代是有着灿烂文明的。然而到了近世社会，印度文明如此衰颓，萎靡不振，最终亡国。与印度隔喜马拉雅山相邻的中国古今也有着与印度类似的情况。如康有为所说，美国、法国与中国历史迥异，很难借鉴，印度非但多方面与中国相似，甚至历次外族入侵引发的改朝换代中，敌人都是从北方而来，这一点也与中国一样。19 世纪的帝国主义殖民浪潮对印度和中国而言，敌人都是从南方、从海上而来，那么中印两国应该怎么办呢？

在晚清知识分子眼中，印度带给中国的现实借鉴主要有三点。第一，抱残守缺必亡，只有革故鼎新、与时俱进的变法才能让国家在弱肉强食的世界免于灭亡。吴广霈《南行日记》：“居今之世，有国者亦惟能新我政

---

① 疑误，原文如此。

② 姜义华、张荣华编校《康有为全集》第 6 集，《国家清史编纂委员会文献丛刊》，中国人民大学出版社，2007，第 334 页。

令，革其故常，率可变者悉与之俱变，即隐藉此以维持其必不可变者焉，此我夫子所以不以霸业小夷吾，而极许其仁也。环顾亚洲，自我中华而外，首推印度土耳机为大国，今印度已矣，土社行墟，前辙之摧，后车可鉴。世有英杰，慎勿高谈仁义，狭视事功。”① 推崇礼仪道德的孔子没有因为管仲以各种手段辅佐齐桓公成就霸业而贬低管仲，相反，孔子说：“微管仲，吾其被发左衽矣！”吴广霈《南行日记》写于1881年，此时亚洲各国一个个沦为殖民地或半殖民地，印度在1859年就亡国，土耳其奥斯曼帝国也是苟延残喘，其“坦齐马特”改革并没能使国家实现民族独立，此时的中国就需要知识分子不再“高谈仁义”，而是一切从事功出发，挽救国家危亡。除吴广霈外，康有为、梁启超、马建忠等知识分子在谈及印度时也都表示，中国必须要变法，才有可能不重蹈印度的覆辙。

第二，西方白人殖民者过于强大，同病相怜的中印两国需要联手对抗列强，才有可能在实力差距悬殊的情况下图存。章太炎、孙中山等人都是主张中印联合来对抗列强，孙中山有关印度的论述主要写于民国，这里暂且不论。章太炎非常重视印度，他还曾经托刘师培联系端方，表明自己想要去印度出家，由端方出钱，但最后未能成行。章太炎想要联合亚洲一切弱小民族来实现民族独立，他在《支那印度联合之法》表达了与印度联合的观点，此外章太炎《记印度西婆耆王纪念会事》还有一个很形象的比喻。“钵逻罕氏见余，言一千年前，有印度僧与日本僧同至支那，支那僧留之宿，因言曰：吾三国其犹折扇耶？印度其纸，支那其竹格，日本其系柄之环绳耶？夫环绳虽小，而斡旋之魁柄在是，今纸与竹格皆破坏，独环绳日益增善，是宜有以挈提之。呜呼斯言，其属望为何如耶？支那、日本，皆奉印度佛教以增进其道德，此犹近世欧洲诸国之于希腊也。希腊既亡，而英诗人摆伦助之独立，今吾二国之于印度，岂当异是？支那固不能自谋，而日本犹有几微可望。”②

“钵逻罕氏”是印度一位谋求民族独立的革命精英，他给章太炎讲了历史上一个对中日印三国的比喻，印度是纸，中国是竹格，日本则是把纸和竹格系在一起的环绳，三者合在一起就是一把折扇，而今中国和印度国势衰颓，就要靠日本来振兴亚洲。章太炎对日本也寄予厚望，然而日后的历史发展让章太炎大跌眼镜，近代真正让中国有像印度一样亡国灭种之忧

① 吴广霈：《南行日记》，《古今说部丛书》第九辑，上海图书公司，1913，第16页。

② 《太炎文录初编》，《章太炎全集》第4册，上海人民出版社，2014，第373、374页。

的就是日本。

第三，表面看起来印度因为种姓制度的存在，国民性浑浑噩噩，还不如中国，当时印度已经灭亡，中国还在，而事实上，印度许多地方比中国强，中国人应该多去了解印度，不要轻视印度，印度是有独立希望的，而真正要亡国的是中国。在晚清时期，持此看法的只有章太炎。在康有为等绝大多数中国关注印度的知识分子眼中，印度毫无复国希望，全民族浑浑噩噩，然而在事事处处均特立独行的章太炎眼中，“印度之独立可期，而吾国殆绝望矣!”章太炎在《印度中兴之望》中说：

> 余因念中国无孔子、左丘明、太史公辈，则自共和以讫二世，其年历亦且暗昧，不可究观。今者学术多废坠，独历史尚稍完具，令士民不骞太古以期独立，印度阙是，故国民自觉稍晚，今果有自编《通史》者。呜呼！观其志行慷慨卓厉如此，而成就学术，又远在震旦人上，自兹以往，则印度之独立可期，而吾国殆绝望矣![1]

章太炎因为对印度佛法的沉迷而推崇印度，他并没有像康有为等人那样实地考察过印度的情况，如果他真的实地考察过，相信很可能就会得出不同的结论。晚清知识分子在构建印度亡国史的时候，往往都蕴含了自己的政治立场，章太炎为了让中国人警醒，加之其一贯的语出惊人的风格，便把中国表述得连印度都不如。以此说明一个道理，印度人比中国人强，印度都亡国了，中国人还有什么理由不奋起直追?

章太炎把中国说得如此糟糕，印度开国总理尼赫鲁却在中印之间的客观比对中提出了与章太炎截然不同的观点：

> 中国人的生活力使我感到惊奇。我不能想象这样一个赋有基本力量的民族还会没落下去的。我在中国人中所看到的某些生活力，我觉得印度人中也是有的。但也不敢说经常地都有，无论如何，要我用客观态度去观察也是困难的。也许我的愿望将我的想法歪曲了，然而我在印度人群中总是一直在寻找这种力量。如果他们有这种生活力，那好极了，他们一定会有好的表现。如果完全都没有的话，那么我们一切的政治努力和呼声都是自欺欺人枉费心机了。……印度以它现在所处的地位，是不能在世界上扮演二等角色的。要么就做一个有声有色

① 《太炎文录初编》，《章太炎全集》第4册，上海人民出版社，2014，第379页。

的大国，要么就销声匿迹。①

章太炎所看到的“志行慷慨卓厉如此”之类印度人的优点，在尼赫鲁眼中就不容易发现。但二者对本国的期望是相通的，在尼赫鲁眼中，印度一定不能做二等角色；在章太炎眼中，中国要与印度一起像参天大树一样“屏蔽亚洲”，以抵抗欧洲的侵略。

晚清绝大多数知识分子都对印度复国一事不抱任何希望，只有章太炎对印度的未来有着美好憧憬，他相信印度一定能复国。章太炎在《送印度钵逻罕保什二君序》中说：

他日吾二国扶将而起，在使百姓得职，无以蹂躏他国，相杀毁伤为事，使帝国主义之群盗，厚自忏悔，亦宽假其属地赤黑诸族，一切以等夷相视，是吾二国先觉之责矣！斯事固久远，不可限刻，然世人多短算，谓支那衰敝，难复振起，印度则且终于沦替，何其局促无远见耶？②

章太炎的这段论述，真正值得敬佩的是他表示中国与印度崛起后，绝不恃强凌弱，永远不称霸，让帝国主义的强盗们去忏悔，中国与印度以实际行动来感化他们，对于红色人种和黑人，也绝不歧视他们。章太炎把所有认为中国和印度不会复兴的观点看作“局促无远见”，他坚信，印度一定有复国之日，中国也一定能复振！

中国与印度，龙象相邻，然而自从宋朝时北印度被伊斯兰化以来，便鲜有往来，晚清西方列强纷至沓来后，中国与印度又恢复了联系。由于两国太多的相似点，中国的仁人志士对印度投以很大兴趣，通过研究导致其亡国的种姓制度和国民性，来为中国提供殷鉴，这些印度亡国的历史研究带有一定目的性和功利性，许多学者带着自己的目的来构建这段历史。虽然中国学者在具体表述上有不少舛误，但其目的都是刺激中国人的危机感。从近代史的发展进程来看，晚清知识分子的目的达到了，中国非但没有亡国，1945 年更是以联合国安理会常任理事国身份位列世界五大国，而印度也在 1947 年实现了独立。

① 〔印〕贾瓦哈拉尔·尼赫鲁：《印度的发现》，齐文译，世界知识社，1956，第 56～57 页。
② 《太炎文录初编》，《章太炎全集》第 4 册，上海人民出版社，2014，第 376～377 页。

清末民国史家编修国史教科书中的“上古史”书写

付耶非

（北京师范大学历史学院，北京　100875）

摘　要： 近代意义上的历史教科书诞生于清末废科举、兴学堂的浪潮中，进入民国后获得了蓬勃发展。在此过程中，史家群体发挥了重要作用。回顾清末民国史家所编修的中学国史教科书对于“上古史”的书写，可以较为清楚地观察到，教科书的体例由注重全面性的通史向注重宏观趋势专史转变。语言上由文言文逐步向白话文转变；内容上逐渐由传统史学转变为现代史学。这个过程，一方面反映了近代新式史学教育的发展和传统史学向现代史学的嬗变；另一方面，史家群体在编著教科书时，面临着专业研究与普及教育的平衡问题以及各种现实条件的制约，透过这一转变过程，同样也可观察史家身处现实中，与当时社会、政治、文化之间复杂的互动关系。

关键词： 清末民国　史家　历史教科书　历史书写

引　言

清政府于1902年、1903年先后颁布了《钦定学堂章程》和《奏定学堂章程》，中小学均设置了历史课程。在学制推行初期，学部在历史教科书审定方面，几乎是无书可审。1906年学部第一次审定通行高等小学暂用书目时，“审定各图书，惟中国历史一科尚无适宜之本”。[①] 在这种局面下，

① 《中国近代教育史料汇编·晚清卷4》，全国图书馆文献微缩复制中心，2006，第1871页。

清末的中国历史教科书编写经历了翻译、编译、自编的艰难发展历程，初具规模。[①] 这一时期夏曾佑（1863～1924）编著的《中学中国历史教科书》和刘师培（1884～1919）编著的《中国历史教科书》影响最为广泛。[②] 进入民国之后，经过不断探索和实践，特别是1922年壬戌学制改革后，民国中学历史教育逐步走向正轨，历史教科书也逐渐形成了自己的特点，从以往注重历史知识全面性和系统性的通史教学，转为关注人类生活状况变迁和文化演进的专史教学。[③] 相应地，历史教科书的编写也随之获得了长足发展，在1920年代的中国历史教科书中，吕思勉（1884～1957）编著的《新学制高级中学教科书·本国史》和顾颉刚（1893～1980）、王锺麒（1901～1958）编著的《现代初中教科书·本国史》有着较为广泛的影响。[④] 进入1930年代后，中国历史教科书中最为突出的代表当属张荫麟（1905～1942）编著的《中国史纲》[⑤]，其所著之书原为作者受聘编写的高中历史教材的一部分，亦是其短暂一生留下的唯一专著。此外，吕思勉针对其1920年代的教科书文言叙事太为概括问题所修订的《高级中学历史教科书·本国史》亦是此时期较为有影响力的国史教科书。纵观1900～1930年代国史教科书的发展历程，史家无疑在其中发挥了重要作用，从国史教科书的草创阶段到成熟阶段，夏曾佑《中学中国历史教科书》和张荫麟《中国史纲》无疑是草创和成熟阶段国史教科书的杰出代表[⑥]，反映了史家在国史教科书编著中的重要地位。本文选取夏曾佑、刘师培、吕思勉、顾颉刚[⑦]、张荫麟五位史家编著的中国历史教科书为研究对象，着重

① 关于清末中国历史教科书的发展，详见李孝迁《晚清中小学国史教科书述论》，《历史教学问题》2005年第9期。

② 李孝迁：《西方史学在中国的传播（1882～1949）》，华东师范大学出版社，2007，第25页。

③ 李帆：《简论民国时期中学历史教育的嬗变——以北京政府、南京政府先后颁布的〈历史课程标准〉为核心》，《历史教学》2003年第1期。

④ 吕著国史教科书在当时影响很大，与陈衡哲编著的《新学制高中西洋史教科书》并驾齐驱。参见史海永《民国时期中学历史教科书演化轨迹之探析》，《考试周刊》2011年第25期。顾著亦十分畅销，“前后共印了一百六十万部”。除此之外，顾著还涉及名噪一时的“教科书风波”，这无疑也扩大了其影响力。关于这一点，后文将会详叙。参见王红霞《〈现代初中教科书·本国史〉与顾颉刚的史学思想》，《史学月刊》2014年第8期。

⑤ 陈梦家赞誉其书为“历史教科书中最好的一本‘创作’”。参见张荫麟《中国史纲·写在前面的话》，中华书局，2009，第1页。

⑥ 参见王树民《中国史学史纲要》，中华书局，2007，第193～194页。

⑦ 《现代初中教科书·本国史》为顾颉刚与王锺麒合著，但考虑到本文切入点为“上古史”书写，而该部分最能体现顾的史学思想，故将其视为顾颉刚之代表作，下文不再提及王锺麒。关于该问题，详参王红霞《〈现代初中教科书·本国史〉与顾颉刚的史（接下页）

关注史家群体在编写历史教科书中的异同，将其置于一个相对较长的时段进行考察。

一 “上古史”的书写取向

（一）“旧瓶装新酒”：“新史学”思潮与“上古史”书写

1902年，梁启超（1873～1929）发表了《新史学》，打破了传统以“一家一姓”之朝代为中心的书写形式，强调社会历史的书写。1900年代，新史学思潮发轫之初，夏曾佑和刘师培编写的两部中国历史教科书较为明显地体现了新史学所提倡的重视社会历史这一主张。在书写体例上，夏曾佑在上古史的书写主张，从其目录上便可窥见一斑，从前四节的目录来看，他已不再拘囿于以王朝为中心来书写历史，而是关注世运之变迁。[①]其后的目录设置则反映他对政治、伦理、道德的关注。[②] 上古史最后两节是对上古世运之总结，“至战国时，社会之一切情状，无不与古相离，而进入于今日世局焉”。[③] 由此可见夏曾佑已将社会、政治、文化的变化置于历史书写的中心，以此关注中国世运之变迁。关注社会历史这一主张在刘师培的《中国历史教科书》中，则以另一种书写形式表现出来。他认为“中国史书之叙事，详于君臣而略于人民，详于事迹而略于典制，详于后代而略于古代”，[④] 这一点在教科书的体例中有着突出的反映，这本教科书的内容基本涵盖了上古社会生活的方方面面，带有“百科全书”的意味。而这一特点，在他叙述西周一朝的第二册教科书中一以贯之，基本上仍是按照这一面面俱到的体例进行书写，试图复原出西周一代的社会情形。在共同关注“社会之历史”的大背景下，二人所编著之教科书虽在书写体例的路径上存在差异，但在如何认识社会发展趋势上，二者却是观点一致

（接上页）学思想》，《史学月刊》2014年第8期。

① 前四节目录为“世界之初”“地之各洲之人种”“中国种族之原”“古今世变之大概”。参见夏曾佑《中学中国历史教科书·目录》，商务印书馆，1910，第1页。

② 后面目录为“黄帝之政教”“尧舜之政教”“禹之政教”“周之政教”“孔子以前之宗教（上、下）”“老子之道”“墨子之道”“三家总论”“周秦之际之学派”“春秋制度之大概”。参见夏曾佑《中学中国历史教科书·目录》，第2～4页。

③ 夏曾佑：《中学中国历史教科书》，第225页。

④ 刘师培：《中国历史教科书第一册·凡例》，《刘申叔先生遗书》第69册，宁武南氏校印，1936。

的，即今胜于古的观点。夏曾佑认为近百年的生物学家中，“最著者英人达尔文（Darwin）之源论（Origin of Species）”，并以此考察上古社会，“故凡今日文明之国，其初必又有游牧社会，以进入耕稼社会。自游牧社会，改为耕稼社会，而社会又一大进步”，认为“我族则自包牺已出渔猎社会，神农已出游牧社会矣”。[①] 突破了传统经学中认为“今不如昔”，渴望回归三代的循环退化史观。刘师培则从社会进化论的角度从三代的政治发展阐述了“世风日下”的原因。“上古之民，识卑而事简”，故上古“不治不乱”，而“后世之民渐萌诈伪，故殷人作誓，周人作会。盖人民伪诈之心萌，斯国家防民之法，日以加严”，认为“风俗之迁移，可以识社会之进化”，而“后世不察，目为厚俗淳风，岂知民未开化，其风俗习，尚莫不皆然”，[②] 社会进化论的思想使得传统经学中的“致君尧舜上，再使风俗淳”的循环退化史观彻底被打破，一种新的线性进化史观在历史教科书的书写中被加以运用，传统史学在此过程中逐步摆脱经学的束缚，向现代史学转变。

在新史学思潮的影响下，注重“社会历史”的主张以及“社会进化论”在中国历史教科书的书写中，得到了充分体现。两者在相同的思潮下，书写路径上的差异与二人的传统治学门径密切相关。夏曾佑作为今文经学家，在治学方法上，体现了今文经学“微言大义”的门径，他并未太多注重具体事物的考证，而是从上古史的宏观发展中阐述社会进化的思想。而刘师培出身于江苏仪征世治《左传》的古文经学世家，在治学路径上，更偏重具体事物的考证，从事物的发展的细微变化之中展现社会进化的思想。在语言上，二者仍采用文言的方式书写，这使得教科书依然带有传统史学的特点。有学者评价夏曾佑的《中学中国历史教科书》，“在内容或本质方面是中国今文经学与西洋进化论的糅合”，[③] 若此评价恰当，那么刘师培的《中国历史教科书》则可视为“中国古文经学与西洋进化论的糅合”的产物了。概言之，在面对相同的新兴思想资源时，旧有的传统依然会结合其自身特点表现出来，这是1900年代史家编著之教科书所体现出的特点。

（二）“新旧交替”：多重治学方法并存下的“上古史”书写

进入1920年代之后，新史学思潮所体现的重视“社会之历史”与社

① 夏曾佑：《中学中国历史教科书》，第14页。
② 刘师培：《中国历史教科书第一册》，第49页。
③ 周予同原著，朱维铮编校《经学和经学史》，上海人民出版社，2012，第184页。

会进化论的主张也得到了进一步的深化。这一时期史家所编著的中国历史教科书在上古史的书写体例上，经历了由注重历史知识的全面性转变为注重历史演进趋势的变化。对比顾颉刚和吕思勉所编著的中国历史教科书，可以较为清楚地看到这种变化。顾颉刚《现代初中教科书·本国史》在编辑大意中曾说道，“历史应当注意事实的因果，不能拘泥于朝家的更迭”，故而该书“不依从前那样的断代”,[①] 从其上古史书写的体例来看，顾书体现了重视从宏观上把握中国上古史的发展趋势，以专题史进行书写的特点。反观吕思勉《新学制高级中学教科书·本国史》，其在书写体例上则是反映了兼顾全面性与专题性的过渡特点。虽有专题归纳，但在专题之下却是以全面性的介绍为主，而鲜有发展趋势的分析。[②] 1920 年代历经新文化运动的洗礼后，白话文深入人心，历史教科书语言随之更新。[③] 顾颉刚《现代初中教科书·本国史》显然受到了这种影响，已改用白话文进行书写，使得该书从语言形式更具现代历史教科书的特点。而吕思勉《新学制高级中学教科书·本国史》依然采用文言文进行书写,[④] 保有传统史学语言的特点。顾颉刚作为具有现代大学教育背景的史家，无疑要比传统私塾教育背景的吕思勉更为趋新，这样的背景差异使得二人编写历史教科的书写体例与书写语言明显不同。

1930 年代，史家所编修的中国历史教科书以吕思勉《高级中学教科书·本国史》和张荫麟的《中国史纲》最为著名。这一时期的历史教科书在书写体例上更偏重于对社会变化趋势的叙述，在书写语言上也已经使用白话文进行书写，总体而言已基本具备了现代历史教科书的特点。结合吕思勉《高级中学教科书·本国史》在上古史书写中的转变，可以较为清楚地看到传统史学的退潮与现代史学的发展。在这版教科书中，吕思勉认为前版教科书“出版之后，征各方面的评论，似乎以为尚属可用”，“(1) 惟该书系用文言；(2) 叙述力求揭举纲要……因此措语言较为浑括，而读之

---

① 顾颉刚:《现代初中教科书·本国史》,《顾颉刚全集·古史论文集》第十二卷，中华书局，2010，第 3 页。

② 如“古代社会之政治组织”一章，第一节宗法、第二节封建及官制上、第三节封建及官制下、第四节教育选举、第五节兵制、第六节刑法，基本上是以古籍描述之情形进行叙述，略于分析。

③ 史海永:《民国时期中学历史教科书演化轨迹之探析》,《考试周刊》2011 年第 25 期。

④ 吕思勉于 1922 年已经推出了《自修适用白话本国史》，但在教科书的编写中仍采用文言文，似因相较于自修用的白话本国史教科书更为正式，而传统史书书写语言均为文言，亦可反映其文化态度。

遂觉过深”。针对这些问题，“所以此次编纂，改用白话；叙述亦力求其具体，少做概括之辞”。[①] 上古史的书写体例同样发生了变化，从上古史目录上便可看出注重社会演进趋势的学术路径。[②] 他在书中明确表现了对这种学术路径的认同，“现在的研究历史中，方法和前人不同。现在的研究，是要重常人、重常事的。因为社会在这里头变迁的”，“历史者，所以说明社会进化的过程者也”。[③] 张荫麟稍晚所著的《中国史纲》，在书写体例上，则更加偏重于社会变迁之大势，“这部中国史的着眼点在社会组织的变迁，思想和文物的创辟，以及伟大人物的性格和活动”。[④] “中国史黎明期的大势”“周代的封建社会”“孔子及其时世”“战国时代的政治与社会”“战国时代的思潮”等章节的设置清晰地展现了他的书写主张。[⑤] 总体而言，如果说 1900 年代的两位史家在教科书中上古史书写形式上的差异，是在传统的治学路径上具体方法的不同而形成的，那么 1920 ~ 1930 年代的三位史家则是因为传统治学背景和西方现代学术背景的代际差异而造成了教科书中上古史书写形式的不同。

二 “上古史”的书写内容

（一）“从何而起”：上古史开端的书写

1900 ~ 1930 年代史家编写的中国历史教科书，在上古史的书写形式上显现了从传统治学路径差异到新旧史学代际转换的变化。这种变化不仅显现在外在的书写形式上，更加深刻地影响到上古史具体内容的书写。在上古史内容的书写上，上古史的开端和中华民族的缘起占据着核心的地位，这一方面是因为上古史承续了传统今古文经学对于上古的争论；另一方面是由于传统史学走向现代史学的过程中，与国族建构存在密切的关系。

在上古史开端的书写上，1900 年代史家编写的历史教科书普遍偏向于

① 吕思勉：《高级中学教科书 · 本国史》，《吕著中小学教科书五种（上）》，上海古籍出版社，2011，第 309 页。

② 上古史目录分为“我国民族的起源”“太古的文化和社会”“古代的封建制度”“我国民族的滋大”“中原文化的广播和疆域的拓展”“春秋战国的学术思想”“春秋战国的政制改革”“上古的社会”。参见吕思勉《高级中学教科书 · 本国史 》，目录第 7 页。

③ 吕思勉：《高级中学教科书 · 本国史》，第 315 页。

④ 张荫麟：《中国史纲》，第 2 页。

⑤ 张荫麟：《中国史纲 · 目录》。

从古籍的记载中来确定源头。刘师培认为“盘古为创世之君”，并以纬书《春秋命历序》为主，加以其他古书之辅助，以辨析上古史的源流，认为由“开辟至获麟，分为十纪”。[1] 他以线性进化论为工具，通过结合传统的古籍考证，重建了从荒渺浩繁的盘古开天辟地到黄帝时代的上古史发展脉络，并排定了黄帝至周在他所建立的上古史体系中的位置。这将荒渺浩远的盘古开天地与传统史家所认为的三皇五帝及至周有机地连成了一体，这样便把传统的“盘古开天地，三皇五帝到如今”带有想象成分的历史叙述确定为看似精密严细、符合逻辑的“历史事实”了。而夏曾佑对上古史的开端界定相对要晚许多，他在书中将黄帝之前的诸帝视为神话人物，在此基础上，他认为上古史的开端应为炎帝和黄帝时期。“故言中国信史者，必自炎黄之际始。”[2] 二人在上古史开端的书写上，体现了史观的差异。刘师培认为古代极长，生物演进的进化理论为上古史中那些看似荒诞不经的神话提供了科学的依据，于是在这种具有“人类学”眼光的古史观下，上古时代“无限拉长的时间，无限扩大的距离感，使得看起来荒怪朴陋的古代历史，在进化的历程中找到位置”[3]。故而刘师培相信，盘古开天地便是上古史的开端。夏曾佑认为“半人半兽”的上古人物只是神话中才会出现，“神”与“人”之间是存在界限的，而进化论恰恰打破的是人由神而造的观点。虽然共同经历了进化论的洗礼，但是在具体的理解与运用上却不相同。这也反映了同一思想在不同受众之间的差异。

此一时期的教科书中，上古史开端的书写出现了新旧交替的特点。趋新的史家基本上接受了考古学的观点，认为上古史的开端始于商朝。顾颉刚曾写道，“二十多年前，在河南殷墟发现了许多刻文的甲骨，考释出来，多是占卜的系辞，更可证商朝尚鬼听神的情形了”。[4] 在上古史的书写中，顾颉刚虽未直接言明上古史确切开端，但从其言可知，中国信史的开端至少起于商朝。而他对于上古诸帝的历史，则认为是传说和神话，“太古时代的景象，只凭相传的口碑，附会的记载所谓鸿荒之世，一切太古的传说，只好看作神话，决不能取为可靠的史乘。所以竟可说那是无史时代”。[5] 在此基础

---

① 刘师培：《中国历史教科书第一册》，第 2～3 页。

② 夏曾佑：《中学中国历史教科书》，第 14 页。

③ 王汎森：《近代中国的线性历史观——以社会进化论为中心的讨论》，载《近代中国的史家与史学》，复旦大学出版社，2010，第 47 页。

④ 顾颉刚：《现代初中教科书·本国史》，第 22 页。

⑤ 顾颉刚：《现代初中教科书·本国史》，第 14 页。

上，他还对这些他认为的传说出现的原因做了分析，“大概古代传说的帝王，都只可说是文化史上几个重要变迁的象征”，“这些理想人物，也许并无其人，只是当时社会背景里的一种精神”。[①] 他基本是以一种“文化人类学”的眼光来衡量古史，在他眼中，那些上古的传说并非“历史事实”，而是文化变迁的象征和时代精神的反映。张荫麟在《中国史纲》中，则明确以商朝作为上古史的开端。“严格的说，照现在所知，我国最初有文字记载的是商朝……本书即以商朝为出发点，然后回顾其前有传说可稽的四五百年，即以所知商朝的实况为鉴别这些传说的标准”。[②] 他不仅明确了商朝为信史开端，而且以其作为检验传说之标准。对于夏朝，他只能“在后人关于夏朝的一切传说和追记中”，“抽出比较可信的事实”，而“夏朝再往上溯，则见历史的线索迷失于离奇的神话和理想化的传说中不可析辨了”。[③] 这一时期，殷墟考古的重大突破，大大推动了上古史的研究，在厘清上古史的源流中，以科学事实为基础的考古学成为重要工具。这样的上古史开端的书写无疑深受此种学术思想和学术成果的影响。

吕思勉 1920 年代和 1930 年代所编著的两本历史教科书，均将上古史的开端定为“三皇五帝之时代”。在 1920 年代所编写的《新学制高级中学教科书·本国史》中，他认为“古帝事迹之可考者，当推三皇五帝”[④] 他在上古史的开端上与夏曾佑意见基本一致。及至 30 年代，对前版教科书进行修订时，他在其他一些方面都做出了观点上的修正[⑤]，但仍坚持上古史的“开化迹象，确有可征的，当推三皇五帝”。[⑥] 同时，对于殷墟考古的学术成果，他亦持保留态度，认为据甲骨文“研究商代史实和制度的颇多，著书立说的亦不少”，但甲骨中“杂有伪品，研究亦为充分，所以其所得之说，尚未能据为定据”。[⑦] 相较于顾颉刚、张荫麟，吕思勉在上古史的开端书写上持较为保守的态度，这种差异折射出两代史家之间治学路径的分野。正如前文所述，他们的差异不仅在教育背景上，更重要的是反映了越来越居于主流地位的现代学术与传统学术之间的关系。

---

① 顾颉刚：《现代初中教科书·本国史》，第 17 页。

② 张荫麟：《中国史纲》，第 2 页。

③ 张荫麟：《中国史纲》，第 11～13 页。

④ 吕思勉：《新学制高级中学教科书·本国史》，第 109 页。

⑤ 如在“汉族由来问题”“尧、舜、禹禅让问题”都做出了修正。参见《高级中学教科书·本国史》，第 311 页。

⑥ 吕思勉：《高级中学教科书·本国史》，第 326 页。

⑦ 吕思勉：《高级中学教科书·本国史》，第 341 页。

（二）“由何而来”：民族起源问题的书写

正如论者所言，“中国历史具有现代意义的阐释框架和问题意识的形成与民族—国家建构形式的选择过程密不可分”。① 这一时期，关于“民族”由来问题的书写正是新史学与民族—国家建构关系的体现。从1900年代的中华文明“西来说”到1920～1930年代的“民族融合论”，虽然在讨论的内容上并不尽一致，但大体上都是在民族—国家建构的宏大时代背景下的反映。从具体内容上看，1900年代的史家，基本上是将“种族”等同于“民族”，而且带有“汉族中心主义”的倾向，1920～1930年代，史家则逐渐倾向认为“种族”并不等同于“民族”，采用了“中华民族”这一说法②，认为“中华民族”是由多民族融合而来的，反映了学术文化与社会时局的互动关系。

1900年代，刘师培认为，“中国人民近世称为汉族，与亚洲之民同属黄种”，并认为“汉族出兴，肇基于迦克底亚”，“厥后，踰越昆仑，经过大夏，自西徂东，以卜居于中土”。③ 随后，他凭借天才的想象，驰骋于古籍之中，用“以字诠史”的方法勾勒出了一幅华夏族由西亚一路向东至中原的迁徙图景。他采小学的考证方法，以“字”为起点，将西人拉克伯里的中华文化西来的学说巧妙地与中国古籍相结合，对其说进行了阐释，如“华夏之名当由大夏之名转被”，“西人之称汉族也，称为巴枯民族。而中国古籍亦以盘古为创世之君。盘古为巴枯一音之转，盖盘古为中国首出之君，即以种民为君民耳”。通过这种“以字诠史”的考证方法连接了中国古籍与西方学说，从而得出“故西方者，中邦之祖国也”的结论。④ 这种“旧瓶装新酒”的学说，无疑与近代以来西方强势，东方衰弱的时代背景有着密切的关系，他试图以这种反向的模仿证明中西人种同源而异流，以此表明中国人种与西方同样优秀。夏曾佑则与刘师培观点相反，他虽认为中国属于黄种之人，“此族之史，为吾人本国之史，本书所讲演者此也”，认为“汉族”即为“中国”，但在来源上认为“吾族之所从来，尤无定

① 杨念群：《中层理论：东西方思想会通下的中国史研究》，江西教育出版社，2007，第1页。

② “中华民族”的概念，最早是梁启超于1902年在《论中国学术思想变迁之大势》中提出的。关于“中华民族”一词的出现及其内涵，详参黄兴涛《重塑中华：近代中国“中华民族”观念研究》，北京师范大学出版社，2017，第65～71页。

③ 刘师培：《中国历史教科书第一册》，第1～2页。

④ 刘师培：《中国历史教科书第一册》，第18～19页。

论”，对于“近人言吾族从巴比伦迁来”的观点，则认为根据法、德、美等国的考古证据观察，“巴比伦人与欧洲之文化相去近，而与吾族之文化相去远，恐非同种也”。[①] 他对于黄帝与蚩尤战后所形成的汉与其他民族的等级制度，则认为“盖凡优种人战胜劣种人而占其地，奴其人，欲其彼此相安，视为定命，则必创一宗教，谓吾与若，所生不同非同类，原无平等之义，如是则一切人权所享大不殊，不啻皆天之所命，而无可质矣”。[②] 显然，他并不认为所谓的优劣人种不平等是与生俱来的，而是人为形成的。在遭受西方凌辱的时代背景下，他认为现今一切不平等均为列强强加所致，并非人种之差异。在相同的时代背景下，刘师培和夏曾佑采取了不同的方式进行了回应，刘师培通过反向地模仿西方以提高中国之地位；而夏曾佑则认为今日之不平等乃西方强加，并以此激励国人努力奋进。

1920～1930 年代，史家编修的教科书在这一问题上的书写，多采用民族融合的观点进行阐述。顾颉刚认为“构成中国历史的民族是华、苗、东胡、蒙古、突厥、藏、韩七族。七族之中，华族是主要的分子”，而“七族是否同源，是否就地孳生还是由别处迁来，都没有精确明画的证据可以说明”。[③] 针对日本学者的“东来说”和欧洲学者拉克伯里的“西来说”，他认为“都不免牵强附会”。此时他强调民族之融合，“所谓华族，只是一个大共名，里面包含着无数历史上被同化的民族”。[④] 张荫麟在《中国史纲》中虽未直接讨论这一问题，但在其后的叙述中可看出也是持民族融合观点的。他认为夏、商、周三朝的递嬗，先后交错，相互融合，“同时各把势力所及地方的土族同化，在一千数百年间，这参伍综错的同化作用抟结成一大民族”。[⑤] 吕思勉在这一问题上的观点经历了变化。在 1920 年代的教科书中写道，“中华民国，合汉满蒙回藏五族而成，而其建国者，则为汉族”，而“汉族殆自中央亚细亚高原，由今新疆至甘肃之路，入中国本部者也”，[⑥] 采信中华文化“西来说”。但到了 30 年代，他则放弃了这一观点，认为“汉族是从什么地方迁徙到中国来的呢？这个问题现在，还是亟待解决”，这一问题，既无史籍可证，又无考古材料的发现，“所以汉族

① 夏曾佑：《中学中国历史教科书》，第 3 页。
② 夏曾佑：《中学中国历史教科书》，第 24～25 页。
③ 顾颉刚：《现代初中教科书·本国史》，第 9 页。
④ 顾颉刚：《现代初中教科书·本国史》，第 12、9 页。
⑤ 张荫麟：《中国史纲》，第 19 页。
⑥ 吕思勉：《新学制高级中学教科书·本国史》，第 108 页。

由来的问题，实在还未到解决的机会。与其武断，无宁阙疑了”,[①] 这反映了他在学术思想上的变化和发展。民族融合的观点反映了1920～1930年代民族—国家建构的历程，而民族融合的历史书写也反映了那个时代的特征。

1900～1930年代的民族起源问题的书写，与社会背景有着紧密的联系。1900年代的以汉族为中心的“种族—民族”书写模式反映了清末面对西方列强“亡国灭种”危机下奋发图强的希望。1920～1930年代，以汉族为中心多民族融合的“文化—民族”书写模式则反映了民国建立之后，凝聚起原有各民族的共同民族意识以建立现代民族国家的时代要求。作为处于时代之中的史家和史学，自觉不自觉地会带有时代的烙印。而这些史家在历史教科书中对民族问题的书写正是这种烙印的具体反映。

三 “上古史”书写与现代中国史学走向

（一）从“界定历史”到“研究历史”：史学重心的变化

1900～1930年代史家编修教科书中对于上古史的书写，不论是从书写形式上，还是从书写内容上，均体现了史家与当时学术发展和社会形势的关系。这一时期历史教科书中上古史的书写，与该时期史学内在发展脉络、社会政治环境以及史家自身的因素有着密切的关系。就史学内在发展脉络而言，1900～1930年代，正是中国传统史学向近代史学嬗变的时期，近代史学经历着革命性的变化，史学的重心也随之转移。1900年代梁启超所引领的“新史学”运动，重心在于重新厘定“什么是历史”；1920～1930年代，以胡适倡导的整理国故运动和傅斯年在“中研院”史语所开展的事业为标志，这一时期的史学重心是“如何研究历史”,[②] 经历了重新定义历史到研究历史的转变。刘师培和夏曾佑所编写的历史教科书均提出了厘清古史，重新定义史学的主张。刘师培指出，“读中国史书有二难：上古之史多荒渺，而记事互相歧；后世之史咸浩繁，而记事多相袭”，故“非编以繁简适当之中国历史莫由”。[③] 夏曾佑也认为“神州建国既古，往事较繁”，“歧者无以折衷，仍者不可择别”。所以“是必有一书，文简于

① 吕思勉：《高级中学教科书·本国史》，第325页。

② 王汎森：《晚清的政治概念与“新史学”》，载《近代中国的史家与史学》，第2页。

③ 刘师培：《中国历史教科书第一册·凡例》。

古人，而理富于往籍，其足以供社会之需乎！”[①] 1900 年代史家编写的教科书中上古史的书写反映了重新定义历史的史学重心。1920～1930 年代，史家所编写的教科书则明显地体现了现代的“研究”意识。书写形式上，由注重历史知识的全面性转变为注重历史的演进趋势，正是这一“研究”意识在历史教科书中的体现。顾颉刚提出了中国历史研究的几个核心问题，即“中华民族是怎样组合的”，“中国的文化受到外缘的影响怎样”，“中国势力影响到域外，起怎样的变化”，“中国现有的领域，由怎样的蜕变而成”，并希望找出这四个问题的答案。[②] 这种以专题研究为导向的书写形式也反映在张荫麟的《中国史纲》里，注重“社会组织的变迁，思想和文物的创辟，以及伟大人物的性格和活动”是这部中国史的研究重心。[③] 吕思勉前后两版教科书的书写形式的变化正反映了这种史学重心的转移。在具体的研究方法上，顾颉刚还注重书本以外的考古等事物材料，注重物质材料的历史研究价值，认为“书本以外的种种事物都是历史的好材料，我们决不能尽望着书本而抛弃余外的东西！”[④] 这正是傅斯年所倡导的“上穷碧落下黄泉，动手动脚找东西”的现代史学研究方法。同样，张荫麟也认为“严格的考证”“科学的发掘”“旧文献的新发现”“新研究范围的垦辟”等史学研究方法“使得司马迁和司马光的时代顿成过去”。[⑤] 历史教科书中以“研究”为导向的书写，也正是这一时代史学重心的体现。

（二）中央权力的重构：政治形势与史学发展的张力

近代史学的发展同样也与社会时代环境有着密切的关系。1900～1930 年代，中央权力经历了晚清的分崩离析向民国的重新聚合。1900 年代，晚清时局动荡，清廷无法有效控制全国的意识形态，对于历史教科书无力推行“国定制”，只能推行“审定制”，而“审定制”也没能得到有效的贯彻，因而晚清历史教科书处于相对宽松的政治环境中[⑥]。进入民国之后，特别是 1920 年代北伐之后，国民党逐渐统一全国，政治氛围逐渐趋紧。相应地教科书审查亦是趋于严格。1931 年的《三民主义教育实施原则》更是

① 夏曾佑：《中学中国历史教科书》，第 6～8 页。
② 顾颉刚：《现代初中教科书·本国史》，第 6 页。
③ 张荫麟：《中国史纲》，第 2 页。
④ 顾颉刚：《现代初中教课书·本国史》，第 7 页。
⑤ 张荫麟：《中国史纲·自序》，第 1 页。
⑥ 李孝迁：《晚清中小学国史教科书述论》，《历史教学问题》2009 年第 5 期。

着重规定，各级学校教材特别注意“中国民族之融合历史”。[①] 这一规定在1920～1930年代的史家编修历史教科书中有着明显的体现。而对于与其精神主旨不相同观点的历史教科书则予以查禁，1929年顾颉刚所编写的教科书被查禁便是其中最为著名的一例。[②] 查禁的原因则是因为，该书对上古史持怀疑态度，不承认“三皇五帝”会“动摇国本”，危及民众信仰。[③] 由此也可反映上古史的书写与现代民族国家的建构存在密切关系，现代民族国家的建构需要从传统历史文化资源中汲取信仰和象征，以此来凝聚民众的向心力。学术问题在特定的时代背景和政治环境下不可避免地与政治发生了联系。史家编写的历史教科书作为时代的产物，不可避免地会和当时的社会政治或多或少发生联系，在如何处理学术与政治之间做平衡，亦是史家在编修教科书中所面临的重要问题，而政治环境的张力往往会影响到这种平衡。

（三）“代有人出”：史家的代际交替与治学方法的变化

不论是史学内在发展的要求，还是外在社会政治环境的限制。历史教科书的书写最终都是要靠史家完成。在相同的环境下，史家编写历史教科书的书写差异则更多的是史家自身因素所决定的。这也涉及史家治学路径的差异和史家的代际差异。按照许纪霖对20世纪中国知识分子的代际划分标准来看，编修这六本中国历史教科书的史家大体可以分为三代。[④] 夏曾佑和刘师培属于“晚清一代知识分子”，他们是最后一代士大夫，同时也是新知识新思想的传播者；吕思勉属于“‘五四’一代知识分子”，幼时接受过传统文化教育，对西方文化有较为完整的认知，但在心态上仍保有中国传统的特点；顾颉刚和张荫麟为“后‘五四’一代知识

---

① 杨吉哲、王莉娜主编《民国史料丛刊·文教·教育概况》第1034册，第65页。

② 1929年国民政府教育部公布的《暂行课程标准公布前审定教科图书表》中，顾颉刚、王锺麒编写的《现代初级中学教科书·本国史》，在“（民国）十七年六月十四日”审核通过后，旋即又于“（民国）十八年二月十八日撤销执照”。参见《中国近代教育史料汇编·民国卷6》，全国图书馆微缩复制中心，2006，第170页。

③ 关于1929年“顾颉刚教科书风波案”，详见刘超《学术与政治：〈现代初中教科书·本国史〉教科书案》，《史学月刊》2006年第7期；王红霞《〈现代初中教科书·本国史〉与顾颉刚的史学思想》，《史学月刊》2014年第8期；李长银《一件关乎民国年间政、学、商三界的重大事件—1929年〈本国史〉教科书案新探》，《历史教学》2014年第10期。

④ 按其划分，中国20世纪知识分子为六代，即晚清一代、“五四”一代、后“五四”一代和十七年一代、“文革”一代和后“文革”一代。参见许纪霖《20世界中国六代知识分子》，《大时代中的知识人》，中华书局，2012，第119～123页。

分子”，大都有留学欧美的经历，受过很好的专业训练。由此观点出发，将会清晰地看到他们自身的特点在其所编写的历史教科书中有着极为鲜明的体现。

1900 年代的两位史家，属于“晚清一代知识分子”，受过良好、系统的传统学术训练，在变法图强的背景下十分重视西学之价值。这一点，在二者身上均有体现，他们以社会进化论作为理论指导，通过各自不同的治学路径进行了阐释。在上古史的书写中，从书写形式上来看，夏曾佑注重宏观把握，而刘师培侧重全面的考证。在书写内容上，夏曾佑通过对宏观趋势的理解阐述中国社会之发展趋势，刘师培则采用考证的精细方法试图还原上古社会的情形。在相同的时代背景下，面对相同的思想资源时，二者展现了不同的传统路径对新思想资源的改造和利用后所表现出的不同特点。吕思勉作为“五四一代”的史家，自幼接受过传统的文化教育，但基本上是处于一种“中西融合的”过渡的状态中。从其 1920 年代和 1930 年代所编写的两本中国历史教科书中的观点变化来看，明显体现出列文森（Joseph Levenson）所言的“历史”与“价值”冲突，即“每个人都在情感上忠实于历史而在价值上信守理念，并总欲使二者结合”。[①] 如他认为汉族由西而来到转变为不敢相信；从对殷墟遗址持保留态度和坚信信史始自黄帝，这些观点不仅是学术态度的体现，更有着价值理念层面的坚守。这也使得他所编写的历史教科书体现出传统史学向近代史学过渡的痕迹。顾颉刚和张荫麟作为“后‘五四’一代知识分子”，经历过“五四运动”洗礼的新一代史家，从知识结构和价值理念更为趋新。作为受过现代学术体系专业训练的史家，他们在编写历史教科书中体现了较强的专业特点。顾颉刚在上古史的书写中，将新锐的学术观点引入历史教科书中。而张荫麟也是以最新的学术观点和学术视野来定义上古史的开端，并以殷墟最新的考古研究为基础，书写商朝历史。他们以现代学术视野将学术研究的最新成果纳入历史教科书的书写中，这对于近代中国的史学教育和史学史而言，都具有十分重要的意义。

四 结语

回顾 1900～1930 年代，史家编修的中国历史教科书，可以清晰地看到

① 罗志田：《经典淡出之后：20 世纪中国史学的转变与延续》，生活·读书·新知三联书店，2013，第 183 页。

传统史学向近代史学的嬗变过程。近代史学在清末新史学潮流的引领下，经历了由“传统经学与西方社会进化论”混合的产物到逐步具有以现代学术视野和研究方法的现代学科的转变。清末至民国的史家，作为史学研究的专业学者，他们在编写历史教科书中渗透了自己的专业研究成果和观点，体现了史学研究的最新成果。这些学术成果在历史教科书中的运用，使得这些历史教科书以现在的观点来看，在学术史和史学史上仍具有鲜活的生命力，而现今这些教科书也往往被当作他们的学术专著加以研究，这也从另一个侧面证明了清末民国史家所编写的历史教科书具有较高的学术指数。但是，回到当时的时代情景和社会环境去看，这些历史教科书反映了史家与社会、政治、文化环境的复杂互动关系。

从前文对这些史家在“上古史”书写的分析可以看出，1900 年代的史家在对上古史的书写中带有强烈的危机感和救亡图存的意识。特别是刘师培在上古史的书写中，表现出强烈的政治意识和现实功用。夏曾佑和刘师培在当时的社会环境中编写历史教科书，目的就是为了现实，以鼓舞人民爱国、救国之心。夏曾佑编写历史教科书的目的在于“供社会之需”，使人们明白“知前途之夷险”，对于“读史之人”而言，“必悉其史中所陈，引归身受，而后读史乃有益”。[①] 刘师培在上古史书写中提出的“西来说”以及“种族—民族”论亦是为了激起人们的自尊心，以图抗争。这一辈的史家，其改造旧史的目的是为现实之用。这一方面，是中国传统史学经世致用，资于殷鉴特点的延续；另一方面，也是当时危机重重社会现实的反映。1920～1930 年代，顾颉刚、张荫麟这一辈史家，强调历史研究的客观性，同时也要切断历史与现实政治的关系。[②] 他们希望以科学方法建立近代的史学体系，通过真正的学术研究为中国在世界上争得一席之地。陈寅恪曾有“群趋东邻受国史，神州士子羞欲死”的慨叹，这也正反映了这代史家以学术为志业的报国之心。[③] 因而，在他们所编写的历史教科书中更多的体现是关注于学术问题本身，而较少有现实政治的身影。尽管他们编写历史教科书的立场和思想并不尽一致，但均以参与编写历史教科书的方式表现了自己的现实关怀。而吕思勉则更是游走于精深研究和普及教育之

---

① 夏曾佑：《中学中国历史教科书》，第 8 页。

② 王汎森：《价值与事实的分离？——民国的新史学及其批评者》，载《中国近代思想与学术的系谱》，吉林出版集团有限责任公司，2011，第 382 页。

③ 葛兆光：《平生为不古不今之学——读〈陈寅恪集·书信集〉》，载《余音：学术史随笔选（1992～2015）》，广西师范大学出版社，2017，第 97 页。

间，他较为熟悉基础教育学生的特点，在编写教科书中既有自己观点的阐述，同时也能照顾学生的情况，“提高学科内容，而减少文字方面的困难”。[①] 并且结合自己学术观点的变化发展，不断对教科书内容进行修订和改正，将最新的学术观点传递给学生。

此外，历史教科书作为国民历史观的重要来源，在历史教育中无疑发挥着重要的作用，而国家层面的统合力亦会借此得以展现，以塑造出符合统治阶层的史观和立场。晚清时局动荡，使得历史教科书处于较为宽松的政治发展环境中。进入民国后，随着中央政府权力的聚合，学术也受到政治的影响。1929 年顾颉刚所陷入的“教科书风波案”，便是典型案例。国民政府的查禁并没能阻止顾颉刚对学术的探讨，而其研究成果已得到了学界之肯定，在史学史上占有重要地位。[②] 国民政府的查禁并没能阻止顾颉刚对学术的探讨，而他的经历也表明了真正具有学术价值的研究不会因为一时的政治高压而过时，相反，会因其自身的价值而长久地存在。顾颉刚所编写的《现代初中教科书·本国史》的不断再版便是其学术价值的体现。

清末民国史家在当时的社会环境下所编修的教科书多少会打上那个时代的烙印，存在这样或那样的不足。但史家对学术和现实的关怀，面对学术与政治的冲突时，表现出的精神风骨值得我们思考。在当今不断发展的时代背景下，史学工作者如何将自己的专业研究与历史教育相结合，承担起历史教学普及的责任，如何使编写的教科书具有超脱于政治束缚的价值和意义，今天亦值得深入思考。这也是每一个时代的学者所应思考的问题和应承担的责任，而清末民国的史家以及他们所编写的历史教科书，无疑对我们在这些现实问题的思考上仍具有启发意义。

---

① 吕思勉：《新学制高级中学教科书·本国史》，第 105 页。

② 王红霞：《〈现代初中教科书·本国史〉与顾颉刚的史学思想》，《史学月刊》2014 年第 8 期。

南高学派创建“中华新史学”的理论实践及其学术意义

郭玉春
（南开大学历史学院，天津　300350）

摘　要： 20世纪二三十年代，南京高等师范学校“史地研究会”学人以《史地学报》为阵地，积极传播欧美新史学理论。“南高学派”的青年史家张其昀、缪凤林、陈训慈等，将欧美新史学的综合史观、法国朗格诺瓦与瑟诺博司的史料考证方法相结合，构建出包括史学本体论、历史观和史学方法论的一套较为完整的“中华新史学”理论体系。这个体系在当时的青年史家中独树一帜，是在梁启超《中国历史研究法》之外的又一创举，是中国史学现代转型的另一种形式。

关键词： 南高学派　《史地学报》　中华新史学　史之三位

1902年，梁启超发表《新史学》，痛斥中国传统史学有“四蔽”“二病”，大声疾呼“史界革命”，获得章太炎、马叙伦、陈黻宸等进步学者的广泛呼应，从而揭开20世纪中国史学转型的序幕。五四以后，尤其是二三十年代，盛行于美国学术界的鲁滨孙新史学理论在中国形成传播热潮。何炳松、徐则陵等留美归国学人分别在北京大学、北京高等师范学校、南京高等师范学校通过授课、演讲、译介等方式传播欧美新史学，师从他们的青年学生大多服膺该理论。南京高等师范学校“史地研究会”张其昀、缪凤林①、

① 缪凤林，号涵江，相关研究论著及人名辞典均未见载，仅见于张其昀《中华五千年史》第三册附记，中国文化大学出版部，1981，第247页。特专列于此。

陈训慈等学子，在广泛传播新学理的同时，利用西史资源，会通中西，重新解读传统史学的命题、概念，进而提出构筑“中华新史学”（张其昀语）的构想，成为中国史学由传统史学向现代史学发展的重要阶段。目前，学界对南高学派与新史学的关系已有研究①，但对其将欧美史学理论中国化的实践的成果，仍有未及之处，需要继续挖掘。

一 南高学派创建“中华新史学”的理论资源

南高学派是以20世纪20年代初南京高等师范学校文史地部学生成立的“史地研究会”为基础发展形成的学术团体。奉柳诒徵为学术领袖，指导教师包括徐则陵、萧纯锦、白眉初、梁启超等，主要成员有缪凤林、陈训慈、郑鹤声、张其昀、向达、刘掞藜、景昌极、王庸、胡焕庸等。② 他们在《史地学报》《学衡》等刊物上介绍和翻译欧美史学理论著作，总结中国传统史学，并进行比较和会通。这些著作，以美国鲁滨孙（James Harvey Robinson，1863－1936）所代表的新史学为主，同时引入德国兰克（Leopold von Ranke，1795－1886）对客观历史的解释、法国朗格诺瓦（Charlse Victor Langlois，1863－1929）与瑟诺博司（Charles Seignobos，1854－1942）的史学方法论，为创建“中华新史学”做理论准备。

1919年秋，南高改国文科为文史地部，便有同学提出增设地学研究会的动议，得到地理教授童季通的支持。同年10月1日，南高“地学研究会”成立，此为南高“史地研究会”之起源。③ 1920年5月13日，“决定改地学会为史地研究会”，“请本校教授柳翼谋先生、朱进之先生、童季通

① 相关研究有李勇、鄢可然：《〈史地学报〉对鲁滨逊新史学的传播》，《淮北煤炭师范学院学报》（哲学社会科学版），2003年第6期；李孝迁：《美国鲁滨逊新史学派在中国的回响》，《东方论坛》2005年第6期、2006年第1期；陈宝云：《学术与国家：〈史地学报〉及其学人群研究》，安徽教育出版社，2008；颜克成、陈勇：《“新史学”视域中的缪凤林学术——兼与梁启超〈中国历史研究法〉之比较》，《史学史研究》2017年第3期；等等。

② 吴忠良：《传统与现代之间：南高史地学派研究》，华龄出版社，2006，第2页。吴忠良：《南高学派与学衡派的学术关联》，载陈勇主编《民国史家与史学》，上海大学出版社，2014，第16页。

③ 《纪录》，《史地学报》第1卷第1期，1921年11月。原文系地学研究会成立于“（民国）十年十月一日”，然据下文“（民国）九年一月十九日，地学会第二届选举”可知，该会成立于1919年，“（民国）十年”为“（民国）八年”之误；该会成员亦发现此误，于《史地学报》第1卷第3期提出更正。

先生为本会指导员"。[①] 1920 年 9 月至 1921 年 1 月，为"史地研究会"第二届学期，该学期开始筹备会刊，"请本校教授柳翼谋先生、徐则陵先生、竺可桢先生为指导员"。1921 年 3 月 15 日，"史地研究会"召开第三届第一次会议，由徐则陵演讲新史学。是年 11 月，《史地学报》创刊号出版，"以中国史地界之沉寂，拟就力所能及，出其一得，以供社会之商榷"[②]。1926 年，随着"史地研究会"指导教师柳诒徵、徐则陵等相继离校，学生骨干陈训慈、张其昀、缪凤林等人毕业，《史地学报》发行完第四卷第一期后停办。至此，《史地学报》一共发行了四卷 21 期。

《史地学报》所刊文章，以指导员及会员演讲稿和研究成果为主，陈训慈、张其昀、胡焕庸、王庸等还译介欧美史地学著作，对于推广新史学理论有重要作用。《新史学》（*The New History*，1912）是鲁滨孙的一本重要理论著作。该书出版后，受到很多美国学者追捧，逐渐形成了以鲁滨孙任教的美国哥伦比亚大学为大本营，以鲁滨孙为核心，以其嫡传弟子及学生组成的学术共同体，即鲁滨孙新史学派。新史学派的其他主要成员有比尔德（Charles Austin Beard，1874 - 1948）、肖特韦尔（James T. Shotwell，1874 - 1965）、海斯（Carlton J. H. Hayes，1882 - 1964）、巴恩斯（Harry Elmer Barnes，1889 - 1968）等。鲁滨孙将历史的范围扩大到"一切关于人类在世界上出现以来所做的或所想的事业与痕迹"，而不局限于"政治事件和伟大人物"，"它要利用人类学者、经济学者、心理学者一切有关人类的发现"。[③] 巴恩斯概括新史学思想，主要是历史学范围的扩大和任务的修改，其范围包括"一切我们所知道的、人类曾经做过、想过、希望过或感觉过的事情"，其主要任务有二："（1）把过去重要时代的文化整体重新复原；（2）研究现代文化与制度的起源"。[④]

陈训慈节译了巴恩斯 1921 年发表于《史眺杂志》（*The Historical Outlook*）的《史之过去与将来》（*The Past and Future of History*）一文，并云："关于史之各种解释，兹篇作者以重在综合史学之说明，故但叙次大义。阅者于此，可参看本志一号鄙作《史学观念之变迁与趋势》。"[⑤] 王庸选译了巴恩斯的《社会学与历史之关系》（The Significance of Sociology for the

① 《纪录》，《史地学报》第 1 卷第 1 期，1921 年 11 月。

② 《纪录》，《史地学报》第 1 卷第 1 期，1921 年 11 月。

③ 〔美〕鲁滨孙：《新史学》，齐思和等译，商务印书馆，2012，第 1、8、19 页。

④ 〔美〕巴恩斯：《论新史学》，载〔美〕鲁滨孙《新史学》，第 205、214 页。

⑤ 陈训慈译《史之过去与将来》，《史地学报》第 1 卷第 2 期，1922 年 3 月。

“New” or Synthetic History）一文，认为该文“论证颇为繁博，惟略嫌冗杂”[①]。胡焕庸翻译了比尔德的《美国国民史》（*The History of American People*）一书，连载于《史地学报》第三卷至第四卷第一期，由于学报停办，该书连载至第十九章便戛然而止。胡焕庸认为该书“以史学家之眼光搜集史料，而以教育家之方法编纂排比，故是书遂成为最新式最合宜之美国史课本”，“全书内容，不偏重政治，尤不偏重大人物之叙述”，“其编辑之法，几完全革除普通历史书之编年法，而以问题法代之，一问题之下，为详细解释其先后因果关系，以明一潮流之继续与发展”。[②] 向达则翻译了宾夕法尼亚大学爱德华·P. 切尼（Edward P. Cheyney，1861 - 1947）在1922 年就任美国史学协会会长时的演说辞《史律》（*Law in History*）一文。爱德华·P. 切尼毕业于宾夕法尼亚大学沃顿商学院，毕业后在该校教授历史、拉丁语和数学，曾与任教该校的鲁滨孙和达纳·C. 芒鲁（Dana C. Munro，1866 - 1933）合编用于研究生研讨班（graduate seminars）的欧洲史资料《欧洲历史原始资料翻译和修订》。[③] 此外，向达还翻译了巴恩斯作为《社会科学史丛书》之一种的《史学》，于 1930 年 12 月出版。[④]

除了介绍美国新史学理论外，缪凤林、陈训慈、张其昀在文章中还对兰克史学及朗格诺瓦与瑟诺博司的《史学原论》（*Introduction to the Study of History*）有所吸纳。陈训慈的《史学观念之变迁及其趋势》《史学蠡测》、缪凤林的《研究历史之方法》，都引用了兰克关于历史概念的解释和《史学原论》关于考证方法的论述。[⑤] 张其昀作《刘知幾与章实斋之史学》，则提及了弗领（Fred Morrow Fling，1860 - 1934）的《历史方法论》（*The Writing of History*）、朗格诺瓦和瑟诺博司合著的《史学原论》、约翰·马丁·文森特（John Martin Vincent，1857 - 1939）的《历史研究》（*Histori-*

① 王庸译《社会学与历史之关系》，《史地学报》第 2 卷第 4 期，1923 年 5 月。

② 胡焕庸：《新书绍介：美国国民史》，《史地学报》第 2 卷第 3 期，1923 年 3 月。胡氏在本文中云已将该书译出，“大约一二月后可以出版”，但迄今未能得见。

③ 关于爱德华·P. 切尼生平，见 https：//archives. upenn. edu/exhibits/penn - people/biography/edward - potts - cheyney，其与鲁滨孙等合编的欧洲史料题目采自李勇《鲁滨逊新史学派研究》第 59 页。

④ 〔美〕班慈：《社会科学史丛书·史学》，向达译述，何炳松校订，商务印书馆，1930。

⑤ 参见陈训慈《史学观念之变迁及其趋势》，《史地学报》第 1 卷第 1 期，1921 年 11 月；陈训慈《史学蠡测》，《史地学报》第 3 卷第 1 ~ 2 合期，1924 年 4 月；缪凤林《研究历史之方法》，《史地学报》第 1 卷第 2 期，1922 年 3 月。

cal Research）等著作。[①]

二　南高学派创建“中华新史学”的努力

南高学派宣扬和吸收欧美史学理论，最为活跃的便是以王庸、缪凤林、陈训慈、张其昀等为代表的1919级同学。吴宓称该班“由柳翼谋先生（诒徵），在南京高师校多年之培植，为最优秀之一班（空前而绝后）”[②]。他们译介新的史学理论，以新眼光疏通中西史学传统，发掘中国传统史学潜藏的价值，力图运用西方史学理论研究中国历史，并建立中国自己的“新史学”理论。

王庸在所撰《欧史举要》识语中言：“夫吾国人之读欧史也，非徒周知希腊罗马之文化，记诵英法德美之功绩，以为作文谈论之助，当师其探讨编著之法，遂引以研究国故，整理国史，斯为要也。盖吾国文化历史，如玉在璞……借他山之石以攻我之璞则可，得他人之玉而遗我之璞则不可也，买椟还珠，智者弗为。”[③] 王庸之言，体现了他对中国创建新史学的两种取向：一方面是吸收西方历史学理论来研究中国历史文化；另一方面则是发扬中国史学，反对抛弃中国史学遗产中的优良成分。

缪凤林、陈训慈二人，都曾意识到中国传统史学的缺陷——理论方法论的著作匮乏，故分别撰写理论著作。缪凤林在看到西方史学名著后，感慨中国“创义法于二千数百年前者，自刘知幾后，仅章学诚著《文史通义》一书稍有论述外，余无闻焉”，实为“吾学者之大耻”，故参酌中西书籍而作《研究历史之方法》。[④]《研究历史之方法》分三章，第一章通论历史含义、治史目的、史料分类与搜集、治史方法，第二章述史料考证方法，第三章综合。该文仅刊至第二章“外审判”完，剩余“内审判”及第三章内容本拟在《史地学报》第一卷第三期续刊，后“因此稿多不惬意，弃置重撰”[⑤]，但是该稿仍是中国较早探讨历史研究法的文献。此外，缪凤

① 张其昀：《刘知幾与章实斋之史学》，《学衡》第5期，1922年5月。该文原载《学衡》，后改名《读史通与文史通义校雠通义》，连载于《史地学报》第1卷第3期、第4期。

② 吴宓：《吴宓自编年谱：1894—1925》，吴学昭整理，生活·读书·新知三联书店，1995，第223页。

③ 王庸：《欧史举要》，《史地学报》第1卷第1期，1921年11月。

④ 缪凤林：《研究历史之方法》，《史地学报》第1卷第2期，1922年3月。

⑤ 见束世澄《蜀汉开辟南蛮考》（《史地学报》第1卷第3期，1922年5月）文后所附《缪凤林启事》。

林丞发表《论历史法》（刊于《时事新报·学灯》1921年1月28日）、《历史与哲学》（《史地学报》第1卷第1期，1921年11月）、《历史之意义与研究》等文章探索历史研究方法。

陈训慈看到欧美“论史旨、史法以逮考史学沿革得失之作”对史学发展的推动作用，而中国“论史学之专书颇不多观”，故“以浅知薄闻，稍加整理，于现今史学之要端，以及吾国与欧美史学之演进”，作《史学蠡测》。[①] 该文卒稿于1924年4月20日，包括（1）字原，（2）定义，（3）综合史观与新史学，（4）史之范围，（5）史之作用——史与人类之关系，（6）史料之审别，（7）史法之应用，（8）史学是否是一种科学，（9）史学与其他学科，（10）中国史学一瞥，（11）西洋史学一瞥，（12）余言等12部分，另有“西洋论史学书及中国论史学著述论文要目”为附录。《史学蠡测》的架构，颇有模仿鲁滨孙《新史学》的意味：（1）~（7）对应《新史学》第一章《新史学》，讲史的基本概念；（8）~（9）对应第三章《史学的新同盟军》，讲史学与姊妹学科的关系；（10）~（11）对应第二章《史学史》，阐述中西史学发展历程。

张其昀作《刘知幾与章实斋之史学》，将刘知幾、章学诚所论及的史注、史学批评方法与史料分类法分别与弗领的《历史方法论》、朗格诺瓦和瑟诺博司的《史学原论》、约翰·马丁·文森特的《历史研究》所论内容相对应。不仅如此，张氏还从此三个方面提出了对“今后中华新史学之三大希望”：一、希望于大学史科者，广罗典籍，分别部居；二、希望于史学会者，确定步骤，分工研究；三、希望于史书及史学杂志者，行文自注，言必征信。[②] 此三大希望，南高学派在“史地研究会”及《史地学报》中均进行了探索实践：其一，“史地研究会”将搜罗史料分两步进行，“第一编订目录，第二撮述史书或论文之要旨。史籍之目录，从分头调查书报入手，汇齐之后，由各门主任分类整理”[③]；其二，1922年2月至7月，第五届“史地研究会”同人经讨论议决将会员分组研究，其中历史类分为史学组、中国史组、西洋史组、东亚史组、中亚史组、时事史组[④]，在中国史组中，还依据国史性质又分为种族门（附地理环境）、社会门、

---

① 陈训慈：《史学蠡测》，《史地学报》第3卷第1~2合期，1924年4月。

② 张其昀：《刘知幾与章实斋之史学》，《学衡》第5期，1922年5月。

③ 《史地研究会第六届纪录》，《史地学报》第2卷第4期，1923年5月。

④ 《史地研究会第五届纪事（续完）》，《史地学报》第2卷第1期，1922年11月。

政治门、经济门、宗教门、学术门、国际门等七门[①]；其三，《史地学报》通过脚注和夹注兼用的形式对借鉴的学术成果进行标注。

三 南高学派对“史”的解释

中国古代之“史”字，有史官、史籍等多种含义，至于民初尚未得到有效的区分。南高学人较早地注意到了这个问题，并对客观历史、历史研究、历史认识的中介、历史观等进行了区分。在对客观历史的阐释中，南高同人引用了兰克对历史的认识，同时用美国新史学理论将历史内容扩展到经济、文化等多方面。他们提出“史之三位”，将历史学分为客观历史、历史研究和历史认识中介三个层面，并用综合史观阐释史学发展动力，为孙中山“三民主义”提供理论解释。

（一）客观历史之内容

南高学人释“史”，首先从《说文解字》探讨字源，以为中国“史”字原义，实指史官；然后吸收西方对“历史”的解释，是对历史本体进行发挥。陈训慈、缪凤林曾同引兰克所著《世界史》（*Weltgeschichte*）中关于“普遍史”（Universal History）的概念，陈训慈将之译为“宇宙史”，“其意盖谓宇宙史包括全世界全时的事实，以人类全体为本，而明其相互之关系也，其所喻述，皆扩大空间与时间，最足表示此种趋势者也”[②]。缪凤林则译为“普遍史”，指出：“普遍史包罗万国相绵之事实与时间，交互影响，承递嬗绵，而共以构成一活动的全体者也。”[③] 这里的“史”，实指客观历史，暗含了人、时间、空间三要素，二人也有详解。陈训慈指出：“史有三要素焉，曰时间（time），曰空间（space），曰人类（mankind）。无空间则史失其凭借，无时间则史失其动性……所谓史学，于二者以外，必别有其史魂，人类是已。”[④] 缪凤林也有此种论断：“空间之谓宇，无宇

① 《史地研究会第六届纪录》，《史地学报》第2卷第4期，1923年5月。

② 陈训慈：《史学观念之变迁及其趋势》，《史地学报》第1卷第1期，1921年11月。

③ 缪凤林：《研究历史之方法》，《史地学报》第1卷第2期，1922年3月。陈训慈与缪凤林从英文同译此句：“Universal History embraces the event of all nations and times in their connection in so far as these affect each other，appear one after the other，and altogether from a living totality.”

④ 陈训慈：《史学蠡测》，《史地学报》第3卷第1～2合期，1924年4月。

则史失其凭借；时间之为宙，无宙则史实莫由动变；宇宙位矣，无生人焉动作于其间，则天地之大，亘亿兆年，亦万族生游死藏而已，无史也。故三者之间，尤以人为最要。”① 二人认为人是客观历史的核心要素，是历史的主体。

南高学人认同兰克对客观史学的解释，但他们在此基础上吸收了美国新史学的观念，认为史学研究不能专注于政治史的史学传统，希望扩大到经济、文化、心理等多方面。张其昀便曾引用鲁滨孙《新史学》所言，述及史学所发生的新变化的原因：“近今西洋史学之发展，实食五十年来科学之赐，人类学、经济学、心理学、社会学之发明，使史家对于人类源始、演进及未来诸观念骤放异彩。证据具备，义理周详，是皆吸取科学之菁华，初非一二史家所冥造。”② 这也是新史学相对于兰克史学的“新”之所在。《新史学》的首位中译者何炳松（1890～1946），在“译者导言”中解释该书定名“新史学”的缘故，就是“要打破俗套去利用各种新科学上的新学说，而且要使历史同入各种学问革命的潮流里面去”③。何炳松还概括了《新史学》的主张：“研究历史的人，应该知道人类是很古的，人类是进步的。历史的目的，在于明白现在的状况。改良现在的社会，当以将来为球门，不当以过去为标准。古今一辙的观念，同盲从古人的习惯，统应该打破的。因为古今的状况，断不是相同的。”④ 留学哈佛大学的齐思和（1907～1980），对新史学理论的解释更为明了：“一、把历史的范围扩大到包括人类既往的全部活动。二、用综合的观点来解释和分析历史事实。三、用进化的眼光考察历史变化，把人类历史看成为一个‘继续不断的’成长过程。四、研究历史的功用在于帮助人们了解现状和推测未来。五、利用历史知识来为社会造福。”⑤

（二）客观历史、历史研究、历史认识中介之区分

求学期间，缪凤林、陈训慈已渐渐认识到客观历史、史书和历史学之间的区别。缪凤林撰文区分了客观历史与史书：“盈天地间，层叠无穷，流行不息之现象，生灭绵延，亘古亘今，是名曰史。有人焉，抉择是中一

---

① 缪凤林：《中国通史要略》，东方出版社，2008，第3页。
② 张其昀：《刘知幾与章实斋之史学》，《学衡》第5期，1922年5月。
③ 〔美〕鲁滨孙：《新史学》，何炳松译，商务印书馆，1924，译者导言第3页。
④ 〔美〕鲁滨孙：《新史学》，译者导言第20页。
⑤ 转引自〔美〕鲁滨孙《新史学》，出版说明第2页。

部分之现象，以一己之观察点，考察其因果关系，笔而出之是曰史书。史书之描述，于事实纵极逼真，栩栩欲活，要为事实之摹本，非即事实之自体。故凡昔贤之所著述，与夫吾人之所诵习者，惟为史之代表（或名曰史之史），真正之史则非吾人所得而知。”① 缪凤林此时认为史即客观历史，包括天地间生灭绵延的各种现象；史书是记录客观历史的载体，即历史认识的中介。陈训慈则区分了历史认识的中介（史书）与历史研究（史学）：“吾国‘史’字原义，实指史官而言，引申而兼训其所记之史书，更推之以及史学。晚近好用双字，则取历代之史而造‘历史’之名。”② 陈训慈曾尝试为历史学定义：“历史学者，人类因保生、乐生之心理的需要，循时间之进行，托空间之迹象，所发生之各方面绵续的活动之系统的记载与阐释，冀以实揭过去，供后人之资鉴，而促成人道之幸福与进展之学也。”③此定义揭示了陈训慈对客观历史要素、人类历史发展动力、史学研究目的的认识。

1932 年，缪凤林撰通史教材，第一章论史学通义，将“史”明确区分为史实、史料、史学三个维度，是为“史之三位”：“史为故事之记载，因之可区分为三位：一者史实，人类之动作……史之所凭以记载者也。二者史料，记载之本身也。……三者史学……为有统系有宗旨之研究。”④ 基于此种对“史”的解释，缪凤林解析孟子所言“鲁之《春秋》，其事则齐桓晋文，其文则史，孔子曰‘其义则丘窃取之矣’”⑤，认为“事者史实，文者史料，义者史学；史之三位，即《春秋》可见矣”⑥。史实，指客观历史，包含人类的思想与行为：“若思想、若行为，与夫由思想、行为构成之现象文化，及影响人事之自然现象，皆属之。”⑦史料，指历史认识的中介：“表示史实之品物，叙述史实之言文，凡能传达人类构成之现象文化

① 缪凤林：《历史之意义与研究》，《史地学报》第 2 卷第 7 期，1923 年 11 月。

② 陈训慈：《史学蠡测》，《史地学报》第 3 卷第 1 ~2 合期，1924 年 4 月。

③ 陈训慈：《史学蠡测》，《史地学报》第 3 卷第 1 ~2 合期，1924 年 4 月。

④ 缪凤林：《中国通史纲要》第一册，钟山书局，1932，第 2 ~3 页。

⑤ 《孟子》卷八《离娄下》载：孟子曰：“王者之迹熄而《诗》亡，《诗》亡然后《春秋》作。晋之《乘》，楚之《梼杌》，鲁之《春秋》，一也。其事则齐桓、晋文，其文则史。孔子曰：‘其义则丘窃取之矣。’”缪凤林以己之理解断章，此文理解至今说法不一，缪氏之言仅为一说。

⑥ 缪凤林：《中国通史纲要》第一册，第 3 页。

⑦ 缪凤林：《中国通史纲要》第一册，第 2 页。

及影响人事之自然现象，且有存在之性质者，皆属之。”[①] 史学，指历史研究：“网罗天下之史料，勾稽史实之真象，辨其指归、刊落繁芜，为有统系有宗旨之研究，以阐明人类动作赓续蜕变之迹、天人相历之故，推求其因果，而为之解析，勒成删定，以诏示来兹者也。”[②]

（三）综合史观之阐释

从《史地学报》创刊号所记“史地研究会”活动“纪录”不难看出，徐则陵是在南高推广鲁滨孙新史学思想的主要导师。根据区志坚的研究，1919 年入学的缪凤林、陈训慈等文史地部学生，在读期间必须修读刘伯明讲授的西洋上古哲学史、近代西洋哲学史及伦理学，柳诒徵任教的中国文化史、中国通史，徐则陵任教的西洋史。区氏指出，陈训慈的西洋史地知识便来源于刘伯明、竺可桢和徐则陵。[③] 徐则陵（1886～1972），名养秋，字则陵，以字行世，于 1920 年获得哥伦比亚大学教育学硕士学位后回南京高师任教。徐则陵留美期间，先在伊利诺伊大学“对风靡欧美的鲁滨逊新史学理论进行了深入研究”，又在哥伦比亚大学亲聆鲁滨孙的授课，“当面向其请教，深受新史学理论的影响，奠定了他后来研治西方史学的理论基础”。[④]

徐则陵在《史地学报》创刊号发表《史之一种解释》，推崇德国文化史学家兰普雷希特（Karl Lamprecht，1856－1916）所倡导的人群心理学（Socio－psychological Science），从而指出：“常人所共有之心理演为史象者约而言之，大纲有三：（一）人类一切活动起于需要，需要莫大于保生；（二）人类活动皆起于适应需要，而其适应方法，常向阻力最小方面进行；（三）人类活动以逃痛苦为究竟，为‘最多数人求最大幸福’即逃痛苦之究竟的伦理化。”[⑤] 兰普莱希特体系，“是基于他本人对于文化人类学的兴趣和冯特的心理学方法、孔德关于人类进步的心理解释，以及兰普莱希特自己的广泛文化兴趣，从经济进化直至音乐史”，被巴恩斯列为新史学的

---

① 缪凤林：《中国通史纲要》第一册，第 2 页。

② 缪凤林：《中国通史纲要》第一册，第 2～3 页。

③ 区志坚：《“融化旧粹，发扬新猷”——探讨陈训慈西洋史地知识资源》，载陈勇主编《民国史家与史学（1912—1949）：民国史家与史学国际学术研讨会论文集》，上海大学出版社，2014，第 122～136 页。

④ 赵永青、许文彦：《殊光自显不须催：徐养秋传》，南京大学出版社，2015，第 53、56 页。

⑤ 徐则陵：《史之一种解释》，《史地学报》第 1 卷第 1 期，1921 年 11 月。

主要观点。[①] 这一观点，直接影响了陈训慈与缪凤林。

陈训慈作《史学观念之变迁及其趋势》一文，对美术史观、宗教史观、道德史观、政治史观、哲学史观、个人史观、科学史观、社会史观、经济史观、地理史观、综合史观等进行了辨析，最终选择了综合史观。陈训慈指出："吾人于新兴之综合史观，自觉为史学最公允恰当之解释，诚以其博采众见，而不陷于一偏也。然吾人所当注意者，所谓社会心理之重要，在归纳各方面原因以说明史实；同时于各种史观之应有位置，皆与肯认，而非主张特立之社会心理也。"[②] 陈训慈对综合史观的认识，当源于巴恩斯的《史之过去与将来》："史之解释中最后而最足代表新史学者，厥为综合史观或群体心理说。据此派之说，历史发展之状态与时代特征，断非任何单独的原因所能解释圆满；故欲说明一时代之历史发展，唯有就其时之群体心理中求其解释。史家对于此群体人生观之形成与人群争存改良之性质，必须加以发见与评价，盖此实史家之最大责任也。主此说者，其势最盛：德之利俾瑟（Leipzig）大学教授 Lamprecht，英教授 Breasted，美之哈佛大学教授 Turner，哥伦比亚大学教授 Robinson 与 Shotwell 皆其著名之领袖也。"[③] 在《史学蠡测》中，陈训慈探讨综合史观，指出："史事演进之状态，断非一单独原因所能解释，必也就其时之群体心理中求其解方能说明某时代之史迹。此种社会的心理，虽受各方面之影响（如地理、经济、政治），但既汇融众源，发之于事，则史事演进之主原，自在群心。学者或谓此群体心理为盲目无意识之作用，但多数史家，推本穷源，佥以有生最乐，故群体心理实以'好生'为其内力；有生必图其安乐，故'乐生'又成其内在之要素。""此种史之解释，最为允当，语其长处，约有三端：（一）史之要素，人类为重；史之对象，人类为主。而人类可贵，尤在心灵之特出，今诠人事之主素于人心，于理最合。（二）人群活动，表象至繁，究其主归，确有强烈之好生欲与继续不息之乐生法，为之潜动力。以此为解，则所谓社会心理，虽抽象而仍可捉摸。（三）某种史观，往往推翻他种解释，而仍陷于一偏。今虽归宿于心理，而仍认外力对此心理之影响。综纳诸种势力，即予各种史观以相当之地位，豁然大公，无偏至之弊。"[④] 此种解释，强调历史演进主要以群体心理为主，同时受到地理

---

① 〔美〕巴恩斯：《论新史学》，载〔美〕鲁滨孙：《新史学》，第 210 页。

② 陈训慈：《史学观念之变迁及其趋势》，《史地学报》第 1 卷第 1 期，1921 年 11 月。

③ 陈训慈译：《史之过去与将来》，《史地学报》第 1 卷第 2 期，1922 年 3 月。

④ 陈训慈：《史学蠡测》，《史地学报》第 3 卷第 1～2 合期，1924 年 4 月。

环境、经济、政策等多种因素影响，故称“综合史观”。

缪凤林则撰《历史之意义与研究》，分析“人类各方面之运动，皆起于适应保生、乐生之需要”。文章指出，“凡人恒情，大抵以有生为乐”，人类制造工具、建立部落国家、由游牧而耕稼，皆起于保生之需要；而道德、哲学、美术等，皆为人类为求得“遂其所欲之乐”而作。故人类之活动，“起于保生乐生之避苦求乐之需要者也”。[①] 这种解释，将人类历史的发展动力归结为生存本能。1932 年，缪凤林著《中国通史纲要》，在评议各种史观后，曾明确主张：“史实之基础为人类之动作，人事之繁赜不可思议，其终极之重心，亦非经济物质也。孙中山先生以民生史观代经济史观，谓人类以生存为鹄，故民生为历史重心。”[②] 随后指出人类因需要活动而活动，人类有欲乐而恶苦之天性，此天性使人以有生为乐，所以人类“因欲生而有渔猎、游牧、耕稼、工商经济动作；因保生而有部落、国家等政治动作，迷信、郊祀等宗教动作，医药、天文等学术动作；因乐生而有舞蹈、音乐等游戏动作，诗歌、图画等美术动作”[③]。可见，缪凤林在《中国通史纲要》中提出的欲生、保生、乐生观点已转变为对孙中山民生史观的诠释。这与时代环境以及缪凤林所受教育背景有关。其时民国初兴，孙中山三民主义是主要指导思想，民生史观自是民国大学生缪凤林素习之观念。缪凤林求学时，刘伯明任南高训育主任及文史地部主任，对学生影响很大，张其昀忆及刘伯明时就曾说“他教我们思维术（他手译杜威 *How We Think* 的书名）和哲学史，尤于国父学说，拳拳服膺，对一般同学潜移默化之功最大”[④]。

四 南高学派的史学方法论

南高学人注重史学方法的探究。刘掞藜作《史法通论：我国史法整理》，从史学、史识、史体、通史、史限、详略、史才、史文、史德、自注、史论、史称、阙访、史表、史图、纪元、叙源、句读等 18 个方面总结了中国传统史学方法。与之相反，张其昀、陈训慈、缪凤林三人在史学方法论上则以朗格诺瓦与瑟诺博司合著的《史学原论》为模型。

---

① 缪凤林：《历史之意义与研究》，《史地学报》第 2 卷第 7 期，1923 年 11 月。

② 缪凤林：《中国通史纲要》第一册，第 6 页。

③ 缪凤林：《中国通史纲要》第一册，第 8 页。

④ 张其昀：《中华五千年史》第一册，自序第 2 页。

张其昀看到刘知幾、章学诚的著作中与西方史学思想多有共通之处，故作《刘知幾与章实斋之史学》。他说："余近读西洋史家朗各（Langlois）、辛诺波（Seignobos）、文森（Vincent）、鲁平生（Robinson）、法林（Fling）诸氏之书，觉西人所研究之史学问题，二君多已道其精微。其不逮之处，则在近世西洋史家能吸收科学发明之精华，故于人类起源、演进及未来诸观念皆有实证以张其新理，二君则为时地所限，故阙而不详，无足怪也。余今不揣寡昧，综述《史通》与《文史通义》《校雠通义》三书，新立条章，区分类聚，编而次之，为成学治国闻者参考焉。"[①] 该文共分八章：（1）导言；（2）典籍之搜罗；（3）校雠与考证；（4）论纪载之真确；（5）史之义例（包括类例、断限、史之宗旨）；（6）史之述作；（7）~（8）结论。张其昀的"条章"和"类聚"，就是《史学原论》的框架。《史学原论》分上、中、下三篇，都能找到张其昀的"条章"：上篇第一章为搜索史料，对应（2）；中篇为分析工作（Analytical Operation），主要讲内、外考证，对应（3）~（4）；下篇为综合工作（Synthetic Operations），对应（5）；下篇第五章为史文造作（Exposition），对应（6）。[②]

张其昀从考证、义例、述作三方面沟通中西史学观念，并进行了类比（见表1）。考证，对应西方史学为分析，张氏认为与孔子所言"事"、刘知幾所言"学"和章学诚所言"考据"相合，他说："校雠与考征，但及史册之文字，可称外证；论纪载之真确，则涉作者之心术，可称内证；而要皆分析记注是也。"[③] 义例，对应西方史学为综合，与孔子所言"义"、刘知幾所言"识"和章学诚所言"义理"相对应。述作，即史学写作方法，分别与"文""才""词章"相对应，他看到章学诚的"裁篇别出之法"和中国传统史学自注之法分别与弗领书中的目录学（Bibliography）和批评的脚注（Critical Footnote）"若合符契"。[④] 张其昀看到，三者相须而成，缺一不可，同时看到中西史家均以义例为三者核心。张氏对"事—文—义"理论和"才—学—识"三长的理解有些牵强，忽视了其出现的原始语境：第一，"事—文—义"论是孟子所提出，针对的是一本史书蕴含的

① 张其昀：《刘知幾与章实斋之史学》，《学衡》第5期，1922年5月。

② Ch. V. Langlois & Ch. Seignobos, *Introduction to the Study of History*, trans. by G. G. Berry（New York: Henry Holt and Company, 1904）.

③ 张其昀：《刘知幾与章实斋之史学》，《学衡》第5期，1922年5月。

④ Fred Morrow Fling, *The Wring of History*（New Haven: Yale University Press）, 1920. 此处所言的目录学和脚注，均在该书第八章 Exposition 中。

三种要素，即客观历史、历史认识中介和研究历史的学问，相比之下，缪凤林的解释更为合理；第二，刘知幾的“史才三长”论是针对历史认识主体的个人素质，非言治史方法。

表 1 张其昀对中西史学观念的类比

张其昀	孔子	刘知幾	章学诚	西洋史家①
史之考证	事	学	考据	Analytical Operations
史之义例	义	识	义理	Synthetic Operations
史之述作	文	才	词章	Exposition

资料来源：张其昀《刘知幾与章实斋之史学》，《学衡》第 5 期，1922 年 5 月。

缪凤林、陈训慈二人也关注历史法（historical method），二人均认为德国学者伯伦汉（Ernst Bernheim，1850 - 1922）的《史学方法论》（*Lehrbuch der Historischen Method*）“为史法之系统的论述之第一书”[②]，但在论述过程中却引用了《史学原论》。陈训慈云：“大凡史法，常包含校证（collation）、组织（organization）、校雠（criticism）、阐释（interpretation）诸步骤。但搜集比较与整理组织之工夫，比较上无细密之方法，唯校雠内容，则至为繁复，而所谓阐释，又为著述之要事。故史法之要点，以校雠与表达（criticism and exposition）二事尽之。”陈训慈将校雠分为外校雠（external criticism）和内校雠（internal criticism）：外校雠“大抵属于史书真伪之客观的审定者”，内校雠“于作史者之主观心理加以推寻者”。其中，外校雠又分本子之校勘与著者之审定二端。陈训慈在介绍完内校雠后，注明“西史家于内校雠中此点，考审甚精，如朗格罗之书详列十条及二十事”[③]，在全文附言亦提及采取 Langlois and Seignobos 之说[④]。据《史学原论》英文本，该书中篇名为 Analytical Operation（分析工作），共分两部分：external criticism 和 internal criticism。[⑤] 陈训慈所论外校雠，在内容上与缪凤林所论“外审判”所用材料相同，颜克成与陈勇已证实缪氏引用了《史学原论》所立之

① 此处三种表述方式，当来源于《史学原论》，见前文分析。

② 陈训慈：《史学蠡测》，《史地学报》第 3 卷第 1 ~ 2 合期，1924 年 4 月。

③ 陈训慈：《史学蠡测》，《史地学报》第 3 卷第 1 ~ 2 合期，1924 年 4 月。

④ 陈训慈：《史学蠡测》，《史地学报》第 3 卷第 5 期，1925 年 3 月。

⑤ Ch. V. Langlois & Ch. Seignobos，*Introduction to the Study of History*，trans. by G. G. Berry *with a Preface by F. York Powell*（New York：Henry Holt and Company，1904）.

纲[①]，陈氏之论自然相同。二者不同之处在于，陈氏引介西法，未做详解，而缪氏则引西法之纲，举以中国典籍实例进行说明。

缪凤林对内审判及综合部分弃之不用，但可从陈训慈的研究中看出大端。陈训慈将内校雠分为正反两方面："其正面为内容之分析与作者环境之分析，名曰解释的校雠……至于著者之诚实，则尤当有反面的推究。"[②]陈训慈在撰写《史学蠡测》时，曾亲炙瑟诺博司之学的李思纯（1893－1960）正任教于东南大学，是时陈氏已知李思纯所译《史学原论》在印刷中。李思纯将外内校雠则分别译为"外形鉴定"和"内容鉴定"。李氏译本有云："历史家每乐于探取简要方法，而将一切工作集合为两部：（一）分析史料内容所含，是为积极的命意释义鉴定，为确认史料著作者之命意所必需；（二）分析史料当制成时之状况，是为消极鉴定，用以证真著作者之所传述。"[③] 此论与陈氏所述内容相合。陈训慈在讲完校雠法之后，又对其目的即"表达"进行了阐释，将之分为综合步骤与作述二端："（1）所谓综合步骤（Synthetic Operations），要有四端：一曰想像（imaging），以得大概；二曰归类（grouping），以为部次；三曰理解（reasoning），以弥缺憾；四曰立例（formula），则进定其特征与关系焉。……（2）综合之事既毕，于是史家始审慎从事于作述（exposition）。"[④] 《史学原论》下篇英文标题为 Synthetic Operations，李思纯译为"综合工作"。此四种综合步骤，在下篇第一章即有概述：

> 史料之分析鉴定，贡献吾人以材料。然此等历史事实，尚为凌杂散乱之情形，吾人必须施用想像于此事实，想像其情状与吾人所揣度之现在事实相近似且由各种殊异点上，取得各种质素而联合想像之。吾人于是更勉力尝试，而范成一浑全想像，俨然吾人对于过去事实曾以直接观察而取得者，能愈近似则愈佳。凡此盖为第一步工作，于实地诵读史料时所必不可离也。……事实既经想像，吾人乃准于分类序列之法，汇聚分组……此为第二步工作，由有系统之体例条目为助而成。……第三步

① 颜克成、陈勇：《"新史学"视域中的缪凤林学术——兼与梁启超〈中国历史研究法〉之比较》，《史学史研究》2017 年第 3 期。

② 陈训慈：《史学蠡测》，《史地学报》第 3 卷第 1～2 合期，1924 年 4 月。

③ 〔法〕朗格诺瓦、〔法〕瑟诺博司：《史学原论》，李思纯译，商务印书馆，1926，第 102 页。其英文本见 Ch. V. Langlois & Ch. Seignobos, *Introduction to the Study of History*, p. 143。

④ 陈训慈：《史学蠡测》，《史地学报》第 3 卷第 1～2 合期，1924 年 4 月。

工作，由应用逻辑推理，以增长历史知识之数量。……吾人为推知其普通性质及彼此相互之关系故，必须将此等事实，凝炼结构，铸为定式。此为第四步工作，导吾人以趋于历史学之最后结论。[①]

凡此四步，朗格诺瓦和瑟诺博司不仅集中讨论，还将归类、理解和立例三步分章讨论，是为下篇第二、三、四章，而下篇第五章则为陈训慈所指之“作述”。

朗格诺瓦与瑟诺博司的史学考证方法，有利于中国学人重新审视中国传统史学，有利于促使中国学人发掘中国传统史学理论的现代价值，故容易被南高学人所接受。张其昀就曾提到：“刘君言史职求真，章君亦详言考订史源，深符科学史观之精神。”[②] 但是，南高学人看到了近代自然科学与社会科学的蓬勃发展对史学的影响，故在综合分析的理论工具的基础上，将历史研究的手段扩充到与相关姊妹学科相结合，这也是新史学在方法论上的“新”之所在。陈训慈便在《史学蠡测》中专辟一章，探讨史学与其他学科的关系。

陈训慈指出：“近世各种学术，大率多有相互之关联；识者且以学科之相互交织而不能孤立，为近世学术之特征。历史学范围广大，性质繁殊，其与各学科之间，关系尤为紧密。各种学术既各自有其源流，赖历史为之说明印证，始克臻于其全：此义甚明，毋待繁述。至历史之有赖于他学科之辅助，亦较其他学科为尤繁；凡名为学，几无一可谓与历史绝无关系者。”基于此种观念，他胪列了地理学、地质学天文学、人类学人种学古物学古生物学、年代学谱系学、方言学文字学古文字学古文书学、政治学法律学国家学、社会学经济学、心理学社会心理学、论理学、哲学、文学等 11 类 23 种“与史学关系特密之学科”。此外，陈训慈还提及了伦理学、生理学、博物学、农学等学科与历史亦有关系，他说：“诚以历史包涵至广，其对象遍及人事之各方面；故一涉某端，即当稍明此科之大凡。治史学所须之常识，视任何学科为须丰富遍至。”[③]这也是对鲁滨孙《新史学》所言“历史学的一些新伙伴”进行的阐释。[④]

---

① 〔法〕朗格诺瓦、〔法〕瑟诺博司：《史学原论》，李思纯译，第 187 ~ 188 页。其英文本见 Ch. V. Langlois & Ch. Seignobos, *Introduction to the Study of History*, pp. 228 – 229。

② 张其昀：《刘知幾与章实斋之史学》，《学衡》第 5 期，1922 年 5 月。

③ 陈训慈：《史学蠡测》，《史地学报》第 3 卷第 1 ~ 2 合期，1924 年 4 月。

④ 参见〔美〕鲁滨孙《新史学》，齐思和等译，第 56 ~ 78 页。

五　南高学派“中华新史学”理论的学术意义

关注理论及方法，是专业历史学走向成熟的重要标志。“五四”以后的中国职业史家，普遍以 19 世纪兰克史学或者实证主义史学，19、20 世纪之交欧美新史学为典范。南高学派在宣传欧美史学思想的同时，融合中国传统史学理念和史实，逐渐建立起包括史学本体论、历史观和史学方法论的一套较为完整的“中华新史学”理论体系。南高学派“融化旧粹，发扬新猷”[①]，对历史本身、历史学的性质、历史学的研究方法手段、历史学的价值及意义等问题都有论述，在理论层次上做出卓越贡献，是中国史学现代化过程中的重要一环。

第一，南高学派注重新史学理论建设的实践，在 20 世纪 20 年代的青年史家中独树一帜，是在梁启超《中国历史研究法》之外的另一创举。王尔敏在探索近代史学新方向时曾指出：“梁启超所倡之新史学，自是 20 世纪新方向。中国历史研究法自此创生。二千年来有史学而未尝造出史学方法。有则自梁启超开始。这正足代表新时代史学的中心主流。”又云：“大体自 1921 年起缪凤林、梁启超各撰著《中国历史研究法》，嗣后史家之兼著史学方法之著作者无虑有数十家。”[②] 1921 年，梁启超在南开大学任课外讲演，“裒理旧业，益以新知”，作《中国历史研究法》，1922 年 1 月由商务印书馆出版。《中国历史研究法》探讨史的意义、范围及旧史之改造，以主要篇幅阐述史料的分类、搜集、鉴别方法，是梁氏治史经验的总结，“主旨在应用近世科学研究精神，为史学界辟一新天地”[③]。与此同时，缪凤林撰《研究历史之方法》借鉴欧洲史料考证方法，探讨史料的分类、考证，与梁氏有异曲同工之处。《研究历史之方法》与其 1921 年发表的《论历史法》《历史与哲学》及 1923 年发表的《历史之意义与研究》，共同构成了缪氏史学理论的体系。陈训慈于 1924 年发表的《史学蠡测》，效仿鲁滨孙《新史学》的框架，对欧美史学理论进行了深入系统的介绍，成为南高学派构建“中华新史学”的代表著作。

---

① 陈训慈：《南高小史——国立南京高等师范二十周年纪念》，《国风》第 7 卷第 2 期，1935 年 9 月。

② 王尔敏：《20 世纪非主流史学与史家》，广西师范大学出版社，2007，第 2、4 页。

③ 引自缪凤林《历史之意义与研究》（《史地学报》第 2 卷第 7 期，1923 年 11 月）后所附《中国历史研究法》之广告语。

第二，新史学理论的发展是史学现代化的必经阶段。从世界史学发展进程来看，一方面，继承兰克史学传统的西方史学，仍局限于叙述“各种琐碎的政治事件，忽视这些事情与社会、经济和文化等因素之间的联系”，历史学被“引向了一条狭窄的胡同”；另一方面，“进入 20 世纪以来，现代自然科学取得了长足的进步，世界政治形势也发生了巨大的变化”，“19 世纪传统史学中所笃信的史料即史学，历史发展中的进步观念和乐观精神以及西方文明优越论等观念开始动摇”，新史学潮流不断冲击着兰克史学的堤坝。[①] 在中国，20 世纪初年，“由于空前民族危机的刺激，以及逐步形成的共和革命思想的推动，中国思想界出现了急剧变化的局面，掀起了输入西方新思想、新学理，用以分析中国历史与现实问题，寻找救国道路的进步潮流”，“新史学”倡导者输入和传播西方近代史学理论和方法，“对于封建时代为专制统治服务的旧史展开猛烈批判，呼吁实行‘史界革命’，建立起具有崭新时代内容、唤起民众觉醒、适应救国需要的新史学”。[②] 鲁滨孙新史学思想的传入，与中国史家抛开“纪一姓之势力圈”[③]的政治史而建立新史学的诉求是相吻合的。杨翼骧提出资产阶级史学建立需要两个条件：“其一，史学理论的建立，须是中国人结合自己历史的特点建立的理论，而非照搬外国的；其二，须有流行的中国通史，不能是专门史或断代史，流行的就是指教科书。”[④] 南高学派都做到了：第一，南高学派的新史学理论沟通中西史学传统，符合中国史学发展的需求；第二，南高学人注重通史教科书的编纂，在国内发行。缪凤林在授课中编成《中国通史纲要》三册，分别于 1932 年、1933 年和 1935 年由南京钟山书局出版，是为中央大学通史教材，内有“史之三位”理论；1943 年，缪凤林著成《中国通史要略》三册，由商务印书馆出版，为教育部颁定的大学用书，该书虽有精简，但缪凤林对“史实”的论述得以保留。顾颉刚就曾认为《中国通史纲要》是当时“较近理想的”通史著作。[⑤] 由此，南高学派的新史学理论形成并得到了较为广泛的传播。

① 张广智：《西方史学史》，复旦大学出版社，2010，第 265 页。

② 陈其泰：《中国史学史》第 6 卷，上海人民出版社，2006，第 14 页。

③ 梁启超：《中国历史研究法》，中华书局，2009，第 162 页。

④ 杨翼骧讲授《杨翼骧中国史学史讲义》，姜胜利整理，天津古籍出版社，2006，第 126 ~ 127 页。

⑤ 顾颉刚：《当代中国史学》，上海古籍出版社，2002，第 81 页。

陈垣与北平师范大学史学系

姜　文
（北京师范大学校史馆，北京　100875）

摘　要： 1929～1931 年，陈垣担任北平师范大学史学系主任。在主持系务期间，他通过引入名师，改革课程体系，为史学系的教学、科研奠定了基础。在教学上，他讲究教学方法，注重培养学生的独立工作能力。在科研方面，他积极鼓励并指导史学系学生开展学术研究，同学们在题目选择、研究方法等方面都发生了转变，形成了新的治史风格，并取得了一系列成果。在史地系向史学系转变的历史时期，陈垣为北平师范大学史学系的发展做出了突出贡献，在北京师范大学历史学科的发展史上起到了承前启后的关键作用。

关键词： 陈垣　北平师范大学　史学系　历史学科

作为北京师范大学最早形成的系科之一，历史学系在学校 110 多年的发展历程中，曾有一大批知名学者在此弘文励教，陈垣（1880～1971）先生也在这里留下了深深的印记。陈垣与北师大历史学科渊源甚深，至迟于 1925 年 9 月，他就来到国立北京师范大学史地系，讲授“宗教史”课程。[①] 1929～1931 年，陈垣担任国立北平师范大学[②] 史学系主任，是其生

---

① 《国立北京师范大学民国十五年毕业同学录》（1926 年），北京师范大学档案馆，第 65 页；《1925～1927 年北高师教、职、员一览表》，第 1 全宗，第 88 号案卷，北京师范大学档案馆藏。注：本文所引用档案皆藏于北京师范大学档案馆，后文不再注明藏地。

② 1928 年，南京国民政府在北平实行大学区制，11 月，国立北平师范大学被改名为国立北平大学第一师范学院。1929 年 8 月，学校恢复独立。为行文方便，文中统一称为北平师范大学，简称北平师大。

命历程中仅有的一次直接领导大学的历史系科。1933年，他又重返北平师大历史学系[①]执教。由此可见，在中华人民共和国成立之前，陈垣即对北师大历史学科的学科建设和人才培养做出了重要贡献。遗憾的是，学术界对此的研究却相对薄弱。[②]有鉴于此，笔者撰写本文，着重论述陈垣任北平师大史学系主任期间的经历，考察其对于北师大历史学科的贡献，进而期待对当今历史学科的建设发展提供一些借鉴和启示。

一 史学系之独立设置与主持系务

北京师范大学历史学系的前身，可以追溯至京师大学堂优级师范科时期于1904年开设的分类课程第二类“历史地理类”。1912年5月，北京高等师范学校成立。同年8月，学校遵照教育部颁布的《直辖学校暂行章程》，改“类”为“部”。1913年8月，增设历史地理部（简称史地部）。[③]1922年，学校撤部建系，史地部改为史地系，史学系就是“由本校之史地系演变而成”。[④]

由以上叙述，我们可以发现，北师大历史学科的早期发展，可谓与地理学科相伴而行。从学科建制言之，历史系和地理学系的结合，其积极的一面是通识教育，有助于培养学生的广博基础，如浙江大学史地学系在竺可桢、张其昀等人所秉持“史地合一”的通才教育理念指导下，存续达13年之久。[⑤]不过总体而言，随着20世纪20、30年代历史学、地理学专门化趋势的加大和学科独立意识的增强，史地合系所产生的不精、不专的缺陷逐步显现。尚小明通过对近代中国大学史学系科的设置进行综合性研究后分析指出：“合科设系与学术分科发展的大趋势其实是相背离的，并不利于学科的充分发展、学术研究的深入和高深学术人才的培养。”[⑥]北平师大地理学系学生在回溯本系历史的文章中，即明确指出了史地合系所产生

① 1931年，史学系更名为历史学系；1934年，又改称历史系。参见《文学院概况》，《国立师范大学一览》，第106页。

② 相关的研究有孙邦华《浅论史学大师陈垣的大学历史教育实践与思想》，《历史教学问题》2006年第6期。

③ 参见《本校纪事》，《北京高等师范学校校友会杂志》第1辑，1916年4月，第8~10页。

④ 黎锦熙：《文学院概况》，《师大月刊》第2期，1933年1月，第278页。

⑤ 参见何方昱《知识、权力与学科的合分——以浙大史地学系为中心（1936~1949）》，《学术月刊》2012年第5期。

⑥ 尚小明：《近代中国大学史学科系设置考察》，《史学月刊》2011年第8期。

的流弊："曩昔以史地两系，唇齿相依，势不可分离。实则学术何能与实体相较！兹就史学而论；浩如渊海，非数年光阴，难告成功。加以兼习地理，专讲求地表地里之一切现像；与对人生之种种关系，更不待言！"[①] 实际上，北平师大史学系、地理学系分设之前，史地系已经从内部分为历史、地理两组，"而地理组除人文地理外，渐兼重自然地理，增设矿物学科"。[②] 可以说，史地系的分离是大势所趋。

1923 年 7 月，国立北京师范大学成立后，在 1924 年 6 月增订的《国立北京师范大学组织大纲》中，就提出分别设立历史系与地理系的构想，"然初不过于课程少加改订，行政上并未独立"。[③] 直至 1928 年夏，北平各高校改组，北平师范大学的同学致力于革新学校事务，"旧史地系同学鉴于史地两科，文理性殊而研究范围又各至辽阔，深知两科并进之不足以谋高深造诣也，乃起而作分系运动。""维持校务诸先生，咸热心于校务之发展，对此合理运动，均表深切同情"。[④] 因此，1928 年秋，分系之议案获得通过，史地系分为史学系、地理学系。至此，史学系才正式在行政上实现独立。

在史学系初设之际，聘请一位领导全局的系主任，就成为学校和史学系师生的迫切要求。经过慎重选择，学校最终决定聘请陈垣。其时的陈垣正值壮年，已是具有国际影响的史学大家，被傅斯年赞誉为"静庵（指王国维）先生驰誉海东于前，先生（指陈垣）鹰扬河朔于后"。[⑤] 他不仅学问精深，还在学术界有着崇高的学术地位和广博的人脉关系，此时分别担任燕京大学国学研究所所长、中央研究院历史语言研究所特约研究员、辅仁大学副校长（1929 年 6 月任校长）等职务。[⑥] 在史学系独立设置的时期，聘请陈垣主持系务，可谓极佳人选。1929 年 2 月左右，陈垣正式担任史学系专任教授兼系主任。[⑦]

---

① 《地理学系 1931 年班史》，《民国廿年师大同学录·毕业同学》，1931 年。

② 刘拓：《理学院各系之过去现在与将来》，《师大月刊》第 1 期，1932 年 11 月。

③ 刘玉峰：《地理学系之过去及未来》，《师大月刊》第 7 期，1933 年 10 月，第 89 页。

④ 《史学系 1931 年班史》，《民国廿年师大同学录·毕业同学》，1931 年。

⑤ 陈智超编著《陈垣来往书信集（增订本）》，生活·读书·新知三联书店，2010，第 407 页。

⑥ 刘乃和：《陈垣年谱》，北京师范大学出版社，2002，第 73 ~ 74 页。

⑦ 关于陈垣何时担任史学系主任，受资料的限制，已经无法得知准确日期，但我们仍可根据各种史料推断出大致时间。在北师大馆藏档案中，记载 1929 年 1 月史学系主任为何炳松（《1929 ~ 1930 年北平师大教、职、员名册》，第 1 全宗，第 89 号案卷）。不过实际上，何氏并未到学校任职。因此，1929 年 1 月之前，史学系应没有正式的系主（接下页）

陈垣到任之后，首先要解决的问题是师资的缺乏。由于史学系和地理学系分立，部分教师转入地理学系，致使史学系教师短缺，因此陈垣的首要工作是延聘新教师。当时陈氏正主持辅仁大学，因此辅仁大学史学系的教师，如张星烺、黄伦芳等，就被聘至北平师大史学系兼课。他还聘任北平其他大学的教师到史学系任教，如北京大学史学系教授朱希祖、邓之诚，讲师柯昌泗，清华大学历史学系讲师瞿宣颖，北平大学教授宁协万，法政大学教授刘彦，燕京大学讲师王世富等。[①] 这些新教师的补充，为史学系注入了新鲜血液。

陈垣所面对的另一项任务是改造原有的课程体系。史地系时期，历史、地理类专业课程是二者兼顾的，教学时间的分配相对均衡。1928 年史地系毕业生本科 4 年所学的地理类专业课程包括：中国地理总论、中国地志、地理概论、中国地理、人文地理、地质学、地文学、地球史及中国地质、世界地理、地学研究等。历史类专业课包括：中国通史、中国史概说、清朝史、中国近世史、东亚史概说、历史研究法、中国民族史、中国近代党争史、中国文化史、中国经济史、西洋通史、西洋近世史、美国史、东洋史概说等。[②] 这种课程设置，存在着平均用力、博而不专的弊端。

史学系单独设立后，要求新的课程与之配合。陈垣对专业课程进行了大幅度的改革，我们选取 1931 年史学系毕业生的成绩册，即可以看到陈氏任系主任时期的专业课程设置情况。中国史课程包括：中国上古史、中国秦汉史、中国三国南北朝史、中国魏晋南北朝史、中国宋辽金元史、明清史、中西交通史、中国官制史、中国外交史、中国社会生活史、中国史学名著评论、中国史学名著选读等。外国史课程包括：西洋上古史、西洋中古史、西洋近代史、西洋文化史、最近世界外交史、亚洲各国史、万国公法等。[③]

与此前史地系的课程设置相比，可以发现史学系课程的变动体现为两

（接上页）任。朱希祖的日记为我们提供了重要线索。1929 年 1 月 9 日，朱希祖在日记中记道："二时钱玄同来，代第一师范学院史学系请余担任史学讲师。"（中华书局，2012，第 120 页）到了 1929 年 2 月 8 日，其日记中载："下午陈援庵君来，商定北平大学第一师范学院史学系课程，是日并收到该系讲师聘书。"（朱希祖：《朱希祖日记》上册，第 130 页）可见，最迟在 1929 年 2 月，陈垣已正式履行系主任的职责。前引《陈垣年谱》记载陈氏担任系主任的时间为 1929 年 8 月，有误。

① 《1929～1930 年北平师大教、职、员录名册》，第 1 全宗，第 89 号案卷。

② 《1928 年史地系、数学系毕业生历年成绩册》，第 1 全宗，第 142 号案卷。

③ 《1931 年北平师大史地系毕业生历年成绩册》，第 1 全宗，第 156 号案卷。

个方面：首先是新课程的设置。这是由于新教师的到来，使得新课程得以开设。如张星烺的“中西交通史”、邓之诚的“隋唐五代史”、瞿宣颖的“中国社会生活史”、刘彦的“中国外交史”、宁协万的“万国公法”等。①这些课程，尤其是专门史，对于完善学生的知识结构、开阔史学视野、深化对历史的认知，具有很大的帮助。

其次是旧课程的改造。通过课程名称，可以看到史学系课程设置的主要特征之一在于中国历史主要是以秦汉史、隋唐五代史、宋辽金元史、明清史等这种断代的形式开设。对此，笔者赞同刘龙心的分析和推断：“1930 年以前各大学历史系几乎多以上古、中古、（近古）、近世作为中国断代史的分期方式，惟辅仁大学与北平师范大学史学系采用朝代分期法。而此或与两系当时之主事者陈垣不无关系，概陈垣此时既长辅大，又于 1929 年起担任北师大史学系主任之职，陈氏重视中国断代史的观点，自然也就可能表现在课程的安排上。”② 陈垣的史学理念不仅在辅仁大学史学系，在北平师大史学系也得到了贯彻。

师资与课程，是一个系的教学、科研活动得以正常运转的前提和基础。陈垣通过努力，为史学系各项事务的顺利开展奠定了坚实的基础。

二 “度人金针”：对于教学的注重及特点

陈垣不仅是一位史学大家，也是一位史学教育家。担任北平师大史学系系主任后，他坚持亲自为学生授课。1931 年辞去系主任之后，③ 陈氏又于 1933 年 8 月重返北平师大历史系担任教职。④ 关于陈垣在史学系讲授的课程，通过检索北师大档案馆藏的史学系（历史系）历年毕业生成绩册，可基本厘清陈氏所教授课程的具体情况。

经查阅北平师大 1929～1935 年史学系（历史系）同学的毕业成绩册，可以看到 1929 年以后，陈垣在史学系主要开设了 3 门课程，分别为“中国

① 关于新教师讲授课程的情况，参见《北平师范大学 1930 年毕业同学录・教职员录》（1930 年），第 13、34、38、40、43、46、48 页。

② 刘龙心：《学术与制度：学科体制与现代中国史学的建立》，新星出版社，2007，第 183 页。

③ 关于陈垣的离任时间，《史学系 1931 年班史》记载：“至陈援庵先生自吾班成立时来，至吾班终业时卸职，可谓洽与吾班共终始也矣。”（《民国廿年师大同学录》，1931 年）此文撰写于 1931 年 7 月，由此可知其去职时间最晚不超过 1931 年 7 月。

④ 《1933～1934 年北平师大教、职、员录名册及各部人员名单》，第 1 全宗，第 91 号案卷。

史学名著选读”、“中国史学名著评论”和“史源学实习”。“中国史学名著选读”开设于1929、1930学年，上、下学期各2学分，为选修课。“中国史学名著评论”亦开设于1929、1930学年，上、下学期各2学分，为必修课。[①]“史源学实习”开设于1933学年，上、下两学期各2学分，为三、四年级的选修课。[②]

一般而言，“中国史学名著选读”在一年级开设，“以提高同学阅读古文的能力，俾能尽快地自己翻阅历史原始资料”。“中国史学名著评论”开设于二年级，“以开阔同学视野，了解历代史学要籍的情况”。[③] 通过北平师大史学系学生的成绩册，可以看到1930、1931届毕业生在三、四年级都补修了“中国史学名著评论”，部分学生还选修了“中国史学名著选读”，表明陈垣要求高年级学生补齐史学基础知识和技能。关于陈垣讲授这2门课程的实际情况，限于当时学生回忆材料的缺失，下文只叙述陈氏所讲授的“中国史学名著评论”。该门课的课程说明为：“取历代史学名著，说明著者之生平，本书之体例，以及史料来源，编纂方法，板（版）本异同等等，俾学者读书、引书时得一明了向导。”[④] 陈述回忆了陈垣讲授这门课的细节：“有时用正史、编年、纪事本末体裁的次序；有时用史、汉、后汉、三国即沿着作次序的，虽同授一课必有新义，讲授时，有时用原书传看，有时则写入别纸，看得出，课前有充分准备。”[⑤] 另一位曾选修此课程的国文系学生杨殿珣回忆说：“先生讲授‘中国史学名著评论’，是由先生选定史学著述若干种，每书逐一评论；对于每书的评论，都是从每书的特点出发，详所当详，略所当略，并不是千篇一律。他所讲授的，多是先生自己的心得和体会，更加入一些具体事例，说明每书的特点、写作体例和写作方法，读时应当注意哪些问题，本书还有哪些不足之处，应当如何补充修正等等。讲的是深入浅出，津津有味，引人入胜，最重要的是教导学生们如何考虑问题和深思问题。”[⑥]

---

① 《1930年北平师大历史、地理系毕业生历年成绩册》，第1全宗，第88号案卷；《1931年北平师大史地系毕业生历年成绩册》，第1全宗，第156号案卷。

② 《1935年北平师大历史系毕业生历年成绩册》，第1全宗，第188号案卷。

③ 刘乃和：《学而不厌 诲人不倦——向陈垣老师学习》，《历史教学》1981年第3期。

④ 陈垣：《中国史学名著评论》，商务印书馆，2014，第1页。

⑤ 陈述：《回忆陈援庵老师的治学和教学》，载纪念陈垣校长诞辰110周年筹委会编《纪念陈垣校长诞辰110周年学术论文集》，北京师范大学出版社，1990，第324页。

⑥ 杨殿珣：《学而不厌 诲人不倦——励耘书屋问学忆记》，载陈智超编《励耘书屋问学记》，生活·读书·新知三联书店，2006，第120页。

“史源学实习”的课程说明内容为：“择近代史学名著一二种，逐一追寻其史源，检照其合适否，以练习读一切史书之识力及方法，又可警惕自己论撰时之不敢轻心相掉也。”① 柴德赓回忆了陈垣如何讲授本门课程：“他教学生读赵翼的《廿二史劄记》，是要学生自己去找，自己去点，然后到哪里去对。他要学生核对书中材料是否真实，来源如何。他曾经要学生去读顾炎武的《日知录》。《日知录》一书把引用别人的话和自己的话混在一起，而且不加标点。陈先生就要求学生去标点，找出哪些是引文，从什么地方引来的，这样不仅读了《日知录》，而且也读了其他很多有关的书。这是懂得目录学的最有效的办法。”② 当时选修过“史源学实习”的国文系学生顾学颉也追忆道：“陈先生不仅讲授，还在考试时，事先出题，让学生找出某段史文的来源，加以校勘。就是让学生实际练习，加深这方面的认识，提高识别史料的能力。”③

通过上述两门课的课程说明和学生们的回忆，可以反映出陈垣的教学不仅局限于知识的讲解，而是更加强调“授人以渔”，注重将其多年读书、治学的心得和方法传授给学生。他要求学生自己动手查阅史书和史料，培养学生的独立工作能力。这种教学方式，对于学生们应有更大的收益。

陈垣教学能力高超，教学态度也非常认真负责。他课前准备充分，注重教学的计划性，课堂上严格要求学生。柴德赓回忆说：“他从不无故请假，从不迟到早退，对全年的讲授和每堂课的内容，有预定的教学计划。他要求同学也很严格，凡是上过他讲堂的人，都会深刻记得；他上课要指明提问，答不上来要批评；布置的作业一定要按期交，不许潦草塞责，潦草的要重做。我一九二九年考入北平师范大学历史系的时候，他正作系主任。当时有些同学有点自由散漫，但是上他的课的时候，大家精神很振作。”④

陈垣不仅在课堂上认真施教，课后对学生热心指导：“一般大学老师讲课，多属讲完就（完）了。先生则鼓励同学们作练习、写札记，他热情指点、帮助，着重培养学生们读史的识力。凡到励耘书屋请教的，一般是

---

① 《历史系课程标准》，《国立北平师范大学一览》（1934），第145页。

② 柴德赓：《陈垣先生的学识》，《励耘书屋问学记》，第82页。

③ 顾学颉：《看完〈四库全书〉的史学大师——陈垣先生》，载《海峡两岸著名学者：师友录》，人民文学出版社，1997，第54页。

④ 柴德赓：《我的老师——陈垣先生》，《文献》1980年第2期。

个别指点，即使二三人同去在共同谈论片刻后，随即个别垂问或解答。不愤不启，不悱不发。”[①] 对于学生的课外作业和试卷，陈垣“一本一本仔细地批阅。特别是批分数，他从来很慎重。他的办法，总是每本先看一遍，大致按程度分为四五个类型，然后每一类中加以审核，或提升，或抽降，这样反复比较，优劣自见。他批的卷子总是以五分十分为差别，得九十分固然不易，得五十分也不冤枉”。[②]

作为当时硕果仅存的师范大学，北平师大史学系的学生毕业后，大多数从事中等教育工作，重视教学能力、教学方法一直是学校学生培养的重点与特色。陈垣对教学、对学生的负责态度，及其所表现出的教学能力与方法，可谓“师范”二字的践行者，是同学们未来从教的学习楷模。

三 学术研究的倡导与对后进之提携

陈垣在担任史学系主任期间，对于学术研究也非常注重。陈氏注意培养学生们的学术研究志向，时常向他们灌输学术上的民族主义，激发同学们树立与国外中国史学界竞逐的雄心。陈垣曾对学生们讲过：“现在研究学问的中心，不在中国，而在法国、日本。他们研究我们的历史，比我们还有成绩，年青人要有志气，把这个中心夺回来。”[③] 1931 年 2 月，史学系创办了《师大史学丛刊》，为师生发表学术研究成果提供了平台。在史学系同学向陈垣征文之际，陈氏以日本著名东洋史学家那珂通世（1851－1908）“东洋史学成绩之巨，而又从事师范教育垂二十年”，“为日本教育界及学术界巨子”，对于师范大学师生极具契合性，所以特介绍黄孝可所翻译的那珂通世的传记在《师大史学丛刊》上刊载。在为此传记所作的“序”中，陈垣历数了那珂氏一生的学术功绩，特别强调其在创设东洋史学科和以日文翻译蒙古文的贡献。陈氏借此文提示中国学术界应注意东洋史的综合研究，并强调在史学研究中语言工具的重要性，指出“日人研究蒙古文者渐多，吾人若不急起直追，将来势必藉日文以考蒙古文献，宁非学界之耻？”[④] 实际借此文再次呼吁史学

---

① 陈述：《回忆陈援庵老师的治学和教学》，载纪念陈垣校长诞辰 110 周年筹委会编《纪念陈垣校长诞辰 110 周年学术论文集》，第 324 页。

② 柴德赓：《我的老师——陈垣先生》，《文献》1980 年第 2 期。

③ 《陈述教授谈陈垣先生教育青年治学的几件事》，《文史哲》1981 年第 4 期。

④ 陈垣：《日本文学博士那珂通世传序》，《师大史学丛刊》第 1 卷第 1 期，1931 年 6 月。

系师生要在学术上奋发自强。

在具体研究方面，史地系时期，受到培养目标、课程设置等方面的限制，学生们的研究气氛比较淡薄，对于如何开展研究也不甚得法。陈垣来到史学系之后，从题目选取、史料运用、研究方法等各方面都给予了指导。在陈垣的影响下，部分学生还自发组织了学习小组，陈垣在课外加以指导。陈述回忆道："我们有十来个人，围绕着陈垣（援庵）先生的讲授，分别读书上课，茶余饭后，偶尔也互相切磋，形成一个没有任何形式的松散小组，援庵先生常讲，要把研究中国史的中心夺回来，不能让中国的研究落后于国外。平常讲究方法、史源，要求提高识力，要求举一反三。他通过提问交谈，掌握学生们的进度，作个别指点。"①

需要指出的是，陈垣并非要求学生们以发表作品的时间快、数量多争胜，而是教导学生对待学术作品的写作与发表要反复推敲、注重品质。陈垣时常以当时在北京的一家广东菜馆"谭白菜"为例，"比喻做学问必须精益求精，一丝不苟"。他还常说"老酒好喝"，要学生们"写完文章后之后应该放一放，多看几遍，反复修改，这样才能提高文章的质量"。②

在陈垣的激励和指导下，史学系的部分学生在本科阶段就致力于学术研究。张鸿翔在《师大史学丛刊》发表了《南北朝史日蚀表》，作者通过遍览《晋书》《周书》《北齐书》《宋书》《齐书》《梁书》《陈书》《隋书》《资治通鉴》《文献通考》等史书，以表格的形式，考察了魏天兴三年至隋开皇八年共 187 年间诸史书所记载的日蚀时间的异同。③ 柴德赓大学二年级时，在陈垣的指导下，撰写了长篇论文《明季留都防乱诸人事迹考》。此文利用地方志及其他典籍材料，考证出明季在《留都防乱公揭》上签名的几十人的事迹。由于其考据翔实，深受陈垣的嘉许，也被选登于《师大史学丛刊》。④

陈述在北平师大读书期间，先后发表了 4 种论著：《陈范异同》《补南齐书艺文志》《蒋士铨年谱》《金史氏族表》。陈述将上述著作视为其所受到的"四项系统的练习"。如果仔细探究，至少有 2 部著作与陈垣的启发、

① 《陈述先生自述》，载景爱《陈垣学术评传》，花木兰文化出版社，2006，第 106 页。

② 陈述回忆，马文蔚整理《陈述教授谈陈垣先生教育青年治学的几件事》，《文史哲》1981 年第 4 期。

③ 张鸿翔：《南北朝日蚀表》，《师大史学丛刊》第 1 卷第 1 期，1931 年 6 月。

④ 张承宗：《柴德赓与他的老师陈垣》，《学海》1991 年第 2 期。

引导有密切关系。陈述的第一部学术著作是《陈范异同》，他之所以选择这一研究题目，与陈垣有紧密关联。陈垣的弟子牟润孙曾回忆道："先生经常鼓励学生以《史记》与《汉书》相对勘，他主张用墨笔钞录《史记》中与《汉书》相同的几篇纪、传，然后用红笔依照《汉书》去改，这样就可以看出两位大史学家剪裁字句、安排材料的异同来了。他更主张将《三国志》与《后汉书》相同的传，也这样对比一番。他说前人有'《史》《汉》'并驾，'班马异同'，我们可以动手作一部，更可以作一部'陈范异同'。"[①] 通过牟氏的这段话，最直接表明了《陈范异同》的选题实则来自陈垣的提示。陈述的另一部著作《补南齐书艺文志》，作者在本文附记中明确揭示："《补南齐书艺文志》，为史源学课外习题也"。[②] 陈述在学术起步阶段能够取得突出成绩，与个人的天分和努力固然密不可分，陈垣的提示、指导之功也不应忽略。

综观这 3 人所发表的作品，可以体现出其研究题目、研究路径都受到了陈垣史学研究的影响，主要表现为题目选取以小见大，史料来源丰富，考证严谨精细，善于对比辨析史料。以张鸿翔为例，曾为张氏北大研究生同学的吴丰培回忆说："他的治史学方法，都得诸史学界前辈陈垣先生，陈也引为入室弟子，传其衣钵，所以他治史谨严，一丝不苟，辨本渊源，考证精湛。"[③] 可以说，在他们学术研究的起始阶段，陈垣成为重要的学术引路人。正如史学系 1931 届毕业班学生所写的"班史"所言："陈援庵先生，以博学鸿儒，来长我系，班友受其指导与鼓励，于治学方法所获既多，于研究范围，尤能大改昔时博而不精之趋向。"[④]

陈垣不仅在学术研究上积极引导，还利用自己的学术地位和学界人脉，努力扶持北平师大史学系的优秀学生。张鸿翔从史学系毕业后，考入北京大学研究所国学门，1936 年获得硕士学位，1937 年担任辅仁大学史学系教师。柴德赓在史学系读书时即受到了陈垣的赏识。1930 年，陈垣在"中国史学名著评论"课的讲稿上，有一条批语："十九年六月廿五日试卷，师大史系一年级生柴德赓、王兰荫、雷震、李焕绂四卷极佳。"特别是柴德赓，由于在课堂答问、作业、测试等方面表现优异，到年终考试

① 牟润孙：《励耘书屋问学回忆》，载《海遗丛稿（二编）》，中华书局，2009，第 91 页。

② 陈述：《补南齐书艺文志》，载《二十五史补编》第三册，中华书局，1955，第 4346 页。

③ 吴丰培：《史学家张鸿翔先生传略》，载马大正等整理《吴丰培边事题跋集》，新疆人民出版社，1998，第 450 页。

④ 《史学系一九三一年班史》，《国立北平师范大学同学录》（1931 年）。

时，陈垣将他列为第一名。到三年级时，得知柴德赓经济困难，又把他介绍到辅仁附中兼课。[①] 柴德赓毕业后，曾先后于 1933、1944 年两度离开北平，陈垣又两次将其调回辅仁大学任教。[②] 陈述也因其在学术上的优异表现，得到了陈垣先生的推荐。在他毕业之际，陈垣将陈述的著作《金史氏族表》引荐于陈寅恪，受到了陈寅恪的赏识。陈寅恪与陈述见面后，又将其向傅斯年推荐。陈述最终得以在毕业后，受聘到傅斯年所主持的中央研究院历史语言研究所。[③] 通过以上事例，表现出陈垣不遗余力、不失时机地提携北平师大史学系有潜力的学术后进的品质。

结　语

陈垣主持北平师范大学史学系的时间虽然仅有 2 年多，但他在师资引进、课程改造、人才培养等方面都开展了富有成效的工作，使得史学系在较短时间里迅速成长，并奠定了此后发展的基础。在陈垣以及李飞生、陆懋德、王桐龄、朱希祖等名师的培育下，一些立志于学术的学生脱颖而出。从 1930 年到 1935 年，史学系先后培养出了张鸿翔、张云波（1930 届），柴德赓（1933 届），苏秉琦（1934 届），陈述（1935 届）[④] 等日后杰出的历史学家。为表彰陈垣对学校的贡献，1936 年，北平师范大学授予其“名誉教授”的称号。[⑤]

中华人民共和国成立后，在 1952 年进行院系调整中，辅仁大学史学系并入北京师范大学历史系。被誉为陈垣史学主要传人之一的柴德赓担任系主任，并在历史系开设“历史要籍介绍及评论”课程，而这门课的前身，正是陈垣在北平师大史学系所开设的“中国史学名著选读”和“中国史学名著评论”。陈垣担任北师大校长后，虽然不再执教，但仍通过接受历史系学生访谈，与毕业生座谈等方式，[⑥] 传授其读书、治学经验，继续指导历史系的学生及青年教师。

通过以上论述，可知陈垣与北师大历史学科的关系既久且深。刘家和

---

① 参见陈垣《中国史学名著》，商务印书馆，2014，第 161 页。

② 参见陈智超《殊途同归：励耘三代学谱》，东方出版社，2013，第 110 页。

③ 刘凤翥、陈智超：《陈述先生忆往事》，《中国史研究动态》1992 年第 3 期。

④ 参见秘书处毕业生事务部编印《国立北平师范大学毕业同学录》（1937 年 4 月）。

⑤ 《1933 年北平师大教、职、员录名册及一览表》，第 1 全宗，第 92 号案卷。

⑥ 刘乃和：《陈垣年谱》，北京师范大学出版社，2002，第 211～212、225 页。

先生将陈垣视为“北师大历史学科的实际奠基人”。[①] 这一论断是切合历史实际的。在当今高校“双一流”建设的背景下，一流学科的建设既应具有世界眼光，又应追寻、继承本学科的优良历史传统。作为一笔丰厚的历史遗产，陈垣先生的嘉言懿行，值得今人认真借鉴与传承。

① 刘家和：《培基固本、精益求精——学习陈援庵先生史学遗产的点滴体会》，《史学史研究》2018 年第 1 期。

谷霁光对《宣统政纪》的校勘及学术批判

谢贵安

（武汉大学历史学院，湖北武汉 430072）

摘　要： 谷霁光对清朝末帝实录《宣统政纪》（以下简称《政纪》）进行了文本校勘、编纂纠谬和主题批判，表现了在方法上从对校到本校再到理校的升华，在视野上从微观到中观再到宏观的递进。他对《政纪》文本的校勘，客观精准，对该书编纂的批评及其主题偏失的批判，言之有据。在与伪满的斗争中，谷霁光以笔为武器，通过对《宣统政纪》在学术上的全盘否定，揭露和批判了伪满借《政纪》接续正统、树立溥仪形象的图谋。

关键词： 谷霁光　宣统政纪　学术批评　政治斗争

谷霁光（1907～1993），湖南湘潭人，1929 年考入清华大学物理系，次年转入历史系，1933 年毕业后留校担任助教。1935 年，撰写了关于《宣统政纪》的系列论文。1936 年起，先后执教于南开大学、厦门大学。1945 年任国立中正大学（江西师范大学的前身）历史系教授、系主任。关于谷霁光的学术成就不乏研究成果①，但对于他在《清实录》领域的学术成果，则未见有人专论，故本文试作一探。

---

① 如周声柱《谷霁光先生治学略述》，载《谷霁光史学文集》第 1 卷《兵制史论》，江西人民出版社、江西教育出版社，1996；邵鸿《谷霁光先生的治学特点》，《南昌大学学报》2017 年第 3 期；黄今言《谷霁光先生中国古代经济史研究的学术成就》，《中国经济史研究》2017 年第 5 期；赵明《兵制史：谷霁光对社会经济史研究的另一种表达》，《史学月刊》2017 年第 12 期等。

一 谷霁光对《宣统政纪》校勘及学术批判的政治背景

1931 年"九·一八"事变后，原本在"八千麻袋"事件中获得多种早期《清实录》版本的罗振玉等人，追随溥仪前往东北建立伪满洲国。北平的民国学者对伪满在《清实录》整理、出版和研究上的阴谋，予以揭露和批判。

伪满对《清实录》的整理，主要表现在如下三个方面。第一，罗振玉从北平带来的三种《清太祖实录》稿本，1933 年以"奉天史料整理处"名义予以出版，并在序中交代了自己的研究心得①。第二，1934 年，伪满辽海书社据清史馆所存稿本印行了《宣统政纪》43 卷②。《宣统政纪》实际上是《清实录》的末部实录③。第三，作为日满文化协会常务理事的罗振玉，在日本人的支持下，利用该协会平台，影印崇谟阁大红绫本《清实录》，并定名为《大清历朝实录》。以上对《清实录》一系列的整理和出版活动，目的就是为伪满政权树立上承清统的形象，以获得中国历史上的正统地位，与中华民国政府抗衡。民国学人瓠庐指出："伪方近传明年有改伪君主国体说，而清代发祥，诸多附会，类于神话，突于此时费二十万巨金印行清朝实录，不急之需，令人费解；继乃恍然，盖为伪君主国体作宣传张本耳。"④

伪满的上述图谋，引起了北平民国学者的警惕和不满，采取多种措施给予回击：第一，北平故宫博物院制定出版全套《清实录》的计划。早在 1932 年该院秘书长李宗侗就宣布该院"尚有一巨大工作，即《清代实录》是也"⑤，但因经费拮据而搁置。第二，北平故宫博物院和北平图书馆相偕出版清朝前期实录。1932 年，故宫博物院铅印了 4 卷本的《太祖武皇弩儿哈奇实录》。1934 年，将《清世祖实录稿本残卷》整理后，刊于《文献丛编》第 20 辑。北平图书馆馆长袁同礼，则将从书肆购回清代太祖、太宗

---

① 罗振玉：《〈太祖高皇帝实录〉稿本三种·序》，奉天史料整理处，1933 年。

② 《清实录·影印说明》，中华书局，1986。

③ 中华书局在《影印说明》中指出："《宣统政纪》……虽不用实录名称，体例则与实录无异。"载《清实录》第 1 册卷首，中华书局，1986，第 1 页。

④ 瓠庐：《元嘉腊象室随笔：日伪印清朝实录之缘起》，《国学论衡》1933 年第 2 期，第 10 页。

⑤ 《"清代实录"即将刊行》，《湖北教育厅公报》1932 年第 3 卷第 7 期，第 15 ~ 16 页。

两朝初纂实录交付故宫博物院文献馆影印。此后，董康、孟森二人又在北平书肆发现《清世祖实录》初纂本，交由北平图书馆影印。第三，针对辽海书社出版《满洲实录》的行为，北平文殿阁书庄据承德避暑山庄藏本，也于1934年铅印出版了《满洲实录》（收入《国学文库》第九编），1937年再版。第四，民国学者纷纷对《清实录》编纂中的不实进行批评。对清前中期实录的篡改、粉饰予以揭露的学者，有孟森、徐仲舒、方甦生等人，对末帝实录（《宣统政纪》）编纂混乱、避重就轻予以揭露的学者，就是谷霁光。孟森对伪满利用清实录的行径进行回击，比谷霁光要早，但文章发表出来的时间则较谷霁光为晚，均发表于1937年以后。孟森发表了《康熙重修太祖实录跋》[①]、《清世祖实录初纂本跋》[②]、《印行清实录议》[③]和《读清实录商榷》[④] 4文。在这些文章中，孟森认为《清实录》中处处充斥着粉饰和篡改，不仅清前三朝实录粉饰祖宗史实，“务掩开创三朝之真相，取已勒定之纪载，一再以意润色之”[⑤]，而且雍正以后所修清中后期实录也随时篡改，不断讳饰。他将《清实录》与史料基本来源于此的《东华录》进行对比，只要是二者有异，便认为是实录篡改和删削所致，因此推断：“改于讲筵之便，绝无敕改痕迹，故曰清改《实录》，乃日用饮食之事也。”[⑥] 又断言：“《清实录》为长在推敲之中，欲改则改，并不似前朝修《实录》之尊重，亦毫无存留信史之意。”[⑦] 孟森对《清实录》全盘否定，认为“清代实录则无一代不改，乃至后来修改，并无开馆敕修之明文；亦无正本存留之迹。为尊者讳，清之子孙，于计得矣。而所谓实录之名义则愈离愈远。”[⑧] 方甦生在《清太祖实录纂修考》一文中，把现今通行的雍乾校订本《清太祖实录》与《太祖武皇帝弩儿哈奇实录》相比勘，指出雍乾本为了粉饰，而删去了孟革卜卤私通嫔御欲谋篡位事、大妃殉帝出

---

① 孟森：《康熙重修太祖实录跋》，《青鹤》1937年第5卷第9期，第1～4页；又载《图书季刊》1940年新2卷第1期，第28～29页。

② 孟森：《清世祖实录初纂本跋》，《青鹤》1937年第5卷第10期，第1～4页；又载《图书季刊》1940年新2卷第1期，第26～27页。

③ 该文见于方甦生《清实录修改问题》（《辅仁学志》1939年第8卷第2期）一文中的“述孟说”之转引。

④ 孟森：《读清实录商榷》，载《明清史论著集刊》，中华书局，1959年，第619～623页。

⑤ 孟森：《清世祖实录初纂本跋》，载《明清史论著集刊》，中华书局，1959，第477页。

⑥ 孟森：《读清实录商榷》，载《明清史论著集刊》，中华书局，1959，第622页。

⑦ 孟森：《读清实录商榷》，载《明清史论著集刊》，中华书局，1959，第621页。

⑧ 孟森：《印行清实录议》，见方甦生《清实录修改问题》（《辅仁学志》1939年第8卷第2期）一文中的“述孟说”。

于被迫等原始史实。[①] 他在另一篇《清实录修改问题》中，一方面揭露乾隆以前在修《清实录》中的粉饰行为，另一方面也实事求是地指出清改实录并非随时随地进行。[②] 与孟森和方甦生相比，谷霁光对清末帝实录《宣统政纪》的研究，考证较孟森细致，情绪较方甦生强烈。

正是在揭露伪满借学术以行其政治图谋的背景下，谷霁光对伪满辽海书社出版的清末朝实录《宣统政纪》进行了严密的学术批评和强烈的情绪表达。他从文本字句的校勘，编纂体例的纠谬和主题偏失的批评三个方面，对《宣统政纪》展开了学术研究。

二 谷霁光对《宣统政纪》文本的校勘

溥仪在“九·一八”事变后，投靠日本人，建立了伪满洲国。对于反映溥仪的这部《宣统政纪》，谷霁光十分重视和警惕，对此书进行了认真的阅读和细致的校勘。在《宣统政纪》出版一年后，谷霁光发布了对《宣统政纪》的校勘成果，以及基于此成果的判断与认识。

从谷霁光4篇文章末尾签署时间的顺序来看，5月17日的《宣统政纪（书评）》（下文或简称《书评》）最早，然后是1月16日的《〈宣统政纪〉校记》（下文或简称《校记》）、未署日期的《跋〈大清宣统政纪〉草本》（下文或简称《跋》），最后是7月20日的《〈宣统政纪〉校后记》（下文或简称《校后记》）。但是，按照他在《宣统政纪（书评）》中所说，《宣统政纪》“其他重大错误，已列《〈宣统政纪〉校记》和《跋〈大清宣统政纪〉草本》两文内”[③]，说明在5月17日发表《书评》之前，他已经完成了《校记》和《跋》。因此，可以断定，他是先写了《校记》和《跋》，再写了《校后记》和《书评》，但发表时，却是将最为成熟、最能表达思想的《书评》率先公布于众。

谷霁光对《宣统政纪》的校勘，是以清华大学图书馆所藏的《大清宣统政纪草本》（下文或简称《草本》）为对校本。他在《跋》中，介绍了《草本》的版本、修纂分工情况以及与伪满辽海书社版《宣统政纪》的关系。首先，他介绍了《草本》的版本情况：“《大清宣统政纪草本》七十

---

① 方甦生：《清太祖实录纂修考》，《辅仁学志》1938年第7卷第1~2期。

② 方甦生：《清实录修改问题》，《辅仁学志》1939年第8卷第2期。

③ 谷霁光：《宣统政纪》（书评），《图书季刊》1935年第2卷第3期。

六卷，朱丝栏写稿本。封面油印《大清宣统政纪草本》题签，右角下并印注总纂及纂修或协修官姓氏，每页十六行，每行十八字。字体端正，中多涂抹痕迹，卷端多批注。正文中复有浮签，字体不一，有为纂修官题注，有为总纂官批核；其浮签上有书字而不署纂修官姓名者，亦有空白而未书字者。”但是，“《草本》原缺第七十六卷，兹照《政纪》钞补以成全璧”。

其次，介绍了《草本》作者的分工情况：“按封面印注之总纂官及纂修官或协修官姓氏，此书总纂官为钱骏祥（分修光绪三十四年十月至十二月份；宣统元年三月四月六月七月十二月份；二年八月九月份；三年二月六月九月十月份；共十四月）熊方燧（分修宣统元年一月五月十月十一月份；二年一月二月六月七月十二月份；三年一月三月七月十二月份；共十三月）帮总纂官为蓝钰（分修宣统元年二月闰二月八月九月份；二年三月四月五月十月十一月份；三年四月五月闰六月八月十一月份；共十四月）。”下面分别叙述了纂修官欧家廉、吴德镇、王大韵、章梫、史宝安、黎湛枝、吴怀清、朱汝珍、袁励准、金兆丰、张书云、李湛田、温肃，协修官何国澧诸人具体修纂的内容。

再次，指出《草本》与辽海本《宣统政纪》之间的关系：“此本盖即当日纂修之原稿本。辽海书社刊行《宣统政纪》，又系根据此本之修正稿排印。两本互勘，知《草本》（《大清宣统政纪草本》以下简称《草本》）保存未刊之材料甚多，且《政纪》（《宣统政纪》以下简称《政纪》）讹误亦可因《草本》校正。（又按《政纪》无宣统元年闰二月初一至十四纪事；《草本》亦可补其阙。）将来纂修《清史》，此本仍不失为一良好参考，殊未可以《草本》之故而忽略之。”并断定《草本》优于辽海本《政纪》：“《政纪》既系根据《草本》之修正稿刊行，则其内容，应较《草本》为完善；然就两本比较观之，《草本》反优于《政纪》。”“《政纪》删略材料，赖《草本》存在可资增补。”[①] 从上可见，谷霁光对《清宣统政纪》的认识比较精准，是他将清华藏《草本》与辽海本《政纪》校勘后得出的结论。

谷霁光将《宣统政纪》与清华大学图书馆所藏的《大清宣统政纪草本》进行比勘，逐一校对，发现了两者之间的差异，并将校勘结果写成《〈宣统政纪〉校记》（文尾题的日期是7月16日），发表于《浙江省立图书馆馆刊》

---

① 谷霁光：《跋〈大清宣统政纪草本〉（清华图书馆藏本）》，《图书季刊》1935年第2卷第3期。

1935 年第 4 卷第 4 期。该文 6000 余字，主要分为以下两个方面。

第一，是“删略”。

谷霁光对《草本》原有而为《政纪》删略的内容，进行了比勘和指明。他的校记凡例是：“《草本》所有，为《政纪》删略者，以草本卷数、页数为目，并附《政纪》卷数、页数及删略材料之性质于下。”谷霁光通过考察，指出《政纪》删略《草本》的方式有四种。一是全删。如“草本一，页二〇，行后五，张人骏奏，全删（省政）”也就是说，《草本》卷一，第 20 页反面第 5 行所载张人骏的奏疏，全部被《政纪》删去。这条奏疏的内容是关于“省政”的。再如“草本二，页八，行前六至八，陈启泰、岑春萱两奏，全删（二，四）（禁烟）”，是说，草本第 1 卷第 8 页正面 6 行至 8 行所载的陈启泰和岑春萱的两份奏疏，在《政纪》第 2 卷第 4 页里被全部删去。这两条奏疏是关于“禁烟”内容的。二是节删，就是部分删节。如：“草本一九，页一，行前五，邮传部奏，节删（一三，一）（铁道）”，是表明《草本》第 19 卷第 1 页正面第 5 行所载邮传部的奏疏，在《政纪》第 13 卷第 1 页里被删节，未被全删。这份奏疏的内容性质是关于“铁道”的。三是删文存目，即把奏疏的内容删除，但把它们的题目保留下来。如“草本二二，页二二，唐启虞条陈政见，删文存目（一四，二二）（政体）”，表明是《草本》第 22 卷第 22 页所载唐启虞条陈政见的奏疏，在《政纪》第 14 卷第 22 页中被删掉条陈的内容，但保留了条陈的题目。这则条陈内容的性质是“政体”。四是删结案。如：“《草本》三九，页一三，行三，删结案（二三，六）。”这是说《草本》第 39 卷，第 13 页第 3 行的结案，在《政纪》第 23 卷第 6 页中被删除。《清宣统政纪》（草本）在选择史料时，会围绕一个事件，将上谕和奏疏组织成一个完整的链条，末尾会将这个事件的最终的意见出示，这就是结案。但《政纪》在修改《草本》时，却把结案给删除。

根据谷霁光对上谕和奏疏内容性质的标识，可知《政纪》删除的《草本》中的内容很多，政治方面，有政体、省政、新政、宪政、强国大政、强国大计、官制、政柄、铸印、授官、参官、吏治、官员才学、奖叙、请赏、参奏、定俸、公费、皇族、陵墓、德政、变乱、死王事、州县更改；经济方面，有财政、税收、预算、经费、公债、计典、币制、钱法、义仓、垦务、矿务、盐政、盐务、农业、茶业、铁道、邮政、驿站、八旗生计；军事方面，有军事、军队、军制、军纪、军备、军费、军械、军饷、江防、团练、兵力、军职、军队调遣、调战议和、调止征伐、调军、议和；法律方面，有法律、法制、罪犯、禁烟、宣旨、辟谣；文化教育方面，有教育、学校；民族边疆事务方面有蒙务、边务；辛亥革命方面，有革命、共和、川变、川事、鄂变、川鄂之变、湘变、陕变、晋变；还有专门以人为内容标识的，如袁世凯、赵尔巽摄政。另外，还有标识为“天时”的。从谷霁光标识的类别来看，辽海书社出版的《清宣统政纪》的确删去了许多重要内容。

第二，是“增易”。

增易是指《政纪》中比《草本》中多出来或改动了的内容。谷霁光所拟的具体凡例是：“《政纪》增易之部，以《政纪》卷数、页数为目；并附增加材料之性质于下”。如“卷一，页一，行前五至六，增十五字（祭祀）”是指《宣统政纪》第1卷第1页正面第5－6行增加了15个字，是关于“祭祀”方面的。增易分为三个方面。一是增加内容。根据谷霁光标识出来的内容性质来看，《政纪》新增的内容主要是祭祀，有13条之多。其他的还有盐政、赏赐、法制、继统、官阶、警政、授官、铁道、官制、禁烟、著作、盐政、用人等，增加的内容远不及删除的多。二是增加字数。如《政纪》“卷二，页一六，行后五至六，增载润二字”，是表明，《政纪》第2卷第16页反面第5－6行中增了“载润”二字。三是改动文字。如《政纪》“卷二，页九，行九，礦务改为矿物”，是说，《政纪》在第2卷第9页第9行中，把《草本》中的“礦务”二字改为“矿物”二字。又如：“卷三，页一六，行后三，培上误作倍土。”是将“上”字改动为“土”字。还有把两份谕旨合为一旨的改动。如：“卷一六，页三〇，行后一〇至一三，两谕合一。”改动还出现了减少字数的现象。如卷一六“页三〇，行后一三，省‘又谕’二字”，将“又谕”二字删除。

谷霁光的《校记》被清华大学图书馆所珍藏。据《清华大学图书馆藏善本书目》载：“《大清宣统政纪草本》七十六卷，（民国）钱骏祥等纂修。《〈宣统政纪〉校记》一卷，（民国）谷霁光撰。稿本七十七册，十二函，字数、行数不一，红格。此为民国时期辽海书社刊《宣统政纪》底稿本。”[①] 由上可见，谷霁光对《宣统政纪》的校勘和研究工作是非常深入和细致的，至今无人超越。

谷霁光对《宣统政纪》文本的校勘，应用的是对校法。对校法就是将不同的版本拿出来一一比照和校对，是一种硬功夫和死办法。周銮书指

① 清华大学图书馆编《清华大学图书馆藏善本书目》，清华大学出版社，2003。

出，谷霁光“治学严谨，一丝不苟，完全是乾嘉学派的遗风”①。诚如所言，在《宣统政纪》的校勘上，充分反映出谷霁光的这一治学特点。

三 谷霁光对《宣统政纪》编纂的纠谬

谷霁光不仅将《宣统政纪草本》与伪满本《宣统政纪》进行文本上的比对和校勘，而且还对《宣统政纪》编纂上出现的问题进行了批评，包括体例设定、体例遵循、格式统一等方面。

第一，《政纪》本身体例设定不当。体例设定不当，则导致全书收集史料时产生遗漏和舛误。具体表现在如下三点。其一是规定不合时代要求，导致重要史实缺漏。清实录馆修纂《清实录》时，曾规定将涉及洋务的内容另行编书，在实录中不作过多叙述。于是，伪满辽海本《宣统政纪》便在编纂时，以遵此体例为借口，不记载宣统时涉及外交的历史。谷霁光对此不以为然，指出《政纪》的明显缺点就是“《政纪》遵《实录》例，不载交涉”。虽然“金毓黻在原序中，已经提及”，但谷霁光指出“外交为行政的一部分，有时和内政发生很密切的关系。既称《政纪》，又必遵实录例不载外交，是否妥当，殊有商榷余地”，“在现在看来，不能不说是一个遗憾”。② 他在另一文中，再次指出：“《政纪》金毓黻序云‘夫史籍之可贵，惟在取材之多，足以供人撷取。至于组织润色之工，犹居其次。’《政纪》删略过多，于国际交涉又复遵实录之例弃而不书，金氏此论已难自圆其说。”③ 其二是规定参奏案件只载上谕，导致皇帝未允准的参案不被记载。谷霁光发现《草本》第5卷中粘贴的浮条批云：“查办参案，向祇载谕旨。今详叙参案而列谕旨于后，不能不变例酌书以归划一。”谷霁光指出：“查办参案只载谕旨，此理由当然成立。但亦有参案而不查办，因不查办而一概不载，亦不妥当。《草本》原载许多参案，《政纪》均删略。”④ 其三是书法体例设置不当，致叙述线索不明。《政纪》在记载官员任免时，只记载现在担任的职务，而不提任免前的职位。谷霁光指出：

① 周銮书：《谷霁光史学文集·序》，载《谷霁光史学文集》第1卷《兵制史论》，江西人民出版社、江西教育出版社，1996，第4页。

② 谷霁光：《宣统政纪》（书评），《图书季刊》1935年第2卷第3期。

③ 谷霁光：《跋〈大清宣统政纪草本〉（清华图书馆藏本）》，《图书季刊》1935年第2卷第3期。

④ 谷霁光：《宣统政纪》（书评），《图书季刊》1935年第2卷第3期。

《政纪》“任免原官不补，对于每一人所任官职不能找出明确线索，读者亦须随时注意”。[①]

第二，《政纪》不能严格遵循自定体例，常常自乱体例。这表现在以下三点：其一，根据《政纪》自己的体例，应该是“谕列奏前”，即上谕编在前面，臣奏列在后面。《政纪》第 3 卷第 3 –7 页所载光绪三十四年十一月壬寅的一道上谕，是根据内阁原奏所发。如按照《政纪》往例，先载上谕，后载臣奏，便发生事实前后倒置问题，于是《政纪》的编修者只好将“谕、奏夹书”，即上谕和臣奏混在一起叙述，结果自乱其例。谷霁光指出：“其实内阁系遵旨议奏，在奏以前当有上谕，内阁议奏正可作上谕结案，于事于例，岂不两符。”[②] 也就是说，内阁议奏之前，还应该增加最初的一道上谕。如此一来，内阁的议奏，就是上谕的结案，仍然符合《政纪》先载上谕，后载臣奏的体例。但《政纪》最终未能正确处理，自乱章法。他还指出，《政纪》“每日纪事，或谕奏互杂，或脱‘又谕’等字，致生文意不协之弊，读者应予留意，方免混淆”[③]。其二，《政纪》自乱体例还表现在“材料有注来源亦有不注者”上。谷霁光认为“为便利日后增修起见，注来源比较妥当”。[④] 他再次指出《政纪》“材料来源之或注或否”为错误[⑤]。其三，《政纪》自乱其体还表现在，原本规定没有最后批准的议奏不载入《政纪》，但《政纪》在一些地方，仍然将没有批准的议奏记载了下来。谷霁光指出：“未经议准之案，照例不书，卷三四页一九增入都察院奏请贾逵从祀文庙一条，于体例不合。又如卷八页一四增祭先蚕之神一条，依例文昌先医等神祭祀均不书，《草本》且多删去，不应增入。又卷七页四增入颁赐遗物一条，在《政纪》可无容记载，《政纪》与实录不同，如繁文缛节一一纂入，则一朝《政纪》，殊非数十卷书所能容纳。”[⑥]

第三，叙事不完备，有头无尾。《政纪》违背奏疏连缀的基本体例，导致前后不相贯，意义难明了。《实录》（包括《政纪》）主要是编纂君主上谕和大臣奏疏形成的特殊史书。上谕和奏疏之间，在讨论和决定一件大事时，往往会有建议、交议、复议、依议的四个步骤，最后的依议就是一

① 谷霁光：《宣统政纪》（书评），《图书季刊》1935 年第 2 卷第 3 期。
② 谷霁光：《宣统政纪》（书评），《图书季刊》1935 年第 2 卷第 3 期。
③ 谷霁光：《宣统政纪》（书评），《图书季刊》1935 年第 2 卷第 3 期。
④ 谷霁光：《宣统政纪》（书评），《图书季刊》1935 年第 2 卷第 3 期。
⑤ 谷霁光：《〈宣统政纪〉校后记》，《浙江省立图书馆馆刊》1935 年第 4 卷第 4 期。
⑥ 谷霁光：《〈宣统政纪〉校后记》，《浙江省立图书馆馆刊》1935 年第 4 卷第 4 期。

个结案性的文件。谷霁光指出："《政纪》记事许多不载结案，细查《草本》，凡未结之案，都黏上'查结'二字浮条，这显然是准备要查。至于《政纪》新增结案仅两条，又似乎是工作中止或许是查而不得。"针对人们"关于这结案部份，通常都误解为不甚重要"的错误观点，谷霁光指出："实则史实的重要部份还在结案。记载一事，可有四个步骤：一是上奏（建议），一是谕旨（交议），三是覆奏（讨论），四是旨依（议决和实行）。这四步骤有时可合成三个，甚至两个，事实上均没大的分别。不过有奏而无旨依，或许有谕旨而无覆奏，或许有上奏有谕旨有覆奏而无旨依，便不能决定事由已是否成立，或是否决定实行。假如空空的奏议，没有得着当局的同情，或谕旨允准，（除了特殊有价值的应予保存外），当然没什么重要；至少在当时不发生多少影响，便可不载。同样已见采纳的奏议，甚至一种部分修正的政策，在史料上便有相当地位。进一步的推论，凡是应结而未结的案，在后来人看，和不见采纳的奏议与无施行决定的政策，同样的可以怀疑牠的成立。奏案是告诉读者一事的起源，故结案是告诉读者一政策的决定，前因后果，缺一不可。"然而，《宣统政纪》在编纂时，便常出现不载结案的情况。谷霁光举出《宣统政纪》中几个明显不载结案的错误。第一例是：宣统二年五月初九，《政纪》第 122 卷第 5 页记载了孙宝琦奏地方自治变通章程。但是，《政纪》却没有记载此事的覆奏和结案。根据《大清宣统新法令》（商务印书馆出版，以下简称《新法令》）卷 23 第 8－9 页记载，孙宝琦奏上后，宪政编查馆在七月二十日作了覆奏。当时地方自治章程，办理上发生困难，所谓变通办法，实际上等于不办。"如果专载孙宝琦奏疏，不载覆奏和谕旨，便不知道清廷的意旨是否和地方一样的意存敷衍。"《政纪》不载覆奏，让人难知结果。第二个例子是：关于变通翰林院旧制一事，《政纪》第 8 卷第 23 页记载了宣统元年闰二月二十九日延昌的奏疏，第 9 卷第 17 页记载了同年三月二十二日李稷勋奏，但却未载两奏覆奏和朱批的情况。其实，据《新法令》第 10 卷第 33－35 页，两奏都下会议政务处议覆。覆奏朱批的时日，同为九月二十五日，"然而，《政纪》不载覆奏，只告诉读者翰林院旧制有改变的可能。怎样改变，和改变的新制，便无从知道。"谷霁光总结道："不结的案，约占《政纪》十分之二三，现根据《新法令》也可补订不少，修纂草率至此，可为发叹！"[①] 此外，谷霁光还在《校后记》中提到，"《草本》已注

① 谷霁光：《宣统政纪》（书评），《图书季刊》1935 年第 2 卷第 3 期。

结案，《政纪》仍未补入；或已附结案而《政纪》删略者。”如《草本》第15卷第6页所载的参金折，《草本》注云：“宣统二年四月二十三日覆奏。”但《政纪》却将此遗漏。又《草本》第23卷第6页杨文鼎奏，《草本》注云“如何议法究未能详”，提示修纂《政纪》定稿时，将结案情况编纂入书，但是“《政纪》即将结案删略”。[①] 谷霁光对《政纪》在编纂上割裂内容上的内在联系颇为不满，明确指出：“《政纪》卷三十四页十二邮传部奏，实为石长信奏的结案，不当分作两次刊载。又卷一九页一一至一四，上谕江春霖明白回奏，江奏即可作为结案。”但是《政纪》均将之分开，使内容的联系被割断。[②]

第四，编纂时在剪裁、连缀和书写时出现错误。其一是误将两事当作一事，错误嫁接上谕和奏疏，牛头不对马嘴。谷霁光指出，《政纪》“更有误两事为一事，纂修官亦未校正”，如《草本》第26卷第91页所载给张人骏的上谕，第44卷第21页所载陈夔龙的奏疏，在《政纪》中竟然“误合为一，文意均不相属，不知何以致此”[③]。其二是“两谕之中不空格，甚至省去‘谕’字或‘奏’字，致生混淆。”[④] 其三是对原奏改写时削足适履。《政纪》的编纂者为了刻意与上文章法强合，而删掉原奏的部分内容。谷霁光指出：“卷二七页二九岑春萱奏：有湘路赶修办法四条，筹款办法十条，计划六条，独删去计划一项。观其全文，纂修者似欲求行文一律，而计划六条，不能删略为每条一句一事，与二项得有文字上之对比，故全略不书。”[⑤] 其四是编纂者在改写原奏时，因理解有误，写时未能全面反映奏疏本意，导致断章取义。谷霁光指出：“《政纪》复有因误解奏章，或因行文未能尽意，致生讹误者。观《草本》原文可知纂修官实过于草率行事。卷三八页一二赵炳麟奏，包括民政、财政两事，《政纪》删奏而列上谕，措词未能兼及民、财两政之意。又卷五〇页一〇荫昌奏军国大计十条，而借外债为实施之方法，删去方法一节，原意不显。”[⑥]

第五，日期编纂错误。谷霁光对《宣统政纪》中出现的日期编纂错误

---

① 谷霁光：《〈宣统政纪〉校后记》，《浙江省立图书馆馆刊》1935年第4卷第4期。

② 谷霁光：《宣统政纪》（书评），《图书季刊》1935年第2卷第3期。

③ 谷霁光：《〈宣统政纪〉校后记》，《浙江省立图书馆馆刊》1935年第4卷第4期。

④ 谷霁光：《〈宣统政纪〉校后记》，《浙江省立图书馆馆刊》1935年第4卷第4期。

⑤ 谷霁光：《跋〈大清宣统政纪草本〉（清华图书馆藏本）》，《图书季刊》1935年第2卷第3期。

⑥ 谷霁光：《跋〈大清宣统政纪草本〉（清华图书馆藏本）》，《图书季刊》1935年第2卷第3期。

作了指正。其一对因标准不统一导致日期错误进行批评。他发现《政纪》在将奏疏编纂进编年体系中时，选用的日期标准不统一。他指出："奏疏时日有用奏案到日，有用朱批日，极不一致。列载上谕，当然是颁布之日为定，而'十九信条'又列在宣誓之日，于事于例，两不相合。"① 其二对日期遗漏进行批评。他称为"时日之遗漏"："《政纪》时日宜详确，然仍不免遗漏。如卷二页一二行六脱'乙酉'二字。卷三九页二六行九后误'乙卯'二字为'又'字。《草本》不误，此必清写时遗漏所致，阅者虽可从体例上知有时日之脱误，要为修史之所最忌。"由于遗漏时间日期，导致两奏连为一体，两事误成一事。谷霁光指出：《草本》第 68 卷第 30 页所载谕内阁一条，《政纪》第 39 卷第 62 页将之"遗漏，谕上本载'乙卯'二字亦连同脱误，因之两日之事合为一日，而有谕列奏下之错误"。② 他再次指责《政纪》"甚至脱载日期，以致发生谕列奏下错误。《政纪》重在正确之时间，此点何容忽视"③。

第六，臆改字句。谷霁光对《宣统政纪》"臆改字句"的错误提出了批评。如《政纪》第 39 卷第 14 页，所载国乐词"巩金瓯，承天帱，民物欣凫藻。喜同袍，清时幸遭，真熙皞，帝国苍穹保，天高高，海滔滔"，其中"海"误作"地"，谷霁光指出："此或誊写者以上有天字下必地字，兹可因《草本》改正。此外'矿务'均作'矿物'，'借线费'写作'借钱费'之例甚多。"④

第七，内容遗漏。"《政纪》在狭小的范围内，无疑的仍要遗漏许多重要的材料"。谷霁光又将《政纪》与《清史稿》和《大清宣统新法令》相比较，发现《政纪》均有"重要的遗漏"。⑤ 谷霁光还指出《政纪》在抄写时导致"重要章奏之脱误"。《草本》第 63 卷第 1 页所载"内阁奏江苏地方行政区域改属一条"原列宣统三年六月十七日，原注云："改列十八日"。按说《政纪》应该遵照原注的提示，将它改在十八日，然而，"《政纪》不载此事，此乃清写时遗漏，必不致删略不书"。⑥

以上众多编纂体例上出现的问题，大都与修纂者分工合作时各自为

① 谷霁光：《宣统政纪》（书评），《图书季刊》1935 年第 2 卷第 3 期。
② 谷霁光：《〈宣统政纪〉校后记》，《浙江省立图书馆馆刊》1935 年第 4 卷第 4 期。
③ 谷霁光：《宣统政纪》（书评），《图书季刊》1935 年第 2 卷第 3 期。
④ 谷霁光：《〈宣统政纪〉校后记》，《浙江省立图书馆馆刊》1935 年第 4 卷第 4 期。
⑤ 谷霁光：《宣统政纪》（书评），《图书季刊》1935 年第 2 卷第 3 期。
⑥ 谷霁光：《〈宣统政纪〉校后记》，《浙江省立图书馆馆刊》1935 年第 4 卷第 4 期。

政、不相衔接有关。谷霁光指出："《政纪》似未经总纂官中一人全部过目。《草本》为纂修官分期编修，复经总纂官删改。然总纂官不止一人，原系分期负责，故体例殊不一致，《政纪》亦同此弊。"[①]

谷霁光对《政纪》编纂体例的纠谬，反映了他的"治史之所长"，即"善考辨而能于细微处得见"[②]。他对引自体例的纠谬，应用的是本校法，即在本书的体例上寻找其自相矛盾之处。然而，对《宣统政纪》体例进行批评，这还不是谷霁光的最终目的，他的最终目的是要全盘否定《宣统政纪》。

四　谷霁光对《宣统政纪》主题的批评

谷霁光对《宣统政纪》文字上的校勘和编纂上的批评，虽然是一种很客观的学术研究，但是背后还含有其特殊的政治用意。他对《宣统政纪》所做的一系列研究，并不是要为自己的学术发展奠定方向，事实上他的发展方向是军事史（以《府兵制度考释》为代表）和经济史（以《中国古代经济史论文集》为代表）[③]。因此，他这次对《宣统政纪》进行校勘和研究，其实是对伪满借《政纪》树立形象的有力阻击。

"九·一八"事变后，伪满在东北借《清实录》的整理和出版树立其正统形象。1934年伪满辽海书社先后出版《满洲实录》和《宣统政纪》。这引起了学者的警惕和不满。1935年谷霁光作为一个年方28岁的青年学者，出于义愤，连续撰写篇4文章，对辽海本《宣统政纪》进行校正、评论和抨击。如此密集和果决，反映出他对伪满政权以及溥仪的强烈不满，因为这部《宣统政纪》写的就是溥仪的历史。

谷霁光对《宣统政纪》的态度，主要表现在以下两个方面。

第一，通过自己确立的反映大时代、记载关键性史实的标准，来反观《宣统政纪》主题的偏狭和失误，从而对该书加以全面的否定。

谷霁光发表的第一篇文章，是1935年5月17日刊登的《宣统政纪》

---

① 谷霁光：《〈宣统政纪〉校后记》，《浙江省立图书馆馆刊》1935年第4卷第4期。

② 邵鸿：《谷霁光先生的治学特点》，《南昌大学学报》2017年第3期。

③ 方志远指出："由于在中国兵制史和经济史研究方面所取得的成就，谷老理所当然地被视为20世纪具有重要影响的历史学家之一。"（方志远：《谷霁光先生的学术经历与学术个性》，《江西社会科学》2005年第9期）反映了谷霁光学术的基本发展方向是兵制史和经济史。

书评，首先标出：“《宣统政纪》四十三卷，辽海书社印行，民国二十四年出版”，表明《宣统政纪》是他的研究目标和评论对象。他一开始就将清宣统三年时间置于中国历史从帝制向共和制大转折的背景下，以此确定《宣统政纪》应该承担表达“时代精神”的任务，指出：“宣统一朝，虽然只是短短的三年，然而三年之中有继统问题、宪政问题、财政问题，头绪纷繁，日不暇给。另一方面潜伏着的革命潮流，大有一触即发之势，后来推翻满清，结束二千年来专制皇帝的局面，在这三年中算是一个转变的大关键。这样的一个重要朝代，《政纪》的修纂，最是值得注意。我们希望一部《政纪》或其他史料选辑，可以收辑许多重要的材料来供学者研究，那就是说选辑不失时代性的史料，可代表时代的精神，表现时代的重要，适宜于任何学者参考的。”时代虽然是一个激动人心的时代，但是“宣统朝政治一向被人认为仅具官样文章和例行公事的躯壳，实际上毫不重要。其实，官样文章和例行公事组成的宣统政治，正是宣统时代政治腐败一方面的表现”。不过，另一方面，宣统朝也“可以看到其他方面势力的潜伏；而此一方面所表现之时代性，全靠保存的史料昭示我们《政纪》的修纂更是不能不重视”。①

确立了宣统时期的“大转折”和“时代精神”的标杆后，就有了衡量《宣统政纪》的秤。以此秤衡量，他明确断言《宣统政纪》是一部失败的史书，未能反映时代性特征：

> 这是编修人忽略了史实的时代性，根本没有看透历史演变的程序，专凭个人判断和私见选辑的。原稿至少已经两次修正，两次修正的结果，都比原稿还坏。②
>
> 吾以为史籍之可贵，在取材正确，不失史实之时代性。换言之：史籍之取材，须撮取时代之精神，而摒其枝叶，不能全无主旨，妄事增省。《草本》取材既较《政纪》为多，且有一部为极重要之材料，《政纪》均略删不载。③

同时，谷霁光还指出此书不仅未能反映时代特征，而且史料取舍无标

---

① 以上所引，皆见谷霁光《宣统政纪》（书评），《图书季刊》1935 年第 2 卷第 3 期。

② 谷霁光：《宣统政纪》（书评），《图书季刊》1935 年第 2 卷第 3 期。

③ 谷霁光：《跋〈大清宣统政纪草本〉（清华图书馆藏本）》，《图书季刊》1935 年第 2 卷第 3 期。

准，编纂裁剪不得要领：

> 这部书实际上只刊布一些按期分纂的诏谕档册而且是一些不完备的诏谕档册，不独是取舍漫无标准，连裁剪也不得要领。专从体例上推证，又似乎是一部尚未完成的稿本，以致遗漏和错误，触目皆是。①

以上是谷霁光对《宣统政纪》定下的基调。他在所有的 4 篇文章中，都不出这样的评价标准。前篇对编纂体例的批评，是从“本校法”的角度，纠出《政纪》体例上的舛误，客观性较强；而此处从宏观的视野对《政纪》编纂主题进行探讨，具有鲜明的主观性，能够反映出谷霁光的个人情绪和态度。事实上，谷光正是从宏大的时代背景角度，探究晚清变革时期的时代精神和历史要求，以此判定《宣统政纪》主题的缺失，从而否定这部为溥仪张目的史书。

谷霁光批评《宣统政纪》主题偏狭，在编纂时不能抓住时代特征，忽略反映大转折的关键史实。他指出：“从《草本》保存许多的史料，可以推证（《政纪》）编修人不曾攫住时代的要点；取材方面，也因之忽略了历史演变的线索。”② 具体体现在以下五点。

一是宪政问题。谷霁光认为，晚清的宪政问题是最能代表时代特征、反映历史大转折的关键性史实，“当日政治最严重的问题，莫如宪政”，然而，《宣统政纪》却对此多有忽视。他在《宣统政纪》的书评中明确指出，《政纪》除载宪政筹备官样文章外，还应该顾及“讨论宪政的奏议”，而这些关于宪政的奏议，却常被《政纪》有意忽略。如《草本》第 49 卷第 50 页中“温肃奏宪法宜使馆外人参议，不当操之二三人之手的建议”；《草本》第 40 卷第 2－12 页“王乃征论宪政、财政相互关系的奏疏”，均为讨论宪政的重要的奏议，却被《纪政》所删除。③ 对此，他还在《跋〈大清宣统政纪草本〉》一文中指出：《草本》第 61 卷第 14 页“欧家廉之论宪法编修，宜本国情；温肃之论宪法编修，不当操诸一二人之手……均当日重大问题。宣统一朝政治，除宪政、军政、财政、交道、教育等问题外，尚何可纪！舍此不书，徒见其支离破碎而已。”④

① 谷霁光：《宣统政纪》（书评），《图书季刊》1935 年第 2 卷第 3 期。

② 谷霁光：《宣统政纪》（书评），《图书季刊》1935 年第 2 卷第 3 期。

③ 谷霁光：《宣统政纪》（书评），《图书季刊》1935 年第 2 卷第 3 期。

④ 谷霁光：《跋〈大清宣统政纪草本〉（清华图书馆藏本）》，《图书季刊》1935 年第 2 卷第 3 期。

二是练兵问题。晚清新兵是关乎清朝兴灭的大事。谷霁光认为，宣统年间练兵问题是关键性史实，应该在《政纪》中所有反映。他指出，除宪政外，“影响最大的问题，要算练兵”，《草本》第49卷第8页载录的温肃关于军制、军饷、军训等奏折，间接讲述了练兵的实情，却被《政纪》所删略。[①]

三是民族和边疆问题。边疆危机是晚清面临的重大问题。谷霁光在《跋〈大清宣统政纪草本〉》一文中认为：“边疆问题，在国家大政上亦自有其重要性。”但是，“当日人士集中视力于内政之改革，边防本少注意。”那些数量不多的边疆奏议，就显得尤为可贵。在这种背景下，应该重视载录边疆奏议，然而，《宣统政纪》在编纂时，“其寥寥可数之边疆奏议，如路士桓之议蒙藏，资政院之应付边务方策，或删或略，殊为未当。”[②] 他在书评中还把边务视为“当时人不曾注意而确有注意的价值的几个问题”之一，再次指出《草本》第7卷第5页路士桓奏论蒙藏对策，第53卷第26页资政院奏论边务对策，“均应当保存，给读者以清晰的概念”，但却被《政纪》所删除。[③]

四是铁路国有问题。铁路是清近代化的重要象征，也是具有“时代性”的关键史料。但是，关于铁路国有化并最终导致保路运动和辛亥革命的重要史料，却被《宣统政纪》有意删除。如《草本》第58卷第10－14页的石长信奏疏云：“（宣统三年四月初七日）我国兴造各省铁路，其病在事前并未谋定后定，如有一定方针，使率土有所率从，自无扰乱纷歧之弊。夫铁路者，为缩地之良法，国与民所利赖，然利赖之中，有轻重缓急之分，干路枝路之别……今为国计民生兼筹并顾，惟有明定干路为国有，枝路为民有之一定办法，明白晓谕，咸知国家铁路政策之所在。此后上下有所遵循，不致再如从前之群议庞杂，茫无主宰。”这封奏疏，引起了清廷对铁路国有化的政策，影响甚大，理应奏入《政纪》，但却遭到删落。谷霁光指出：“石长信虽不必为主张铁路国有之第一人，然其奏议详确，于铁路政策之更改，实具最大影响。朝廷既令邮传部妥筹议奏，原奏自当列入。《草本》虽不载结案，以日后情势观之，其意见已见采纳无疑。况

---

① 谷霁光：《宣统政纪》（书评），《图书季刊》1935年第2卷第3期。

② 谷霁光：《跋〈大清宣统政纪草本〉（清华图书馆藏本）》，《图书季刊》1935年第2卷第3期。

③ 谷霁光：《宣统政纪》（书评），《图书季刊》1935年第2卷第3期。

川变根源早伏，石奏亦言及之，不知纂修官何以复行删略。”① 谷霁光这里显然对《宣统政纪》的修纂官将此重要奏疏“复行删略”表示了不满。在《书评》中，谷霁光再一次批评《政纪》“更有删去的石长信奏，从史料本身立论，实不应当。(《草本》五八页一〇）石长信主张铁路国有，后来必竟引起川变，引起革命，溯源立论，当然要注意到石长信的奏折。《政纪》保存上谕，删略奏文，不独铁路国有政策的来由，不易明了，连川变必然发生的背景，也无法知道。这种重要史实的排比，不会注意，足使本书的价值减低不少。”②

五是革命党问题。宣统皇帝溥仪就是辛亥年被革命党所推翻。但是，《宣统政纪》对于革命党的史实却避忌不提。谷霁光指出：“关于革命党史料，《政纪》不载，就是政治上发生严重结果的几件党案，也一概隐讳不提。这是受传统史例的影响，编修人的观点只站在清室一方面；所以《政纪》和《草本》比较，以宣统二年和三年删去的材料最多。”③ 民国所设清史馆在编纂《清史稿》中尚且出现反对革命党的倾向，那么清廷私修的《宣统政纪》回避革命党历史自是情理中事。谷霁光对此心知肚明，所以才说“此点根本无从批评，也无批评之必要”④。

此外，还有许多史实，谷霁光都认为很有时代特征和关键史实的价值，应该载录，却被《宣统政纪》所抛弃：《草本》第5卷第30页所载增韫奏办学详情，第44卷第11页所载王乃征之奏新政与财政，第52卷第59页所载资政院之奏国家财政，“均当日重大问题。宣统一朝政治，除宪政军败财政交道教育等问题外，尚何可纪！舍此不书，徒见其支离破碎而已！”⑤ 他还指出《草本》第17卷第5页朱有濂奏论禁烟弥补办法也应当保存，但却被《政纪》所删除。⑥

以上诸点，都是谷霁光通过自己确立的编纂标准，来考察《宣统政纪》在主题上面的偏失。这反映了他鲜明的反《政纪》态度以及背后蕴含的反伪满立场。

---

① 谷霁光：《跋〈大清宣统政纪草本〉(清华图书馆藏本)》，《图书季刊》1935年第2卷第3期。

② 谷霁光：《宣统政纪》(书评)，《图书季刊》1935年第2卷第3期。

③ 谷霁光：《宣统政纪》(书评)，《图书季刊》1935年第2卷第3期。

④ 谷霁光：《宣统政纪》(书评)，《图书季刊》1935年第2卷第3期。

⑤ 谷霁光：《跋〈大清宣统政纪草本〉(清华图书馆藏本)》，《图书季刊》1935年第2卷第3期。

⑥ 谷霁光：《宣统政纪》(书评)，《图书季刊》1935年第2卷第3期。

第二，谷霁光通过抨击《政纪》删罪己诏、为清朝讳的行为，来否定该书。这反映出他对清室的态度以及对伪满的情绪。

谷霁光批评《宣统政纪》在修纂时，为尊者讳，将关涉皇家颜面和满族面子的奏疏屏而不用，指称“疏入不报或留中奏疏，大都不载”。这些奏书之所以“不报”和“留中”，就是因为涉及皇帝的负面形象，因此被《宣统政纪》刻意删削。谷霁光通过将清华所藏《草本》与辽海本《政纪》相比较，发现“《草本》原载十四件留中奏稿，而《政纪》仅留两个”，特别是《政纪》将《草本》69 卷第 62 – 64 页所载刘廷琛奏删除，“尤为不当”。他指出：“刘廷琛奏陈国家大计，颇切事实；请朝廷发诏罪己，又完全为清廷设想。罪己之诏，当已施行，《政纪》删去，似为有意抹杀事实”。[①] 他在《跋》文中，再一次指出：“刘廷琛奏云：‘（宣统三年九月初七日）窃自武昌变起，臣即虑各省响应前，奏请下诏罪己，亦明知虚言无济，特以已变者固宜征剿，未变者速宜安辑，非朝廷有悔过之诚，不足收已散之人心，而使之不叛也。不意旬日之间，长沙、西安、九江相继告变，设蔓延日广，立致危亡。自古变乱未有若是之迅且烈者！推原祸始，在人心离散。人心离散，在革匪煽惑。以二百余年覆冒之民，而一经煽惑即从乱如归，则朝廷所以失民心而贻口实者，必有在矣！朝廷所恃者兵，而兵变所恃者民，而民乱非急从根本挽救，别无救亡之策。比岁纲纪破坏，政出多门，赂贿公行，昌言运动内外大小官吏，几无一不由营求而获，宵小得志，正士灰心，而所行新政不知缓急，但切进行征敛烦苛，民生愁苦，军政、财政操于一二贵人之手，立法、议法出于二三少年之私……拟仍请朝廷下哀痛之诏，引咎自责，使天下有更新之望，人心稍定而乱或可渐戢。然非有实事继之，犹恐空言无补也……’”然而，这一罪己诏以及提到此诏的刘廷琛奏疏却被《宣统政纪》删除得无影无踪。谷霁光指出：“刘奏切中时弊，因犯朝廷忌讳，故至疏入不报。然其为朝廷计，不为无见，修史者又何所忌讳耶；况罪己之诏见之实施，刘奏尤不应删。”[②]《政纪》还对破落的满族子弟的面子给予避讳。谷霁光还指出，《草本》第 53 卷第 27 页所载“支耀奏论八旗生计办法”的奏疏“应当保存”，但却因《政纪》修纂者顾及满族面子，而将其删除。[③] 也是为尊者讳的表现。

① 谷霁光：《宣统政纪》（书评），《图书季刊》1935 年第 2 卷第 3 期。

② 谷霁光：《跋〈大清宣统政纪草本〉（清华图书馆藏本）》，《图书季刊》1935 年第 2 卷第 3 期。

③ 谷霁光：《宣统政纪》（书评），《图书季刊》1935 年第 2 卷第 3 期。

由于修纂主题的偏差，未能抓住时代脉搏和关键转折，导致《宣统政纪》所载史料无内在联系，全书显得支离破碎。谷霁光指出：“同时一大堆史料，也可以因奏论的排比，不致陷于支离破碎的状态，反会显得正确清晰。”然而，《政纪》却适得其反，因为史料排比未能反映时代特征和抓住关键史实，致整本书“支离破碎”。[①]

谷霁光对伪满本《宣统政纪》的研究，从校勘开始，步入体例探讨，再上升到主题的讨论，都以事实为据，正如邵鸿所说：“（谷霁光）先生之作步步实证，紧致周密，结论坚实”[②]。

五 谷霁光对《宣统政纪》的基本态度

通过以上的考察，可见谷霁光对《宣统政纪》持全盘否定的态度。他从未对此书做过一句正面评价，相反，不断对该书进行纠谬和批评。他对《政纪》的基本态度，还从以下两点得到证明。

第一，谷霁光通过将《草本》与《政纪》相对比的方式，褒扬前者，贬抑后者。

《草本》虽然是《政纪》的底本，但它纂修于民国时期，当时还不存在伪满利用的可能，因此谷霁光虽然也对《草本》提出过批评意见，但最后都无一例外地指出《草本》优于《政纪》。如此一来，对《草本》的批评，成了对《政纪》变本加厉的指责。

谷霁光对《草本》的意见分四个方面：其一，《草本》在编纂时由于编纂人员重视分工忽视合作，从而出现了各自为政的问题：“《草本》为总纂官三人分期主修，更经总纂官交由纂修官或协修官分修，体例取材，极不一致。《草本》似未经总纂官中一人全部过目，惟纂修官吴怀清曾校阅一部份，上有浮条题注，亦限于校字一端。草率如此，欲求其成为良史，固不可得。”[③] 这真是莫大的反讽。其二，《草本》有缺卷。谷霁光指出：“《草本》原缺第七十六卷，兹照《政纪》钞补以成全璧。”[④] 其三，《草

① 谷霁光：《宣统政纪》（书评），《图书季刊》1935 年第 2 卷第 3 期。

② 邵鸿：《谷霁光先生的治学特点》，《南昌大学学报》2017 年第 3 期。

③ 谷霁光：《跋〈大清宣统政纪草本〉（清华图书馆藏本）》，《图书季刊》1935 年第 2 卷第 3 期。

④ 谷霁光：《跋〈大清宣统政纪草本〉（清华图书馆藏本）》，《图书季刊》1935 年第 2 卷第 3 期。

本》在编纂史料时，对于上谕和奏疏之间的内在联系也有忽略。关于谕、奏讨论的事件（案子），最后应该有个交代，也就是说要把结果（结案）的史料保存下来。然而，“《草本》未结之案甚多，当待增纂”①。其四，《草本》删略史料过多。谷霁光指出：“《政纪》删略材料，赖《草本》存在可资增补，然《草本》亦同此弊。《草本》涂改甚多，被删之重要材料亦不少。”② 然而，谷霁光每次在谈到《草本》缺陷时，都要与《政纪》相比，指出前者比后者要好得多。

谷霁光在《跋〈大清宣统政纪草本〉》一文中断定《草本》优于辽海本《政纪》：“《政纪》既系根据《草本》之修正稿刊行，则其内容，应较《草本》为完善；然就两本比较观之，《草本》反优于《政纪》。《政纪》所增者大都祭祀典礼之类，无关宏旨，组织方面仍一本旧例；其于书法之改正亦属寥寥可数。”他坚信自己的判断，再次指出：“特以《政纪》删易过多，反资《草本》以补苴校订，故《草本》弥觉珍贵。研究宣统朝历史者，或当于此取益焉。”③ 谷霁光在《〈宣统政纪〉校后记》中说：“《草本》原多修改，大都总纂官手笔，《政纪》均已一一增入；惟《政纪》于《草本》材料复有删略之处，尤以宣统三年为多；至于原缺之官名、地名以及待结之案则又少所补正。校读一遍，知《政纪》所根据之稿本必为《草本》之清写本，而此清写本，又必极端草率，不经纂修官详细校阅，故错误极多。余虽不获睹清写本之真面目，然互校之后，可断其仓卒成事，殊未可目为《政纪》之最后定稿。”④ 他甚至断言伪满辽海本《宣统政纪》是个草稿，这对《政纪》无疑是个极大的讽刺。他一再指出《草本》优于《政纪》：“当日时间仓促，工作草率，不容编修人精详纂辑，这点或可为编修人找一原谅的理由，然而从《宣统政纪》和《大清宣统政纪草本》（清华图书馆藏，以下简称《草本》）互勘之后，发现《草本》反比《政纪》为优。《草本》收辑材料多于《政纪》，并有一部份重要的材料《政纪》均经删去。”⑤

① 谷霁光：《〈宣统政纪〉校后记》，《浙江省立图书馆馆刊》1935 年第 4 卷第 4 期。
② 谷霁光：《跋〈大清宣统政纪草本〉（清华图书馆藏本）》，《图书季刊》1935 年第 2 卷第 3 期。
③ 谷霁光：《跋〈大清宣统政纪草本〉（清华图书馆藏本）》，《图书季刊》1935 年第 2 卷第 3 期。
④ 谷霁光：《〈宣统政纪〉校后记》，《浙江省立图书馆馆刊》1935 年第 4 卷第 4 期。
⑤ 谷霁光：《宣统政纪》（书评），《图书季刊》1935 年第 2 卷第 3 期。

谷霁光一再强调《草本》比《政纪》好，即使二书同样有删略过多的毛病，他也硬要找出《草本》优越的地方。他认为二者虽然都好删略，但是因为"《草本》涂改甚多"，被删的重要材料主要是通过涂抹进行，"因系涂改，原文仍可阅读"。他举例道：《草本》第43卷第18页所载世珣奏疏被涂抹删改，但是仍然可以看到被涂抹的原文：（宣统二年七月二十日）……乃立宪之诏既颁，奉行者不顾财力困难，张大其势，任意苛求，民不聊生，挺而走险，故有海南、山东等处之变。臣恐宪法未立而乱即生，甚非变法之良意也……所有创设局所选用人员，一切薪养津贴皆须由地方大吏认真覈定，由公款开支，不准丝毫勒派……至于僻陋下邑，水旱偏灾，即当随地随时从缓办理。如此，则宪法可以推行，民心亦不致涣散，不然徒学外表，浪费金钱，未至九年而民已离心……因宪政而发生财政上问题，在当日极为严重，匪独中央为然，各省亦莫不如此。对各省财政状况，均经删略。此或格于体例之故，不能遍载。世珣此奏，何得一并略之。"此类被涂抹删改的奏疏还有："卷一六页五台布奏禁烟；卷二二页七农工商部奏推广农业；卷三五页一二诚勋奏改热河为行省；卷七二页一伍廷芳电主共和，均为不应删者。"[①] 然而，上述奏疏虽然被《草本》涂抹删除，但透过抹涂痕迹，终究能够看到原文，而《宣统政纪》在修改时，则遵照涂抹的指示，将奏疏全部删除，比《草本》干净彻底，失去了复原史料的可能。平心静气地分析，谷霁光的这个观点，是强《政纪》之所难。《政纪》照草本涂抹符号而删除原奏，错不在《政纪》。其实，谷霁光横竖看不惯《政纪》，是对伪满借《宣统政纪》的印行而宣传伪满皇帝溥仪的做法表示不满，因此才处处挑《政纪》的毛病。谷霁光对伪满整理印刷《清实录》的行为充满警惕和敌意，反而证明他在研究《政纪》时持有爱国立场。

谷霁光在研究《宣统政纪》上的态度，十分严谨，用证据说话，但实际上仍然倾注了鲜明的个人情感。从所发表的4篇文章来看，没有一句话从正面评价《宣统政纪》，相反，用了大量的负面词汇和否定句子，来形容和指责《宣统政纪》，如关于工作态度上的，有"《政纪》工作草率"，"遗漏和错误，触目皆是"，"实有失修史之旨"；关于体例错误的，有"极不一致"，"于事于例，两不相合"，"文意不协之弊"，"混淆"，"重大

---

① 谷霁光：《跋〈大清宣统政纪草本〉（清华图书馆藏本）》，《图书季刊》1935年第2卷第3期。

错误”，“无关宏旨”；关于编纂态度的，有“臆改字句”，“一概隐讳不提”；关于自己对待这些错误的态度，有“有许多错误不能不指出”，“何容忽视”，“根本无从批评，也无批评之必要”，等等。

谷霁光在研究《宣统政纪》时使用的方法，主要是传统校勘学的对校、本校和理校三法，但同时又用宏阔的视野和近代理念，将是书置于古今转换、中西融合的背景下进行审视①。因此，他的研究显得既细致入微，又大气磅礴。他对《宣统政纪》文本的校勘，客观精准，对该书编纂体例的纠谬，言之有据，对其主题偏失的批评，也令人叹服。谷霁光对《政纪》的批判，基本是用证据说话，虽有情绪表达，但这种情绪，不过是一个史学家在国家危急存亡之秋的爱国主义情怀之反映，无损于其学术批判的严肃性。

① 邵鸿也指出谷霁光的研究“具有既专且通的特点”，见氏撰《谷霁光先生的治学特点》，《南昌大学学报》2017 年第 3 期。

民国时期高校南洋史课程的设置

于延亮
（华东师范大学历史学系，上海 200241；
鄂州市博物馆，湖北鄂州 436001）

摘　要：南洋史设课始于民初之北大，暨南、厦大等国立大学开设多种南洋史，教会高校中的辅仁南洋课程亦不少。一般大学南洋史属本科或研究生选修，而暨大则将南洋史作为全校必修，并先后开课四十余种。东方语专、海疆学校等专门学校也将南洋课程定作必修。因研究对象近似或地域从属关系，南洋史与华侨史、拓殖史和印度史常同校同时开设。作为一门小众课程，南洋史不在部定之列，无统一标准和教材，教员遂各自标举，以致课程名目与授课内容各异；且因人事变迁，亦置省不定。

关键词：高校　南洋史　课程　教员　课纲

晚清新学制施行以来，特别是民国以降，新式学校分科教学使史学研究不断分化，高校课程设置日益细碎，各种区域史、断代史和专题史课程不断涌现，南洋史即其中一例。1912 年北京大学率先设“南洋各岛史”，此后教育部又曾令高校开设这门课程，民国时期有十余所高校先后设南洋史课程。南洋史之成高校课程，原因约有三：一是时代变动所致。晚清以来，政府逐渐认识到侨民的作用，遂抛弃以往打压排挤为主的做法，转行保护政策，并建立机构加强联络、引导和管理，华侨地位得以提升。民国肇作，华侨出资出力甚巨，中山先生有言“华侨乃革命之母”，肯定了其地位和作用。华侨中，南侨人数多，经济实力强，社会影响和声望大，高校开南洋课程，可普及南洋史地知识，让国内学生认识和了解华侨在南洋的光荣历史，增强民族自豪感和自信心，同时向侨生灌输祖国文化，增强其民族认同感。政府通过联系南侨，带动经济交流，进而加强政治笼络、控制。二是日本南洋研究、殖民活动之刺激。日本为侵略南洋成立诸多机构，从事南洋调查研究，[①] 深深刺激了国人，尤其是留日生，近半数矢志南洋教学研究的教员系留日出身。三是个人研究所及。民初高校教员聘任缺乏系统之规，学校往往因人设课，为聘某教员，遂据其研究所至设课。自行设课造成课程设置混乱，经过1930年代的高校课程整理后，混乱得到抑制，南洋课程也急剧减少。

民国高校南洋史课程分两种：一是涵盖南洋史的科目，譬如世界史地、环太平洋诸国史、亚洲史地、东洋史、远东史，甚至本国史地等。众所周知，此类科目多为必修课，广设于各校，南洋史比重有限。二是专门的南洋史课程，其中有区域史、国别史、专题史之别。该类课程专以南洋为讲授内容，本文讨论对象即此。目前学界对民国时期高校南洋史课程问题，台北帝国大和光复初期台湾大学的南洋课程研究已较充分，而大陆高校南洋课程情况，除尚小明《民国大学的亚洲史教育》、李孝迁《民国时期中西交通史课程设置》涉及外，尚无专文。[②] 本文试图通过对该课程的梳理，展现其时南洋史课程之面貌。

一　课程沿革

北京大学是最早设南洋史课程的高校。1912年所拟订历史课程即有“南洋各岛史”，[③] 当时历史学门课程分中国史及东洋史学（15种）、西洋史学（12种）两类，南洋各岛史是中国史及东洋史学类课程第五门，1913

① 张礼千在何启拔著《南洋华侨问题》（《华侨先锋》，1945年第7卷第10～12期）前言中说：“余尝搜求其全国有关南洋之有关南洋之著名机构，可大别为二类：一属于实业金融及交通者（后二项占极少数），凡一百一十五所；一属于研究与联谊性者，凡七十二所；此二者之间，相互为用。密切合作。因是日人对于南洋之地理、政治、民风、物产以及一切实际知识，莫不详悉底蕴。以之侵略，自然水到渠成；以之结营，自可大收宏效。设吾人祛其侵略野心，师其研究精神，则将大有造于今后之南洋。”

② 尚小明：《民国大学的亚洲史教育》，载北大历史系编《北大史学》第17辑，北京大学出版社，2012；李孝迁：《民国时期中西交通史课程设置》，《史学史研究》2012年第1期；欧素瑛：《传承与创新 战后初期台湾大学的再出发》，台湾书房出版公司，2012；李东华：《光复初期台大校史研究 1945－1950》，台湾大学出版中心，2014；周婉窈：《台北帝国大学南洋史学讲座·专攻及其战后遗绪》，《台大历史学报》第61期，2018年6月。

③ 《民国元年所订之大学制及其学科》，载王学珍、郭建荣编《北京大学史料第2卷1912－1937上》，北京大学出版社，2000。

年夏中国史学门废置,[①] 南洋课程也不了了之，不过北大这个设计为教育部所采用。1914 年 1 月,《大学规程令》历史学门科目与北大《民国元年所订之大学制及其学科》完全相同,“南洋各岛史”赫然在列,[②] 由此国家以法令形式明确要求在高校史学系设置南洋史课程，为日后国内各高校开设南洋史课程提供了一定依据。

民初政府对课程管控有限,“度掌大学者，当尚得享有增减之自由”。[③] 1917 年初，蔡元培请陈独秀任文科学长，着手课程改革。是年秋，文科重设中国史学门，随后文科中国史学门专科课程公布，南洋史不见踪影，11 月公布的中国史学门本科课程亦无南洋史。[④] 12 月 2 日文科再次改定课程，区域史和国别史几乎全部取消。12 月底，陈独秀提交的《文科大学现行科目修正案》又对必修课程进行增并。[⑤] 由于缺少师资等原因，北大南洋史迟至 30 年代初方开课。1929 年 3 月，时任系主任朱希祖请张星烺为特约讲师，开设“西北史地”“中西交通史”“南洋史地”等研究课程。[⑥] 依选课规则，研究科目采两年轮回法，张氏自 1931 年起在北大讲授“南洋史地”直至北大内迁。在北大兼课同时，张氏又在燕京、清华等校兼授“南洋史地”。另外，伪北大亦有“南洋交通史”，挂名冯承钧讲授，冯氏 1920 年代末便中风，当无法到任。

暨南大学是民国开南洋课程最全面和持久的高校。作为国立侨校，暨南有“华侨最高学府”之称，学校长期致力南洋研究和华侨人才培养，其课程特重“教授南洋智识”。[⑦] 1917 年 12 月复校前夕，经北京政府教育部核准的《暨南学校章程》规定：暨南各科得“视南洋需要，随时增加各科，均兼授南洋特别教材”。[⑧] 复校初，学校依中等学校办理，设师范科、

---

① 牛大勇：《北京大学史学系沿革纪略（一）》，载林华国、郑家馨编《北大史学》第 1 辑，北京大学出版社，1993。

② 《教育部公布大学规程令（民国二年一月十二日部令第一号）》，《教育杂志》第 5 卷第 1 期，1913 年 1 月。

③ 沈步洲：《大学课程刍议》，《中华教育界》3 月号，1913 年 3 月。

④ 《北京大学文、理、法科本、预科改定课程一览》，《教育公报》第 4 卷第 14 号，1917 年 10 月；《文科本科现行课程》，《北京大学日刊》第 12 号，1917 年 11 月 29 日。

⑤ 《改订文科课程会议纪事》，《北京大学日刊》第 15 号，1917 年 12 月 2 日；《文科大学现行科目修正案》，《北京大学日刊》第 35 号，1917 年 12 月 29 日。

⑥ 《（二十年度）北京大学理、文、法学院各系课程大纲》，《北京大学日刊》第 2682 号，1931 年 9 月 14 日。

⑦ 《暨南学校师范科之教育方针》，《中国与南洋》第 1 卷第 3 期，1918 年 9 月。

⑧ 黄炎培：《南京暨南学校规复宣言并招生启》，《中国与南洋》第 1 卷第 1 期，1918 年 3 月。

商业两科，开课不足二十门，已有南洋史课程，如历史有中外之南洋殖民史，地理有南洋之经济地理，法制有英、荷、美、法各国殖民地之法规及其政治，博物则有热带动植物。1920 年增中学部，又新开三门南洋课程，编成“南洋地理”“马来语”讲义。暨南这一时期先后开设过“南洋地理”“南洋法规”“经济地理（南洋）”“南洋商史”“南洋商地”“南洋地理历史”等，皆有相应讲义问世。1927 年升格大学后，又开设南洋史选修课四十余种，遍及大中学部，范围涉及史地、商法、语言、侨教、民俗、生物、侨教等。开课时间上，长者如“南洋地理”“南洋概况”连开二三十年，短者仅一学期而已。

能开设众多南洋史课程，一方面在于暨南是侨校，立校起即以授学生适应南洋需要为旨，以培养侨生能力为原则，所开课程“须适应其日常生活状态”“须使华侨子弟养成祖国观念”“又须使华侨子弟有改善南洋社会之责”，并“视南洋需要，随时增加”；[①] 另一方面得益于相对安定的社会环境，使学校可以延揽到有南洋研究之长的人才。当然，开设这些课程绝离不开南洋文化事业部。该部是民国时期成立最早和开办最久的高校南洋研究机构，集聚了一批杰出的南洋研究人才。他们既从事南洋资料搜罗、书刊编辑、社会调研，又参与南洋课程教学。及至全面抗战爆发，人员星散，加上教育部强推课程整理，限制自设课程，暨南南洋课程数遽减至三种以下，以致暨大同学会会刊有“校内关于华侨或南洋问题之课程未足五门，而学生对于南洋问题因无人领导，亦漠不关心，此实可忧之现象”之言。[②] 何炳松校长在战后复员时，也指出：“本校各院系课程均绝对遵照部定办法办理，其有关南洋之科目仅有‘南洋概况’‘南洋商史及法规’等三数种，不特不是增进全校学生对于南洋问题之智识，且亦不足引起全校师生对于南洋研究之兴趣。”[③]

暨南也是唯一把南洋史作必修通识课的大学。一般高校南洋史为专业选修，面向高年级学生或研究生讲授，以读书报告和专题讲座形式进行，而暨南不仅有大量此种课程，还将南洋史作必修。1928 年底，大学部变更

① 姜琦拟：《国立暨南学校改革计划意见书》，1928。

② 黄昌怀：《对于本大学前途之感想》，《暨南校刊》第 176 期，1936 年 6 月。

③ 《国立暨南大学校长何炳松校长对于全国高等教育机关复员及国立暨南大学复员之意见》，上海档案馆藏，Q240 - 1 - 173 - 3。

共同必修科目，增设“南洋概论”（后统一改称“南洋概况”），[①]“南洋概况”成为大学部七门基本课程之一。基本课程是一种通识教育，其作用在传授一般常识，灌输基本观念。暨大大学部有五院十六系数十专业，为此学校针对不同专业，将“南洋概况”甲、乙、丙三种，分别面向理科、文科和商科学生。到全国高校院系调整之前，“南洋概况”一直是大学部必修课。此外各系部还自设南洋史必修课，如中学部的“南洋常识”“南洋史地”“南洋地理”，文学系的“南洋通史”，史地系的“安南、缅甸、暹罗史”；商学院的“南洋商史”“南洋贸易研究”等。

厦门大学同为“侨校”，亦有南洋史课程。厦大系南洋侨领陈嘉庚于1921年个人出资创办，对南洋自有非常意义。林文庆就任校长伊始所发布的《厦门大学校旨》即申明厦大有“研究南洋及其他各地华侨之情状，以图将来之发展及进步”之责，[②] 厦大早期发展资金也基本来自陈嘉庚和南侨捐款。[③] 厦大的南洋史课程始自张星烺来厦。张氏于1926年9月至1927年1月在研究院研究部工作，并在历史门讲授“南洋各岛史”。张氏回京后，厦大南洋史课程略有间断却未废置，张氏而后，林惠祥、薛澄清、叶国庆等厦大出身的年轻教员相继开设“印度及南洋诸国史”“南洋史地”“南洋史”等。从民国时期到20世纪50年代初的高校调整，以至今日，自张星烺来厦开课以来，厦大一直有南洋相关课程。

国立大学中，东南大学、中央大学、云南大学也曾开南洋史，只是名目略异。东南大学及中央大学冠以“南方诸国史”“印度及南方诸国”“南洋诸国史”，伪中央大学亦名之“南洋诸国史”，云大径称“东南亚诸国史”。教会高校南洋史课程亦不少，辅仁、燕京、金陵、福建协大等均有南洋史课程，其中辅大达六种之多（见表1）。抗战后期设立的几所专门学校，如东方语专、海疆学校亦有南洋课程。有些中等学校中也开设过南洋史，如两所国立侨民师范学校的“南洋概况”“南洋历史”“南洋地理”“东方语文选修（印度、泰国、安南、缅甸、马来语文，选二）”。[④]

---

① 尹育民记录：《大学部第二十四次教务会议》，《暨南周刊》第4卷第8期，1928年12月15日。

② 林文庆：《厦门大学校旨》，《厦门大学布告》1924年第3卷第2期。

③ 曾郭棠：《林校长在星洲的地位及其为厦大奋斗牺牲的精神》，载校史编写组编《校史资料选辑》第1辑，1986。

④ 《本校概况》，《国立第一侨民师范学校校刊》第1期，1943年6月15日；《国立第二侨民师范学校课程》，《侨二师校刊》第1期，1947年1月5日。

成立于1942年的东方语专，是为培养军事译员和储备战后南洋人才而设，其南洋课程特色在于，语文教育与历史教育并重，知识学习与工作实际结合。语专课程分语文学科（印、越、暹、缅、马来、荷兰等语种）、普通学科（南洋概况、华侨移殖史、南洋地理、越南史、缅甸史、中南半岛史、马来西亚史、殖民政策）、东南亚各邦专门学科（各邦专史、各地政治经济及社会研究、侨务等）、特种训练四种。[①] 在具体教学中，以组别为经，语种为纬，把二年级以上学生分为侨务、国贸、教育和新闻四组，分别开设针对性课程，以便于其日后尽快融入和适应南洋工作。[②] 海疆学校成立于1944年，初为培植接收台湾所需公教人员，后扩展到以“辅助海疆建设，发展海外事业”为宗旨，学校以海疆教育为务，先后设行政（后改法商科）、师范等科，其课程“以南洋群岛为中心对象”，以海外事业之需要为施教标准，把南洋历史、南洋地理作为全校必修，华侨教育作为师范科必修，南洋经济作为商业科必修。该校也重视南洋语言的训练。在教学中，以英、法、荷、日语的其中一种为一外，以马来、暹罗、缅甸、安南、老挝、高棉、朝鲜等土语中的一种为二外。[③]

民国时期开南洋史课程的高校看似零星杂乱、毫无规律，但仔细分析，这些高校主要集中在两类地区：南京、上海、北京等大城市及闽、粤、滇等省份。前者是国家政治、经济、文化中心，汇聚了各种优势资源；后者是侨乡和西南边疆，为南洋华侨进出集散地。因其特殊地利，华侨倾向于到上述地区活动，这些地区天然地具有进行南洋研究和华侨教育的肥沃土壤。南洋史课程便是在这种土壤上生长出来。

表1　各校南洋史课程情况

学校	地点	科目	教员（仅南洋史）
北京大学	北京	印度史、印度古代史、印度古代宗教史、古代印度宗教史、印度佛教史、南洋史地、印度通史、印度古代文化史、古印度宗教史、现代印度史、南洋交通史	张星烺、冯承钧

① 国立东方语文专科学校概况编《国立东方语文专科学校概况》，国立东方语文专科学校，1946。

② 陈礼颂：《蠹余类稿 甲乙丙编》，爽卢文史出版社，1974。

③ 《国立海疆学校概况》，《海疆学报》第1卷第1期，1947年1月15日；《国立海疆学校一览》，1947。

续表

学校	地点	科目	教员（仅南洋史）
中央大学	南京	印度史、南方诸国史、印度及南方诸国、南洋诸国史	柳诒徵、刘继宣、束世澂
厦门大学	厦门	印度古代史、南洋各岛史、印度及南洋诸国史、南洋史地、南洋史	张星烺、林惠祥、叶国庆、薛澄清
清华大学	北京	南洋史地、印度史、印度通史、南洋史	张星烺
云南大学	昆明	印度史、东南亚诸国史	朱杰勤
辅仁大学	北京	南洋群岛史、南洋史地、印度史、南洋人种学、殖民史、印度哲学、亚洲东南部之人种学、亚洲东南部人类学、印度支那及南洋民族研究、南亚史	张星烺、叶德礼、雷冕、蔡思客、包敏、方豪
燕京大学	北京	印度史、南洋史地	张星烺
金陵大学	南京	印度史纲要、印度史、南洋史、中华民族海外发展史	刘继宣、刘铭恕
福建协大	厦门	南洋史、南洋各国史	王新民
复旦大学	重庆	南洋史	张礼千
岭南大学	广州	华侨史	
齐鲁大学	济南	华侨历史、印度史	
光华大学	上海	南洋史	
平民大学	北京	海外华侨拓殖史	何海鸣
暨南大学	上海	南洋地理、南洋法规、南洋商史、南洋商地、南洋华侨史、南洋文化研究、南洋历史、南洋历史文化研究、南洋研究、南洋史地、南洋常识、南洋条例、南洋教育研究、南洋现行法、南洋历史文化研究、南洋商史、南洋政治经济概况、南洋商业、南洋概论、南洋概况、南洋方言、南洋歌谣、印度及南洋研究、南洋商业调查、南侨教育状况、世界与南洋、中国与南洋、南洋生物研究、南洋商业及风俗等、华侨现有之国际地位、华侨概况、华侨通史、南洋各国史、印度史、安南缅甸暹罗史、中华民族海外发展史、南洋贸易研究、南洋史、南洋殖民政策、南洋商史及法规、亚洲南部诸国史、南洋商史及南洋法规、南洋通史	包允恭、傅希说、杨匡、徐之圭、陈炳章、稽翥青、谭超一、姚三恩、温雄飞、林有壬、张相时、张梅英、丘汉平、罗香林、陈希文、郃爽秋、黄素封、李长傅、林仲达、俞君适、彭胜天、陈高佣、邱致中、苏乾英、张伯箴、楚图南、陈全燮、武堉幹、曾建

续表

学校	地点	科目	教员（仅南洋史）
东方语专	昆明	印度地理、印度史、南洋地理、回教诸地理、回教史、中南半岛史、南洋概况、华侨移殖史、越南史、缅甸史、中南半岛史、马来亚史、殖民政策、东南亚各邦专史、东南亚各地政治研究、东南亚各地经济研究、东南亚各地社会研究、华侨问题概论、侨务行政、华侨移殖史、各国移民政策、西人东渐史	张礼千、姚楠、任美锷、朱杰勤
海疆学校	泉州等地	南洋历史、南洋地理、南洋经济、华侨教育、南洋经济专题研究、侨民组织研究、殖民史、海疆情势	王新民、程光裕、庄为玑、王秀南

注：此表据各大学校报校刊、校史资料编制。部分科目与教员无法绝对对应，则将有南洋研究论著者认定为教员。

二　相关课程：华侨史、拓殖史和印度史

民国时期教育部门对高校课程有一定规范和限定，但至1920年代末，因军阀混战，政局不稳，政府对高校各科课程仅有原则性意见，无绝对统一的要求。既然政府对高校选修课没有具体规定，学校就拥有很大自主权，教员研究方向实际决定了这些选修课的开设。作为选修课的南洋史，与华侨史、拓殖史和印度史有着特殊的关系（见表1）。

南洋史与华侨史、拓殖史高度相关。表列高校中，开南洋史的学校往往设华侨史或殖民史。研究南洋史不可能脱离华侨移民拓殖，二者具有极近的关系。暨南首任校长赵正平早已指出："我人之研究南洋者，以南洋之华侨为主"。[①] 从两课程主讲者看，此点非常明显，从事南洋研究的学人对华侨史均有研究。由课程内容言，南洋为华侨集中地，谈华侨史，南洋史必不可少。据统计，民国时期华侨有1200多万，有1100多万在南洋，[②] 南洋又是国人从事海外拓殖最早和最近的地区。地理学家

① 赵正平：《南洋之定义》，《中国与南洋》第1卷第1期，1918年3月。

② 华侨问题研究会编《华侨人口参考资料》，华侨问题研究会，1956。

胡焕庸曾言："南洋是海外的中华民国，我侨民在这里的活动，已有千百年的历史。"① 华人对南洋的移民可溯自唐代，宋元到明清以来，随着海外贸易的发展，华人更是大规模南迁。华人以至战前，华人已主导了南洋地区的经济命脉。其时论及华侨，多指南洋华侨，而又不须明言是南洋华侨。

岭大是最早开侨史课程的高校。1920 年代初，大学部开华侨史，采取演讲和报告形式，欲"以数目及历史方法研究中国海外之华侨情形，将所学所得编为报告，以为中国侨民出洋或返国之指导"。② 此外，为沟通华侨信息、指导华侨子弟就学，专门编印《南大与华侨》。北平平民大学开侨史课亦不晚。1924 年 10 月，《侨务》旬刊社社长兼总纂何海鸣在商科领事学系讲授"海外华侨拓殖史"，直至 1930 年代初。课程分南洋、每周、欧非、日俄四部，讲述各地古今人文地理和中国交往缘起，意在使"学生彻底了解华侨所处的地位，并深知道世界上各殖民地史地、经济、社会等等的情况。"③ 课程强调研究南洋群岛，认为大学、商业学校，甚至高中和大学预科，也应开设这个课程。

南洋史课程与印度史课程亦有较大相关性。设南洋史的高校亦开印度史课程，或将两者合二为一，单设印度史课则基本不开南洋史。究其原因，印度与南洋毗邻，印度文明在南洋有极大影响。公元 1 ~ 16 世纪，南洋受印度文化影响，出现一系列印度化国家。殖民者入侵后，印度化国家消亡。南洋研究者要弄清这一阶段南洋状况，势必要对印度有所研究，只研究印度的学者则不一定要专门研究南洋。在地域上，印度也被不少学者归入广义的南洋，特别在抗战期间，日本占领南洋，印度成为南侨避难最便捷的去处，即在国民政府眼中，印度也被视为南洋之属。从这个角度来看，上述开设南洋课程的高校同时开印度史也在情理中。

三　课纲、教员与教材

民国二年《大学规程令》已把"南洋各岛史"列入史学系课程，1930

① 胡焕庸：《南洋地理·序》，载陈正祥编《南洋地理》，独立出版社，1944。

② 《大学课程（续前号）》，《岭南》第 5 卷第 2 期，1921。

③ 何海鸣：《华侨拓殖史的意义》，《晨报副刊》1924 年 10 月 14 日；何海鸣：《在平大讲授华侨拓殖史的意义》，《侨务》第 123 期，1924 年 8 月 21 日。

年代前开这门课的高校却寥寥无几。三四十年代教育部编制的共同科目、选修科目并未专设南洋史，只是在1940年公布的《历史学系必修科目表》国别史和专门史附注指出，学生须从含南洋在内的十一种区域史、国别史和包括中国殖民史在内的十六种专门史中分别任选一种；[①] 而1944年修订《文学院历史学系必修科目表》亚洲诸国史附注，该课程包括朝鲜、日本、印度、南亚、北亚及中亚诸国史六部分，[②] 则似将南洋排除在亚洲之外。按部订标准，通识课增加，专题课减少，不利于专业人才培养，以致引起部分学者不满，他们认为应把南海史（南洋史）列为急应添设之课程，以“加强史地教育”“适应复兴民族之需要”。[③] 事实上，部订大学科目对课程规定有其伸缩性：必修课程为“最低限度”，必须“遵照实施”，但得“因配置便利酌予调动”；选修课程可“参酌自拟”，“惟需呈部核准”，即高校在大学科目表之外，仍可自定部分课程，只是自由度大幅减少。不得不正视的是，南洋课程开设学校少，开设时间短。绝大部分南洋课程只开一学期，甚至更短。对民国时期绝大多数高校，南洋史始终是一门小众课程，就像划过天际的一颗流星，转瞬即逝。多数高校的南洋史开设在1930年代，台北帝大南洋史科设置数年后；即在暨南大学，选修南洋史人数也不多，如1936年李长傅“南洋史”选修人数为10人，张伯箴“南洋殖民政策”选修人数为9人，1937年张伯箴“南洋商史及法规”选修人数为14人。[④] 检阅现存档案资料，不少课程仅知其名，很多讲授过南洋史的教员，已无从得知；有的课程则可能设而未开，即使能与教员一一对应的课程，也往往无法获知其授课内容。

南洋研究是20世纪以来兴起的学问，1940年代以前，南洋研究主流还是史地考释和外籍编译。1940年中国南洋学会成立以后，在各方学人的大力鼓吹下，学者们不再单纯地考释和编译，而是更多地从事于撰著，以往“单腿走路”之局面方得到一定程度的改观。此种状况反映在课程设置上，早期教员所开南洋史多为通论课程，以史地概论为主，按史地、政

① 《大学科目表》，正中书局，1940。

② 《现行历史学系必修科目表（1944年修订）》，《修订文学院历史学系必修科目表》，上海图书馆藏民国油印本。

③ 谢澄平：《师范学院史地系史学课程问题》，《高等教育季刊》第1卷第4期，1942年12月。

④ 《暨南大学各院教员担任学程名称选读人数统计表及授课时数》，上海档案馆藏，Q240－1－15；《暨南大学关于各院系教员担任学程一览表》，上海档案馆藏，Q240－1－59。

治、经济、宗教等专题讲授，内容不外乎分区域国别、殖民宗主国、中外交流等，后期课程逐渐趋精细，出现一些专门化程度极高的课程。以辅仁大学为例，该校原仅有张星烺长期开设“南洋史地”（南洋各岛史），1930年代后期起，叶德礼、雷冕、蔡思客、包敏等人相继开设“南洋人种学”“印度、印度支那及南洋民族研究”“亚洲东南部之人种学”“亚洲东南部人类学”等课程，不过由于教员流动和时代变化等因素影响，课程并未能持续开设。

因教员自身研究侧重，各校南洋史课程也会不同。确定南洋范围是该课程的起点，教员从研究便利角度，所认定南洋的有大有小，如何海鸣所谓“南洋群岛”等于广义南洋，它包括荷属东印度、英属马来、美属菲律宾、夏威夷和缅甸、安南、暹罗等国，甚至澳大利亚；中央大学柳诒徵等人所谓“南方诸国”包括安南、暹罗、缅甸及马来半岛、爪哇、苏门答腊、婆罗洲、菲律宾及其他南洋诸岛，地域庞大；辅仁大学张星烺所授“南洋史地”英译名称为“History and Geography of the South Sea Islands”，若称“南洋各岛史”亦不为过；在中央大学兼课的金陵大学教授刘继宣所讲的“南洋”是狭义南洋：英属马来半岛及北婆罗洲、荷属东印度群岛、美属菲律宾，是华侨华人集中区，为南洋中心；在复旦兼课的东方语专教务长张礼千讲的“南洋史”有马来细亚和中南半岛两大区域。尽管教员对南洋大小各有认知，但无论如何划定，南洋均有其内在政治意味和种族意识，南洋课程终究要从中国为本位出发，以华侨华人集聚处为中心来讲授。因资料所限，洋教员的南洋史教学内容详情并无从获知，只能推测他们采用了“南洋”这个中国意味的地域名称，其教授大概也不会离此太远。

同一学校、系科或教员在不同时期，讲授名目与内容亦有差别。张星烺（1887～1951）先后在厦大、辅仁、清华、北大、燕京、北平师大讲授南洋史，除在清华和辅仁曾为研究部所课程外，其他均面向本科生。粗略对比张星烺所用讲义版本，即可发现张氏在各校讲授该课的细微差别及其增补讲义之过程。1926年他在厦大讲“南洋各岛史”时，内容仅限菲律宾群岛一隅。国图藏《南洋各岛史讲义》即为张氏授课所用，该书系手抄油印，首页钤“陈垣同志遗书”“北京图书馆藏”印，全文凡十九节，历述美属菲岛之史。张星烺回京后，随研究深入，所授南洋史也日渐丰富。1929年在燕京开“南洋史地”分八部分，新增印度文明的影响、华侨史和荷属东印度、英属马来亚等区域,[①] 1931 年在清华大学讲“南洋史地”为三段十二部，基本囊括美属菲律宾、荷属东印度、英属马来亚及婆罗洲三大区域,[②] 与 1933 年在北大讲授内容仅有略微差别。[③] 1935 年在辅仁所讲“南洋史地”则摆脱以殖民活动和文化交流为主的书写，转向区域民族国家为中心的叙述。讲授过程中，撰述视角转换是教学改进的一方面，资料增补也在持续进行。人民大学所藏钤“张星烺遗嘱赠送”印的《南洋史地讲义增补》稿本新增菲律宾群岛补录、北婆罗洲对外贸易、矿产表格等诸多内容。据所列条目，可知此次增补至少不早于 1937 年。1946 年春，张星烺突然中风，方豪（1910～1980）接替张氏，继续开中西交通史等课,[④] 并另开一门“南亚史”，课程说明如是：“越南、暹罗、缅甸、印度属于南亚部分，上述各地或原为中国郡县（越南），或列于藩属（暹罗），或与我国同为亚洲最古之文化发源地（印度），为本国习史者所不可不知，惟印度史另有课目，故不在本课范围以内”,[⑤] 原来方豪所讲的“南亚史”实为中南半岛史。诚然据其时史地界认识，印度半岛、南洋群岛与中南半岛属南亚，但“南洋”之称一样为学界共知共认，同为辅仁教员的外国人尚使用“南洋”一词，身为中国人的方氏却以“南亚史”之名讲述中南半岛史，或出于纯粹学术目的，抑或体现他对前任讲“南洋”的不认同。综上所述，据现存的南洋史课程纲要，可以发现该课程大致有以下特征：一是区域通论侧重地域沿革史略，受殖民活动影响，多分属地叙述；专题课程重视南洋华侨境遇和困难，强调解决问题和应对策略，为现实政治和社会服务的色彩鲜明。二是注意中国历代与南洋各国的关系，突出华侨史和中外交流史，包括华侨的经营功绩和中国对该区域之影响。三是以基本知识介绍为主，学术性内容不多。

南洋史教员集中于民国南洋研究之中心——暨南大学，以有国外经历者居多。南洋史教员群体中，1920 年代即从教者，除柳诒徵外，徐之圭、陈炳章、张星烺、嵇翥青、张相时均为留学生，其中四位任教暨南。

---

① 《私立燕京大学一览（民国十九年至二十年度）》。

② 杨凤起：《历史学系二十年至二十一年度课概程状》，《消夏周刊》第 7 期，1931 年 9 月 6 日；《国立清华大学一览（二十一年至二十二年度）》；《国立北京大学一览（二十二年度）》。

③ 《北平辅仁大学文学院概况（民国三十四年度）》。

④ 陈智超编注《陈垣来往书信集》，生活·读书·新知三联书店，2010。

⑤ 《史学系学科说明》，《私立辅仁大学一览（民国三十六年度）》。

1930年代以来始教南洋史者，海归仍不少数，如温雄飞、林有壬、邰爽秋、彭胜天、冯承钧、刘继宣、林惠祥等；同时本土大学毕业教员比例逐渐升高，由第一代教员培养的学生走向讲坛，如楚图南、林仲达、俞君适、束世澂、薛澄清、苏乾英等。海归教员中，以留日派占多数，如徐之圭、嵇翥青、张相时、刘继宣、李长傅、陈高佣、陈希文、邱致中等。留日派往往又出身东京帝大，编译对象大半为日文论著，应是受桑原骘藏、藤田丰八为代表的日本南海交通史研究影响。“本土教员”中，始以暨南、厦大毕业生居多，1940年代以来东方语专、海疆学校异军突起，也培养了一些南洋史教员。可以说，直到改革开放前，高校南洋史教员基本出自这四所学校。也有部分教员原从事其他研究或工作，因种种因素曾一度或长期转向南洋研究和教学，如张相时、武堉幹、罗香林、李长傅、王新民、朱杰勤等。张相时（1893～1989）早年经商，侨居南洋多年，1925年即著成《华侨中心之南洋》，1930年回国后任职暨南南洋商业调查部，抗战爆发又重新经商。罗香林（1906～1978）研究客家过程中，间及南洋研究。李长傅（1899～1966）受梁启超、宓亨利侨史论著影响，从地学研究转向南洋研究，新中国成立后回归地理学研究。王新民（1910～?）则因工作关系而走入南洋研究，他原从事宗教研究，任教侨民一师、海疆学校、福建协大的经历，使其得预南洋研究教学。朱杰勤（1913～1990）受抗战影响，从美术史转向中外关系史及南洋史，并在南洋研究理论体系建设方面有杰出贡献。此外，还有雷冕（Rudolph Kahmaun）、蔡思客（Walter Zeisberger）、叶德礼（Matthias Eder）等信奉天主教的洋教员。这些外籍教员开设的南洋史课程与本土、海归教员具有明显不同。据现有资料，南洋史课程尚能与教员直接一一对应者，如表2所示。

表2 南洋史课程教员对照

课程名	教员	学历及专业
南洋地理历史、南洋商史	徐之圭	明治大学学士，政治学
南洋商史、南洋商地	陈炳章（1899～?）	圣约翰学士、普林斯顿硕士，政治学
南洋文化研究、南洋地理、南洋历史、南洋历史文化研究、南洋研究、南洋史地	嵇翥青（1891～1973）	日本留学
	谭超一	不详
	姚三恩（兼课）	燕京大学文学士

续表

课名	教员	学历及专业
南洋商业	张梅英	不详
南洋商史	温雄飞（1885～1974）	加利福尼亚大学，辍学
南洋法规	林有壬（1891～1976）	都鲁士大学硕士，经济学
南洋史地 亚洲南部诸国史	罗香林（1906～1978）	清华大学学士、燕京大学硕士，史学
南洋史、南洋商史及法规	郃爽秋（1897～1976）	芝大硕士、哥大博士，教育学
南洋各国史、南洋地理 南洋史	李长傅（1899～1966）	江苏第二农校、早稻田大学学士，史地
南洋概况	徐之圭	明治大学学士，政治学
	张相时（1893～1989）	东京高等商业专科，商业经济
	黄素封（1904～1960）	金陵大学，化学
	李长傅（1899～1966）	江苏第二农校 早稻田大学学士，史地
	邱致中（1908～1979）	暨南大学政治经济学学士， 东京帝大，社会学
	林仲达（1897～?）	南京高等师范学校
	俞君适（1892～1985）	北京高等师范学校，博物
	彭胜天（1895～）	法国河内大学
南洋地理	楚图南（1899～1994）	北京高等师范学校，史地
南洋贸易研究、南洋殖民政策、南洋商史及法规	张伯箴（1902～1986）	中国公学，商科 莫斯科中山大学，经济地理
南洋生物	俞君适（1892～1985）	北京高等师范学校，博物
南洋贸易研究	武堉幹（1898～1990）	武昌商业专门学校
南洋概况	曾建（兼）	不详
南洋通史	苏乾英（1909～1996）	暨南大学文学士，史学
南洋交通史	冯承钧（1887～1946）	法国巴黎大学学士，法学

续表

课程名	教员	学历及专业
南洋史 南方诸国史	刘继宣（1895～1958） 束世澂（1896～1978）	明治大学政学士、东京帝大研究院，史学
印度及南方诸国		南京高等师范学校
南洋群岛史、南洋各岛史南洋史地	张星烺（1887～1951）	哈佛大学，化学；柏林大学，生理化学
南洋史地	薛澄清（1907～1960）	厦门大学、燕京大学，史学
印度及南洋诸国史	林惠祥（1901～1958）	厦门大学历史学、菲律宾大学硕士，人类学
南洋史	叶国庆（1901～2001）	厦门大学教育学士、燕京大学国学院硕士
东南亚诸国史	朱杰勤（1913～1990）	中山大学硕士
南洋史、南洋各国史	王新民（1910～?）	齐鲁大学道学士、燕京大学硕士，宗教学
南洋史	张礼千（1900～1955）	英国多利大学，算学专业
南洋人种学	叶德礼（1902～1980）	柏林大学博士，人类学
亚洲东南部之人种学	包敏	不详
亚洲东南部人类学		
印度、印度支那及南洋民族研究	雷冕（1902～1985）	维也纳大学博士，人类学
	蔡思客	辅仁大学硕士，文学
南亚史	方豪（1910～1980）	宁波圣保罗神哲学院

注：此表根据各大学校报校刊、校史资料编制。

再者，关于南洋课程教材。南洋史是一门众课程，未入列部订，授课亦无专门教材。大学丛书委员会编《大学丛书目录》曾有“南洋史，姚名达编著中”一项，[①] 然姚著至其殒身，仍未见成书。既无国定教科书，各校教员只得自编，不少高校课程表、学程纲要、课程说明等文献中可以看到“自编讲义”“自编教材”云云，惜今多不存，可见者仅张星烺撰《南洋各岛史讲义》《南洋史地》与邱致中编《南洋概况》等数种。《南洋各

① 《大学丛书目录》，商务印书馆，1935；《大学丛书目录》，商务印书馆，1937。

岛史讲义》上文已述，邱著系其1934年授“南洋概况”讲义之修改补充版，全书十万余字，分六章，记荷属、英属、菲律宾、法属、暹罗等南洋各地地理、华侨、政治、经济、风俗情况。邱氏自称“对于南洋研究，非所擅长，此篇之作，乃生活历程中一时之必要，谫薄陋劣在所难免，视为研究志发轫可矣”。[①] 另外，还有部分教员的南洋专书与其所授课程极相近，如温雄飞著《南洋华侨通史》中卷“货殖史”、张相时著《华侨中心之南洋》、冯承钧著《中国南洋交通史》、刘继宣与束世瀓合著《中华民族拓殖南洋史》、李长傅编著诸书。

四 余论

南洋史课程是南洋研究的产物，而南洋研究是特定时代之产物，亦经历一曲折之过程。20世纪初叶，伴随中国由传统而现代的转型，史学研究从笼统而趋精密，书写民众走到了历史写作的前台，南洋华侨开始受到来自社会各方的关注，华侨、华人研究之风气日渐兴起，出现了诸如梁启超的《中国殖民之八大伟人传》、易本羲的《南洋华侨史略》、华侨联合会的《华侨杂志》一系列侨史论著期刊，是为南洋研究之一端。还有部分学人从西北史地研究，渐及域外史地，如丁谦、罗振玉、沈曾植等人以其兴趣所致，做了些筚路蓝缕的古籍辑考，此启南洋研究之另一端。[②] 1920年代以来，不断有更多学者和机构自觉投身南洋研究，或专门研究，或执着译业，或从事编辑，以至南洋研究书刊、机构层出不穷；甚至抗战也未能阻断南洋研究的洪流，反而激发南洋研究的热情，诸如南洋研究所、中国南洋学会、东方语专等便是在抗战期间成立和发展起来的。直到战后东南亚民族独立运动迭起，各殖民地相继独立，华侨华人跨域流动受限，加之五十年代后中国实行单一国籍制度，侨民不得不落地归籍，适应和接受客居地的文化，南洋研究热潮才消退下来。

就本质而言，南洋研究是一种变异的中国研究，其资源和依据皆源自中国，即用中国载籍求得南洋之状况，此种南洋必然无法脱离原作品和研究者构建的他者形象。研究者普遍将南洋视为域外之中华，似寓一隐隐的宗蕃意识和文化优越感；有的研究者从未涉足南洋，也毫无愧色地侈谈南

① 邱致中编《南洋概况》，正中书局，1937。

② 史耀南：《中国对东南亚史的研究》，《世界历史》1983年第2期。

洋如何，颇有“海客谈瀛洲”之感；也有研究者瞩目殖民印记，忽视深植于土著文化；等等。不可否认，那些专门研究商业经济、热带作物、人种归属等问题的学者虽未受此意识之羁绊，但华侨研究和史地研究始终牢牢占据南洋研究主流。许云樵曾说：“南洋研究，在欧美是没有专门名称的，因为在过去，他们根本没有‘南洋’这一个特殊地域观念。”但在东方人看来，南洋研究是一种以史地研究为代表的特殊学问。[1] 民国时期的南洋研究情况即是如此。

① 许云樵：《50年来的南洋研究》，载刘问渠主编《这半个世纪（1910～1960）光华日报金禧纪念增刊》，光华日报，1960。

中国现代考古学发展史之缩影

——增订重编本《夏鼐文集》的学术史价值

王　兴

（中国人民大学马克思主义学院，北京　100872）

摘　要：在2000年三册本《夏鼐文集》的基础上，2017年的增订重编本《夏鼐文集》（全五册）收录的论著篇数和字数都增加了50%。新增内容主要包括原先未收入的记录稿、原先未收入和新收集到的已发表稿、夏鼐家属提供的自存手稿。增订重编本《夏鼐文集》收入的资料全，具有较高的史料价值和学术价值，具体体现在：有助于深入研究夏鼐的早期学术经历及思想；有利于进一步研讨夏鼐的考古学理论思想；可为研究中国现代考古学发展史提供重要素材。研读该文集时，可用比较阅读法，参照夏鼐日记以及其他学人的相关著述，以期更为全面地了解中国考古学发展历程、思考历史学与考古学理论关系及学科建设等问题。

关键词：《夏鼐文集》　夏鼐　中国现代考古学　20世纪学术史

夏鼐（1910～1985）是中国现代考古学奠基人之一，对新中国考古学的全面发展做出了卓越的贡献。他学识渊博，治学谨严，一生著述涉及考古学理论、史前考古学、历史时期考古学、中国科技史、中外关系史、外国考古学、中国近代史等众多领域，取得了不少具有首创意义的学术成果。为了充分研讨夏鼐的学术观点及理论思想，继承和发扬中国考古学的优良传统，2017年5月，社会科学文献出版社出版了《夏鼐文集》（全五册，以下简称《文集》）。

《文集》的一个突出特点是收入资料全，具有较高的史料价值。在2000

年出版三册本的基础上增订重编，收录的论著从 141 篇 150 万字，增加到 213 篇 220 万字，篇数和字数都增多 50%。新增内容主要包括：原先未收入的记录稿；原先未收入和新收集到的已发表稿；夏鼐家属提供的自存手稿。

《文集》第一册中的第一篇文章《考古学方法论》，是夏鼐留学归国时，于 1941 年 2 月途经昆明停留期间在北京大学文科研究所所作的讲演稿。该讲演稿发表于同年 6 月出版的《图书季刊》新第 3 卷第 1、2 期合刊，因该期刊物目录中只标出“学术及出版消息八则”，并未列出“考古学方法论”的讲演题目，也未列出“夏鼐”的署名，并且目录与正文内容有所出入，实际上该期刊物共有“学术及出版消息”九则，而夏鼐的讲演恰好为“第九则”，以致日后学术界长时间未注意到此篇讲演稿。① 这篇讲演稿，以及新收的 1953 年发表于《光明日报》的《〈实践论〉与考古工作》、1953 年、1955 年两次在北京大学历史系讲授考古学通论的讲义、1961 年为北京大学历史系考古专业学生讲课的提纲《新疆考古概况》、1962 年在西安讲演的《关于考古研究中的几个问题》，都是学习与研讨夏鼐学术思想发展的重要新资料。

1944 年，夏鼐至河西走廊一带进行考古调查，其间对敦煌洞窟作过详细考察。《文集》第二册中的《〈敦煌石室画像题识〉后记》一文，是夏鼐根据在敦煌考察的记载，对史岩《敦煌石室画像题识》一书（石印本，1947 年 2 月由敦煌艺术研究所、华西大学博物馆、比较文化研究所联合出版）进行“补正”，并就如何完善敦煌洞窟编号等问题提出自己的看法。② 同时，第二册亦收录《新获之敦煌汉简》《敦煌藏经洞封启的年代》《敦煌千佛洞史略》《漫谈敦煌千佛洞和考古学》等文章，可以为后世学者研究敦煌石窟艺术、敦煌史地等问题提供借鉴。

《文集》收录的“自存手稿”，颇具史料意义及参考价值。1954 年 4 月，著名考古学家梁思永因病逝世，夏鼐撰写悼念文章《追悼考古学家梁思永先生》。该文后来发表于《新建设》1954 年第 6 期，发表时被删去一些内容③，

---

① 按：有关此次学术讲演的缘起以及内容旨趣，参见王兴《学习夏鼐 1941 年的讲演稿：〈考古学方法论〉》，《考古》2017 年第 6 期。

② 参看王兴《夏鼐〈敦煌石室画像题识后记〉撰写缘起及内容旨趣》，《中国国家博物馆馆刊》2017 年第 2 期。

③ 按：1954 年 4 月 8 日，夏鼐“将追悼梁先生的文章写完”，4 月 11 日，“誊抄《追悼梁思永先生》一文完毕，约 6000 字，又删改一遍”，4 月 17 日，“将追悼梁思永先生一文修改完，删去 3000 来字，尚留 4000 来字，重抄一遍”，5 月 6 日，“修改为《新建设》所撰之《追悼考古学家梁思永先生》”，5 月 7 日，“将修改毕的稿子交《新建设》，增入 2000 余字，删去 1000 余字”，见《夏鼐日记》卷五，华东师范大学出版社，2011，第 82～89 页。

《文集》编者“考虑到被删去的内容有其史料价值，特将作者自存原稿重复编入”[①]。1950 年 2 月，英国考古学家吴理（Woolley）逝世，夏鼐亦撰文叙述吴理的生平事迹及学术贡献，该文当时未能发表，《文集》编者根据作者自存手稿编入。

《文集》第四册在《裴文中〈从古猿到现代人〉的商榷》一文之后，附载了裴文中的答辩和夏鼐对答辩的一些批注，以及夏鼐对裴文中随后出版的关于世界各地人类化石新发现和考古与第四纪地质工作新方法的两本小册子所作批注，反映了夏鼐对国际上古人类学和第四纪地质学进展情况的熟悉程度。《对宿白同志〈隋唐长安城和洛阳城〉的一点商榷》一文，也是根据夏鼐自存手稿编入的。《考古》1978 年第 6 期刊有宿白《隋唐长安城和洛阳城》，文后注释 43 提到，“像这类为突厥所掳掠的中原人民在中亚集居的城堡，《新唐书・西域传》上记‘有小城三百’，这种城堡，当然也会接近中原城市的布局”。夏鼐则指出，《旧唐书》并没有这方面内容，应是欧阳修根据唐人著作在《新唐书》中增加的，查宋人常引用的唐人关于中亚史地之书《大唐西域记》，载有“南行十余里有小孤城，三百余户，本中国人也，皆为突厥所掠”等语，他推测《新唐书・西域传》可能原作“［南］有小城，三百［余户］，本华人为突厥所掠，群保此［城］，尚华语”（《文集》第四册，第 323 ~ 324 页）。如此解释的话，中亚并没有 300 座集居中原人的小城，而是有一座小城集居 300 户中原人。2011 年文物出版社出版的宿白《魏晋南北朝唐宋考古文稿辑丛》一书，所收《隋唐长安城和洛阳城》已将文末注释 43 中“小城三百”这段话删去，这应是宿白接受夏鼐意见后所作修正。

《文集》第四册收录的“自存手稿”《在考古发掘工作汇报会开幕式上的讲话》，第五册收录的《论永嘉学派》《五四运动发生的原因之探究》《〈叶适年谱〉叙言》、对《〈大唐西域记〉整理计划（初稿）》的意见、关于“红岩碑”考订文稿的审查意见、《抗战时期温州经济情况》等文章，以前均未曾发表，弥足珍贵，其史料价值自不待言。综观《文集》，其学术价值主要体现在以下三点。

首先，《文集》有助于深入研究夏鼐的早期学术经历及思想。

以往学术界对夏鼐的研究，主要集中在他的考古学成就方面，尤其是

① 《夏鼐文集》第四册，社会科学文献出版社，2017，第 219 页。以下凡引该书内容，仅随文标出册数及页码。

新中国成立之后他组织和领导的考古工作的成就，而对他的早期学术经历关注较少。《文集》的出版，有利于学术界深入研究夏鼐从事考古学实践活动之前的学术经历及特点。

夏鼐曾就读于上海光华大学附属中学，作《吕思勉〈饮食进化之序〉的商榷》，对光华大学历史系主任吕思勉教授《饮食进化之序》的观点“谷食精者之胜粗，犹其粗者之胜疏食（即食草木），亦犹疏食之胜鸟兽之毛也。此饮食进化之由也”，大胆地提出质疑，认为“食物的进化并不一定是动物在前，也许是植物在前”、“根本上，食物的进化是动植物同时开始，并不是由动物而改食植物”、“据科学和常识，‘毛’字不可作‘鸟兽之毛’。根据训诂和修辞，‘毛’字都可作‘草木’”（《文集》第五册，第6~9页）。高中毕业前夕，他作《论永嘉学派》，认为“就社会的实际利益而言，永嘉学派的学说中含有不刊的真理”（《文集》第五册，第5页）。

1930年，夏鼐考入燕京大学社会学系，研读社会学、语言学、逻辑学等著作。当时钱穆在燕京大学讲授国文课程，夏鼐作《五四运动发生的原因之探究》作为课程作业。该文从“环境的变迁”“思想界的顺应”等方面分析五四运动发生的原因，认为“西方思想的输入，实是五四运动的肥料，没有它是决不能开花结果的”、“新式工业的逐渐发达，生活状态的逐渐改变”以及“1911年的政治革命”也促进了五四运动的发生（《文集》第五册，第10~13页）。就夏鼐本身而言，他的成长也受当时新文化运动的影响。有学者就指出，“夏先生明确意识到，他是在‘新文化运动’的影响下成长起来的一代新人。‘新文化运动’是夏先生自我认同的成长背景，他的成长确也得益于‘新文化运动’之后的自由学术风气”①。

1931年下半年，夏鼐转入清华大学历史学系，师从陈寅恪、钱穆、雷海宗、蒋廷黻等教授。夏鼐阅读过马克思主义经典著作和现代社会学名著，他的《奥本海末尔的历史哲学》在详细介绍奥本海默尔的国家起源学说之后，引用恩格斯《家庭、私有制和国家的起源》的论断，对奥氏的学说进行了批评，并指出国家的起源“不一定由于暴力的侵占，有时是经济发达的自然结果；且又不一定是一种族对于他种族的征服，而可以是社会内部分裂的结果”（《文集》第五册，第112页）。1932年初，夏鼐发表文章《言语和中国文字二者起源的比较》，该文系林语堂著作的译文。翻译此著作，夏鼐自有一层深意，他在“译者附注”中提到，“因为它可以指

① 施劲松、王齐：《夏鼐的学术与他的时代》，《南方文物》2015年第4期。

示我们一个研究国故的新方法，并且可以破除那种中国文字创始于‘伏羲画卦’‘仓颉造字’的荒唐神话，所以特为译出”，同时他将“其中有些术语及专有名词”，“一一注释在下面”（《文集》第五册，第 14 页），又反映了他对国内外语言文字学著作的熟悉。

在清华读书期间，夏鼐著有《魏文侯一朝之政治与学术》《秦代官制考》《读史札记：论北魏兵士除六夷及胡化之汉人外，似亦有中原汉人在内》《二程的人生哲学——读〈宋元学案〉札记之一》等文章，对上古时期“井田制”、中古时期秦代官制、南北朝民族关系、宋代思想学术等问题有所研讨。其中《读史札记》尽管对陈寅恪课程中的论点提出异议，却得到陈寅恪的称赞，批语称：“所论甚是，足征读史细心，敬佩！敬佩！”（《文集》第五册，第 326 页）后来夏鼐逐渐对中国近代史产生兴趣[①]，发表《洋书辨伪》《〈道光朝筹办夷务始末〉订误一则》《百年前的一幕中英冲突——拿皮耳争对等权的失败》《鸦片战争中的天津谈判》《中国近代史研究的资料》（译文）、《评蒋廷黻编〈近代中国外交史资料辑要〉》《评武堉干著〈鸦片战争史〉》《评萧一山著〈清代通史〉》《评陈博文著〈中日外交史〉》《太平天国前后长江各省之田赋问题》等文章，并时常得到蒋廷黻的称赞。[②]

夏鼐所作的历史学方面论文，主要特点有：第一，重视“考据”，但又不局限于考据，考据的目的在于做综合的研究。例如《秦代官制考》既有史料的详细考订，又对历史的长时段进行宏观思考。该文以《史记》中的材料为主，考证了秦代的三公九卿、博士等中央官吏、武官、郡县官吏，阐明秦代官制的来源和作用，最后认为秦始皇所创的官制“为后世所仿袭，历千余年而不衰，直到西洋的资本主义国家，用铁舰大炮击破了中国的闭关主义，中国的官制，才有根本的改革”（《文集》第五册，第 65 页）。夏鼐曾担任《清华周刊》文史栏主任，他在第 39 卷第 3 期“编后”中提到，“考据，这是研究史学一种必须的工具……我们认为考据并不是史学最终的目的。史学研究是多方面的，绝不是单方面的。考据不过其中一种工具而已”。夏鼐还

① 按：夏鼐在《〈中国考古学研究〉日文版序言》（写于 1980 年 7 月 22 日）中提到，“在清华大学历史系学习之时，我的兴趣是在中国近代史方面”，见《夏鼐文集》第四册，第 426 页。

② 有观点指出，夏鼐“不仅在时局激发和蒋廷黻的影响下选择了历史专业，并且师从蒋廷黻展开了近代史的研究工作”，“每有得意之作，均马上拿给蒋廷黻请求指点”（尹媛萍《从〈夏鼐日记〉看夏鼐与蒋廷黻的一段学术因缘》，《清华大学学报》2013 年第 5 期）；夏鼐“在清华最亲近的老师是蒋廷黻”，无论研究方向还是学术抱负，“皆受蒋氏所倡新史学指引”（戴海斌《清华园里的夏鼐与吴晗》，《读书》2015 年第 3 期）。

提及，《〈道光朝筹办夷务始末〉订误一则》一文的“要旨很简单，只是想证明这书中一件认作道光廿年七月廿二日琦善奏折的附件，实在是同年八月初九日奏折的附件”，“为了订正这样一点小错误，竟费了五六千言”，他自己也觉得“似乎是呆气太重”。不过，他作这篇文章的一个目的是想重新审视鸦片战争中琦善、林则徐的“形象”；另一个重要目的“是指示史料鉴定的必要和方法”，想写出他“作这考证时的思维过程”，“这是一种严格的考证法”。他认为“我们如果想把吾国史学建立在科学的基础上，则非先做这种吃力不讨好的工作不可。用谨严精密的方法，细心来搜集和鉴定史料，然后才能做综合的工作，将组织完美的历史显示于一般读书界”（《文集》第五册，第140～141页）。[①] 20世纪80年代初，夏鼐致信叶永烈谈及周处墓铝片问题时还强调“历史事实往往只能采用历史考据法，有时只能说‘不大可能’或‘很有可能’”[②]。考据是方法，目的在于更深入地探索历史事实。第二，能够及时把握史学发展动态，并根据实际情况提出自己的看法。“五四”以后，“科学”一词在学术界甚为流行。夏鼐在《清华周刊》第39卷第3期“编后”提到“科学对于现代中国是一样最重要的东西，我们应当努力研究，介绍”。译文《中国近代史研究的资料》的“译者附言”中，夏鼐认为“今后的吾国史学界必将以较多的精力，花在近世史的研究上面。历史研究的工作，当然需要史学家，但同时也需要丰富的史料以供他们的讨究。很可欣幸的，吾国近世史的史料很丰富，并且时常有新史料的发现”（《文集》第五册，第187页）。他在《评萧一山著〈清代通史〉》中还指出，“研究中国近代外交史，非多参考西文书籍不可”（《文集》第五册，第253页）。此后治学时，夏鼐仍时刻注意到“科学性”的重要性。他和谭其骧谈及《中国历史地图集》时提到衡量的标准在于是否符合“科学性”，即“是否符合于那时代的客观事实”[③]。第三，敢于怀疑、治学谨严。夏鼐不囿于旧说，通过扎实的考证，对胡适、钱穆、陈寅恪、蒋廷黻、萧一山等人的观点提出过不同意见。夏鼐学术批评的目的不

① 按：夏鼐曾与好友王栻谈论中国史学界情形，王栻指出：“垦荒时代的史学界，考据工作似不可缺少，因之不适于考证工作者，虽有综合之能力，亦英雄无用武之地，殊为可叹。”夏鼐认为：“王栻以综合史学偏向者以自命也，但此语确有一部分的真理。”参见《夏鼐日记》卷一，华东师范大学出版社，2011，第138页。

② 《夏鼐致叶永烈》（1982年12月15日）。此信函由中国社会科学院考古研究所研究员王世民惠赠复印件，特此申谢。

③ 《夏鼐致谭其骧》（1984年11月14日）。

在破坏，而在建设，为著者提供改善的意见，以备再版时加以补正。

夏鼐的早期治学思想是其整体学术思想的重要组成部分，其早期学术训练，为他日后在考古学领域的发展及理论思想的形成奠定了重要基础。从中国近代史的研究转而从事考古学的研究，虽然夏鼐一度认为自己能力、性情均不适合考古，但他“能够完全适应不同研究方向的转变”，与他早年所受的“广博的扎实的史学基础训练”密切相关；正是基于这种扎实、严谨、科学的史学方法和治学精神，他还能够从考古学的研究兼做古籍整理工作，其《〈真腊风土记〉校注》一书（“中外交通史籍丛刊”之一，中华书局，1981）“便是古籍整理方面的杰作”。[①] 夏鼐也明确指出，“考古研究工作跨入了‘历史时期’内，便要掌握狭义历史学中的大量文献和运用文献的考据功夫”（《文集》第一册，第377页）。即使在没有文字记载可资参考的史前考古学方面，严谨、客观的作法仍不可缺少。20世纪二三十年代，流行着诸多学术流派。夏鼐的成长自然离不开社会环境的影响，而从他的早期著述中，也可以看出他对“科学”“整理国故”“考据”“史料”“史观”等当时流行的词汇及思想观念的认识。如果参考早期的学术训练、日后取得的学术成果，夏鼐的经历与郭宝钧、李济、裴文中、梁思永、苏秉琦等人又呈现明显的不同。

其次，《文集》有利于进一步研讨夏鼐的考古学理论思想。

夏鼐在伦敦留学期间，对考古学的基本理论与技术方法、人类学方面著作尤为关注，并积极思考考古学理论问题。他注重借鉴外国考古学的“意解与方法”，以便回国后发展中国的考古学。[②]

1941年2月，夏鼐在讲演稿《考古学方法论》中谈及田野考古学方法、考古学与历史学之关系、国内考古学现状及发展方向等诸多重要问题，并从“方法论”的高度，指出“考古学家亦犹史学家”的表现，他认为考古学与历史学的“最终目的”相同，“即在重行恢复古人之生活概况，使吾人皆能明了人类之过去生活也”。这篇讲演稿起草于防空壕之中，夏鼐没有查阅书籍，讲述的都是烂熟于胸的考古学理念。

---

① 徐苹芳：《我所知道的夏鼐先生》，载中国社会科学院考古研究所编《夏鼐先生纪念文集》，科学出版社，2009，第108页。

② 按：夏鼐留学期间曾就转学埃及考古学事宜咨询过傅斯年。傅斯年的复信中提到“史前学”“埃及学”等“专科”，“在中国虽不能直接应用，然意解与方法，皆可取资”；“埃及学诚未如古代西方亚洲考古之可与中国考古发生直接关系，然其意解与方法，可资取证者多矣”，参见《傅斯年致夏鼐》（1936年5月8日），载《夏鼐文集》第四册，第444～445页。

1950年起，夏鼐先后任中国科学院考古研究所（1977年后隶属于中国社会科学院）副所长、所长、中国考古学会理事长等职，逐渐成为中国考古学界的重要组织者及领导者，这一时期也是他学术事业的“高峰期”，他从未停止过对考古学理论的思考及阐释。他撰写《田野考古序论》《〈实践论〉与考古工作》《考古学通论讲义》《考古调查的目的和方法》《田野考古方法》《什么是考古学》《考古学》等文章，系统论述了考古学的语源、定义、田野考古方法、学习及研究考古学的作用、考古学的目标、考古学与其他学科的关系、考古学简史等理论问题，为建立和完善中国考古学学科体系做出了重要贡献。随着全国各地的考古调查、发掘不断展开，许多新的考古发现骤然涌现，在此情况下，夏鼐于1959年发表《关于考古学上文化的定名问题》，又在1961年撰写《再论考古学上文化的定名问题》，及时讨论了什么是考古学文化、怎样确立和命名、考古学文化对于考古学研究的意义何在等迫切需要解决的理论问题。他关于考古学文化问题的探讨，对考古学理论、史前考古学等领域的研究，都有重要的推进作用，“尤其是对中国新石器时代的文化分布、类型划分和分期问题的研究起了重要的指导作用，使之出现新的局面”①。1962年，夏鼐发表《新国中的考古学》，通过对已有考古资料及研究成果的归纳，提出了考古研究应该注意的六个方面的基本课题：人类起源和人类在中国境内居住时间的问题、生产工具和生产技术的发展以及人类经济生活的问题、古代的社会结构和社会关系的问题、国家的起源和夏代文化的问题、精神文化（如宗教、艺术等）方面的问题、民族的族源及其发展的历史面貌问题。这些课题在很大程度上为中国考古学的发展指明了方向。一些课题即使在今天仍然没有完成，有待于考古学、历史学、民族学等领域的学者继续努力。

1949年以后，因为政权更迭，思想文化领域也发生重要变化。诸多学者都在思考如何学习辩证唯物论和历史唯物论并有效运用于具体学术问题的研讨之中。早在求学阶段，夏鼐就根据恩格斯《家庭、私有制和国家的起源》的理论，认为国家的起源“有时是经济发达的自然结果”。从夏鼐的阅读经历来看，他很早就开始关注马恩经典著作，新中国成立以后也经常阅读列宁、斯大林、毛泽东等人的著作，并运用唯物史观分析中国社会情形（尤其是中国原始社会的情形）。他在新的社会环境中学习唯物史观还是非常主动、自觉的，且于1959年加入中国共产党，认为入党这一天是“生命史上划时

① 王仲殊、王世民：《夏鼐先生的治学之路》，《考古》2000年第3期。

代的一天”①。作为新中国考古学界的“领军人物”，夏鼐在中国马克思主义考古学理论阐释及具体实践方面，亦有建树。1950 年，他撰写了《裴文中〈从古猿到现代人〉的商榷》一文。当时许多干部群众都在学习《社会发展史》，“从猿到人”是第一课，北京历史博物馆等处也举办了“从猿到人”社会发展史专题展览。夏鼐的文章用历史唯物主义的理论以及科学知识分析“从猿到人”这一主题，并且指出“我们学习《从猿到人》，不仅要知道劳动观点，懂得劳动观点，还要提高马列主义的‘学术’水平（理论水平），使我们有能力回答由旧的观点所提出来的各种问题”（《文集》第四册，第 286 页）。1952 年秋，他在第一届考古工作人员训练班上发表题为《田野考古序论》的讲演，指出考古学要有正确的观点和方法，“思想方法，或可以说研究方法，这便是马列主义的辩证唯物主义原理”；“唯物主义是了解和解释各种现象的理论”，具体到考古学领域，是“承认社会的物质生活是第一性的现象，不依赖人们意志而存在。……我们应当以物质的遗留为主体作为研究的对象，以恢复古代经济社会生活的真相为主要目标”，“承认客观真理的存在，并且可以由科学来认识它的规律”，而“人类社会发展史，便是这一类规律中最重要的一个”（《文集》第一册，第 51 ~ 52 页）。1953 年，夏鼐发表《〈实践论〉与考古工作》，认为“由感性到理性辩证唯物论的认识运动，对于认识一个遗物、一件遗迹是如此，对于认识整个古代社会也是如此”，“考古学是历史科学的一部门，它研究古代社会的发展规律，并根据这规律来指出历史的发展”（《文集》第一册，第 63 页）。1959 年 12 月，夏鼐在其著作《考古学论文集》“编后记”又指出：“我们要更进一层提高理论的水平，加强理论工作。我们要以马克思主义的世界观作为基础，多解决一些关键性的问题，以便建立起马克思主义的中国考古学”（《文集》第一册，第 492 页）。可以看出，夏鼐想致力于不断发展中国的考古学，以建立起“马克思主义的中国考古学”。他在后来撰写的《关于考古研究中的几个问题》《中国考古学的回顾与展望》《在中国考古学会第四次年会开幕式上的讲话》《考古工作者需要有献身精神》等文章中，亦不断阐明考古学田野发掘及具体研究的指导思想是“马列主义”。从夏鼐的日常阅读中，也可以看出他对马恩著作的熟悉程度，例如，1982 年 12 月，他为李作智《论我国的考古学发展新阶段》一文写了几点意见，“基本上不知历史科学在现下习惯不包括自然史。误引马恩《德意志意识形态》手稿中已删去的一段话（《全

① 《夏鼐日记》卷六，华东师范大学出版社，2011，第 15 页。

集》第3卷第20页)，这是误据人民出版社编辑部编的《马克思主义经典作家论历史科学》(1961年版) 作为第一章第一节的第一句引文 (第9页)”[①]。1984年，夏鼐与社科院相关领导谈话时，他也谈及“学术上马克思主义体系问题”[②]。后来他与王仲殊合写《中国大百科全书·考古卷》“卷首语”，明确提出“考古学研究的最终目标”：

> 作为一门历史科学，考古学的研究不应限于对古代遗迹、遗物的描述和分类，也不应限于鉴定遗迹、遗物的年代和判明它们的用途与制造方法。考古学研究的最终目标在于阐明存在于历史发展过程中的规律，而马克思列宁主义的历史唯物论便是指导研究这种规律的理论基础。(《文集》第一册，第252页)

在《中国大百科全书》中确定考古学研究的最终目标，可以体现当时学术界的“主流”看法，这一思想也影响着后来的言说。如李学勤认为：“考古学，以及与之密切相关的古文字学，是广义的历史科学的一部分，其目的在于重建已被湮没遗忘的古代历史，探索历史发展的规律。”[③] 张忠培强调“考古学属人文科学范畴，是历史学的有机组成部分”[④]，他在2013年中国考古学会年会上仍指出“主张并践行考古学是广义史学的一翼，是我们学术的宗旨”[⑤]。

从夏鼐的“考古学通论”等方面的著述可以看出，他对中国马克思主义考古学的理论阐释主要包括：指导思想方面，坚持和贯彻马列主义的指导思想；学科属性方面，考古学属于“历史科学”，即广义历史学的一部分，它与狭义历史学有着密切联系；研究对象及范围方面，不限于古代遗物、遗迹，也包括生产规模、技术水平等物质文化，还包括美术观念、宗教信仰等精神文化；研究目标方面，复原古代社会面貌的整体情形，阐明存在于历史发展过程中的规律。

夏鼐不只是对中国马克思主义考古学进行理论阐释，或停留在一般意义的“号召”层面，更重要的是将中国马克思主义考古学理念运用于具体

---

① 《夏鼐日记》卷九，华东师范大学出版社，2011，第204页。

② 《夏鼐日记》卷九，1984年4月28日，第351页。

③ 李学勤：《东周与秦代文明》，文物出版社，1984，序言第1页。

④ 张忠培：《中国考古学：走近历史真实之道》，科学出版社，1999，第297页。

⑤ 张忠培：《“中国考古学会第十六次学术年会暨第六届会员代表大会”开幕式上的讲话》，《考古与文物》2014年第4期。

的考古实践活动之中。在实践中不断深化及完善理论的阐释，做到具体实践与理论阐发的有机结合。1984 年，夏鼐发表《回顾和展望——〈考古〉二百期纪念》，指出："考古资料大量累积使我们有条件多做和做好专题研究和综合研究的工作。我们从前曾号召要建立马克思主义体系的中国考古学，但是现在仍是不能认为已有这样一个体系。我们今后不能停留于一般的号召，而是要真正运用马克思主义解决中国考古学中的理论问题和实际问题。"（《文集》第四册，第 424 页）夏鼐曾在考古所的一次"学习会"上，"讨论《实践论》之应用于业务方面者"[①]。他多次引用毛泽东《实践论》里所说的"只有人们的社会实践，才是人们对于外界认知的真理性的标准"[②]，认为"田野考古是'实践的'，不是空论"（《文集》第一册，第 54 页），"考古工作应做到科学化，系统化，是实践的不是空论"（《文集》第一册，第 70 页），"田野考古方法，只有在不断的实践中才会掌握和加以发展。换句话说，就是我们要在实践的过程中，亲自体验考古工作的全部过程，综合许多现象的、片面的、外表的、感性的认识，归纳起来，经过思考和分析，得出正确的、合乎社会发展规律的结论来"（《文集》第一册，第 87 页）。在具体研究方面，夏鼐指出，"历史唯物主义的社会发展史，在很大程度上，尤其是关于没有文献记载的远古时期，是从考古学的研究基础上得到阐明的"（《文集》第一册，第 277 页）。例如按照恩格斯的说法，原始宗教信仰的产生，应在旧石器中期发生，夏鼐认为"这可在墓葬上去求证明"（《文集》第一册，第 153 页）；在新石器中期，有的地方进入农牧分工，而恩格斯《家庭、私有制和国家的起源》指出农牧分工是在这个阶段，夏鼐以为"由于发现此时人的随葬品有武器、陶罐等，证明恩格斯'私有起于氏族社会末期'的说法，是完全正确的"（《文集》第一册，第 152 页）。另外，马克思曾认为，在东罗马帝国时，君士坦丁堡"在发现直通印度的道路之前，始终是个巨大的贸易市场"，并称之为"沟通东方与西方的黄金桥梁"。夏鼐在进行中外关系史的考古研究时，曾撰文指出咸阳底张湾隋墓出土的东罗马金币"这一枚标本，是铸造于君士坦丁堡的，但却出土于贸易桥梁的东方这一端的远达 1.5 万余里外的西安。这可以证明马克思的看法的正确性"（《文集》第三册，第 443 页）。

夏鼐关于中国文明起源问题的研究，亦是其考古学理论思想的重要组

① 《夏鼐日记》卷四，华东师范大学，2011，第 366 页。

② 详见《毛泽东选集》第 1 卷，人民出版社，1951，第 271～286 页。

成部分。中国考古学发展的早期，由于材料的匮乏，根本不具备系统考察文明起源的条件。文明起源问题的科学探索始于“疑古”思潮，与“疑古”思潮相对的片面信古的学者也大有人在。以郭沫若为代表的严谨的马克思主义学者在“疑古”思潮的影响下探索国家起源问题，但上限只能推到商周之际或商代；还有不少学者对传统古史传说体系仍抱有很大自信，因此将考古学文化与古史传说中的某个部族或某位帝王对应的风气也比较流行。经过20世纪40年代末到80年代初的发展，中国考古学体系基本确立，考古学材料的积累程度已经足以独立构成探索文明起源的证据链，可以为文明起源问题的探索提供新的道路。在此背景下，夏鼐于1983年3月在日本演讲时系统地阐述了自己对中国文明起源的认识，后整理成《中国文明的起源》一文。此文较少涉及理论争辩，也回避了中国古史传说体系，完全根据系统可信的考古学材料，在认为“文明”是“指一个社会已由氏族制度解体而进入有了国家组织的阶级社会的阶段”（《文集》第二册，第231页）的前提下，提出了判断文明起源的考古学依据——都市、文字、青铜器，对中国文明的起源进行了严谨科学的考察。此文在国内外学术界产生了重要影响，其结论被广泛接受。夏鼐确立的都市、文字、青铜器这三个标志和二里头文化晚期这个基点，成为此后中国考古学者考察文明起源问题的基本认识。夏鼐此文，开风气之先，使“中国文明的起源”或与此类似的题目，成为中国考古学、古史学界热烈讨论的一个论题。① 以此为标志，中国考古学者开始大规模系统地思考中国文明起源问题。

长期以来，一些学者（尤其是一些西方学者）认为中国考古学侧重田野发掘及资料的积累，理论阐释方面则显得“无力”。事实上，以夏鼐为代表的中国考古学者，在大规模田野发掘的基础上，不断更新和完善中国考古学理论体系。因此研究夏鼐等人的考古学理论思想，进而思考中国考古学理论的发展，仍然是十分必要的。

最后，《文集》可以为研究中国现代考古学发展史提供重要的素材。

20世纪50年代以后，中国考古学才逐渐进入学科体系层面的发展阶段，至今已有60多年的发展历程，因此从“学术史”的角度梳理中国现代考古学发展史，不仅对当今考古学学科建设还是前景规划，都有积极的参考意义。夏鼐作为“20世纪下半叶新中国考古学的创始人”，“从理论、方法、

① 参见张光直《论“中国文明的起源”》，《文物》2004年第1期。

技术、实践，包括各种规章制度等方面，对我国考古学都产生过巨大影响”[①]。他主持新中国考古工作三十多年，“为中国考古学发展引航掌舵”[②]，因此我们可以从他的学术经历中，深切感受中国现代考古学发展的脉搏。

1950 年以后，随着考古发掘工作的不断开展以及考古资料、研究成果的不断累积，夏鼐适时撰写《中国考古学的现状》《新中国成立十年来的考古新发现》《新中国的考古学》《六十年代前期的中国考古新收获》《六十年代后期的中国考古新收获》《三十年来的中国考古学》等文章。这些文章不是一般意义上的“综述类”文章，而是具有鲜明的问题意识，及时总结一段时间内考古发掘的收获，分析其中的不足，并且提出以后努力的方向。他还主编《新中国的考古发现和研究》（文物出版社，1984）、《中国大百科全书·考古卷》（中国大百科全书出版社，1986）等书，组织诸多学者对考古研究成果进行系统、全面的总结。在学科建制方面，夏鼐亲自给考古工作人员训练班、北京大学历史学系考古专业学生等授课并编写讲义，组织建立中国考古学会并多次发表讲演。这些著述，都是研究中国现代考古学发展史的重要材料。

同时，夏鼐曾撰写相关评论、追悼、回忆类文章，包括郭沫若、吴金鼎、梁思永、郑振铎、马衡、尹达，以及外国学者叶慈（Yetts）、柴尔德（Childe）等人，在弄清楚他们生平史实的基础上，正确评价他们在中国考古学发展史上的贡献。中国考古学的发展以及取得的成就，离不开诸多学人的努力，如何评述他们的生平事迹以及学术贡献，是研究中国考古学史的重要课题。从夏鼐对多位学人学术贡献的评述入手，可以考察中国考古学发展与不断前进的轨迹。也许夏鼐一个人的特殊经验和身份不能很完整地展现中国现代考古学的发展面貌，但是夏鼐及相关学人的互动可以更为清晰地反映中国考古学发展的整体面貌以及他们所处的广阔时代背景。

总之，《文集》不管是对夏鼐学术经历及思想观点、中国现代考古学发展史的研究，还是对考古学与历史学理论关系及学科建设的思考，都有十分重要的意义。研读《文集》时，也可以用比较阅读法，参照阅读《考古学家夏鼐影像辑》（中国社会科学出版社，2011）、《夏鼐日记》（华东师范大学出版社，2011）、《夏鼐日记·温州篇》（华东师范大学出版社，2013）以及

---

① 汤惠生：《夏鼐、苏秉琦考古学不同取向辨析》，《中国社会科学》2017 年第 6 期。

② 参见王世民《为中国考古学发展引航掌舵——考古学家夏鼐的学术人生》，载《考古学史与商周铜器研究》，社会科学文献出版社，2017，第 155～189 页。

其他学人的相关著述，以便更为全面地了解中国考古学发展历程。

《文集》精心编校，按照所论问题的性质即学科分支分编，同一类别内再按写作时间先后排列，寻绎其内在关联的脉络，勾勒著者学术思想体系。尤其是根据著者手稿或自存校订本编入，每篇著作都标出底本、参校本源流情况，使读者对著作的版本变化有一个清晰的了解。当然，《文集》的编辑也留下了少许遗憾。比如第一册第 60 页、第一册第 207 页、第五册第 132 页的注释未核对准确。夏鼐于 1932 年担任《清华周刊》文史栏主任，曾撰写第 39 卷第 3 期、第 8 期“编后”。前者阐明“学术化”是所应坚持的一项重要办刊标准；后者指出此期刊物编次准则及各篇文章“亮点”，他不仅对该期钱穆、顾颉刚的历史类文章评论得当，亦能阐发朱自清、郑振铎的文学类文章的学术价值。《清华周刊》第 39 卷第 3 期刊有吴晗《读史杂记：明史》一文，从缺佚、误文等十个方面指出《明史》的疏漏之处，夏鼐撰写“编者按”附在文末，从体例的角度对吴晗文章提出商榷意见。这两篇“编后”以及吴晗文末的“编者按”，《文集》均未收录。夏鼐担任《清华周刊》文史栏主任的经历，为他后来主编《考古学报》、《考古》积累了经验。他切实担当主编职责，审阅来稿、校阅样刊，有时也以撰写“跋”“读后记”“编者按”等形式提出不同意见或新问题。《文集》已收入夏鼐在《考古学报》、《考古》发表的多篇“跋”或“读后记”，但《“从榆林窟壁画耕作图谈到唐代寺院经济”读后》（载《考古通讯》1958 年第 5 期）、《汉魏洛阳城刑徒坟场调查记》（载《考古通讯》1958 年第 6 期）两篇文章末尾夏鼐撰写的“编者按”，以及《四川考古论文集》（郑德坤著，剑桥大学出版社，1957）一书的“书评”（载《考古通讯》1957 年第 5 期），《文集》并未收录。1964 年 10 月，夏鼐选编的《中国原始社会史文集》由天津历史教学社出版，该书“序言”“编后记”由夏鼐所作，《文集》收录了此“序言”，但并未收录“编后记”。此“编后记”也具有重要的史料价值，理应收入。在“编后记”中，夏鼐除了谈及编书的一些情况外，主要探讨了三个问题：（1）“什么是原始公社制度”；（2）如何研究中国古代的原始社会史；（3）关于“史前”一词的使用问题及它与“原始社会”一词的关系。夏鼐从考古学的角度，深入探讨“原始社会史”的有关问题，他的观点即使在当今学术界也有重要的参考意义。《文集》第一册“出版说明”中提到，这部《文集》“不是无所不包的全集，也不是仅收名篇的选集，而是力求全面反映夏鼐先生毕生学术研究成果的一部集子”。但上述“编后”“编者按”“书评”“译文”，也反映了夏鼐的治学思想，若收入《文集》中，对了解他的毕生学术研究成果亦有帮助。

外国史学研究

德性语言与学者角色：西方史学理论的新议程

——以赫尔曼·保罗的相关论述为中心

况明祺

（北京师范大学历史学院，北京　100875）

摘　要：近来，西方历史哲学界出现一股潮流，关注起以往历史哲学忽视了的历史学家的行为过程，聚焦于“什么是历史学家”这一问题。在这种趋势中，荷兰史家赫尔曼·保罗提出将德性语言引入历史哲学领域中分析历史学家的行为，并在角色理论的启发下构建起以德性为核心的“学者角色”的概念。他的史学理论体现了西方史学理论界中的新研究议程。德性语言与学者角色是一种概念工具而非判定标准，有着主体性的特征。它在反思历史学学科规范与自律性方面有着启发意义，同时它也为审视中国史学提供了一个新视角。

关键词：史学理论　德性　学者角色　史家　赫尔曼·保罗

世纪之交的几年中，美国《历史与理论》杂志以“后现代主义之后的研究议程”[①] 为主题，呼唤经历了“叙事转向（narrative turn）”[②] 的历史哲学开拓新的领地。近来，西方历史哲学家受到科学哲学中“施为转向

---

① “Agenda After Postmodernism” 在 1997～2001 年为《历史与理论》（*History and Theory*）的主要议题。参见 https：//www.historyandtheory.org/archives/archives8.html#dec2001，最后访问日期：2019 年 12 月 25 日。

② 有的人也把“叙事转向”称为“修辞转向（rhetoric turn）”或“语言转向（linguistic turn）”。参见彭刚《叙事的转向：当代西方史学理论的考察》，北京大学出版社，2017。

(performative turn)"[①] 的启发，关注到过去以解释与叙事为中心的历史哲学所忽视的东西：历史研究过程中的历史学家行为。他们留意历史学家行为是因为对“什么是历史学家”这一问题的关注。后现代主义历史哲学并未思考回答这一问题，但这一问题却关乎历史学自身的学科性质而不容忽视。荷兰历史学家赫尔曼·保罗（Herman Paul)[②] 即针对这一问题，使用德性语言（virtue language）并提出“学者角色”（scholarly personae）的概念来分析历史学家的行为过程（doings)。目前，“学者角色”概念得到西方史学理论界的认同，逐渐形成一股潮流，产出了许多研究成果。[③] 本文即旨在介绍德性语言与学者角色概念，观察西方史学理论界的这一新动态。

一

赫尔曼在提出“学者角色”这一概念之前，先将德性（virtues）这一概念引入到历史哲学中，并将其作为分析历史学家行为实践的概念工具。德性概念属于伦理学的范畴，它的基础含义源自于古希腊亚里士多德的实践科学（包括伦理学和政治学)。亚里士多德将德性与目的论（teleology）联系起来，认为人的实践是一种以幸福为终极目的和导向的行为，追求幸福是人的自然倾向。人具有理性这一“分辨是非善恶并趋善避恶的”独特自然能力，当理性指导人追求幸福的行为时，理性便成为德性。[④] 德性表

---

① 有关科学哲学中“施为转向（performative turn)”理论可以参见 Andrew Pickering, *The Mangle of Practice: Time, Agency, and Science* (Chicago and London: Chicago University Press, 1995)。施为转向（performative turn）的重点在于对施为主体认识的转变：长期以来，科学哲学研究仅关注人类的能动性而忽视了机器的“能动性”，没有认识到正是通过各式各样的机器，人类才能完成超出自身能力的事情。参见 Andrew Pickering, *The Mangle of Practice: Time, Agency, and Science* (Chicago and London: Chicago University Press, 1995), p. 6。

② 赫尔曼·保罗（1978～)，荷兰莱顿大学历史学教授，2019 年 1 月起担任莱顿大学人文历史学讲席。2006 年毕业于格罗林根大学，获博士学位，师承格罗林根大学历史学教授弗兰克·安克斯密特。主要研究方向为史学理论与近代欧洲史学史。主要著作有 *Hayden White: The Historical Imagination* (Cambridge, UK: Polity Press, 2011); *Key Issues in Historical Theory* (New York and London, Routledge, 2015)。

③ 伊恩·亨特（Ian Hunter)、特拉维斯·E·罗斯（Travis E. Ross)、卡米尔·克莱顿（Camille Creyghton）等十位学者都使用学者角色的概念研究“如何成为一名历史学家”问题。参见 Herman Paul ed., *How to be a Historian: Scholarly Personae in Historical Studies, 1800～2000* (Manchester: Manchester University Press, 2019)。

④ 赵敦华：《西方哲学简史》，北京大学出版社，2012，第 89 页。

现了人灵魂方面的优秀，但是人的灵魂同时具有理性与非理性的部分，与之相适应的是理智德性（intellectual virtues）和道德德性（moral virtues），前者在教育训练中获得，后者则通过习惯养成。[①] 简单来说，理智德性是人在追求理性目的行为中努力获得并保持的能力、特长、品质等。一直以来，哲学领域中存在着伦理学与逻辑学的区分。人的实践行为是前者研究的对象，人的思想或知识体系则是后者的研究对象。但是两者的区分并不是截然的："认识在某种意义上也是一种行为，而且作为被伦理学所研究的那种行为（或者至少包括着）某种认识"[②]。在此基础上，哲学领域中产生了德性知识论（virtue epistemology）这一分支。知识论是探讨知识的逻辑学，德性知识论抓住知识的产生和获得乃是人的目的行为这一点，将伦理学中的德性概念引入进来。知识是被确证的真实信仰，它的获得和被认知本质上是人的一种目的行为，而德性就体现在人的目的行为当中，其中那些以知识为目标的德性即是认知德性（epistemic virtues）。[③] 认知德性是在人以知识为目标的理性活动中的德性，属于理智德性范围之内。在对认知德性的理解上，哲学界目前存在两种观点。一种认为"知识是认知能力的产物，赋予一个主体需要赋予他相关的认知能力（cognitive abilities）"[④]，认知德性表现为认知能力。另一种则认为认知德性表现为主体的人格特质（personality traits），如理智勇气、发散思维等，这些特质帮助人能够进行认知活动并获得知识。[⑤] 赫尔曼引入历史哲学领域的德性语言便是包括后一种观点认识下的认知德性在内的理智德性。[⑥]

赫尔曼引入认知德性的契机是他发现史家常常使用理智德性的术语来描述历史学家。他列举了一连串从远及近的例子：朗格诺瓦和瑟诺伯斯合

① 冯契主编《哲学大辞典》，上海辞书出版社，2007。

② 〔英〕柯林武德：《历史的观念（增补本）》，何兆武、张文杰、陈新译，北京大学出版社，2010，第5页。

③ 陈嘉明：《德性知识论》，《东南学术》2003年第1期，116～123页。

④ 于小晶：《强德性知识论的认知难题及其解决路径》，《自然辩证法研究》2019年第6期，第9页。

⑤ Jason Baehr, "Character, Reliability, and Virtue Epistemology," *Philosophical Quarterly* 56 (2006): 193.

⑥ 赫尔曼教授开始使用认知德性这一术语，后来更多的使用理智德性这一术语。与认知德性相比，理智德性的范围更广，而历史学家的行为不仅仅局限在认知，因此理智德性更能涵盖历史学家的行为。

撰的富有盛名的《历史研究导论》[①] 所说的“准确”“谨慎”“公正”的“科学精神”；约翰·马丁·文森特（John Martin Vincent）1911 年出版的研究指南[②]中对历史学学生远离“懒惰”“偏见”的谆谆教诲；近来罗伯特·威廉（Robert C. Williams）广受欢迎的工具书[③]中随处可见的“小心仔细”的告诫；同时评论家们在他们的文章中也广泛使用这些词汇对历史学家作出评价。[④] 这些术语都是有关历史学家的，形容的都是他们的人格特质。从德性认知论看，它们都是认知德性或其反面（vices）[⑤]，在历史研究活动中通过规范历史学家来帮助历史学家获得历史知识。遍布于各类手册/工具书和评议文章中的认知德性语言表明“个人特质在获取学术知识的活动中扮演着重要的角色”[⑥]。这样看来，认知德性乃是历史研究中认知主体（历史学家）的规范性质，那些被认为是正确的历史研究行为体现着历史学家的认知德性。

历史学家的认知德性不是与生俱来的，而是在教育训练——历史学学科培养——中获得的。根据历史学的学科特点，赫尔曼提出了历史学中认知德性的三个特点：互动性、多样性、历史性。首先，认知德性是“谈判（negotiations）”的结果。这里“谈判”的双方是历史学领域中的“新来者”——学生——和他们的师长。老师教育训练新进的学生，培养他们的研究技巧、工作习惯、个人品质等，学生遵循师长的指导，习得那些正确的认知德性。但这一过程并不是机械的，学生作为主体在学习过程中无疑有能动性，会吸收、解释甚至改变对那些认知德性的理解。因此，这里存在主体间的互动。其次，历史学科中，认知德性的习得与运用与具体的实

① 该书最初以法语出版，有英译本 *Introduction to the Study of History*, trans. by G. G. Berry (New York: Henry Holt & Co., 1932)，中译本《历史研究导论》，李思纯译，中国人民大学出版社，2011。

② John Martin Vincent, *Historical Research: An Outline of Theory and Practice* (New York: Henry & Co., 1911).

③ Robert C. Williams, *The Historian's Toolbox: A Student's Guide to the Theory and Craft of History*, 2nd ed. (Armonk, NY, and London: M. E. Sharpe, 2007).

④ Herman Paul, “Performing History: How Historical Scholarship is Shaped by Epistemic Virtues”, *History and Theory* 50 (2011): 6.

⑤ 德性反面指的是德性的对立面，如懒惰之于勤奋、偏见之于公正等，德性是人目的行动的促进因素，而反面则就是阻碍因素。德性与德性反面的关系问题上，赫尔曼并未进行探讨，他将德性及其反面都看作属于宽泛意义上的德性范畴，与哲学有所不同。

⑥ Herman Paul, “Performing History”, *History and Theory* 50 (2011): 9. 本文中关于赫尔曼教授的言辞，除作特别说明的，均为笔者自译。

践息息相关。历史学中有许多不同的研究方向，各个研究方向所要求的研究技巧、模式、才能不尽相同，譬如经济史研究与观念史研究。因此，具体实践中的认知德性各不相同。历史学科的广袤天空中漂浮着各式各样的德性云彩。再次，认知德性是历史的，因时代与位置不同而改变。根据罗琳·达斯顿与皮特·盖里森对科学中的实践与德性的研究，诸如“客观”“真实”“准确”等德性都有着明显的历史特性。① 历史学与之类似，比如说“客观”在中世纪体现的是对上帝的信仰，在近代则是对科学的执着。

历史学中认知德性（它们也都是理智德性）的多样性和历史性的特点表明，不同的历史实践有着不同的理智德性；同时，不同时空下的历史实践的理智德性也不相同。例如，研究兰克个人与研究19世纪欧洲各国经济活动两种历史研究，尽管它们都要求“准确（accuracy）”，但前者还需要如实的综合，而后者需要冷静的分析；更不必说古代中国和西方中世纪的历史实践与现代历史研究两者中相去甚远的理智德性。② 但是，这种差异是程度和重点维度上的差异，而非种类上的不一致。的确，无论什么样的历史研究，都不会宣称排斥“准确”“仔细”“谨慎”“同情”等德性，但在实际中，历史学家会更倾向于某些德性。比如兰克研究相比经济史研究无疑会倾向“同情”这一德性，而后者则会对“仔细”这一德性有着更高的要求。自然地，这一倾向导致在具体的历史研究中，一些德性位在另一些德性之前。这种程度上的德性间不等表明在历史学家那存在着一种德性的等级制——理智德性等级（hierarchies of intellectual virtues）。值得注意的是，理智德性等级体现的是历史实践中各种德性的优先程度，而非取舍。赫尔曼就强调它绝不意味着“一张检查清单（checklist），一张历史学家对各种德性进行去取的清单”③。相反，居于等级制中的德性都是历史研究所需要的，它们都在历史实践的过程中有所体现。我们对历史学家德性的观察关键不在于他们是否表现了德性，而在于他们将德性表现到何种程度。同样的，这一等级制具有多样性与历史性。兰克研究与19世纪经济史研究的例子已经表明了这一点。接着赫尔曼指出理智德性等级的性质源于历史编纂情境（historiographical situations），其中涉及著作类型，历史学家

① Lorraine Daston and Peter Galison, *Objectivity* (New York, Zone Books, 2007).

② Herman Paul, "Weak Historicism: On Hierarchies of Intellectual Virtues and Goods," *Journal of the Philosophy of History* 6 (2012): 370－371.

③ Herman Paul, "Weak Historicism", *Journal of the Philosophy of History* 6 (2012): 377.

研究的问题，文献状态三个方面。[①] 历史编纂情境是历史学家进行研究活动无法回避的因素。历史学家必然要考虑自己研究什么问题，研究面临的材料如何，以及最后写出哪一类的书，是理论专著还是面向公众的读物抑或是针对后学的教科书等方面。这种复杂的情境要求历史学家实践不同的理智德性，构建起相关的理智德性等级。

赫尔曼对理智德性等级给出了历史主义式的解释，将其落脚在情境上，从而解释了为何不同的历史实践会因所处位置而拥抱不同的理智德性。但很快，他发现这种回答面临着困境。一方面，如果不同的理智德性等级都是正当合理的，那么早期古希腊时的命定历史、中世纪时的神学历史、18 世纪时的普遍历史都是自然合理的，这样一来，当下的历史研究与它们之间并无什么可比性，从而导致了相对主义式的不可知论；相反，如果无视这种历史性而简单地否定过去，那么就导致一种对史学本身的陌生，希罗多德、修昔底德、奥古斯汀、麦考莱等重要史家将不再有意义，因为当下的历史学家从他们那无法学到什么，而这就与他们被视作重要史家的实际事实相矛盾。赫尔曼为了摆脱这一困境，提出了理智成品等级（hierarchies of intellectual goods）的概念。理智成品是“理智研究的目标，即历史研究想要表达的东西”[②]。前面提到过，德性与目的论相联系，亚里士多德就认为“德性确保目的正确”，“德性显示目的”[③]。因此，这里的理智成品是理智德性的目的。赫尔曼即把历史学家的德性定义为“是历史学家在追求历史学问这一价值目的时的行为特质”，“德性显示出目的，反映了历史学家将哪些目的视作优秀的历史研究行为应有的”[④]。但与亚里士多德不同，亚里士多德的德性有着终极的目的，即作为至善的幸福；赫尔曼则将终极式的目的链条移除，代之以历史的优先程度式的目的等级。理智德性等级与理智成品等级间的关系，并不像数学上两种集合间的映射关系那样简单，可以通过某个函数清楚地表达出来。相反，它们间的关系是交错对应的：一个目的的实现会要求多种德性，一种德性也可以同时用于实现各种目的。例如，“真实”这一成品便对应着“准确”“谨慎”“公正”等多种德性；同样“公正”这一德性也不仅仅指向“真实”，它也可

① Herman Paul, “Weak Historicism”, *Journal of the Philosophy of History* 6 (2012): 375.

② Ibid, p. 381.

③ 转引自赵敦华《西方哲学简史》，第 91 页。

④ Herman Paul, “What is a Scholarly Personae: Ten Theses on Virtues, Skills, and Desires,” *History and Theory* 53 (2014): 359, 360.

以同时指向“神圣”“教化”等不同成品。同时，各种德性（或反面）之间也是相互影响的，它们的“意义与相对重要性只能在考虑到它们的相互依靠时才能确定”①。

理智成品等级表明历史研究的目的不仅仅只有一个。如兰克研究不单是为了获得对兰克个人形象的理解，同时也是为了获得对历史研究方法的认识；战争史的研究不单是为了明晰作为历史事件的战争的真相，它也是为了反思战争带给人类的后果；经济史的研究不单是为了认识某一时期社会的经济状况，更是希望从其中发现过去忽视的历史真实。同德性等级一样，成品等级体现的是一种优先性而非对成品的取舍；但有所不同的是，德性等级依历史情境而定，成品等级中却有且仅有一个固定的最优先者——历史理解（historical understanding）。历史理解乃是对过去的一种洞察力，那些将历史理解作为第一成品的历史学家意在“增强他们可靠地叙述过去事实状态的能力”；他们的首要目标是“抓住过去的世界是怎样一种形象”。② 赫尔曼将历史理解固定在第一位上，认为只有把追求历史理解作为首要目的的历史研究才能被视作是学术性的。③ 赫尔曼通过这样一种方式回避了上述的那种困境：在历史的成品中存在有一种非历史的东西，即历史理解。尽管历史学家的理智德性行为是情境的，但是历史学家首要的理智目的是非情境的；过去那些历史行为中以历史理解为首要目标的才是历史学的。这样一来，历史化了的史家行为碎片借助一条名为历史理解的线条得以勾连。因此，赫尔曼将他的这一立场称为“弱历史主义（weak historicism）”，即在历史的个别的之中存在有唯一的非历史的普遍的东西。他试图以这样一种方式保持自己的历史主义立场的同时避免落入到相对主义的陷阱中去。

历史理解是20世纪以来历史哲学中的重要观念。克罗齐、柯林武德等历史哲学家都道出历史学的要义在于当下与过去的关系④，而对两者关系

---

① Herman Paul, “Virtue Language in Nineteenth - Century Orientalism: A Case Study in Historical Epistemology,” *Modern Intellectual History* 14, 3 (2017): 689.

② Herman Paul, “Weak Historicism”, *Journal of the Philosophy of History* 6 (2012): 381. 在这里，“历史理解”中“理解”是描述历史学家设计他们历史研究目的观点的术语。参见 Aviezer Tuker ed., *A Companion to the Philosophy of History and Historiography* (Chichester: Wiley - Blackwell, 2009), pp. 142 - 151. 它是非历史的，用以确保历史学家追求历史的“真实”。

③ Herman Paul, “Weak Historicism”, *Journal of the Philosophy of History* 6 (2012): 385.

④ 赫尔曼在自己的著作“史学理论中的关键问题”中将史学理论定义为“对人类如何与过去相联系的概念分析”: Herman Paul, *Key Issues of Historical Theory* (New York and London, Routledge, 2015), p. 14.

的探究需要一种难以言说的理解力[①]。这些都是对历史学家如何认识过去的思考，为了更好地认识过去，历史学家需要理解，而只有对过去真实的理解才是历史学的，这是历史学的底线所在。赫尔曼通过这样的设定来为历史化的德性与目的拴上一根链条，以免其走得太远而使得历史学成为一团混沌。他这一设定的目的在于规避相对主义的风险，而非自己划定出某种普遍的标准[②]。一方面，赫尔曼将历史学家的行为置于历史情境当中；另一方面则对作为学术的历史学给出了一个非相对主义式的回答。德性语言运用的根本在于回到历史情境中观察历史学家的行为，看他们是如何回答“什么是历史学家”这一问题的。在这个意义上，德性语言即是概念性的工具，远非一种理论性的标准。

二

“学者角色”中的“角色”（personae）一词从词源学上看来自拉丁语，本来是“面具”（masks）的意思。“面具”一词从古希腊罗马到现代经历了词义的转变。在现代语境下，面具意指对真实的遮挡，通过它来掩盖自身的身份。在古希腊罗马时期，面具用在戏剧表演中，作为戏剧仪式之神的象征。尼采就指出“希腊悲剧在其最古老的形态中仅仅以酒神的受苦为题材，而长时期内惟一登场的舞台主角就是酒神……在欧里庇得斯之前，酒神一直是悲剧的主角，相反，希腊舞台上一切著名的角色普罗米修斯、俄狄浦斯等等，都只是这位最初主角酒神的面具”[③]。面具与神性相连，戴上面具就意味着成为酒神的化身，从而获得对受苦的自我认同。因此，面具的古代含义意指一种身份的制造，通过它获得一种真实的自我认同。借用这一古代含义，罗琳·达斯顿与奥托·斯巴姆把“角色”这一概念定义为某种类型化了的人，不是实体论意义上那种有血有肉的人；它

① 爱德华·卡尔（Edward Carr）形容这种理解力为“一种富有想象的理解力”。〔英〕爱德华·卡尔：《历史是什么》，陈恒译，商务印书馆，2007，第108页。

② 在某种意义上，历史理解带有一种标准的韵味，但是这一标准过于宽泛而难以分析复杂的历史学家行为。同时，赫尔曼教授承认作为一名大学教授，在对学生论文进行考核与招生时会自然地有着一种预设，即对“专业的”和“非专业的”划分的标准。但他希望在研究过去的史学时尽量排除这种当下标准的设定，集中关注过去的史家的区分，而非以自己的标准凌驾在过去之上。因此从这一点看，赫尔曼对历史理解的设定主要意在摒弃相对主义，调和历史学家历史的情境的行为与非相对主义的历史学学术解释。

③ 〔德〕尼采：《悲剧的诞生》，周国平译，上海三联书店，1986，第40页。

“居于个人传记与社会制度的中间：是一种文化认同，能够同时在身体和心灵上塑造个体并创造出一个具有生理特征的共同体”①。一方面，角色不等于个体的简单集合。角色的形成有一个类型化的过程，在这一过程中，个体中的同质性相融合，异质性被排除，最终达到的是对共性的认同。例如“酒神的面具”代表着对受苦的认同。另一方面，角色不同于社会制度。社会制度是一种强制且普遍的认同，生活在社会中的人都不得不遵循它，而角色仅是部分人自愿地达成的认同。

赫尔曼在此基础上将“学者角色”定义为理想类型化的学者自我模范（models of scholarly selfhood），即“拥有在学术研究中那些至关重要的能力、态度、气质的模范”②。毫无疑问，学者角色这一概念表现着历史学家的专业角色身份（professional role identities）。在内部，作为个体的历史学家们共同认为作为历史学家应当具备哪些能力和气质，他们通过对具有这些能力气质个性的模范的认可形成历史学家这一身份的认同；在外部，社会其他人则以该种个性模范对历史学家进行标识。值得注意的是，作为理想类型化的学者角色类似于一种“想象的共同体”，是“历史学家们为了成为‘真’历史学家而适应的被一起认同了的模范”③。但同时在实际中，学者角色往往又与那些真实历史上富有名望的历史学家——古希腊的希罗多德、修昔底德，古代中国的司马迁、班固，近代的兰克、傅斯年等——相关联起来。后来的历史学家们将学者个性以标签式的方式加之于他们之上，同时授予他们诸如“历史之父”“历史科学之父”等隐喻式的称号④，将他们理想化。这些“真实”的历史学家成为完美理想的历史学家的化身，一如希腊悲剧中普罗米修斯、俄狄浦斯那样成为酒神的化身。学者角色正是这种虚实之间的“面具”。

在这里，可以看到学者角色的复数性与变化性。正像“完美”的历史学家不止一位，自然地，学者角色是复数形式且变动着的。例如中国古代史家与经过科学化洗礼后的历史学家眼中的学者角色自是不同的，追随兰克的历史学家与追随布克哈特的历史学家眼中的学者角色明显也是有很大

---

① Lorraine Daston and H. Otto Sibum, “Introduction: Scientific Personae and Their Histories,” *Science in Context* 16, no. 1 - 2 (2003): 2.

② Herman Paul, “What is a Scholarly Personae,” *History and Theory* 53 (2014): 353.

③ Herman Paul, “What is a Scholarly Personae,” p. 354.

④ Herman Paul, “Fathers of History: Genealogies of The Historical Discipline”, *Storia della Storiografia*, 59 - 60 (2011): 224 - 230.

差异的。这表明不同时空坐标下的学者角色是会变动的。但同时，这一变动不是时刻发生着的。作为历史学家群体共同的理想类型化的模范，个人的喜恶变化不会对学者角色构成扰动。学者角色的变动标志着群体性的转变，这种群体性的转变无疑不会在时刻刹那间发生。

但是，与达斯顿、斯巴姆以及伊恩·亨特①不同的是，赫尔曼对学者角色的定义具有更广泛的内涵。学者角色对于历史学家的影响不单表现在历史学家这一专业身份上，它同时在更基础的层面上影响着历史学家自我气质（dispositions）的培养。学者角色的气质包括态度、个性特征、能力等多个方面，它们超出了“专业”的范围，而与历史学家个人紧密联系。这些诸如能力、态度、品性等气质要素都植根在了历史学家的个性中，不仅仅表现在专业角色身份里。历史学家个人在社会中不是仅有历史学家这一专业身份，他同时还有着其他身份，如父母、政客、教师等等。历史学家个人的气质在脱离历史研究工作时会继续发生作用，作为个人自我的一部分，会自然地显露出来。因此，赫尔曼对学者角色做出了两个限定：学者角色同时是与其他角色共存的；在外部，学者角色与其他角色之间是相互影响的。② 学者角色的气质就犹如干细胞，它们在历史学家体内生长分化，流淌在血液和器官中，遍布历史学家的各个部位。历史学家在工作生活中就会自然地显露出它们来。由此，学者角色之于历史学家远超“专业”这一狭隘的限定，而是根本上与历史学家的主体性质相联系，影响着主体的行为。

学者角色的个性气质中可以区分出“德性”与“技巧”（skills）两种不同的范畴。虽然技巧与德性类似，都是在行为中努力获得的，但是技巧源自某一具体项目和工作的需要，表现为对某一技能的掌握。比如说，社会经济史研究中要用到数据分析处理的技能；出土文献研究中要用到古代文字辨识的技能。至于诸如“专业般精准”“认真且细心”“缜密的批判”等这些气质描述的并非技能，而是历史学家的学者角色的主体特质。这样，学者角色将德性语言纳入其中，德性成为学者角色的“标志性特征”③。变化的学者角色也与具有互动性、多样性、历史性的德性相匹配。

① Lorraine Daston and H. Otto Sibum, “Introduction: Scientific Personae and Their Histories,” *Science in Context* 16, no. 1 - 2 (2003): 1 - 8; Ian Hunter, “The History of Philosophy and The Persona of The Philosopher,” *Modern Intellectual History* 4, 3 (2007): 571 - 600.

② Herman Paul, “What is a Scholarly Personae,” *History and Theory* 53 (2014): 356.

③ Herman Paul, “What is a Scholarly Personae,” p. 350.

学者角色的区分也需要利用德性的目的指向性，即成品。历史学家的研究追求的成品有很多：历史真实、文明教化、民族特性等等，往往这些成品还都是并行不悖的。中国古代历史实践中“求真”与“名教”的共存即是很好的证明。学者角色的区分就落脚在这些具体的成品之上，这些成品乃是学者角色的“集体承诺（constellations of commitments）”。每个学者角色都追求大大小小的理智成品，每个具体的成品就犹如一颗恒星，这些成品聚在一起就形成了星云，成为一个集体，代表着学者角色的承诺。因此对学者角色的标识在于辨清他们所致力的具体成品有哪些。学者角色的存在感建立在个体性的特征成品上，那种从诸如“知识”“理解”等普遍性类别式的成品观察方式反而增加了学者角色的模糊感。其中关键的一点是，集体承诺往往都是在学者角色间的比较争锋中彰显出来的。例如女性主义历史学家的学者角色与其他学者角色相比，其突出的集体承诺就是对男性话语的反抗。①

到这里，赫尔曼已经表明了学者角色的多样性与变化性。在最后，他指出学者角色特性背后的动因在于人的欲望（desires）。他认为“德性、技巧和追求的事物都植根于人的欲望当中”②。基于行为的信念-欲望模型③，人有意图的行为是出于对事物的欲望。因此历史学家进行有德性与技巧的历史研究是出于对事物的欲望。欲望作为主体的主观思想，是易受影响的。在赫尔曼看来，历史学家的关于学术的欲望受到来自同行、事业机遇、学术激励制度以及理性非理性等因素影响的。④ 从这一点出发，学者角色的形成与变化乃是历史学家自愿致力于某些事物，同时受到外部情境作用的结果。

至此，赫尔曼构建起了他“学者角色”的概念。学者角色是这样一种概念模型，它是一群历史学家心中的理想模范。这一模范标识出历史学家应当具备的德性与技能，以及其在研究中的明确诉求。如果有人问“什么是历史学家”，历史学家便会以学者角色的形象回答这个问题。很明显，这个问题的回答是历史的，多样的。同德性语言一样，学者角色是为当下历史学家回到情境中去观察当时历史学家形象的划定提供的概念工具。作

① Herman Paul, “What is a Scholarly Personae,” *History and Theory* 53 (2014): 366.

② Herman Paul, “What is a Scholarly Personae,” p. 367.

③ Herman Paul, “What is a Scholarly Personae,” p. 367. 这是由 Elizabeth Anscombe 和 Donald Davidson 提出的一种哲学模型。

④ Herman Paul, “What is a Scholarly Personae,” *History and Theory* 53 (2014): 368.

为一种开放式的概念，它具体形象的描绘依赖于德性语言①。德性语言就像一张“双面”光谱，某一学者角色的形象便落在这一光谱上，表现出各种“深浅不同”的德性。学者角色乃是各种德性的交叠组合，具有模式化的特征。但与海登·怀特的四种叙述模式、四种论证模式、四种意识形态蕴涵模式相比，学者角色更为开放。德性的程度深浅和它反面的存在使得学者角色变化丰富的同时也能与复杂的人相契合。例如兰克“客观”“公正”的背后仍有着“神意”，刘知幾“直书”“求真”的背后仍有着“名教”。学者角色由此能够分析历史学家复杂矛盾行为带来的不确定形象。

三

赫尔曼提出“学者角色”的初衷是希望历史研究的视野里不再仅仅包括解释和叙事，也包括历史学家的行为表现②；历史哲学研究的重点应当从已经成为结果的解释与文本转变到它们的生产过程上去③。其实，叙事主义已经发现史料经历了一个生产的过程，赫尔曼强调的是生产过程中不可或缺的主体活动。正是为了分析作为主体的历史学家的行为，他将德性语言引入其中，构建“学者角色”的概念。因此，德性语言与学者角色是赫尔曼史学理论的核心要素。进入21世纪以来，史学不断呼唤走出文化研究、后现代主义的樊笼，全球叙事即在此背景下兴起，为史学带来“一种崭新的研究议程”④。同样地，赫尔曼的“学者角色”概念体现了历史哲学领域内研究议程的更新，为分析历史学家的“施为（performances）”提供一种工具。

学者角色这一概念具有主体性的启发意义。从前面的论述不难看出，学者角色的概念完全落脚在历史学研究中的主体——历史学家——身上。学者角色是有德性、技巧等特性的模范学者。这一定义描述的就是作为主体的历史学家的人物设定，一种理想类型化性质的设定。学者角色之于历史学家就像明星之于粉丝，后者崇拜前者并效仿其行为。历史学家群体通过这种理想类型的人物设定对自己的行为进行指导和自律。因此，以德性

① 值得注意的是，德性语言并非学者角色的全部，技巧仍然是学者角色的特征，但不像德性那样是标志性的（distinctive）。

② Herman Paul, “Performing History”, *History and Theory* 50 (2011): 19.

③ Herman Paul, “What is a Scholarly Personae,” *History and Theory* 53 (2014): 370.

④ 〔美〕林恩·亨特：《全球时代的史学写作》，赵辉兵译，大象出版社，2017，第33页。

为特征的学者角色对历史学家这一学术共同体有着主体身份的标识作用。这一标识作用，从历史学家主体的角度，确立了历史学自身的学科规范和自律性。

长期以来，历史学的规范性与自律性备受争议。18 世纪的孔德把历史学等同于实证科学，将历史学作为社会学的注脚。19 世纪的文德尔班、李凯尔特等新康德主义者便尝试将历史学定义为一种研究个别事物而不同于自然科学的精神科学，以此证明历史学何以可能。至于 20 世纪的怀特，"如果说，实证主义思潮是以将历史学同化为科学而取消了历史学的学科自律性的话，怀特则是以将历史学同化于文学和诗而同样对历史学的学科自律性造成了威胁"①。到目前的话，"很少还有人会认为历史学是自然意义上的那种科学了"②。许多人会接受美国史学家伯纳德·贝林（Bernard Bailyn）访谈时说的名言："（历史学）有时候是一种艺术，从来不是一种科学，永远是一门技艺（craft）。"③ 绝大部分的历史学家也都会赞同历史学作为一门学科，有着它所特有的学术规范、研究方法和学科共识。李剑鸣就认为作为历史学家，应当具备相应的技艺和修养。④ 这样一种界定无疑是正确的，但却过于笼统，当历史学家们尝试做出具体的回答时便面临种种分歧。因而历史学家对于"什么是历史学家"这一问题要么避而不谈，要么千般看法。更为重要的是，如此一来要如何看待那些过往的杰出历史学家与当下历史学家有所区别的修养与技艺呢？

从某种意义上，"学者角色"在一定程度上避免了上述的困境。相比起从外在的技艺规范和个人修养来标识历史学的自律性，它使我们能够从历史学家主体出发认识历史学的自律性。理想类型模范的学者角色不是规定出来的，而是在实践中由历史学家自身的选择形成的。历史学家出于欲望在进行历史研究这一理性活动时，以某一学者角色来指导自己追求历史研究的目的并规范自己的行为。借用学者角色的德性、技能，历史学家标识出了自己作为历史学学者的身份，以和文学家、诗人、记者、科学家等相区分开来。因此，历史学自身的规范性与自律性与历史学家主体相融合。历史学的自律性也通过历史学家群体达到的自我认同而得到保障，不

---

① 彭刚：《叙事的转向：当代西方史学理论的考察》，北京大学出版社，2017，第 35 页。

② 彭刚：《叙事的转向：当代西方史学理论的考察》，第 222 页。

③ A. R. Ekirch, "Sometimes an Art, Never a Science, Always a Craft: A Conversation with Bernard Bailyn", *The William and Marry Quarterly* 3rd. Ser., Vol. 51, No. 4 (1994).

④ 李剑鸣：《历史学家的修养与记忆》，上海三联书店，2007。

再仅仅依靠外在的修养与技艺。同时，利用学者角色这一概念，历史学与科学相连通。例如，我们会问“什么是历史学家”，同样也会问“什么是物理学家”。如果用学者角色的概念，那么前者的回答——兰克之于批判史家、布克哈特之于文化史家、布罗代尔之于经济社会史家——便和后者的回答——牛顿之于力学物理学家、伽利略之于天文物理学家、爱因斯坦之于量子物理学家——是相类的。在这一点上，历史学在内的人文科学与自然科学是相贯通的，因为两者都有着相同的行为主体。

除去主体性的启发之外，学者角色还可以促进全球范围内的史学反思。德性与成品的等级制使多样的历史的学者角色成为可能。这赋予了不同时期不同地区的学者角色存在的合理性，从而使不同时代不同地区的历史学规范都有其价值——尽管在技艺上或许与现代不相符合，但重要的是对史学的意识认同。当下适逢全球化叙事的兴起，过去那种现代的带有西方中心隐喻的历史学规范受到来自其他地区如中东、东亚以及非洲等史学规范的挑战，使得“什么是历史学家”这一问题的回答更加纷繁，赫尔曼即希望学者角色概念能够提供帮助。① 通过丰富开放的学者角色概念帮助历史学家认识过去不同地区的史家是如何界定历史学家的。从这一点出发，它为审视中国史学的一些方面提供了一种新的视角。

（1）中国古代史学传统中具有的自身规范。中国古代史学源远流长，有着其自身的发展路径和理论话语。② 孔子删述鲁国春秋而作《春秋》，孟子称其为“其文则史，其事则齐桓晋文，其义则丘窃取之矣”。孔子作为史家最早的赋予了历史以“义”。后来，司马迁意欲“究天人之际，通古今之变，成一家之言”而成《史记》。“成一家之言”也即是成史家之言，表现出了司马迁作为历史学家鲜明的主体意识。③ 司马迁之后，班固撰写了千古流传的《汉书》。班固之后，中国史学在魏晋南北朝时期迎来了繁荣④，十三部东汉史，二十三家两晋史即是其体现。同时，在此期间出现了“班马优劣论”。一时之间，史家或宗司马迁，或宗班固。对于当时的

---

① Herman Paul, “What is a Scholarly Personae,” *History and Theory* 53 (2014): 370.

② 瞿林东：《中国古代史学理论发展大势》，《历史研究》1992年第2期，第69~83页。

③ 施丁：《论司马迁的“成一家之言”》，《中国史研究》1996年第1期，第129~140页。

④ 白寿彝主编的《中国史学史》称此时期出现“皇朝史撰述的兴盛”；杜维运撰写的《中国史学史》将这一时期标目为“史学的极盛”；谢保成所著的《增订中国史学史》则称其为“逐渐成长的汉唐之际史学”，其中一章标题为“史独立为学，范围空前拓展”。这一时期中国史学在史书数量、种类、记载范围内都有巨大提高，出现大量从事历史研究和书写的人员。

史家而言，司马迁或班固便是他们眼中的“学者角色”[①]，而班马优劣之争非迥异于兰克和布克哈特之别。再者，刘知幾撰《史通》明史氏之职，针对史家提出了“才、学、识”的三长说，而后章学诚则鲜明地提出了“史德”[②]，强调史家之“心术”。这些都是对史家主体的规范与要求，其中就包括了德行与技巧两方面。因此，“学者角色”或能够帮助我们更好地理解中国史家对“史家”身份的认识，分析古代史家的所宗所行，从而进一步揭示出中国古代史学自身的规范性。

此外，中国古代史学长期以来有着“求真”“致用”的共存。[③] 历史真实与经世致用都是中国古代史学追求的目的。[④] 为了获得历史真实，古代史家才会推崇作为史家应当“秉笔直书”，秉持“公心”；同样为了能够经世致用，古代史家亦会看重历史的经验教训作用，这与西方史学是相似的[⑤]。例如，班固史学中表现出“求真”与“求道”的二重性[⑥]与兰克史学中同时存在的“客观”与“神意”。在学者角色的视野下，回到历史情境中去考察古代史学实践中同时体现出的“准确”“公正”“名教”“正统”等史家美德与史学目的，分析它们在史家行为中的表现程度，能够更好地理解中国古代史学传统的多维性，把握古代史学自身的规范。

---

① 若以“学者角色”论，将班马优劣论不单视作司马迁、班固的比较，而是学者角色间的较量，那么魏晋南北朝时期诸多史家是否对于史家形成了一种集成认识？魏晋南北时期史学的发展与繁荣与班马优劣论间是否有着某种联系？我们或可从另一视角审视这一时期中国史学的发展。

② 比较有趣的是，中国在翻译“virtue”一词时便使用了中国古代思想中既有的“德性”一词，如儒家思想研究中常提的“尊德性”与“道问学”。而章学诚将“史德”称为“著史者之心术也”，同样是归于史家主体上的。如果比较章学诚的“史德”与赫尔曼的历史学家德性两者，会有什么样的发现呢？在关于史家之“德”上中西史学会有什么样的火花呢？这些问题都值得思考。波兰亚当密坎凯维奇大学的 David Rogacz 对比了赫尔曼与中国史家关于史家之“德”的话语，指出了两者间的同异。David Rogacz, “The Virtue of a Historian: A Dialogue between Herman Paul and Chinese Theorists of History”, *History and Theory* 58 (2019): 252 - 267.

③ 针对中国史学上的“求真”与“致用”的传统，《史学史研究》在 2008 年第 2 期上刊登了周文玖、汪高鑫、罗炳良等六位学者的文章，对其进行了讨论，具有参考价值。

④ 刘家和：《史学的求真与致用问题》，《学术月刊》1997 年第 1 期，第 112 ~ 118 页。

⑤ 董立河：《中国古典史学中的“求真”问题》，《史学史研究》2016 年第 4 期，第 14 ~ 24 页。

⑥ 汪高鑫：《“实录”与“宣汉”：汉代史学思潮的两种取向》，《史学史研究》2008 年第 2 期，第 8 页。

（2）20世纪时的中西史学交流。19世纪以来，中国与世界的交往日趋密切，中国史学也与其他地区——尤其是西方——的史学有了广泛的交流。许多重要史家，如梁启超、傅斯年、姚从吾、陈寅恪、李宗侗等都有访学或留学欧美的经历。他们访问或求学于欧美之时便会接触并认识西方史学中诸多的学者角色形象，如兰克、布克哈特、魏茨、兰普雷希特等。归国之后的他们推动了中国史学的“近代转型”，并且成为日后历史学家眼中的“学者角色”。例如，傅斯年的“上穷黄泉下碧落，动手动脚找材料”和陈寅恪的“独立之精神，自由之思想”便是许多史家的座右铭。因此，分析作为“学者角色”的他们的德性光谱，或可以看到他们是在哪些方面，在何种程度上综合了中西史学，进一步揭示20世纪早期的中西史学的互动而非一般意义上中国对西方的接受。

当然，赫尔曼倡导的德性语言与提出的学者角色有着适用性的限制。前面已经说过，他的史学理论是一种概念性分析工具，而非某种标准化的体系。学者角色并未就“什么是历史学家”做出标准性的回答，相反，它试图引导历史学家回到历史中分析19世纪的西方史家或9世纪时的阿拉伯史家抑或18世纪的中国古代史家是怎样界定历史学家，并为这种分析的进行提供指导。历史化的学者角色走在历史主义的独木桥上，全赖一根——拴在“真实的过去”石头上的——名为“历史理解”的锁链牵引，而不至于掉落到相对主义的深渊中去。这些有着各种各样德性与集体承诺又相互较量着的学者角色是否握着，以什么程度的力量握着“锁链”，历史理解是否是追求的首要目的，是有待进一步考察的。因为每一时代的史家都会说自己是追求“历史理解”的，无论是奥古斯都还是班固，他们都意在追求过去的真实世界，但这种追求是居于什么地位的呢？这些问题的把握关系到过往的史学是否是学术性的，稍有不慎便会导致一种对过去史学的否定，重新回到开始的困境之中。德性语言与学者角色没有且未能对“什么是历史学家”这一问题做出标准式的回答。与其说学者角色是一种判断标准，毋宁说它是一种概念框架。

总的来说，20世纪80年代以来，后现代主义历史哲学家揭露了历史书写中不可避免的主观因素，进而引起了怀疑论者对历史学学术的质疑。近来，赫尔曼·保罗等史家即在此基础上探讨历史学家的德性与能动性，径直从史家主体出发反思历史学。史家主体的德性即是历史学的自我保障。在这一点上，德性语言与学者角色走出了后现代主义的藩篱，在后现代主义之后开辟出了新的研究方向，为反思历史学提供了新的研究议程。

中外史学交流

历史主义在近代中国的传播与接受

王庆婷

（北京师范大学历史学院，北京　100875）

摘　要： 历史主义于20世纪20年代开始在中国传播，总体来看，其传播途径有限，但并未阻碍一些历史主义者的思想在中国史学家的介绍下产生影响力。一些主流史学家在不同程度上接受了历史主义，并在史学研究中加以运用。虽然由于种种原因，历史主义在中国未形成一种思潮，但它依然促进了近代中国历史哲学与史学理论的发展。

关键词： 历史主义　近代中国　传播　接受

一　引言

历史主义是西方重要的史学流派，在史学专业化过程中扮演着重要的角色。近代中国史学转型期间，历史主义通过各种途径进入中国。要论述历史主义在中国的传播与接受情况，有必要对历史主义的特点及其起源、发展作一简要回顾。

通常很难给历史主义下一个准确的定义，但可以依据其所包含的重要特性来理解它。一般认为，历史主义有两个核心特点：一是历史研究的个体性与特殊性；二是历史发展的连续性。从这两个特点看，历史主义的萌芽在维柯那里已经展现出来。维柯著有《新科学》一书，强调了人类历史区别于自然界而具有某种特殊性；同时也指出了人类历史的连续性，他认为“每个民族在时间上都要经历过这种理想的永恒历史，从兴起、发展、成熟以至衰败和灭亡”。[①] 此外，历史主义概念的最早使用也与维柯有关。德国历史主义的最后代言人梅尼克在《历史主义的兴起》一书中提到最早使用“历史主义”概念的是卡尔·维尔纳（Karl Werner，1821－1888）。他在1879年出版的《作为哲学和学术研究者的维柯》一书中提到了“维柯哲学的历史主义”。维柯之后，历史主义在西欧逐步发展，产生了三种有影响力的历史主义：一是德意志的历史主义；二是克罗齐的“绝对历史主义”；三是马克思主义的历史主义。三种历史主义既有内在的一致性，也存在一定的差异。

德意志历史主义前期主要是由赫尔德和黑格尔等哲学家阐发，他们关注抽象的人类历史进程和历史意义。黑格尔之后，历史学家开始反思思辨的历史哲学，他们关注具体的历史事实，就此阐发历史主义。其中洪堡发其端，兰克集其大成，之后以德罗伊森为代表的普鲁士学派将历史主义中的民族国家倾向发挥到极致，此后历史主义受到挑战，梅尼克作为最后的代言人以辩论、著述等途径捍卫历史主义。德意志历史主义的主要传统是关注历史的个别性和特殊性，关注历史发展的连续性；“承认国家在民族中的中心地位”“政治在历史里的中心地位”[②]；以乐观主义的心态叙述德意志民族国家等。在研究方法上，主张“通过直觉、想象、移情等方式来把握和理解历史对象，将个体置于变化过程中就其本身来进行考察，肯定个体的独特价值和意义”。[③]

历史主义在某种程度上容易导致相对主义和主观主义，19世纪末随着科学主义的兴起，历史主义的地位开始动摇。科学主义强调用自然科学的方法研究历史，遭到了狄尔泰、文德尔班和李凯尔特等哲学家的反对，他们对自然科学与历史科学进行了区分。意大利历史学家、哲学家克罗齐也加入该阵营，他吸收维柯和黑格尔等人的思想，发展出绝对历史主义，即“一切实在都是历史，而一切知识都是历史的知识；哲学仅仅是历史学内部的一个组成部分，即作为具体思想之中的普遍成分而存在”。在他看来，历史已代替了原来哲学的地位，真正完成了历史主义。[④] 但他认为历史是精神的产物，从而将历史主义从客观唯心转向了主观唯心。在此基础上，

---

① 〔意〕维柯：《新科学》上册，朱光潜译，商务印书馆，1989，第128页。

② 参见〔美〕伊格尔斯（Iggers，G. G）著；彭刚，顾杭译：《德国的历史观：从赫尔德到当代历史思想的民族传统》，译林出版社，2014，第76页。

③ 张广智：《西方史学史》，复旦大学出版社，2018，第284页。

④ 参见韩震《西方历史哲学导论》，北京师范大学出版社，2008，第414页。

克罗齐提出了“一切真的历史都是当代史”的命题，成为其历史主义的重要观点。

无论是德意志历史主义还是克罗齐的绝对历史主义，都强调精神的价值或上帝的神意，其唯心主义的哲学基础无法克服历史主义的缺陷，而马克思主义的历史主义避免了这些弊端。马克思主义的历史主义是批判地继承黑格尔的历史主义而来，同前者一样，马克思主义的历史主义也“承认所有价值都是在某一历史环境的明确背景下产生的”[①]，但马克思主义从辩证唯物主义范畴出发，剥去黑格尔唯心主义的外衣，构建历史主义的理论。马克思主义的历史主义是关于“历史联系的科学”[②]，它不仅适用于人类史，还适用于自然史。

从20世纪20年代起，历史主义以各种途径在中国传播。本文拟回顾历史主义在近代中国传播与接受的历程，以探析其进入中国以来与中国史学的交融情况。

二　“历史主义”一词在近代中国的出现

历史主义作为一种哲学观和史学观，对世界各国的史学界都产生过或多或少的影响，虽其含义和用法在各国一直未能达成共识，“在不同的代表人物的思想中呈现出各自不同的风貌”，但因为“在这些差异之中又依然有着某些共同的特征”[③]，所以它能作为一种思潮长期存在。历史主义经常在不同意义上被使用，意大利历史学家安东尼在《历史主义》一书中就介绍了“英国早期的历史主义、自由历史主义、人文历史主义、浪漫历史主义、辩证历史主义、唯物历史主义与绝对历史主义”等多种含义的历史主义。在中国史学界，历史主义的传播与接受也表现出多种层面的特征。

五四运动后，历史主义开始传入中国。“历史主义”一词直观地进入中国的途径主要有日本译著的传播、苏联译著的传播以及留日学者与留德学者的传播。[④]

甲午战争后，中日两国无论在政治和文化上，地位都发生了乾坤逆转。

① 〔美〕伊格尔斯：《德国的历史观：从赫尔德到当代历史思想的民族传统》，彭刚、顾杭译，译林出版社，2014，第7页。

② 戚其章：《马克思主义的历史主义是关于历史联系的科学》，《东岳论丛》，1983年第3期。

③ 彭刚：《克罗齐与历史主义》，《史学理论研究》1999年第3期。

④ 就目前笔者所见资料来看。

中国知识界开始广泛学习日本，一方面派遣大量的留学生到日本，另一方面译介大量的日本著作。通过日本，中国了解和学习了西方的新思想新观念。历史主义作为西方重要的史学思潮在此时译介的日本书籍中也有所涉及。1922 年，共学社出版桑木严翼①所著《现代思潮》②，介绍了在当时影响较大的几种哲学思潮，其中专设一章论述“历史主义”，指出“历史主义之中分实证的历史主义和观念的历史主义，现代主要思潮的历史主义属于前者”，同时分析了历史主义有多种风貌存在的原因，即“关于历史主义知识的性质、其研究方法、态度等等有各种各样”。③ 这是目前笔者所见到的国内出现最早的介绍历史主义的著作。但其作者与译者均属哲学界，与中国主流史学界有一定的距离，导致这一译介未能在史学界产生重要的影响。

五四运动以后，随着马克思主义在中国的传播，马克思主义的历史主义也得到传播。国内译介的苏联社会学方面的著作很多有对历史主义的介绍，比如《辩证法底唯物论》④《历史唯物论》⑤《辩证逻辑之基本原理》⑥等，以《历史唯物论》在中国的影响最大，其中关于历史主义研究态度论断，“人类社会，在他的发展或衰落中经过了种种不同的阶段和形式。因此，第一，应当了解并研究每一种社会形式的固有的特性。……第二，应当研究每种社会的内部变动的历程。……第三，应当研究每一社会形式之发生及其必然的消灭。……”⑦ 被国内多部相关书籍借鉴引用。⑧ 这些著作与马克思主义经典著作一起给国内的马克思主义工作者带来了极大的启发，1924 年瞿秋白在《现代社会学》⑨ 一书中专门讨论了“社会科学中之

---

① 桑木严翼（1874 年 6 月 25 日 ~1946 年 12 月 15 日），日本哲学家。

② 南庶熙翻译。1924 年《商务印书馆》再版。

③ 桑木严翼：《现代思潮》，南庶熙译，共学社，1922，第 89 页。

④ 布哈林：《辩证法底唯物论》，李铁声译，江南书店，1929。

⑤ 布哈林：《历史唯物论》，刘伯英译，现代书局，1930。此外另有两个版本：一为梅根与依凡合译，名为《历史的唯物论》，1930 年由普益出版社出版，另外一本也是二人合译，改名为《唯物史观大纲》，1930 年由平凡书局出版。

⑥ 陶泼尔考夫：《辩证逻辑之基本原理》，彭苇森译，春秋书店，1932。

⑦ 布哈林著；梅根、依凡合译，《历史唯物论》，普益出版社，1930，第 85 ~87 页。

⑧ 1949 年出版的由高尔松和高尔柏著的《社会科学大纲》引用了此段。1929 年平凡书局出版由唐仁编译的《社会主义社会学》也有这段内容，可能也受到此书原著的影响。

⑨ 学界对该书的产生存在一定的争议，主要有四种观点：其一，《现代社会学》是瞿秋白的原创性著作；其二《现代社会学》是参考布哈林《历史唯物主义理论》（即前文提到的《历史唯物论》）一书而写；其三，《现代社会学》参考的不是《历史唯物主义理论》，而是其他著作；其四，《现代社会学》是对《历史唯物主义理论》的转译性著作。参见路宽《瞿秋白的〈现代社会学〉：马克思主义早期传播的典范之作》，《理论学刊》2015 年第 12 期。

历史主义”，指出“历史主义”亦可以称为“历史观”。1938 年 10 月毛泽东在《中国共产党在民族战争中的地位》中指出：“我们是马克思主义的历史主义者，我们不应当割断历史。从孔夫子到孙中山，我们应当给以总结，承继这一份珍贵的遗产。”① 1942 年 3 月在《如何研究中共党史》中指出：“弄清楚所研究的问题发生的一定的时间和一定的空间，把问题当作一定历史条件下的历史过程去研究”，“这就叫做‘古今中外法’，也就是历史主义的方法。”② 有学者认为：“毛泽东提出的‘古今中外法’，是将唯物辩证法的全面、联系、发展的观点与矛盾的对立统一规律运用于历史领域而形成的研究方法。它继承了历史主义发展的持续性和个别性相结合的观念，是对历史主义的重大创新，堪称中国化的历史主义研究方法。”③ 需要指出的是，虽然国内社会主义工作者对历史主义有了清晰的认知，但当时马克思主义史学界还未明确提出，只在翦伯赞、吕振羽等人论著中稍有体现。

直到 20 世纪 30 年代，以历史学家身份在中国传播历史主义的现象才出现。

阎焕文曾于 1929 年在日本东京高师留学，1934 年他在《新社会科学》上发表《历史主义的历史哲学：历史思想的进展》一文。全文共八章，前七章批判地介绍了人类有史以来的历史观，其中不乏黑格尔、狄尔泰、文德尔班、李凯尔特人的思想，但阎焕文并未将他们看作历史主义者。第八章为结论，介绍了他所理解的历史主义的史观。他自称历史决定论者，认为“历史是哲学的导师”④，“历史的法则，不是因果必然的法则而是相生可然的法则”，主张研究历史的方法为“连续求值法”，注重历史前后的关联。⑤

张贵永⑥，于 1930 年赴德国留学，其间深受“历史主义最后的代言人”梅尼克的影响。1936 年，梅尼克《历史主义的兴起》出版后，将书赠予张贵永。⑦ 1940 年张贵永在《中德学志》上发表《书评与介绍：评

① 《毛泽东选集》第 2 卷，人民出版社，1991，第 534 页。

② 《毛泽东文集》第 2 卷，人民出版社，1993，第 400、406 页。

③ 左玉河：《毛泽东与历史主义研究方法》，《晋阳学刊》2015 年第 5 期。

④ 受到他的老师三宅米吉的影响。

⑤ 阎焕文：《历史主义的历史哲学：历史思想的进展》，《新社会科学》第 1 卷第 3 期，1934。

⑥ 关于张贵永对德国历史主义的传播，李勇的《张贵永与西方史学研究》与张一博的《张贵永与德意志历史主义在民国时期的传播》中有所介绍，本文在此基础上进行补充。

⑦ 张贵永：《我的史学研究兴趣》，《新时代》1962 年第 10 期。

〈历史学主义的起源〉》[①]，开始在国内介绍历史主义。此后他在《中德学志》和《时事新报·学灯》副刊发表一系列介绍历史主义的文章，并计划撰写一部《历史主义的起源》。[②] 他发表的相关文章主要有《历史主义的前驱》《历史主义的先锋》《启蒙运动的历史思想》《莫赛与赫德的历史观》等。后来他在《曼纳克[③]及其思想史的研究》一文中，这样介绍梅尼克所理解的历史主义：

> 虽然从他所叙述的英国、法国、意大利，各文化民族的思想趋势已能充分表现他的著作的普遍倾向，但他清楚地指出历史主义之成为一种世界观确系德国精神的贡献。从新柏拉图主义者谢肃次柏莱（Shaftesbury）与大同主义者的莱布尼茨，从阿诺尔德（Gottfried Arnold）的虔诚的精神化的历史观与韦果的敏锐的历史哲学思想，以及伏尔德的启蒙思想的文化史著，直到孟德斯鸠的理性主义与实验主义的结合，他把精神史的线索阐述详细。又由柏克（Burke）的传统主义进到德国的思想途径，莫赛胜过启蒙运动的实用主义，赫德把历史主义的大门完全打开，歌德的古今合一和他对历史与自然生命的共同感觉，都是曼纳克所认为最高境界的历史理念。在兰克的现实的精神史观里演进与个性化的思想——历史主义的两个基本观念，达到登峰造极的境地与运用。[④]

从这一论述与他介绍历史主义的文章内容相比较可以看出，他对历史主义的认识完全服膺于梅尼克。张贵永把历史主义看作德国的一种精神运动，并且在其中分出两类人物："一类由于他们对德国精神生活本身的贡献，有关历史思想的先期工作，另一类直接可以当做历史思想的代表人

① 即今译本《历史主义的兴起》。

② 1945 年，张贵永在《国立中央大学文史哲季刊》发表《从英国先期浪漫主义到赫尔德的历史思想》一文，在题识中写道：" 本文系拙著《历史主义的起源》的第三章，原书尚待整理。其中第一章《历史主义的先锋》与第二章《启蒙运动的历史思想》，曾刊载《学灯》第 120 期与第 121 期。第四章《歌德与近代历史思想的起源》，则见诸《中大社会科学季刊》第 1 卷第 2 期。关于历史主义的定义与其在西洋精神史上的意义，以及本文所引证各史家的地位与贡献，请参阅以上各篇。"

③ 即梅尼克。

④ 张贵永：《曼纳克及其思想史研究》，载《史学讲话》，台北中国文化大学出版部，1984，第 220 页。

物，只带着少许旧的思想方式的残滓”。一类趋向理想化，一类趋向个性化。[①] 虽然张贵永为宣传历史主义做了许多工作，但是他主要从事西方史学研究，未能将历史主义方法论与治中国史学相联系，因而未在学界产生直接的影响。

此外，1933 年，一位署名为“友”的作者在《申报月刊》和《力行（南昌）》杂志上发表了一段对历史主义的定义，即“历史主义（Historism）是不在停止及不变的状态中，去观察事物及现象，而在事物的产生和发展的过程中加以探讨与阐述的一种观点或原则。它是辩证法的契机之一，而存在于人类社会及自然科学之中，例如康德，及拉不拉沙，不把太阳和星球当作不变的天体去观察，而是当做星云的构成及变化去观察。还有许多天文学家、生物学家、法律学家及政治经济学家等，也都站在历史主义的观点之上的。历史主义理论的产生，乃是十八世纪后半期，社会，经济，及政治（蒸汽机的采用及法国大革命）之迅速发展，及剧烈变更之反映。”[②] 这是目前所见到的国内较早的对“历史主义”的定义。从这一定义来看，作者认为历史主义是用辩证的、发展的眼光，用非静止的观点看待人类社会和自然科学的方法。

总体来看，历史主义一词在近代中国的传播载体有限，仅在少数的报刊和著述中有记载，由于传播者并非专业史学家或主流史学家，所以他们对历史主义的介绍未能在近代史学界产生直接的影响。而且即使在西方，历史主义者也很少专门使用这个术语。自 1879 年卡尔·维尔纳使用该词阐述维柯的历史哲学之后，历史主义一词再次出现在人们的视野，并为人们所了解已经到了 20 世纪。1922 年特勒尔奇出版《历史主义及其问题》，人们通过他的著作“才了解了德国的历史主义”。[③] 可以说，“历史主义早在人们这样称呼它之前就已经存在了”，“这个术语只是为了描述‘历史主义的危机’才开始传播”，并开始追溯它的源头。[④] 因而历史主义在中国产生的影响不在于这个词的传播力度，更多地体现在历史主义者的思想在中国的影响程度。

---

① 参见张贵永《从英国先期浪漫主义到赫尔德的历史思想》，载《史学讲话》，台北中国文化大学出版部，1984，第 78～79 页。

② 友：《新辞源：历史主义》，《申报月刊》1933 年第 2 卷第 1 期，第 161 页；《历史主义》，《力行（南昌）》1933 年第 2 卷第 3 期，第 136 页。

③ 姜芃主编《西方史学的理论和流派》，中国社会科学出版社，2007，第 106 页。

④ 〔意〕安东尼：《历史主义》，黄艳红译，格致出版社、上海人民出版社，2010，第 1 页。

三 历史主义者的思想在近代中国的传播

相比于历史主义一词在中国的出现，历史主义者的思想似乎更早进入中国学人的视野。在一些著作中我们可以看到国内学者对历史主义者思想的介绍。虽然没有提到历史主义的概念，但是透过他们的思想，历史主义的观念和方法论也在国内得到一定的传播。在近代中国被介绍过的历史主义者主要有维柯、赫尔德、黑格尔、兰克、李凯尔特、克罗齐等。

维柯，意大利史学家，人文历史主义的代表人物。作为历史主义的启蒙者，维柯的"'历史主义'仅仅是为了认识和理解历史运动；他没有想到提出一个实践纲领，虽然他在《新科学》中考虑的'实践'看起来像某种批判技艺，但它更多地是为了认识各民族的现状"，[①] 尽管如此，他的历史主义依然为历史主义尤其是克罗齐的绝对"历史主义"奠定了方法论基础。安东尼说："他的历史批判方法预示着两个世纪后克罗齐式'历史主义'的逻辑：历史知识中语文学与哲学的统一，真实与事件的合一，普遍观念与个人经验的合一。"[②] 20 世纪 20 年代，李大钊在北京大学史学系讲授"史学思想史"等课程，他的《史学思想史》讲义中有一专题"韦柯及其历史思想"，对维柯的历史思想进行了介绍和评述。其中引用 Espinas 的评论"韦柯采取的方法，与笛卡尔氏采取的方法全相反对。由来欲建设社会诸科学，必从抽象的几何学的观念演绎；至于韦氏，则全然相反。他从历史学、文献学所给与的实证的材料归纳，努力以图建设关于社会的新科学"，[③] 正表明了维柯的人文历史主义是对以笛卡尔为代表的法国唯智主义的反动。李大钊还介绍维柯《新科学》的对象是国民："他把国民的起原、发达、衰颓、灭亡，从人间历史的经验的事实归纳，以图于此树立人类性之道德的原理、政治的原理、权利的原理、法律的原理。这样子的原理，实为历史的真要素。"[④] 这便是维柯所认为的"历史是人类能获取的唯一的知识"[⑤] 的一种反映。翦伯赞在《历史哲学教程》中也提到了维柯，介绍了维柯的历史"三分法"，即人类历史发展经过神话时代、英雄时代、人

---

① 〔意〕安东尼：《历史主义》，第 43 页。

② 〔意〕安东尼：《历史主义》，第 45 页。

③ 李大钊：《韦柯及其历史思想》，《李大钊央学论集》，河北人民出版社，1984，第 109 页。

④ 李大钊：《李大钊史学论集》，第 110 页。

⑤ 〔意〕安东尼：《历史主义》，第 44 页。

类时代，认为维柯是人类社会发展法则的最初尝试者和开创者。

赫尔德是西方近现代意义上的历史主义的开创者。伊格尔斯认为，赫尔德奠定了德意志历史主义的两个基本观念，即个体观念和乐观主义。[①] 1920 年，李大钊在《唯物史观在现代史学上的价值》一文中，提到了赫尔德，认为他是“近代人类学研究的先驱”，但是他在《历史哲学概论》里所论述的内容，受到“神学观念的支配，很与思想界的新运动以阻力。”[②]

黑格尔在 1822～1823 年发表了《历史哲学》，从哲学意义上将历史主义推向高峰。黑格尔的思想在近代中国传播者较多。王灵皋和王造时分别于 1932 年和 1936 年翻译了黑格尔的《历史哲学》。[③] 朱谦之于 1933 年和 1936 年分别出版了《黑格尔主义与孔德主义》与《黑格尔的历史哲学》，对黑格尔的历史哲学进行解读。此外何炳松、缪凤林、陈训慈、徐则陵等人也在论著中提到过黑格尔，这些都促进了黑格尔的思想在中国的传播。

兰克是历史主义的集大成者，对各国史学都产生过重要的影响。他最鲜明的特点是“如实直书”，这可以说是其历史主义的内在要求，“兰克对历史主义的论述大多散见于各种论文及演说之中”，出版多部专著。“将兰克那些散落的想法作了更细致的表述”[④] 的是德罗伊森，而非兰克的门生。他的门生更多的是追求客观事实，形成了客观主义史学派。兰克史学在中国的早期传播多是通过其弟子或再传弟子，因而他的形象在中国便是客观主义史学的代表。虽然从清末开始，兰克的名字就已经出现在了中国史学界，但史学界很少关注他的史学理论，只有极少数对其思想有深刻了解的史学家接受了他的历史主义。

李凯尔特，德国哲学家和历史学家，德国新康德主义西南学派的代表人物。该学派主张历史科学（或文化科学）与自然科学的对峙，认为自然科学强调一般化与普遍性，历史科学强调个性化与特殊性。率先在国内介绍李凯尔特思想的也是李大钊，他通过在日本的学习了解到李凯尔特的思想。李大钊的《史学思想史》讲义中有一专题“马克思的历史哲学与理恺尔特的历史哲学”，讲义基于李凯尔特的《自然科学的概念构成之限界》

---

① 参见〔美〕伊格尔斯《德国的历史观：从赫尔德到当代历史思想的民族传统》，彭刚，顾杭译，译林出版社，2014，第 41～42 页。

② 李大钊：《唯物史观在现代史学上的价值》，《李大钊史学论集》，河北人民出版社，1984，第 146 页。

③ 王灵皋中译本名为《历史哲学纲要》。

④ 张广智：《西方史学史》，复旦大学出版社，2018，第 287 页。

与《文化科学与自然科学》两部著作介绍了他的思想。李凯尔特对中国学界的影响，主要体现在梁启超史学思想的变化上。

克罗齐，意大利著名的唯心主义哲学家，新黑格尔主义学派的代表人物之一，“绝对历史主义”的提出者。他最著名的著作是《历史学的理论和实际》，以德文写出，1915 年初版，1919 年又以意大利文再版。1920 年英国人道格拉斯·安斯利据意大利文版译出英译本。近代学者大都是从英文本了解这本书。国内介绍克罗齐思想的学者较多，有朱孟实、雷海宗、朱谦之、周辅成、朱光潜、杨人楩等，涉及克罗齐历史主义思想的主要是雷海宗、朱谦之和朱光潜。1930 年雷海宗编译了《克罗齐的史学论——历史与记事》①，对克罗齐的思想进行了介绍。该文是克罗齐《历史学的理论和实际》一书的第一章，也是全书的总论。雷海宗认为“克氏的议论虽不免有过度处，但以大体言之，他的学说颇足以调剂我们中国传统史学偏于‘记事’的弊端”。朱谦之对克罗齐所说的“一切真的历史都是现代史”一语颇为赞同，并由此创办《现代史学》杂志，此后在《历史哲学大纲》一书中对克罗齐的思想进行了系统的介绍，这些对克罗齐的历史主义在中国的传播起了很大的作用。朱光潜曾发表《克罗齐的历史学》② 一文，对克罗齐的历史思想给予了系统的介绍，并进行了相应的批评。

以上历史主义者的思想得以在中国传播，一部分是因为传播者对其思想的推崇，还有一部分是对其批判地介绍，不论出于何种原因，都在客观上输入了历史主义。

四　主流史家对“历史主义”的接受与运用

历史主义是一种世界观，同时也是“一种兼容性很强的研究方法”③，虽然在近代中国未能形成一股具有影响力的史学思潮，但这并不能完全否定它作为一种研究方法在中国史学发展中存在的价值。在西方，“历史主义在它的鼎盛时期曾经无可非议地而且健康地反抗了实证主义著作中夸大

---

① 《史学》第 1 卷第 1 期，1930。

② 朱光潜：《克罗齐的历史学》，原载于《大公报》《早期文艺专栏》第 16、17 期，1947 年 1 月 26 日、2 月 2 日。收录蒋大椿主编《史学探渊——中国近代史学理论文编》。

③ 乔治忠：《历史主义方法是史学批评的基本方法》，《郑州大学学报》（哲学社会科学版）2004 年第 1 期。

了自然主义和唯科学主义的倾向”[①]，而在中国，它也在一些学者的史学研究中发挥着作用，他们的论著或思想中体现出的历史主义弥补了当时主流学界的新历史考据学思潮的不足。

游欧过程中，梁启超接触到李凯尔特等人的思想，其后他的史学思想发生了变化。受李凯尔特的影响，梁启超把宇宙间的事物分为两大系：“一是自然系，二是文化系。自然系是因果法则所支配的领土，文化系是自由意志所支配的领土。”[②] 1921 年，梁启超在南开大学讲授《中国历史研究法》时已经说明了自然科学和历史的区别[③]，但对历史主义还未深刻认识。其时他重视归纳研究法，给历史所下的定义为“记述人类社会赓续活动之体相，校其总成绩，求得其因果关系，以为现代一般人活动之资鉴者也”，[④] 即通过归纳求得历史的因果关系。但此后他细读李凯尔特的著作，仔细研究，对这一思想进行了反思。[⑤] 1922 年，他在南京金陵大学第一中学发表演讲《研究文化史的几个重要问题》时，认识到历史的个别性，指出“历史现象只是‘一趟过’，自古及今，从没有同铸一型的史迹”。[⑥] 历史主义与梁启超之前的理论思考存在一定的差异，这对他的思想造成了一定的困惑，他说：“我们常说历史是整个的，又作何解呢？……这是历史哲学里头的最大关键。我现在还没有研究成熟，等将来再发表意见吧。”[⑦] 这表明梁氏在初步接触历史主义时，只是简单的原则上的接受，还未将其与固有的史学思想融合，形成一种思想上的自洽。

在胡适的著述中，多处出现“历史的方法”“历史的眼光”“历史的态度”“历史的观念”等术语，虽然胡适对这些术语的解释来源于他对杜威实验主义的理解以及受中国传统史学的影响，但这些观念与历史主义的一些思想相近，因而有学者称“胡适是中国历史主义思想的奠基人和有力的倡导者”。[⑧] 胡适在《杜威先生在中国》一文中所阐述的“历史的方

① 巴勒克拉夫，《当代史学主要趋势》，杨豫译，北京大学出版社，2006，第 14 页。

② 梁启超：《饮冰室合集·文集之三十九》，中华书局，1989，第 99 页。

③ 详见梁启超《中国历史研究法》，中华书局，2009，第 133～135 页。

④ 梁启超：《中国历史研究法》，第 1 页。

⑤ 梁启超在《研究文化史的几个重要问题》中说道：“我去年著的《中国历史研究法》内中所下定义便有‘求得因果关系’一语，我近来细读立卡儿特著作，加以自己深入反覆研究，已经发觉这句话完全错了！”参见梁启超《中国历史研究法》，第 155 页。

⑥ 梁启超：《中国历史研究法》，第 154 页。

⑦ 梁启超：《中国历史研究法》，第 154 页。

⑧ 王学典：《历史主义思潮的历史命运》，天津人民出版社，1994，第 20 页。

法——祖孙的方法”，可以说是一种历史主义的史学批评方法，这个方法“处处指出一个制度或学说所以发生的原因，指出他的历史的背景，故能了解他在历史上占的地位和价值，故不致过分的苛责”[①]。另外胡适在《〈国学季刊〉发刊宣言》中说：“整理国故，必须以汉还汉，以魏晋还魏晋，以唐还唐，以宋还宋……各还他一个本来面目。”这可以看作以历史主义的态度和方法整理国故。总的来看，胡适所倡导的历史主义偏重于方法而非理论，与德意志历史主义所提倡的“如实直书”以进行历史阐释和历史建构存在一定的差异。

历史主义强调个体性，强调回到当时的历史情境中去评价历史事件和人物，这就要求史家根据史料如实直书。而兰克正是历史主义最伟大的实践者，他的“如实直书”的客观精神实际是历史主义的内在要求。兰克在重视史料的同时，其历史观也有很大的价值，兰克主张重视史料的初衷在于历史阐释，而非当时中国国内所宣扬的仅仅是对史料的重视。史料的真实性才能确保历史叙述的科学性。可以说傅斯年所提倡的“上穷碧落下黄泉，动手动脚找东西”的史料搜集态度是历史主义的一种外在表现形式，而历史主义是史料学的内在哲学方法论。虽然兰克的历史主义未能在中国广泛传播，但深受兰克史学影响，被称为“中国的兰克”之一的陈寅恪的史学研究中却不乏历史主义的影子。

历史主义作为一种世界观，可以将其解释为人类对自己及宇宙的观感，亦即“人为历史的产物”，其意义与价值必须从历史发展的过程，加以掌握；作为一种方法论，它与史料的批评无关，却重视直觉的把握与体会，“同情的了解”方法就是历史主义强调治史的基本利器。[②] 陈寅恪曾提出“了解之同情”的治史取向，他认为：“古人著书立说，皆有所为而发；故其所处之环境，所受之背景，非完全明了，则其学说不易评论……所谓真了解者，必神游冥想，与立说之古人，处于同一境界，而对于其持论所以不得不如是之苦心孤诣，表一种之同情，始能批评其学说之是非得失，而无隔阂肤廓之论。”[③] 这与历史主义“在历史阐释中认同语境与共情的重要性”的内涵以及历史主义者所强调的“移情”相一致。有学者称“陈寅恪著作中使用的‘了解之同情’一语的源流来自德国启蒙时代的重要思想

---

① 欧阳哲生编《胡适文集 2》，北京大学出版社，1998，第 280 页。

② 参见黄进兴《历史主义与历史理论》，允晨文化，1992，第 21 页。

③ 陈寅恪：《冯著〈中国哲学史〉审查报告》,《学衡》1931 年第 74 期。

家赫尔德”，他“使用此词来自其游历欧美的学术阅历”。[①] 也有学者指出这一取向在中国古代的史著中早已有之，如宋人吕祖谦提出：“观史当如身在其中，见事之利害、时之祸患，必掩卷自思：使我等遇此事，当作如何处之。”[②] 也许正是中国传统史学中存在这样的治史取向，才使得陈寅恪接受西方历史主义中的这个相似观念，并在史学研究中加以应用和倡导。

虽然目前所知，并没有明确的史料证明钱穆受到西方史学的影响，但他的史学思想中不仅与德意志历史主义有相似之处，与克罗齐的历史主义也有暗合的地方。他认为“写国史者，必确切晓了其国家民族文化发展‘个性’之所在，而后能把握其特殊之‘环境’与‘事业’，而写出其特殊之‘精神’与‘面向’”，[③] “治国史之第一任务，在能于国家民族之内部自身，求得其独特精神之所在”。[④] 这与德意志历史主义著述中民族国家的倾向性相一致；而他所说的“历史上之过去非过去，而历史上之未来非未来，历史学者当凝合过去未来为一大现在，而后始克当历史研究之任务”，[⑤] 这种关于历史的时间性的认识与克罗齐所主张的一切历史都是现代史，[⑥] 表现出一定的相似性。

近代中国的史学家所接受的思想是复杂多样的，他们大都接触过各种各样的西方思想，并与中国的传统史学相结合，在此基础上形成自己的史学研究方法和理论。因而这些学者虽然接受了历史主义的方法，但并不能说明他们是历史主义者，只能说历史主义在他们的思想中占据了一定的位置，其接受和运用程度不能一概而论。他们对历史主义研究方法的接受，丰富了自己的史学思想，进而促进了近代中国的历史哲学和史学理论的发展。

五　结语

众所周知，对近代中国影响最大的三大史学思潮是新史学思潮、新历

---

① 陈怀宇：《陈寅恪与赫尔德——以了解之同情为中心》，《清华大学学报》（哲学社会科学版）2006 年第 4 期。

② 转引自罗志田《陈寅恪史料解读与学术表述臆解》，《近代中国史学十论》，复旦大学出版社，2003，第 178 页。

③ 钱穆：《国史大纲 · 引论》，商务印书馆，2010，第 9 页。

④ 钱穆：《国史大纲 · 引论》，第 11 页。

⑤ 钱穆：《中国今日所需要之新史学与新史学家》，《思想与时代》1943 年第 18 期，收入蒋大椿主编《史学探渊——中国近代史学理论文编》。

⑥ 关于克罗齐对历史的时间性的认识，朱谦之在《历史哲学大纲》中有过肯定。

史考据学思潮以及马克思主义思潮。而同时期的德国则是历史主义思潮占据主流地位，其他西方国家也深受其影响。为何在中国历史主义未能成为有影响力的史学思潮？

从政治与学术背景来看，自赫尔德开始，德意志历史主义就弥漫着一种民族文化本位的思想，几乎所有的德意志历史主义者都是民族主义者。这使他们在宏大叙事中往往以乐观主义的态度强调本民族传统国家文化价值。而在近代，中国在政治上遭受了巨大的挫折，“中国传统国家及其精英在现代化挑战面前的失败不仅导致了两千年帝制的崩溃，也严重挫伤了中国人特别是青年一代对本民族文化传统价值的自信”,“在此背景下，类似于德国历史主义学派的个学式民族复兴史学是不可能产生的”。[①] 而且一种世界观的产生旨在解决当时面临的问题，历史主义在德意志与在中国面临的背景不同，德意志的历史主义是对英法等国思想的一种反抗，是为了构建本民族的世界观与思想体系，而近代中国并没有这种宏愿，当时学界主要是吸收外来思想与本土思想相结合，因而近代中国对历史主义的接受并不是一种世界观的接受，更多的是将其作为一种方法论来接受。当时中国史学界面临着一些传统史学与新历史考据学无法解决的问题，历史主义作为一种解决方法被接受与运用。

从外部学术环境看，历史主义于18世纪末产生，在19世纪末至20世纪上半叶一直发挥着重要作用。但是到了20世纪初，历史主义遭遇了“危机”，1917年以后，由于俄国十月革命的胜利，马克思主义很快取得了统治地位，在中国也产生了日益强大的影响。在法国等西方国家，旧的实证主义传统一直很强大，对德国历史主义的影响起到了一定的抵制作用，同时马克·布洛赫和吕西安·费弗尔在20世纪20年代末30年代初开拓的新的历史研究方法和方向也在试图摆脱历史主义的影响。在美国，虽然德国历史主义的影响一直很大，但是实用主义在史学领域的应用使其成为美国的主要思想流派。即使在德国，此前兰普雷希特等人也在试图摆脱历史主义的观点。[②] 而对于在此期间留学欧美各国的中国学生来说，在日益受到挑战的历史主义与蓬勃兴盛的实证主义与科学主义等思潮之间，后者的影响无疑更加直接深刻。

---

① 景德祥：《中德历史主义学派之比较：兼论历史主义学派的总评价》,《甘肃社会科学》2014年第4期。

② 参见巴勒克拉夫《当代史学主要趋势》，杨豫译，北京大学出版社，2006，第13页。

从中国的史学传统来看，虽然近代中国接受了大量的西方史学思想，但凡是产生过广泛影响的西方史学思想无一不与中国的传统史学思想有相契合的因素。在史学近代化之前，乾嘉考据学一直占据主流，虽然近代以来，史学界急于破旧立新，但传统的因素不会因此完全消亡。此时，接触西方史学思想的学者发现西方的实证主义和实用主义可以与中国的乾嘉考据学相结合，这样既能适应中国史学近代化的需要，又容易被中国学人吸收、利用。因而在近代中国史学界，新历史考据学思潮占据了主流地位，在20世纪一二十年代流行的新史学思潮也融入其中，学界有影响力的史学家也以受此思潮影响的史料学派为主。即使是积极传播历史主义的张贵永，也往往被归入史料学派。

当然，中国的传统史学中也有历史主义的因素，这使历史主义能在中国打开一个窗口，历史主义与历史主义者的思想得以各种途径在中国传播，许多史学家能自觉地接受并运用历史主义进行史学研究，都与此不无关系。总体来看，历史主义在近代中国的传播与接受不是普遍的现象，但其中的积极因素丰富了近代中国史学，对历史哲学与史学理论的发展起到了一定的促进作用。

历史文献学

清华简《心是谓中》与诸子文献之比较研究

郭　倩

（太原理工大学马克思主义学院，山西太原　030024）

摘　要： 清华简《心是谓中》为楚地出土的战国中期偏晚文献。简文强调“君民人”的关键在于“治心”。这一思想有古老的源头，且在《孟子》《管子》能找到相似的观点；其特重智识“心”的观点，更接近《管子》。简文中“身命”的提出，是春秋以降自然天道观发展的结果，凸显出“心”之于“天命”的重要性。对比诸子文献，简文对于“心”与“身命”“天命”关系的阐述，与孟荀特重“心”之于“天命”“人道”重要性的观点类似，而更接近荀子的思想。简文的公布，对于启发学者进一步思考诸子文献的联系，厘清诸子心性论的发展脉络具有重要意义。

关键词：《心是谓中》　心　身命

《心是谓中》是清华大学抢救入藏的古代竹简中的一篇，于2018年11月在《清华简》第8辑刊布。本篇共七支简，因以“心”为论述中心，整理者将之定名为《心是谓中》。按照整理者的观点，该简时代属于战国中期偏晚，应出土于当时楚国境内。[①] 简文的主旨是，心“处身之中”，主宰“百体”和“四相”，决定人的好恶言行。人之有为，在于谋而有度，处理好“心”与“身”、“身命”与“天命”的关系。[②] 简文强调“心”是人体之主宰，君主要善于运用“心”之谋度功能，权衡政事短长，

① 刘国忠：《清华简的入藏及其重要价值》，《清华大学学报》（哲学社会科学版）2009年第3期。

② 《心是谓中·整理者语》，《清华大学藏战国竹简》（捌），中西书局，2018，第148页。

在天命的限制下尽可能发挥主观能动性，求得天命永葆。简文对于君主如何“君民人”，对于“心”与“身”、“身命”与“天命”关系的阐述，与目前所见战国时期多篇思想史文献既有区别又有联系，可与战国时期诸多文献相对照。

简文发布后，贾连翔、沈建华、陈伟、曹峰等学者先后发文对简文与战国时期诸子文献做了对比研究。贾连翔认为，简文对“心”是感官统帅的表述，接近《管子》“心之在体，君之位也。九窍之有职，官之分野。心处其道，九窍循理。嗜欲充益，目不见色，耳不闻声”；简文“天命”与“身命”的关系，与孟子“莫非命也，顺受其正。是故知命者，不立乎巖墙之下。尽其道而死者，正命也。桎梏死者，非正命也”类似，并且一定程度上体现了荀子“天人之分”的思想。[①] 沈建华认为，《孟子》与《荀子》中也有类似简文将心、体关系与君臣关系相比附的做法。简文中身命、天命概念的提出，强调人的主观能动性，已经暗蕴“制天命而用之”的思想。[②] 陈伟认为，《心是谓中》所述的“心身”关系，与郭店简《五行》和帛书《五行》的内容最为接近。[③] 曹峰先生认为，简文既突出心君同构又强调认知功能的心论可能对《荀子》、马王堆帛书《五行》产生了影响，其不具有伦理指向的特点影响了黄老道家与法家。[④] 时贤对于简文与传世文献的比较与分析已经较为到位，但仍有可深入之处。本文拟对简文中的思想因素与传世文献作一比较，明确《心是谓中》与诸子文献的联系及其思想史价值。

一　简文“治心”思想的文献比较研究

整理者认为，简文的主旨是：人之有为，在于谋而有度，处理好

① 贾连翔：《〈心是谓中〉中的“身命”及相关问题研究》，载《纪念清华简入藏暨清华大学出土文献研究与保护中心成立十周年国际学术研讨会论文集》，第153～157页。

② 沈建华：《初读清华简〈心是谓中〉》，载《纪念清华简入藏暨清华大学出土文献研究与保护中心成立十周年国际学术研讨会论文集》，第293～296页。

③ 陈伟：《〈心是谓中〉“心君”章初步研读》，http：//www.bsm.org.cn/show_article.php？.id=3251，最后访问日期：2018年11月17日。

④ 曹峰：《清华简〈心是谓中〉的心论与命论》，载《“先秦诸子的争鸣与共识”学术研讨会暨第六届诸子学论坛论文集》，2019。此外曲桢明、朱君杰等学者也对简文内容做了分析，作品亦见于《“先秦诸子的争鸣与共识”学术研讨会暨第六届诸子学论坛论文集》，2019。

“心”与“身”、“身命”与“天命”的关系。这一主旨，是在讨论如何治民的语境下提出的，特别强调“心”的主宰作用之于“君民人”的重要性。换言之，“心”与“君民人”是简文的核心议题。围绕着“心”与“君民人”的关系这一议题，简文从三个方面进行了阐述。简文首先指出：“心，中。处身之中以君之，目、耳、口、肢四者为相”，心对于五官四肢具有主宰作用。对于君主而言，应当“其监于此，以君民人”，也即时刻以心与四肢的关系为借鉴，重视“心”的主宰作用。其次，简文指出，“闻讯视听，在善之攈，心焉为之”，意即心可以主宰耳目口鼻，以实现其谋度功能，从而掌握“君民人”之规律。最后，简文言“死生在天，其亦失在心”，“毋独祈保家没身于鬼与天，其亦祈诸心与身”。此处引入“天命”概念，点明了“心”的主宰作用之于实现“天命”的重要性，并告诫世人不可仅仅祈求鬼与天，而要意识到“心”的主宰作用，充分发挥身、心的潜力。由此可见，简文的核心议题在于阐述君主应当“善治其心”，以“君民人”，从而长久地保有天命。

关于君主如何“治其心”以更好地统治人民这一议题，不少春秋战国时期文献均有涉及。《尚书》《左传》《国语》所记西周春秋时事，已经显示出对君主“治心”的重视。《尚书·康诰》云：“汝丕远惟商耇成人，宅心知训。别求闻由古先哲王用康保民，弘于天，若德裕乃身，不废在王命。”① 这是说，君主应当求得久为流传的治国之道，用心践行此道，如此方能安民。②《康诰》还云：“呜呼！小子封，恫瘝乃身，敬哉！天畏棐忱，民情大可见，小人难保。往尽乃心，无康好逸豫，乃其乂民。”③ 这是说，君主治民，务必像清除病痛一样除恶。天德可畏，天意虽不可见，征之民情而可见，而人民之中小民最难安抚。只有尽心竭力，才能治理好民众。④此处文字也强调了君主“尽心”之于治民的重要性。《左传》与《国语》也常常强调君主应当如何“治心”。如《左传》载臧孙纥有言：“纥也闻之，在上位者，洒濯其心，壹以待人，轨度其信，可明征也，而后可以治

① 《尚书正义》，阮元校刻《十三经注疏》，中华书局，1980，第203页。

② 《尚书正义》注云：“汝当大远求商家耇老承认之道，常以居心，则知训民。又当别求所闻父兄用古先智王知道，用其安者以安民。”见《十三经注疏》，第203页。

③ 《尚书正义》，阮元校刻《十三经注疏》，第203页。

④ 《尚书正义》注云：“治民务除恶，政当如痛病在汝身，欲去之，敬行我言。天德可畏，以其辅诚，人情大可见以小人难安。心为政，无自安好逸豫宽身，其乃治民。”见《十三经注疏》，第203页。

人。”[1] 这是说，君主应当摒弃心中之利欲，待人诚恳，言行合乎规范，然后可以统治人民。“洒濯其心”，笺曰：“不使利欲舍于心也。”[2] 也即不使利欲占据人心。《左传》载子产言：“侨闻之，君子有四时：朝以听政，昼以访问，夕以修令，夜以安身。于是乎节宣其气，勿使有所壅闭湫底，以露其体。兹心不爽，而昏乱百度。”[3] 这是说，君子应当四时有节：早晨听政，白天访问，傍晚修令，夜晚安身。如此才能保证身心健康。心中如果不明朗，就容易行事无度。在这里，子产也认为，君主善于“治心”，才能进退有度，政事有节。[4]《国语》中内史过云：“先王知大事之必以济众也，是故祓除其心，以和惠民。……祓除其心，精也。”[5] 韦昭注：“精，洁也。”这是说，君王保持心思精洁，才能和惠民众。由此可见，将君主之“心”与“君民人”相联系，有着古老的传统。综上所述，简文重视“治心”的思想，在《尚书》《左传》《国语》中均可寻得踪迹。

在战国诸子文献中，将“治心”与“君民人”相联系，较为突出的是《孟子》与《管子》。

《孟子》载曰：“人皆有不忍人之心。先王有不忍人之心，斯有不忍人之政矣。以不忍人之心，行不忍人之政，治天下可运之掌上。……凡有四端于我者，知皆扩而充之矣。若火之始燃，泉之始达。苟能充之，足以保四海，苟不充之，不足以事父母。”[6] 赵岐注：“先圣王推不忍害人之心，行不忍伤民之政，以是治天下易于转丸于掌上也。……凡有四端在于我者知皆扩而充大之。若火、泉之始微小，广大之则无所不至以喻人之四端也。人诚能充大之，可保安四海之民，诚不充大之，内不足以事父母，言无仁义礼智何以事父母也。”[7] 在这段话中，孟子提出“不忍人之心”这一概念，并认为君主拥有“不忍人之心”，才能“行不忍人之政”。人人皆有“不忍人之心”，也即皆有仁义礼智四端，君主只有扩充四端，才能抚有四

---

① 《春秋左传正义》，阮元校刻《十三经注疏》，第 1970 页。

② 〔日〕竹添光鸿：《左氏会笺》，巴蜀书社，2008，第 1354 页。

③ 《春秋左传正义》，《十三经注疏》，第 2024 页。

④ 《左氏会笺》：“宣，散也，与壅塞闭湫底对，节者为之节适也。朝听昼访夕修夜安，不违此四时，所以节宣其气也。湫，集也。底，滞也。露，羸也。……兹，此也。爽，明也。百度，百事之节也。笺曰：形强则神强，形弱则神弱，神常监形二盛衰也。既露其体，则神弱，致使此心不明，照察失宜二乱百度之节也。《左氏会笺》，第 1636 页。

⑤ 《国语》，上海古籍出版社，1978，第 35 页。

⑥ 《孟子·公孙丑》上，阮元校刻《十三经注疏》，第 2690 ~ 2691 页。

⑦ 《孟子·公孙丑》上，阮元校刻《十三经注疏》，第 2691 页。

海。在这里，孟子认为君主扩充“不忍人之心”是治民的关键，将君主“治心”与“君民人”联系了起来。

《孟子》又云：“今恩足以及禽兽，而功不至于百姓者，独何与？权然后知轻重，度然后知长短，物皆然，心为甚。王请度之。”① 赵岐注：“权，铨衡也，可以称轻重。度，丈尺也，可以量长短。凡物皆当称度，乃可知心当行之乃为仁。心比于物，尤当为之甚者也。欲使王度心如度物也。”② 在这里，孟子强调了“度”这一概念。孟子认为，君主之“不忍人之心”不能局限于禽兽，应当推而广之。若能运用“心”之“度”的功能，衡量心中之仁德，方能将仁心推而广之，使百姓也沐浴德晖。在这里，孟子也将君主“治心”与“君民人”联系了起来。

《管子》中将“治心”与“君民人”相联系之处更多。

《管子·七法》言治民有七法：“则、象、法、化、决塞、心术、计数”，“实也、诚也、厚也、施也、度也、恕也，谓之心术”③。《管子》认为，心有实、诚、厚、施、度、恕等功能，这些功能有助于君主治民。

《心术》篇与《内业》篇更是大篇幅论述君主“治心”与“君民人”的关系。《心术》篇云：“心安，是国安也；心治，是国治也。治也者心也，安也者心也。治心在于中，治言出于口，治事加于民，故功作而民从，则百姓治矣。”④ 这是说，君主心中安于理，国家便安定。“心”是君主治国安邦的关键，而君主“治心”的关键在于持守“中”这一准则，如此则言论行动无不恰当，如此则百姓大治。⑤《管子·内业》云：“正心在中，万物得度。道满天下，普在民所，民不能知也。……我心治，官乃治，我心安，官乃安。治之者心也，安之者心也。”⑥ 在这里，《管子》明确指出，君主心中持守中道，便能使万物得到规范，天下无不合于道。而君子持守中道的关键，就在于“治心”，“治心”的关键，则在于保持“心”之平和。

---

① 《孟子·梁惠王》上，阮元校刻《十三经注疏》，第 2671 页。

② 《孟子·梁惠王》上，阮元校刻《十三经注疏》，第 2671 页。

③ 黎翔凤：《管子校注》，中华书局，2004，第 106 页。

④ 黎翔凤：《管子校注》，第 780 页。

⑤ 注曰：“理与安一在于心，然后国从也。理心在于适中，则无口过，则无枉事。功成民服，非理而何？”参见黎翔凤《管子校注》，第 780 页。

⑥ 注曰：“心在中而正，则无过举，故万物得度也。人皆有道，但不能自知。若能解道之一言，则能察天极地，而中满于九州。解道者，在于心安，官之治安，皆从心生也。治之与安，无不由心。”参见黎翔凤《管子校注》，第 938 页。

由此可见，简文所说“治心”之于治民的重要作用，《孟子》和《管子》均曾提及。不过，《孟子》和《管子》有关君主“治心”的言论各有侧重，与简文的思想有同有异。

在《孟子》中，所谓“治心”，主要指君主将“不忍人之心”推广于天下民众。因此有“先王有不忍人之心，斯有不忍人之政矣。以不忍人之心，行不忍人之政，治天下可运之掌上”之语。而若要发掘“不忍人之心”则需要“尽其心”。若要“尽心”，则需要用心之思虑功能去觉知、体察内心之善性。因此孟子强调：“耳目之官不思，而蔽于物，物交物，则引之而已矣。心之官则思，思则得之，不思则不得也。此天之所与我者，先立乎其大者，则其小者弗能夺也。此为大人而已矣”。心中之善性，容易为外物影响、遮蔽。而若想觉知善性，就需要运用思虑功能，去除外物的遮蔽，从而觉知心中之善性。在觉知善性的基础上，孟子指出，还要运用“心”之谋度功能，时刻自省是否将“不忍人之心”推而广之，真正施仁政于百姓。因此，孟子言：“今恩足以及禽兽，而功不至于百姓者，独何与？权然后知轻重，度然后知长短，物皆然，心为甚。王请度之。抑王兴甲兵，危士臣，构怨于诸侯，然后快于心与？”[①] 赵岐注：“度，丈尺也。度之，谓称量之也。言物之轻重长短，人所难齐，必以权度度之而后可见。”[②] 概而言之，孟子强调君主应当凭借“心”之思虑作用觉知善性，将“不忍人之心”推而广之，时时自省仁政是否达于百姓，从而达到治民的效果。

《管子》认为，君主“治心”首先要保持心之中正澄明。其言：“正心在中，万物得度。道满天下，普在民所，民不能知也。一言之解，上察于天，下极于地，蟠满九州。何谓解之？在于心安。我心治，官乃治，我心安，官乃安。治之者心也，安之者心也。”[③] 注曰：“心在中而正，则无过举，故万物得度也。人皆有道，但不能自知。若能解道之一言，则能察天极地，而中满于九州。解道者，在于心安，官之治安，皆从心生也。治之与安，无不由心。”在这里，《管子》明确指出，只有君主心中能持守中道，举动合乎规范，万物的运行才能有条不紊。而君主持守中道的关键，就在于使“心”安，如此才能安定天下：“得一之理，治心在于中，治言

① 《孟子·梁惠王》上，阮元校刻《十三经注疏》，第2671页。
② 《孟子·梁惠王》上，阮元校刻《十三经注疏》，第2671页。
③ 黎翔凤：《管子校注》，第938页。

出于口，治事加于人，然则天下治矣。"[①] 而若要保持“心”之中正平和，就需要“虚其欲”[②]、“扫除不洁”[③]、“心而无与于视听之事”[④]、“意气定”[⑤]。与此同时，《管子》也注意到心的思虑作用，并将之概括为“心术”。如前所述，《管子·七法》言治民有七法：“则、象、法、化、决塞、心术、计数”，其中，“实也、诚也、厚也、施也、度也、恕也，谓之心术”[⑥]。也即，心有实、诚、厚、施、度、恕等功能，这些功能概称为心术，为治民七法之一。其中“度”，也具有思虑的意义。由此可见，《管子》也注意到“心”的思虑作用有助于治民。

由以上论述可知，虽然《孟子》《管子》均看重君主“治心”之重要性，但是侧重点不一。《孟子》强调觉知仁心并推而广之；《管子》强调保持“心”之中正平和，从而将中道作为为政之准则。当然，二者也有共同点。二者都注意到“心”之思虑作用。《孟子》言“心之官则思，思则得之，不思则不得也”，“权然后知轻重，度然后知长短，物皆然，心为甚”。这些言论表明《孟子》认为“心”之思虑作用是君主觉知善性，推广仁政的关键。《管子》云：“实也、诚也、厚也、施也、度也、恕也，谓之心术。”[⑦] 这表明《管子》也肯认“心”的思虑作用。只不过，《孟子》对于“心”之思虑作用的描述，侧重于对于善性的觉知，而《管子》对“心”思虑作用的描述，侧重于对“中道”的体察。

简文对于如何“治心”的阐述，重在一个“度”字，这一观点，在《孟子》和《管子》中均可寻得端倪。而从“度”的对象来看，简文的思想更接近于《管子》。简文言：“（人）之又（有）為，而不智（知）亓（其）𠦪（卒），不唯（惟）𢘑（謀）而不厇（度）虖（乎）？女（如）𢘑（謀）而不厇（度），則亡（無）以智（知）耑＝長＝（短長，短長）弗智（知），忘（妄）乍（作）奐（衡）𧢲（觸），而又（有）成攻（功），名之曰幸＝（幸。幸），天；智（知）事之𠦪（卒），心。必心與天兩事女（焉），果成，寍（寧）心𢘑（謀）之，旨（稽）之，厇（度）之，監

① 黎翔凤：《管子校注》，第937页。
② 黎翔凤：《管子校注》，第759页。
③ 黎翔凤：《管子校注》，第759页。
④ 黎翔凤：《管子校注》，第767页。
⑤ 黎翔凤：《管子校注》，第778页。
⑥ 黎翔凤：《管子校注》，第106页。
⑦ 黎翔凤：《管子校注》，第106页。

（鑒）之。𦖞（聞）係（訊）見（視）聖（聽），才（在）善之𢸚（攗），心女（焉）为之。”[①] 简文认为，人要想有所作为，就要知晓事物之始终，也即事物发展变化的规律。要想知晓事物发展变化的规律，就要“谋而且度”。若不能合理运用“度”这一功能，无法知晓政事发展规律，即便成功，也只是幸运。若能主动“度”得政事之发展规律，积极行事，天亦助之，事必成功。由此可见，简文认为“心”是决定政事是否成功的关键，而“度”这样的功能，更是发挥“心”之主观能动性的关键。查上文《孟子》和《管子》对“心”的认识，可知，二者均已认识到“心”具有“度”这样的功能。不过，二者所“度”之对象并不相同。孟子所言之“度”，意义更接近现代汉语中之“省察”，其对象是君主自身。但是在《管子》中，“度”并不具有省察自身的意义，它所施行的对象，多为他者。如“心无他图，正心在中，万物得度”，所“度”之对象为“万物”；“君道，度法而已矣”，所“度”之对象为“法”。相较之下，简文“度”之对象，更接近《管子》，所“度”者并非君主自身，而为他者。

综上所述，简文“治心”以“君民人”的思想由来已久，在反映春秋战国思想状况的诸多文献中均能寻得端倪。在诸子文献中，简文的“治心”思想与《孟子》和《管子》的相关表述类似。然而从“治心”的途径来说，简文更接近《管子》的思想。不过，谨慎地说，这些相似之处并不足以证明简文与《管子》是否有文本或者思想上的渊源关系。史华兹曾指出，在战国时期，不少主题和概念进入了公共话语中：“存在着这样的一整套术语词汇，它们最终会获得相当不同思想模式的认同。这些术语本身表现出了如下的特点：尽管它们也许拥有某些共同的含义，但仍然可以导向极其不同的解释方向和侧重点。”[②] “度”这样一个概念，广泛存在于诸子文献中，但是，这一概念同样可以导向极其不同的解释方向和侧重点。《孟子》与《管子》对“度”理解的侧重即不一致。而简文与《管子》虽然在解释“度”的大方向上是一致的，但这种一致性，也许反映了当时公共话语中绝大多数学者的理解，也许是与《管子》有文本与思想渊源的明证。而要确证简文与《管子》是否有文本或思想渊源，还需更为直接的证据。

① 《心是谓中》，《清华大学藏战国竹简》（捌），第149页。

② 〔美〕本杰明·史华兹：《古代中国的思想世界》，江苏人民出版社，2008，第234页。

二 《心是谓中》“治心”思想的时代特征

虽然简文的文本来源和思想归属暂时无法确证，但通过上文与战国时期诸子文献的对比，可以启发我们思考“治心”这一观念的发展脉络，进而明确《心是谓中》的时代特征。

将君主“治心”与“君民人”相联系的思想固然由来已久，但是缕析、对比春秋战国时期文献对这一主题的记载，会发现其中蕴藏着很多变化。在春秋时期，“治心”主要强调通过礼的节制来回避外界干扰，保持内心的澄明、平和。如前所述，《左传》臧孙纥有言：“纥也闻之，在上位者，洒濯其心，壹以待人，轨度其信，可明征也，而后可以治人。”① 其中“洒濯其心”，笺曰：“不使利欲舍于心也。”② 即不使利欲占据人心。又如《左传》载子产言：“朝以听政，昼以访问，夕以修令，夜以安身。于是乎节宣其气，勿使有所壅闭湫底，以露其体。兹心不爽，而昏乱百度。”③ 这是说，君子应当四时有节：早晨听政，白天访问，傍晚修令，夜晚安身。如此才能保证身心健康。心中如果不明朗，就容易行事无度。在这里，子产强调君主要节制起居，保持心思明朗。《国语》中内史过云：“先王知大事之必以济众也，是故祓除其心，以和惠民。……祓除其心，精也。”④ 韦昭注：“精，洁也。”这是说，君王保持心思精洁，才能和惠民众。在以上材料中，“心”是被动的，常常为外物所感，因此要“洒濯”、“祓除”，时时保持心思澄明；要节制起居，以身体的舒适规律来保证心思明朗。而这里的“洒濯”“祓除”等保持心思澄明的方式，主要是通过合理调节“心”情感功能来达到“治心”的目的的。

到战国时期，“治心”之说虽然仍旧保留着通过礼的节制来回避外界干扰，保持内心澄明、平和的意味，如《荀子》“圣人知心术之患，见蔽塞之祸，故无欲无恶，无始无终，无近无远，无博无浅，无古无今，兼陈

① 《春秋左传正义》，阮元校刻《十三经注疏》，第 1970 页。

② 《左氏会笺》曰：“不使利欲舍于心也。”第 1354 页。

③ 《春秋左传正义》，阮元校刻《十三经注疏》，第 2024 页。《左氏会笺》：“宣，散也，与壅塞闭湫底对，节者为之节适也。朝听昼访夕修夜安，不违此四时，所以节宣其气也。湫，集也。底，滞也。露，羸也。……兹，此也。爽，明也。百度，百事之节也。笺曰：形强则神强，形弱则神弱，神常监形二盛衰也。既露其体，则神弱，致使此心不明，照察失宜二乱百度之节也。”见《左氏会笺》，第 1636 页。

④ 《国语》，第 35 页。

万物而中县衡焉。”[①] 此言圣人知道“心”容易为外物所干扰，于是始终保持着“无欲无恶”、“无始无终”、“无近无远”、“无博无浅”、“无古无今”的澄明状态，如此才能持守中道于心中。又如《管子》“凡道无所，善心安爱。心静气理，道乃可止。”[②] 此言心思澄静，不为物扰，才能持守中道。但与此同时，“心”的认知功能也越来越被强调。《孟子》：“权然后知轻重，度然后知长短，物皆然，心为甚。王请度之。”在这里，“心”被认为有“度”，也就是认知并权衡外物的功能。《孟子》：“耳目之官不思而蔽于物，物交物，则引之而已矣。心之官则思，思则得之，不思则不得也。”[③] 在这里，“心”被认为具有思虑的作用。《管子》：“实也、诚也、厚也、施也、度也、恕也，谓之心术。”在这里，“度”也是“心”的重要功能。《荀子》：“人何以知道？曰：心。心何以知？曰：虚壹而静。”[④]《荀子》认为，“心”保持虚壹而静的状态，就能很好地调动认知功能。“治心”侧重点的转变，反映出“心”之主动性的增强。

通过缕析文献可知，从春秋到战国，时人对“心”的认识是有发展轨迹可循的。春秋时人更关注“心”的情感作用，认为“心”在与外界的交流中往往处于被动，经常受到外界的影响，强调“治心”的关键在于规避外界干扰，保持心之平和。而战国时人则强调“心”的认知作用，主张“心”要认识外部事物，显示出心之于外界的主动性。由春秋到战国，随着“治心”侧重点的转变，“心”的主动性也逐渐增强。

厘清了春秋战国时人对“心”的认识的变化，便可进一步对简文中“心”观念的时代特征作一推测。简文在开篇言：“心，中。处身之中以君之，目、耳、口、肢四者为相，心是谓中。”整理者已经指出，《荀子·解蔽》中“心者，形之君也，而神明之主也”一句与简文此句均强调“心”对于五官四肢的主宰作用，意义相似。[⑤] 由此可见，在开篇，简文即已点明了“心”的主宰作用。接下来，简文主要强调了“心”的认知作用。简文认为，人要想有所作为，就要知晓事物之始终，也即事物变化发展的规律。要想知晓事物发展变化的规律，就要“谋而且度”，知道事物之始终而成功，这是“心”的作用。若能主动“度”得政事之发展规律，积极行

① 王先谦：《荀子集解》，中华书局，1988，第465页。
② 黎翔凤：《管子校注》，第932页。
③ 《孟子·告子》上，阮元校刻《十三经注疏》，第2753页。
④ 王先谦：《荀子集解》，第467页。
⑤ 《心是谓中》，《清华大学藏战国竹简》（捌），第149页。

事，天亦助之，事必成功。这段话特别强调了“心”的谋度功能，正是战国时期强调“心”的主动性和认知作用的体现。由此可见，简文的“治心”思想，具有鲜明的战国时代特征。

三　“身命”的内涵及其时代特征

简文在论述“心”重要性的同时，特别提出了“身命”这样的概念。简文言：“断命在天，苛疾在鬼，取命在人。有天命，其亦有身命，心厥为死，心厥为生。死生在天，其亦失在心。”① 这是说，决定“命”的是天，导致疾病的是鬼，而争取得命运庇佑的是人。有“天命”，也有“身命”。《说文·身部》：“身，躯也……凡身之属皆从身。”② 简文也明确表示心、目、耳、口、四肢均为身的组成部分③，与《说文》相呼应。因此，“身命”具有自然生命的意义。“身命”一词，在传世文献中未见，其概念的独特性，需从“命”字含义的演变中索解。“命”在文献中的意义，随着时间的推移，是有明显变化的。在早期文献中，“命”更多指禄命，很少与自然生命相关。西周时期金文中盛行“眉寿永命”“永命眉寿”的辞例。“眉寿”与“永命”并列，容易让人误以为此处之“命”指人的自然生命、自然寿命。实则不然。徐中舒指出西周金文中永令或永命并非生命、性命之命，《尚书》的“天其永命”、“祈天永命”或毛诗的“永言配命”都指上天赋予的政治生命，亦即国的兴亡。④ 杜正胜认为，“眉寿”和“永令”是不同的祝祷，用后世的话说，一寿一禄，截然不同。⑤ 春秋晚期自然生命才与天有了明确的关联。命字明确发展出“自然生命”意义，正是在这一时期。

> 邾文公卜迁于绎。史曰：“利于民而不利于君。”邾子曰：“苟利于民，孤之利也。天生民而树之君，以利之也。民既利矣，孤必与

① 《心是谓中》，《清华大学藏战国竹简》（捌），第149页。

② 段玉裁：《说文解字注》，上海古籍出版社，1988年，第388页。

③ 《心是谓中》开篇即云：“心，中。凥（处）身之中以君之，目、耳、口、 （肢）四者为 （相），心是谓中。”

④ “此永命曰授，曰降，明为天神或祖先之命（令），而非生命、性命之命。”徐中舒：《金文嘏辞释例》，载《徐中舒历史论文选辑》，中华书局，1998，第530页。

⑤ 杜正胜：《从眉寿到长生——中国古代生命观念的转变》，载《“中央”研究院历史语言研究所集刊》第66本第2分，1995，第395页。

焉。”左右曰：“命可长也，君何弗为？”邾子曰：“命在养民。死之短长，时也。民苟利矣，迁也，吉莫如之！”遂迁于绎。[①]（《左传》文公十三年）

《左传》文公十三年记载了邾文公对于是否迁都的一段话。这段话中，“命”有两层含义。《左氏会笺》：“命者，人君所受之天命也。左右以年命言之，邾子以命分言之，言天使己为邾君，是天所命在养民也。……死生之短长，时也者……此非言死时前定，借令血肉强固，亦罹时行病饿死，是时也。”[②] 由此可见，这里的“命”一指邾文公作为君主之使命；一指邾文公个人之生命。在这里，“命”明确有了自然生命的意义。春秋时期开始，天的自然含义越来越明朗，自然天道观逐渐形成。这一时期，“天”之于人的意义，不再局限于天对周天子政治生命的赐予，普通民众的自然生命也被认为是由天所命。时人常言之“天生民而立之君，使司牧之，勿使失性”[③]，“则天之明，因地之性，生其六气，用其五行。气为五味，发为五色，章为五声，淫则昏乱，民失其性”[④] 等均为其明证。在这样的情况下，“天命”由周天子下降至普通民众，“命”字才由政治性、道德性的“天命”逐渐发展出自然生命意义。战国时期诸子对于“命”的理解，从而也具有了自然生命的意义。简文“身命”的概念，将“身”与“命”结合而言，是自然天道观不断发展的产物。“身命”这一概念的提出，一则明确了天人分际，颇有荀子“明天人之分”的意味；二则增强了人之于“天命”的主观能动性。

值得注意的是，简文对于“身命”与“天命”关系的描述，重点不在于明确天人分际，而在于突出“心”在沟通天人关系中的重要性。具体到简文，就是“心”之于“身命”实现“天命”的重要性。简文言：“必心与天两事焉，果成，宁心谋之，稽之，度之，监之。”这是说，成事之因素，不仅仅在于天，还在于“心”。静心谋之、稽之、度之、监之，才能“知事之卒”[⑤]，也即知晓事物之规律，从而成就事业。简文又言：“又（有）天命，亓（其）亦有身命……心毕（厥）为死，心毕（厥）为生。

① 《春秋左传正义》，阮元校刻《十三经注疏》，第1852页。
② 〔日〕竹添光鸿：《左氏会笺》，第763页。
③ 《春秋左传正义》，阮元校刻《十三经注疏》，第1598页。
④ 《春秋左传正义》，阮元校刻《十三经注疏》，第2108页。
⑤ 简文语。“知事之卒，心”。

死生才（在）天，其亦失才（在）心”，并以“亓（其）亦忻（祈）者（诸）口【六】与身。”[①] 此处将“身命”与“天命”并列，指出死生的决定权不仅在于“天命”，还在于“身命”，而把握“身命”的关键，就在于“心”。因此，死生之事不仅在于“天”，还在于“心”，永葆政治生命的关键，在于“祈诸心与身”。因此，简文认为“心”是“身命”实现“天命”的关键。

简文将“身命”与“天命”分列，并且特重“心”之于实现“天命”重要性的观点，与《孟子》和《荀子》的思想有相似之处。

对于简文将“身命”与“天命”分别开来的观点，战国诸子文献中也有类似阐述。贾连翔指出，《孟子·尽心》中之“修身以俟之，所以立命也”[②] 正对应简文所称的“身命”。而“心厥为死，心厥为生，死生在天，其亦失在心”中的“死”和“生”，正是脱胎于《孟子》“莫非命也，顺受其正。是故知命者，不立乎巖墙之下。尽其道而死者，正命也。桎梏死者，非正命也”[③] 中的“非命”和“正命”。贾连翔先生上述观点，深得简文之旨。值得注意的是，孟子的性命之辨中将性与命并列的观点与简文将“身命”与“天命”分列具有异曲同工之处，君子对于“性”之于“天命”的理解，与简文特重“身命”的思想也有相似之处。孟子有言：“口之于味也，目之于色也，耳之于声也，鼻之于臭也，四肢之于安佚也，性也，有命焉，君子不谓性也。仁之于父子也，义之于君臣也，礼之于宾主也，智之于贤者也，圣人之于天道也，命也，有性焉，君子不谓命也。”[④] 赵岐注：“口之甘美味，目之好美色，耳之乐五音，鼻之喜芬香……四肢解倦，则思安佚不劳苦，此皆人性之所欲也。得居此乐者，有命禄，人不能皆如其愿也。凡人则触情从欲，而求可乐；君子之道，则以仁义为先，礼节为制，不以性欲而苟求之也，故君子不谓性也……仁者得以恩爱施于父子，义者得以义理施于君臣，好礼者得以礼敬施于宾主，知者得以明知知贤达善，圣人得以天道王于天下，皆命禄，遭遇乃得居而行之，不遇者不得施行。然亦才性有之，故可用也。凡人则归之命禄，任天而已，不复治性，以君子之道，则修仁行义，修礼学知，庶几圣人亹亹不

① 《心是谓中》，《清华大学藏战国竹简》（捌），第149页。

② 《孟子·尽心》上，《孟子注疏》，阮元校刻《十三经注疏》，第2764页。

③ 《孟子注疏》，阮元校刻《十三经注疏》，第2764页。

④ 《孟子·尽心》下，《孟子注疏》，阮元校刻《十三经注疏》，第2775页。

倦，不但坐而听命，故曰君子不谓命也。”[①] 观赵岐注，我们可知，人们一向把滋味声色之欲看作是人性之本然；把仁义礼智看作是外在于人性的“命”，换言之，人们认为滋味声色之欲是人生而即有的，因此是性；而仁义礼智则是需要后天追求的，且并非人人皆可求得，因此只可称之为命。对于这种普遍流行的看法，孟子表达了相反的观点。孟子认为，君子并不过分追求滋味声色之欲，孜孜以求的是修仁行义，把仁义礼智看作生命最本质的要求，因此，君子并不把滋味声色之欲看作性，不会主动追求欲望之满足，得失全由天命；君子会主动追求仁义礼智，认为这是生命本然的要求，把仁义礼智看作性。在这里，孟子对于性与命的关系做了分析，他承认性包括自然生命及自然欲望，但又特别强调，君子并没有把自然欲望看作性，而把命看作人生而即应追求之物。换言之，孟子认为，人应当将自然生命的终极追求定位于实现道德天命，而非功利性的命禄。这与简文特别主张通过自然性的“身命”来实现“天命”的观点有相似之处。

前文已述，简文对“身命”的提出，目的在于凸显“心”之于实现天命的重要性。在《孟子》与《荀子》中也有类似的观点。

《孟子》有大体小体之论，在此论中，孟子特别将“心”作为成就“大人”，也即实现道德天命的关键因素。孟子言：“耳目之官不思而蔽于物，物交物，则引之而已矣。心之官则思，思则得之，不思则不得也。此天之所与我者，先立乎其大者，则其小者不能夺也，此为大人而已矣。”[②] 赵岐注曰：“人有五官、六府、物事也。利欲之事来交引其精神，心官不思善，故失其道而陷为小人……先立乎其大者，谓生而有善性也。小者，情欲也。”孟子将“心”作为大体的代表，其主要功能在于觉知善性；将情欲作为小体的代表，其主要功能在于与外物交流，并产生情欲。孟子认为通过“心”觉知善性，杜绝情欲带来的隐患，从而成为能够实现道德天命的大人。更进一步，《孟子》言：“尽其心者，知其性也。知其性，则知天矣。存其心，养其性，所以事天也。”[③] “心”可觉知并扩充善端，唯有穷尽心中之善，才能觉知性善，才能知道天道贵善。因此，“心”是“事天”，也即实现“天命”之关键。从这一点上来看，《孟子》所构建的心与天命的关系，与简文有相似之处。当然，二者也有明显的差异：孟子所言

① 《孟子·尽心》下，《孟子注疏》，阮元校刻《十三经注疏》，第 2775 页。

② 《孟子·告子》上，《孟子注疏》，阮元校刻《十三经注疏》，第 2753 页。

③ 《孟子·尽心》上，《孟子注疏》，阮元校刻《十三经注疏》，第 2764 页。

之融合，主要指将道德天命对个人的要求内化于自然人性中，而简文所表达之融合，是要通过“心”之主宰作用，在天人分际较为明确的背景下，掌握政治规律，主动实现政治天命之永葆，二者的逻辑理路所体现之主客体关系一为内向、一为外向，是有差异的。

简文对于“心”之于“天命”重要性的认识，与《荀子》的思想也有类似之处。荀子虽并没有要求人们实现“天命”，但在“明于天人之分”的背景下，也要求人们知晓人之职分，[①] 人之职分，即“修道不贰”[②]，也即遵循人道无所违背。而“修道不贰”的关键即在于“心”。《荀子·解蔽》云：“人何以知道？曰：心。心何以知？曰：虚壹而静。心未尝不臧也，然而有所谓虚；心未尝不满也，然而有所谓一；心未尝不动也，然而有所谓静。”[③] 这里明确指出，“心”是人认识“道”的途径。“心”在无所包藏、专一安静的情况下，可以认识“道”。由此可见，在荀子的思想中，“心”也是个体发挥主观能动性，实现人之职分的关键。这与简文将“心”作为实现政治天命永葆的关键，在思路上类似。另外值得注意的是，从“心”实现目标的方式来看，荀子与简文同样重视“心”对外在事物的认知作用。只不过，荀子所强调的，是“心”要知晓人道；简文所强调的，是知晓“事之卒”也即事物之规律。相较于孟子模糊主客体分际，主张将道德天命的目标内化于“心”的做法，简文与荀子在通过“心”来实现目标的途径上，对主客体的分别更为明确，并未采取将目标内化于“心”的办法，而强调“心”向外之追求。

综上所述，简文提出“身命”这一概念，具有自然生命的意味，是春秋战国以来自然天道观长期发展的结果。“身命”与“天命”并举、“心”与“天”并举，厘清了天人的界限，突出了“心”在实现“天命”过程中的地位。简文对于“心”之于“天命”重要性的认识，在诸子文献中也有体现，《孟子》和《荀子》中即有相似之语。而简文强调“心”向外追求“天命”的思路，不同于《孟子》的内向路径，更接近《荀子》的外向路径。

---

① 晁福林：《论荀子的“天人之分”说》，《管子学刊》2001 年第 2 期。

② “修道不贰”，也即遵循人道不贰。语出《荀子·天论》：“天行有常，部位尧存，不为桀亡。应之以治则吉，应之以乱则凶。强本而节用，则天不能贫；养备而动时，则天不能病；修道而不贰，则天不能祸。”王先谦：《荀子集解》，第 362 页。

③ 王先谦：《荀子集解》，第 467 页。

四 结语

综上所述，《心是谓中》作为战国中期偏晚时期的文献，对“心”与“身”的论述可进一步丰富我们对诸子时期思想状况的认识。简文强调“心”是人体之主宰，君主要善于运用“心”之谋度功能，权衡政事短长，在天命的限制下尽可能发挥主观能动性，求得天命永葆。这一观点，在春秋战国诸多文献中均出现过。《尚书》《左传》《国语》是较早论及这一观点的文献。诸子文献中，将君主之“心”与“治民人”相联系，较为突出的是《孟子》和《管子》。从如何“治心”的角度来分析，《管子》更注重人的智识心，《孟子》更注重情感心，简文强调心之谋度作用，偏重智识心，与《管子》更接近。春秋时期，人们更重视情感心，“心”之于外物也常常是被动的；到战国时，人们更强调智识“心”，“心”之于外物的主动性也随之加强，简文对于智识心的重视，具有鲜明的战国时代特征。简文提出“身命”这一概念，“身命”具有自然生命的意义，是自然天道观不断发展的结果。“身命”与“天命”并提，具有明确“天人之分”的倾向，但又蕴含人应当主动追求天命的观点，并特别突出“心”在实现“天命”过程中的关键作用。对比传世文献，简文特重自然生命之于实现天命重要性的观点，是孟子以来儒家一贯的传统。简文特重“心”之于“天命”重要性的观点，在《孟子》与《荀子》中均有相似阐述，而对于“心”在实现“天命”过程中认知功能的强调，则更接近《荀子》。由此可见，《心是谓中》的文本与思想，与传世的战国诸子文献，尤其是《孟子》《荀子》《管子》有诸多相似之处，而与《荀子》和《管子》的相似度更多。这些相似之处虽不能直接证明《心是谓中》的文本来源与学派归属，但可以帮助我们了解战国中晚期诸子思想中的共识与差异，启发学者进一步思考简文与《孟子》《荀子》《管子》的文本、思想联系，并进一步探索战国中期偏晚阶段“天人相分”思想的发展情况以及诸子心性论的发展演变。

敦煌本景教《志玄安乐经》羽田本、佐伯本录文再比较*

陈 涛

（北京师范大学历史学院、史学理论与史学史研究中心，
北京 100875）

摘 要：《志玄安乐经》是珍贵的唐代景教经典，内容丰富，价值极大。该经原为清末藏书大家李盛铎所藏，1935年被售到日本，现藏日本武田科学振兴财团杏雨书屋。长期以来，《志玄安乐经》写本的全部照片一直未能刊布，学界对其实际面貌多无从了解。日本学者羽田亨从李盛铎处得见《志玄安乐经》原件，并抄录全文，于1929年最早公开该经录文。日本另一学者佐伯好郎在羽田本的基础上重新录文并加英译发表在《辅仁学志》上，还对该经卷首部分的残缺多做填补。此后，学界研究中所用录文殆出自佐伯本。佐伯本对学界既有巨大的学术影响，也存在严重的错误导向。通过对《志玄安乐经》写本照片与羽田本、佐伯本的比较，可以发现羽田本、佐伯本均存在不同程度的失误，而佐伯本的失误较羽田本为多。从学术史的发展角度看，羽田本和佐伯本的录文大多数是正确的，仍不乏参考价值，尤其是佐伯本对卷首残缺的填补，更绝非随意杜撰，也有其合理性。

关键词：唐代 景教 《志玄安乐经》 羽田本 佐伯本

---

* 教育部人文社会科学研究青年基金项目“日本杏雨书屋藏《敦煌秘笈》非佛文献辑录与研究——以李盛铎旧藏敦煌文书为中心”（项目编号：13YJC770004）。

1916年，清末藏书大家李盛铎得到《志玄安乐经》（以下简称《志经》）。尽管抗父（即樊炳清）公开披露李盛铎藏有《志经》，但是国内学者多难以寓目。1935年，《志经》被售到日本，现藏日本武田科学振兴财团杏雨书屋。[①] 现存的景教文献，除《志经》仅刊布了卷首和卷尾的部分照片外，其余的皆已面世。[②]

《志经》的内容尤为丰富，研究价值极大。已知《志经》的录文分别为日本学者羽田亨和佐伯好郎所作。后来的各种版本，几乎无不是建立在佐伯氏录文的基础上。因为佐伯氏本人未曾得见《志经》原件或照片，所以录文中有不少问题。虽然有关学者对佐伯氏录文已有质疑，[③] 但是从学术史的发展角度而言，这些质疑仍有可商榷或可完善之处。有鉴于此，笔者拟对羽田氏、佐伯氏二人的录文相互比较，在结合《志经》照片的基础上，分析羽田本、佐伯本录文的学术价值及存在的问题，并从根本上厘清相关学术史发展脉络。

一　羽田本录文与佐伯本录文及其比较

1. 羽田本录文

1928年，羽田亨将《志经》录文刊布在《东洋学报》上（1928年所刊《志经》录文以下简称"羽田本1"），并声明由于仓促间抄录，无暇对校原本，可能存在错误，但不超过二三处，相信总体上并无大的问题，希望他日能对照原本校正。[④] 当《志经》流入日本后，羽田氏再次目睹原件，

---

① 详见陈涛《唐代景教经典〈志玄安乐经〉的流向问题》，《五邑大学学报》（社会科学版）2012年第3期。

② 《志玄安乐经》仅刊布了卷首、卷尾的部分照片，见羽田亨《羽田博士史学论文集》下卷（言语·宗教篇）（东洋史研究会，1958年）第六图，《景教宣元本经》见同书第七图。《一神论》、《序听迷诗所经》见羽田亨《一神论卷第三·序听迷诗所经一卷》（影印本），东方文化学院京都研究所，1931。

③ 详见林悟殊《敦煌本景教〈志玄安乐经〉佐伯录文质疑》，《中山大学学报》（社会科学版）2001年第4期；《唐代景教再研究》，中国社会科学出版社，2003，第146～155页；《林悟殊敦煌文书与夷教研究》，上海古籍出版社，2011，第284～293页。《景教〈志玄安乐经〉敦煌写本真伪及录文补说》，《华学》第11辑；《林悟殊敦煌文书与夷教研究》，第294～323页。吴昶兴《论景教〈志玄安乐经〉的安乐世界》，《台湾浸信会神学院学术年刊》，2007年，第101～128页。

④ 〔日〕羽田亨：《景教经典志玄安乐经に就いて》，《东洋学报》1929年第18卷第1号；又见《羽田博士史学论文集》下卷（言语·宗教篇），第272～273页。

可惜未能公开。直到羽田氏去世后，1958 年出版的《羽田博士史学论文集》下卷收入《关于景教经典志玄安乐经》一文（1958 年所刊《志经》录文以下简称“羽田本 2”），其中才公开了《志经》卷首、卷尾的两张照片，卷首录文也有所增补。

至于羽田本 1 与羽田本 2 有何不同，我们不妨参看具体录文①：

录文说明：录文以羽田本 1 为底本，采用今常用简体字。[ ] 中系羽田本 2 较羽田本 1 多的字，【】中系羽田本 2 较羽田本 1 少的字，{ } 中是后文比较时提及的原录文所用字。

1. 志玄安乐经
2. 闻是至言时无上
3. 河？净虚堂内与{與}者
4. 众左右环绕恭敬侍
5. 伽从众而起交臂
6. 我等人众迷惑固
7. 何方便救护有情
8. 弥施诃答言善[哉]
9. 生求预胜法汝[复？坐敛神]
10. 一切品类皆有安[乐？性随{隨}]
11. 如水中月以水浊故不生影像如草中火以
12. 草湿故不见光明含生沉{沈}埋亦复如是岑稳
13. 僧伽凡修胜道先除动欲无动无欲则不求不
14. 为无求无为则能清能净能清能净则能晤
15. 能证能晤能证则遍照遍境遍照遍境是安
16. 乐缘岑稳僧伽譬如我身奇相异志所有十
17. 文名为四达我于四达未尝自知我于十文未尝
18. 自见为化人故所以假？名于真宗实无知见
19. 何以故若？有知见则为有身以有身故则
20. 怀生想怀生想故则有求为有所求为是名动
21. 欲有动欲者于诸苦恼犹未能免况于安乐

① 〔日〕羽田亨：《景教经典志玄安乐经に就いて》，《东洋学报》1929 年第 18 卷第 1 号；又见《羽田博士史学论文集》下卷（言语·宗教篇），第 274～280 页。

22. 而得成就是故我言无欲无为离诸染境
23. 入诸净源离染能净故等于虚空发惠光
24. 明能照一切照一切故名安乐道
25. 复次岑稳僧伽我在诸天我在诸地或于神
26. 道或于人间同类异类有识无识诸善缘者
27. 我皆护持诸恶报者我皆救拔然于救护实
28. 无所闻同于虚空离功德相何以故若有功德
29. 则有名闻若有名闻则为自异若有自异则
30. 同凡心同凡心者于诸矜夸犹未度脱况于
31. 安乐而获圆通是故我言无德无闻者任
32. 运悲心于诸有情悉令度脱资神通故因晤
33. 正真晤正真故是安乐道次复岑稳僧伽我于
34. 眼法见无碍色我于耳法闻无碍声我于鼻
35. 法知无碍香我于舌法辨无碍味我于身法
36. 入无碍形我于心法通无碍知如是六法具
37. 足庄严成就一切众真景教皆自无始暨因
38. 缘初累积无边啰稽浼福其福重极万｛萬｝亿图
39. 齐帝山譬？所莫及然可所致方始善众会合
40. 正真因兹惠明而得遍照玄通升进至安乐
41. 乡超彼凝圆无转生命岑稳僧伽如是无量
42. 啰嵇浼福广济利益不可思议我今自念实
43. 无所证何以故若言证则我不得证则我不得称无碍也
44. 是故我言无欲无为无德无证如是四法不衔
45. 已能离诸言说柔下无忍潜运大悲人民无
46. 无边欲令度尽于诸法中而获最胜得最
47. 胜故名安乐道尔时岑稳僧伽重起作礼赞
48. 言大哉无上一尊大哉无上一尊乃能演说微
49. 妙胜法如是深奥不可思议我于其义犹未了
50. 晤愿更诲谕向者尊言无欲无为无德无证
51. 如是四方名安乐道不审无中云何有乐一尊
52. 弥施诃曰妙哉斯问妙哉斯问汝当审听与
53. 汝重宣但于无中能生有体若于有中终无
54. 安乐何以故譬如空山所有林木数条散叶

55. 布影垂阴然此山林不求鸟兽一切鸟兽自
56. 来栖集又如大海所有水泉广大无涯深
57. 浚不测然此海水不求鳞介一切鳞介自住
58. 其中含生有缘求安乐者亦复如是但当
59. 安心静住常习我宗不安求（求安?）乐安乐自至是
60. 故无中能生有法弥施诃又告岑稳僧伽及
61. 诸大众曰此经所说神妙难思一切圣贤
62. 流传法教莫不以此深妙真宗而为其本譬
63. 如有目之类将游行必因日光方可远见岑
64. 稳僧伽此经如是能令见在及以未来有善
65. 心者见安乐道则为凡圣诸法本根若使复
66. 有人于此经文闻说欢喜亲近供养读诵受持
67. 当知其人乃祖乃父非一代二代与｛與｝善结缘必
68. 于过去积代善根于我教门能生恭敬因兹
69. 获祐故怀愿乐譬如春雨沾洒一切有根之
70. 物悉生苗牙若无根者终不滋长岑稳僧伽
71. 汝等如是能于我所求问胜法是汝等数代
72. 父祖亲姻戚善尤多转及于汝岑稳僧伽恭
73. 敬悲贺重起作礼上白尊言大慈大悲无上
74. 一尊乃能如是仁爱于我不以愚蒙曲成
75. 赞诱是则为我及一切众百千万｛萬｝代其身父
76. 母非唯今日得安乐缘但我等积久沉｛沈｝沦昏
77. 浊虽愿进修卒未能到不审以何方便作
78. 渐进缘一尊弥师诃曰如是如是诚如汝言譬
79. 如宝｛寶｝山玉林珠果鲜明照耀甘美芳香能疗
80. 饥渴复痊众病时有病人闻说斯事昼夜
81. 想念不离果林然路远山高身尫力弱徒积
82. 染愿非遂本怀赖有近亲具足智功为施梯橙
83. 引接辅持果克所求乃蠲固疾岑稳僧伽当
84. 来众心久缠惑恼闻无欲果在安乐山虽念
85. 进修情信中殆赖善知识作彼近亲巧说训
86. 喻使成梯橙皆能晤道销除积迷当有十种
87. 观法为渐修路云何名为十种观法一者观

88. 诸人间肉身性命积渐衰老无不灭亡？譬如
89. 客店暂时假宿施床廗（席?）具足珍羞皆非我有
90. 岂关人事会当弃去谁得久留二者观诸
91. 人间亲爱眷属终当离坼难保会同譬如
92. 众叶共生一树风霜既至枝杆即凋分散零落
93. 略无在者三者观诸人间高大尊贵荣华兴盛
94. 终不常居譬如夜月圆光四照云雾递起晦
95. 朔迁移虽有其明安可久恃四者观诸人间
96. 强梁人我虽欲自益及为自伤譬如虫蛾逢
97. 见夜火旋飞投掷将以为好不知其命灭在
98. 火中五者观诸人间财宝｛寳｝积聚劳神苦形
99. 竟无所用譬如小瓶才容升升酌江海水将
100. 注瓶中盈满之外更无所受六者观诸人
101. 间色欲躭滞从身性起作身性冤譬如蝎
102. 虫化生木内能伤木性唯食木心究竟枯
103. 朽渐当摧折七者观诸人间饮酒淫乐昏迷醉
104. 乱不辨是非譬如清泉鉴照一切有形之物
105. 皆悉洞明若添淤泥影像顿失但多秽浊诸
106. 无可观八者观诸人间犹玩戏剧坐消时日
107. 劳役精神譬如狂人眼花妄见手足攀挠尽
108. 夜不休筋力尽疲竟无所获九者观诸人间
109. 施行杂教唯事有为妨失直正譬如巧工克作
110. 牛畜庄严彩画形狍（貌?）类真将为田农终不收
111. 获十者观诸人间假修善法唯求众誉不念
112. 自欺譬如蚌蛤含其明珠渔者破之采而死
113. 但能美人不知己苦观此十种调御身心言
114. 行相应即无过失方可进前四种胜法云何
115. 四种一者无欲所谓内心有所动欲求代上
116. 事作众恶缘必须制伏莫令辄起何以故
117. 譬如草根藏在地下内有伤损外无见知见
118. 是诸苗稼必当凋萃人亦如是内心有欲外不
119. 见知然四支七窍皆无善气增长众恶断安
120. 乐因是故内心行无欲法二者无为所谓外形

121. 有所为造非性命法逐虚妄缘必当舍弃勿
122. 令亲近何以故譬如乘船入大海水逐风摇
123. 荡随｛隨｝浪迁移既忧沉｛沈｝没无安宁者人亦如
124. 是外形有为营造俗法唯在进取不念劬
125. 劳于诸善缘悉皆忘废是故外形履无为道
126. 三者无德于诸功德不乐名闻常行大慈广
127. 度众类终不辞说将为所能以何故譬如大
128. 地生养众物各随｛隨｝其性皆合所宜凡有利益
129. 非言可尽人亦如是持胜上法行景教因兼度
130. 含生便同安乐于彼妙用竟无所称是名无
131. 德四者无证于诸实无所觉知妄弃是非
132. 泯齐德失虽日自在邈然虚空何以故譬如
133. 明镜鉴照一切青黄杂色长短众形尽能洞
134. 彻莫知所以人亦如是晤真道性得安乐心遍
135. 见众缘悉能通达于彼觉了忘尽无遗是
136. 名无证弥施诃又曰若复有人将入军阵必资
137. 甲仗防卫其身甲仗既坚不惧冤贼唯此景
138. 教胜上法文能为含生御烦恼贼如彼甲仗
139. 防护身形若复有人将渡大海必资船舶
140. 方济风波船舶既□前岸不可到惟此景教胜
141. 上法文能与｛與｝含生度生死海至彼道岸安乐
142. 宝｛寶｝香若复有人时逢疫疠病者既众死者复
143. 多若闻反魂宝｛寶｝香妙气则死者反活疾苦消
144. 愈惟此景教胜上法文能令含生反真智命
145. 凡有罪苦咸皆灭除若有男女依我所言勤
146. 修上法昼夜思惟离诸染污清净真性？湛然
147. 圆明即知其人终当解脱是知此经所生利益
148. 众天说之不穷真际若人信爱少分修行
149. 能于明道不忧诸难能于暗道不犯诸灾能
150. 于他方异处常得安乐何况专修汝等弟子
151. 及诸听众散于天下行吾此经能为君王安护
152. 境界譬如高山上有大火一切国人无不睹者
153. 君王尊贵如彼高山吾经利益同于大火若能

154. 行用则如光明自然【照】耀岑稳僧伽重起请
155. 益弥［益］师诃曰汝当止止勿复更言譬如良井水则
156. 无穷病苦新悆不可多饮恐水不消便成劳
157. 复汝等如是善性初兴多闻致疑不可更说
158. 时诸大众闻是语已顶受欢喜礼退奉行
159. 志玄安乐经

林悟殊将羽田氏最初发表的录文对照已发表的局部照片，发现卷首10行，至少可补8个字，认为，“显然是缘写本原件破损，羽田当年匆匆抄录，未遑细辨”，1958年出版的《羽田博士史学论文集》，编者将该文收入时，据照片把缺字补上，其他部分则未更动，至于“卷末12行，完整清晰，故录文仅第155行‘弥施诃’误作‘弥师诃’外，其余均准确”①。

然而，笔者对照羽田本1和羽田本2，却发现二者有八处不同：第3行“河？净虚堂内与者”中，羽田本1作“者”，羽田本2作“诸”；第8行“弥施诃答言善”中，羽田本2较羽田本1多出一“哉”字；第9行“生求预胜法汝”中，羽田本2较羽田本1多出“复？坐敛神”四字；第10行“一切品类皆有安”中，羽田本2较羽田本1多出“乐？性随”三字；第55行“布影垂阴”中，羽田本1作“布”，羽田本2作“有”；第89行“施床廗（席?）”中，羽田本1作“廗（席?）”，羽田本2作“廗”；第154行“自然照耀”中，羽田本2较羽田本1少一“照”字；第155行“益弥师诃曰”中，羽田本2较羽田本1多出一“益”字。其中，羽田本1第3、55行的错误，第8、9、10行的疏漏，羽田本2皆予以订正，而第154、155行的错误，显然系羽田本2排印时的疏忽。至于林悟殊所言羽田本2较羽田本1至少可补8个字，非常正确。②

2. 佐伯本录文

自羽田亨最早公开《志经》录文后，日本学者佐伯好郎参考羽田本录文并率先将《志经》英译，于1934年将英译稿和汉字录文发表在英文杂

① 林悟殊：《敦煌本景教〈志玄安乐经〉佐伯录文质疑》，《中山大学学报》（社会科学版）2001年第4期；《唐代景教再研究》，第149~150页；《林悟殊敦煌文书与夷教研究》，第287页。

② 林悟殊后对第8、9、10、55、154、155行的不同，做了补说。详见林悟殊《景教〈志玄安乐经〉敦煌写本真伪及录文补说》，《华学》第11辑；《林悟殊敦煌文书与夷教研究》，第309页。

志《辅仁学志》上。至于写本首端残缺部分，佐伯氏在英译本的说明中，称“约残 90 字”，不过，其在译文和汉文录文中却对残缺部分，加以填补。[①] 佐伯氏后又将其录文（以下简称“佐伯本”）收入 1935 年出版的日文著作《景教之研究》、1937 年出版的英文著作《中国的景教文献及遗物》、1943 年出版的日文著作《支那基督教之研究》第 1 卷。由于佐伯氏的这三部著作被视为中国景教研究的权威力作，在海内外学界影响极大，因此，后世学者所用《志经》文本，殆据佐伯本录文。

至于影响深远的佐伯本录文究竟是何真容，我们不妨参看具体录文[②]：

录文说明：录文以 1935 年版为底本，采用今常用简体字。（）录文中的内容系佐伯氏填补，〔〕中的内容系其推测，□代表缺一字，句读亦为其所加。[ ] 中系 1937 年版及 1943 年版较 1935 年版多的内容，【】中系 1937 年版及 1943 年版较 1935 年版少的内容，{ } 中是后文比较时提及的原录文所用字。

1. 志玄安乐经
2. 闻是至言时。无上（一尊弥{彌}施诃。在与{與}脱出爱）
3. 河。净虚堂内与{與}者（俱。□岑稳僧伽□与{與}诸人）
4. 众。左右环绕。恭敬侍（坐。□□□□ [□]。岑稳僧）
5. 伽。从众而起。交臂（而进作礼赞。白弥{彌}施诃言）
6. 我等人众迷惑固（久。□□□□□□□ [□] 非以）
7. 何方便救护。有情（者。何可得安乐道哉。一尊）
8. 弥{彌}施诃。答言。善（哉斯问。善哉斯问。汝等欲众）
9. 生求预胜法。汝（当审听。□□□□□□□如是）
10. 一切品类皆有安（乐道。□ [□] 沉{沈}埋而不见。譬）
11. 如水中月以水浊故。不生影像。如草中火。以
12. 草湿故。不见光明。含生沉{沈}埋亦复如是。岑稳
13. 僧伽。凡修胜道。先除动欲。无动无欲。则不求。

① 详见林悟殊《敦煌本景教〈志玄安乐经〉佐伯录文质疑》，《中山大学学报》（社会科学版）2001 年第 4 期；《唐代景教再研究》，第 150～151 页。

② 〔日〕佐伯好郎：《景教の研究》，东方文化学院东京研究所，1935 年，第 721～736 页。P. Y. Saeki, *The Nestorian Documents and Relics in China*, Part IV The Chinese Text (Tokyo: The Academy of Oriental Culture, Tokyo Institute, 1937), pp. 77－95. 佐伯好郎《支那基督教の研究》（第 1 卷），春秋社松柏馆，1943，第 384～402 页。

14. 不
15. 为。无求无为。则能清能净。能清能净。则能晤
16. 能证。能晤能证。则遍照遍境。遍照遍境。是安
17. 乐缘。岑稳僧伽。譬如我身奇相异志。所有十
18. 文。名为四达。我于四达未尝自知。我于十文。
19. 未尝
20. 自见。为化人故。所以假名。于真宗实无知见。
21. 何以故。若有知见。则为有身。以有身故。则
22. 怀生想。怀生想故。则有求为。有所求为。是名
23. 动
24. 欲。有动欲者。于诸苦恼。犹未能免。况于安乐
25. 而得成就。是故我言。无欲无为。离诸染境。
26. 入诸净源。离染能净。故等于虚空。发惠光。
27. 明能照一切。照一切。故名安乐道。
28. 复次岑稳僧伽。我在诸天。我在诸地。或于神
29. 道。或于人间同类异类。有识无识。诸善缘者。
30. 我皆护持。诸恶报者。我皆救拔。然于救护。实
31. 无所闻。同于虚空。离功德相。何以故。若有功
32. 德。
33. 则有名闻。若有名闻。则为自异。若有自异。则
34. 同凡心。同凡心者。于诸矜夸（誇）。犹未度脱。况于
35. 安乐。而获圆通。是故我言。无德无闻者。任
36. 运悲心。于诸有情。悉令度脱。资神通。故因晤
37. 正真。晤正真。故是安乐道。次复岑稳僧伽。我
38. 于
39. 眼法。见无碍色。我于耳法。闻无碍声。我于鼻
40. 法。知无碍香。我于舌法。辨无碍味。我于身法。
41. 入无碍形。我于心法。通无碍知。如是六法具
42. 足庄严成就。一切众真景教。皆自无始暨因
43. 缘。初累积无边啰嵇浼〔俛〕福。其福重极万{萬}亿。图
44. 齐帝山。譬所莫及。然可所致。方始善众会合。
45. 正真因兹惠明。而得遍照。玄通升进。至安乐
46. 乡。超彼凝【。】圆无转生命。岑稳僧伽。如是无量

47. 啰嵇浼〔俛〕福。广济利益。不可思议。我今自念。实
48. 无所证。何以故。若言证。则我不得证。则我不
49. 得称无碍也。
50. 是故我言。无欲无为。无德无证。如是四法。不
51. 衒
52. 已。能离诸言说。柔下无忍。潜运大悲。人民无
53. 无边欲。令度尽于诸法中。而获最胜。得最
54. 胜。故名安乐道。尔时岑稳僧伽［。］重起【。】作礼赞
55. 言。大哉无上一尊。大哉无上一尊。乃能演说。
56. 微
57. 妙胜法。如是深奥。不可思议。我于其义。犹未
58. 了
59. 晤。愿更诲谕向者尊言。无欲无为。无德无证。
60. 如是四方〔法〕名安乐道。不审无中云何有乐。一
61. 尊
62. 弥｛彌｝施诃曰。妙哉斯问。妙哉斯问。汝当审听。(我）与｛與｝
63. 汝重宣。但于无中。能生有体。若于有中。终无
64. 安乐。何以故。譬如空山。所有林木。数条散叶。
65. 布影垂阴。然此山林不求鸟兽。一切鸟兽自
66. 求栖集。又如大海。所有水泉。广大无涯。深
67. 浚不测。然此海水不求鳞介。一切鳞介自住
68. 其中。含生有缘。求安乐者。亦复如是。但当
69. 安心静住。常习我宗。不安求乐。安乐自至。是
70. 故无中能生有法。弥｛彌｝施诃又告岑稳僧伽及
71. 诸大众曰。此经所说。神妙难思。一切圣贤。
72. 流传法教。莫不以此深妙真宗。而为其本。譬
73. 如有目之类将游行。必因日光。方可远见。岑
74. 稳僧伽。此经如是。能令见在。及以未来。有善
75. 心者。见安乐道。则为凡圣诸法本根。若使复
76. 有人。于此经文闻说。欢喜亲近。供养读诵。受
77. 持
78. 当。知其人及祖乃父。非一代二代。与｛與｝善结缘。

79. 必
80. 于过去。积代善根。于我教门。能生恭敬。因兹
81. 获祐。故怀愿乐。譬如春雨沾洒【。】一切有根之
82. 物。悉生苗牙。若无根者。终不滋长。岑稳僧伽。
83. 汝等如是能于我所求问胜法。是汝等数代。
84. 父祖亲姻戚。善尤多转及于汝。岑稳僧伽。恭
85. 敬悲贺。重起作礼。上白尊言。大慈大悲。无上
86. 一尊。乃能如是仁爱。于我不以愚蒙【。】曲成
87. 赞诱。是则为我及一切众。百千万｛萬｝代。其身父
88. 母非唯今日得安乐缘。但我等积久沉｛沈｝沦昏
89. 浊。虽愿进修卒未能到。不审以何方便作
90. 渐进缘。一尊弥｛彌｝师诃曰。如是如是。诚如汝言。
91. 譬
92. 如宝｛寶｝山。玉林珠果。鲜明照耀。甘美芳香。能疗
93. 饥渴。复痊众病。时有病人。闻说斯事。昼夜
94. 想念。下离果林。然路远山高。身尫力弱。徒积
95. 染愿。非遂本怀。赖有近亲。具足智功。为施梯
96. 橙〔嶝〕。
97. 引接辅持。果克所求。乃蠲固疾。岑稳僧伽。当
98. 来众心久缠惑恼。闻无欲果。在安乐山。虽念
99. 进修。情信中殆【。】赖善知识［。］作彼近亲。巧说训
100. 喻〔谕〕。使成梯橙〔嶝〕。皆能晤道。销除积迷。当有十种
101. 观法。为渐修路。云何名为十种观法。一者观
102. 诸人间。肉身性命。积渐衰老。无不灭亡。譬如
103. 客店。暂时假宿。施床廗〔席〕。具足珍羞。皆非我有。
104. 岂关人事。会当弃去。谁得久留。二者观诸
105. 人间。亲爱眷属。终当离圻。难保会同。譬如
106. 众叶共生一树。风霜既至。枝杆即凋。分散零
107. 落。
108. 略无在者。三者观诸人间。高大尊贵。荣华兴
109. 盛。
110. 终不常居。譬如夜月。圆光四照。云雾递起。晦

111. 朔迁移。虽有其明。安可久恃。四者观诸人间。
112. 强梁人我虽欲自益。及为自伤。譬如虫（蟲）蛾。逢
113. 见夜火。旋飞投掷。将以为好。不知其命灭在
114. 火中。五者观诸人间。财宝｛寶｝积聚。劳神苦形。
115. 竟无所用。譬如小瓶。才容升升。酌江海水将
116. 注瓶中。盈满之外。更无所受。六者观诸人
117. 间。色欲躭滞。从身性起。作身性冤。譬如蝎
118. 虫化生木内。能伤木性。唯食木心。究竟枯
119. 朽。渐当摧折。七者观诸人间。饮酒淫乐［。］昏迷【。】
120. 醉
121. 乱［。］不辨是非。譬如清泉。鉴照一切有形之物。
122. 皆悉洞明。若添淤泥。影像顿失。但多秽浊。诸
123. 无可观。八者观诸人间。犹玩戏剧坐消时日。
124. 劳役精神。譬如狂人眼花妄见。手足攀挠。尽
125. 夜不休。筋力尽疲。竟无所获。九者观诸人间。
126. 施行杂教。唯事有为妨。失直正。譬如巧工克
127. 作
128. 牛畜。庄严彩画。形狍〔貌〕类真。将为田农。终不收
129. 获。十者观诸人间。假修善法。唯求众誉。不念
130. 自欺。譬如蚌蛤含其明珠。渔者破之采而死。
131. 但能美人不知己苦。观此十种。调御身心。言
132. 行相应。即无过失。方可进前四种胜法。云何
133. 四种。一者无欲。所谓内心有所动欲。求代上
134. 事。作众恶缘。必须制伏。莫令辄起。何以故。
135. 譬如草根藏在地下。内有伤损。外无见知。见
136. 是诸苗稼。必当凋萃。人亦如是。内心有欲。外
137. 不
138. 见知。然四支七窍。皆无善气。增长众恶。断安
139. 乐。因是故。内心行无欲法。二者无为。所谓外
140. 形
141. 有所为造。非性命法。逐虚妄缘。必当舍弃。勿
142. 令亲近。何以故。譬如乘船入大海。水逐风摇
143. 荡。随｛隨｝浪迁移。既忧沉｛沈｝没。无安宁者。人亦如

144. 是。外形有为。营造。俗法唯在进取。不念劬
145. 劳。于诸善缘悉皆忘废。是故外形履无为道。
146. 三者无德。于诸功德。不乐名闻。常行大慈。广
147. 度众类。终不辞说。将为所能。以何故。譬如大
148. 地生养众物。各随｛隨｝其性。皆合所宜。凡有利益。
149. 非言可尽。人亦如是。持胜上法。行景教。因兼
150. 度
151. 含生便同安乐于彼妙用。竟无所称。是名无
152. 德。四者无证。于诸实无所觉知。妄弃是非。
153. 泯齐德失。虽日自在。邈然虚空。何以故。譬如
154. 明镜鉴照一切。青黄杂色。长短众形。尽能洞
155. 微莫知。所以人亦如是。晤真道性。得安乐心。
156. 遍
157. 见众缘。悉通达于彼觉了。忘尽无遗。是
158. 名无证。弥｛彌｝施诃又曰。若复有人。将入军阵。必
159. 资
160. 甲仗。防卫其身。甲仗既坚。不惧冤贼。唯此景
161. 教胜上法文。能为含生御烦恼贼。如彼甲仗
162. 防护身形。若复有人。将渡大海必资船舶。
163. 方济风波。船舶既破前岸不可到。惟此景教
164. 胜
165. 上法文。能与｛與｝含生度生死海。至彼道岸安乐〔彼岸安乐道〕
166. 宝｛寶｝香。若复有人。时逢疫疠。病者既众。死者复
167. 多。若闻反〔返〕魂宝｛寶｝香妙气。则死者反〔返〕活。疾苦消
168. 念。惟此景教胜上法文。能令含生反〔返〕真智命。
169. 凡有罪苦咸皆灭除。若有男女依我所言。勤
170. 修上法。昼夜思惟。离诸染污。清净真性。湛然
171. 圆明。即知其人终当解脱。是知此经所生利
172. 益。
173. 众天说之。不穷真际。若人信爱。少分修行。
174. 能于明道。不忧诸难。能于暗道。不犯诸灾。能

175. 于他方异处。常得安乐。何况专修。汝等弟子
176. 及诸听众。散于天下。行吾此经。能为君王安
177. 护
178. 境界。譬如高山上有大火。一切国人。无不睹
179. 者。
180. 君王尊贵。如彼高山。吾经利益。同于大火。若
181. 能
182. 行用。则如光明自然照耀。岑稳僧伽［。］重起请
183. 益。弥｛彌｝师诃曰。汝当止。止勿复更言。譬如良井。
184. 水则
185. 无穷。病苦新愈。不可多饮。恐水不消（化）。便成劳。
186. 复汝等如是。善性初兴。多闻致疑。不可更说。
187. 时诸大众闻是语。已顶受欢喜。礼退奉行。
188. 志玄安乐经。

佐伯本录文，1937 年版与 1943 年版完全相同，而 1937 年版及 1943 年版较 1935 年版则有所变化。1937 年版及 1943 年版较 1935 年版，第 4、6、10 行各增加一个“□”；1935 年版的第 43、47 行“浼（俛）”字，在 1937 年版和 1943 年版中作“浼”字；第 46、54、81、86、99、119、121、182 行的句读，1937 年版及 1943 年版与 1935 年版不同。这些变化，反映出佐伯氏后来进一步修正了其录文，力求使之更加合理。

3. 羽田本录文与佐伯本录文的比较

《志经》的录文，羽田本出现最早，佐伯本影响最大。显然，佐伯本录文抄自羽田本 1，但是二者仍有一定不同，具体表现在如下两方面：

第一，二者行数、字数不同（见表 1）。

表 1　羽田本与佐伯本行数、字数对比

事项＼版本	羽田本 1	羽田本 2	佐伯本（1935 年版）	佐伯本（1937 年版）	文书照片
行　数	159	159	188	188	159
字　数	2594	2602	2683	2686	2601

包括首题、尾题在内，羽田本录文 159 行，佐伯本录文 188 行。佐伯本之所以较羽田本多出 29 行，是由于羽田本发表时，“受排版每行最多 17

字的限制，原写本中每行字数超过者，便只能多续一行”，而佐伯氏未加细察，“把印刷版面上不得不多占得一行，都当为原写本固有的分行”①，于是多出 29 行。其中每行 5 字者一处，每行 2 字者两处，② 每行仅 1 字者二十六处。

关于《志经》的字数，著名汉学家兼基督教学家林仰山（F. S. Drake）曾于 1935 年根据佐伯本录文统计，称《志经》全经凡 2660 字。林悟殊教授据羽田本 1 统计，《志经》存 2596 字，因此，认为多出的 64 字便是佐伯氏所加。③ 吴昶兴据羽田本 2 统计，《志经》共 2601 字。④ 然而，据笔者的统计，羽田本 1 共 2594 字，羽田本 2 共 2602 字，佐伯本 1935 年版共 2683 字（□也算一字），佐伯本 1937 年版共 2686 字（□也算一字）。由于佐伯本源自羽田本 1，故可见佐伯本 1935 年版与 1937 年版分别较羽田本 1 多出 89 字和 92 字。其中，卷首 10 行分别多出 88 字和 91 字，第 62 行多一“我”字，第 185 行多一“化”字，而第 157 行“悉通达于彼觉了”中反漏一“能”字。

第二，佐伯本较羽田本 1 多出的错误。

佐伯本在抄录羽田本 1 的时候，不乏失误之处。据笔者统计共有 6 处：佐伯本第 43 行“啰嵇浼（俛）福”中“嵇”字，羽田本 1 作“稽”；第 66 行“求栖集”中“求”字，羽田本 1 作“来”；第 78 行“知其人及祖乃父”中“及”字，羽田本 1 作“乃”；第 94 行“下离果林”中“下”字，羽田本 1 作“不”；第 155 行“微莫知”中“微”字，羽田本 1 作“彻”；第 163 行“船舶既破前岸不可到”中“破”字，羽田本 1 作“□”。

---

① 详见林悟殊《敦煌本景教〈志玄安乐经〉佐伯录文质疑》，《中山大学学报》（社会科学版）2001 年第 4 期；《唐代景教再研究》，第 153 页；《林悟殊敦煌文书与夷教研究》，第 290 页。

② 林悟殊认为：“每行 5 字、3 字、2 字者各一。”然据本文所示佐伯本录文，当知林悟殊统计有误。

③ 详见林悟殊《敦煌本景教〈志玄安乐经〉佐伯录文质疑》，《中山大学学报》（社会科学版）2001 年第 4 期；《唐代景教再研究》，第 153 页；《林悟殊敦煌文书与夷教研究》，第 290 页。

④ 详见吴昶兴《论景教〈志玄安乐经〉的安乐世界》，《台湾浸信会神学院学术年刊》，2007 年，第 107 页。吴文说：“林悟殊采用 1958 年羽田刊布的文本，以计算机统计，《志经》共 159 行，全文 2596 字。”其实，吴昶兴所言有误，林悟殊文章中已明确说明是按照羽田本 1（即 1929 年文本）统计的。另外，由于吴昶兴没有区分羽田本 1 与羽田本 2，似认为二者完全相同，其文章将羽田本 2 与佐伯本的录文进行比较，以致论证多有偏颇、误解之处。

另外，佐伯本将羽田本 1 中的“弥施诃”中的“弥”字，都作“彌”字。

二 《志经》照片与羽田本、佐伯本录文的比较

按理说，羽田本录文是据《志经》原件抄录，应该更加可靠，而佐伯本录文虽参考羽田本 1，却有所填补，已存在失真之处。令人遗憾的是，真正权威的羽田本在学界并未受到应有的重视，相反，佐伯本却大行其道。究其原因，正是长期以来《志经》写本的全部照片从未刊布，故而学界咸以佐伯本录文为“足本”，率皆以之为据①。

笔者在得到日本武田科学振兴财团杏雨书屋的许可和支持后，现将《志经》原本的全部照片公开，在此基础上与羽田本、佐伯本录文进行比较。

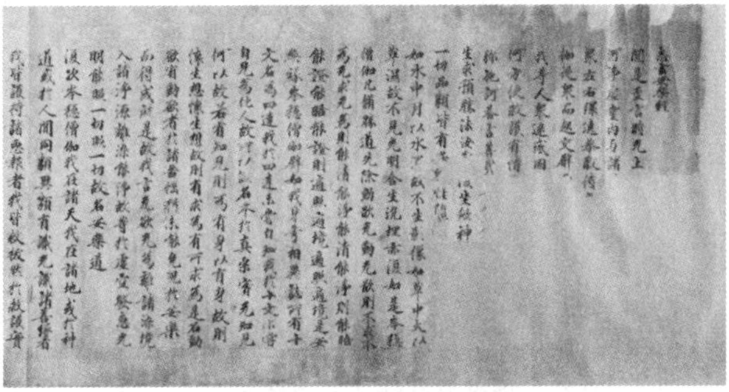

图 1 日本杏雨书屋藏《志玄安乐经》（羽 013—1）

图 2 日本杏雨书屋藏《志玄安乐经》（羽 013—2）

① 详见林悟殊《敦煌本景教〈志玄安乐经〉佐伯录文质疑》，《中山大学学报》（社会科学版）2001 年第 4 期；《唐代景教再研究》，第 155 页；《林悟殊敦煌文书与夷教研究》，第 291 页。

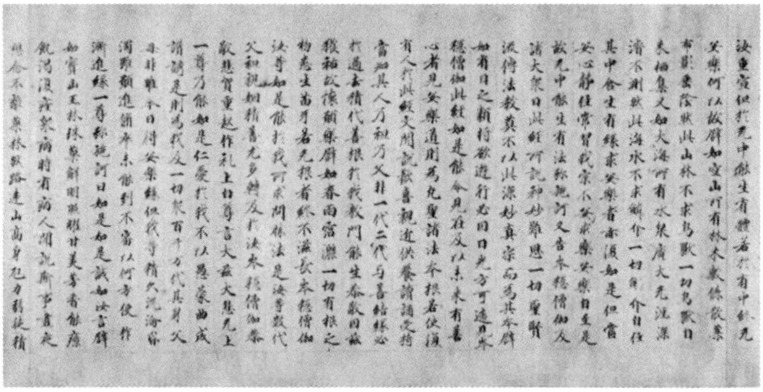

图 3　日本杏雨书屋藏《志玄安乐经》（羽 013—3）

图 4　日本杏雨书屋藏《志玄安乐经》（羽 013—4）

图 5　日本杏雨书屋藏《志玄安乐经》（羽 013—5）

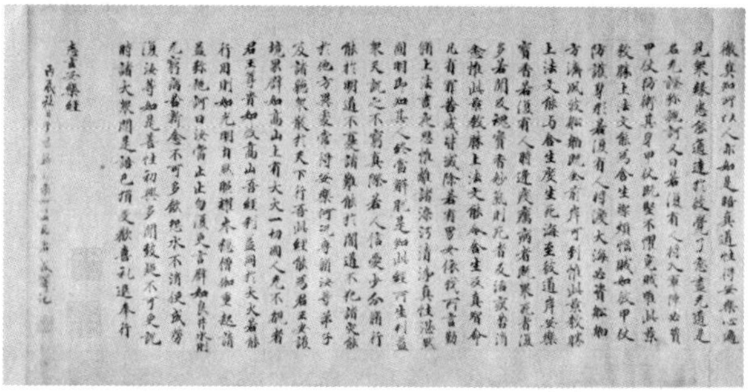

图 6　日本杏雨书屋藏《志玄安乐经》（羽 013—6）

通过对比《志经》照片与羽田本录文，我们发现二者还是有一些差别的：

1. 二者字数不同

据文书照片统计，《志经》共 2601 字，较羽田本 1 多出 7 字。其中，羽田本 1 第 8、9、10 行少 9 字；第 18 行“所以假？名于真宗”中，“名”字后漏一“本”字；第 43 行“若言证则我不得证”中，“言”字后漏一“有”字，而多出“则我不得证”5 字；第 63 行“将游行”中，“将”字后漏一“欲”字；第 131 行“于诸实无所觉知”中，“实”字后漏一“证”字；第 140 行“前岸不可到”中，多出一“不”字。《志经》较羽田本 2 少 1 字，其中羽田本 2 第 9 行“生求预胜法汝复？坐敛神”中，“汝”字后应有一缺字；第 18、43、63、131、140 的漏字或多字情况与羽田本 1 相同；而第 154 行“自然耀”中，“然”字后漏一“照”字，第 155 行“益弥益师诃”中，多出一“益”字，此两处错误显系排印失误所致。

2. 羽田本释录有误之处

据笔者统计，羽田本 1 有 13 处录文明显有误，分别是第 3 行“者”字，《志经》作“诸”；第 36 行“知”字，《志经》作“智”；第 51 行“方”字，《志经》作“法”；第 54 行“数”字，《志经》作“敷”；第 72 行“戚”字，《志经》作“积”；第 78、155 行“师”字，《志经》作“施”；第 82 行“功”字，《志经》作“巧”；第 85 行“说”字，《志经》作“设”；第 107 行“尽”字，《志经》作“昼”；第 127 行中“以何故”，《志经》作“何以故”；第 130 行“便”字，《志经》作“使”；第 140 行“船舶既□”中“□”字，《志经》作“全”。羽田本 2 也有 13 处录文有误：其中第 36、51、54、72、78、82、85、107、127、130、140、155 行的失误与羽田本1相同，而第55行“有影垂阴”中“有”字，当系排印失误所致，羽田本1与《志经》皆作“布”。

此外，羽田本1和羽田本2在俗字、异体字等释录方面，也有17处与《志经》有所不同，分别为第3、67、141行中“与（與）”字，《志经》作“与”；第10、123、128行中，“随（隨）”字，《志经》作“随”；第12、76、123行“沉（沈）”字，《志经》作“沉”；第50行“谕”字，《志经》作“喻”；第73行“大慈大悲”中“慈”字，《志经》作“兹（茲）”；第38、75行“万（萬）”字，《志经》作“万”；第79、98、142、143行中“宝（寶）”字，《志经》作“宝（寶）”。

再对比《志经》照片与佐伯本录文，我们就会发现，佐伯本1935年版较《志经》原本多出82字。其中，佐伯本1935年版除了上列羽田本1的多字、少字和失误外，卷首10行多出79字，第62行多一“我”字，第185行多一“化”字，而第157行“悉通达于彼觉了”中反漏一“能”字。此外，在抄录羽田本1时又多了6处错误，前文对此已有述及。

关于佐伯本对卷首残缺的填补，林悟殊认为：“佐伯氏多有臆测杜撰之处”，“佐伯本每行都补足17个字，更属主观臆断”，“如此补缺，无疑带有很大的随意性”①。不过，通读《志经》全文即可看出，佐伯氏是试图根据《志经》的句式结构和前后内容来填补卷首残缺的，是有一定考虑和分析的，绝非随意杜撰。例如佐伯本第8行“弥施诃。答言。善（哉斯问。善哉斯问。汝等欲众）”的填补，显然是参照了第62行“弥施诃曰。妙哉斯问。妙哉斯问”的结构；第60行“如是四方〔法〕名安乐道”中，羽田本1原本作“四方”，而佐伯氏对“方”字存有异议，推测其为“法”字，我们根据《志经》照片可知，的确应是“法”字，可见佐伯氏的推测不无道理。

三　结语

总的来说，佐伯氏在未见《志经》原本的情况下，遽然填补，尽管有其合理性，但是此种做法既不忠实原本和最初的录文，也不符合出土文书

① 详见林悟殊《敦煌本景教〈志玄安乐经〉佐伯录文质疑》，《中山大学学报》（社会科学版）2001年第4期；《唐代景教再研究》，第152~153页；《林悟殊敦煌文书与夷教研究》，第289页。

的整理规范，极不可取。况且，其录文失误之处不少，由此使得一些句意与本意截然相反。长期以来，佐伯本作为《志经》的权威录文，我们既不能否认其对学界的巨大影响，也不应忽视其严重的错误导向。

本文通过对《志经》照片和羽田本1、羽田本2、佐伯本的相互比较，进一步明确了各本之间的差异。可以说，从学术史的发展角度看，羽田本和佐伯本的录文大多数是正确的，仍不乏参考价值。然而，今后学界对《志经》的研究更应该建立在原件照片的基础之上。

（附记：承蒙日本武田科学振兴财团杏雨书屋的支持和许可，特准本文使用文书照片，谨致谢忱！）

从“文字狱档”看清代以书为礼现象*

张　升

（北京师范大学历史学院，北京　100875）

摘　要：《清代文字狱档》收录的“蔡显《闲渔闲闲录》案”“黄检私刻奏疏案”相关档案，较为详细地展示了蔡显、黄检私刻本的流向。通过对这些私刻本流向的统计分析，可以发现清代士大夫以书（私刻）为礼的普遍性：首先，除了文集之外，其他私刻本也多作为礼物赠送。其次，私刻本中的绝大多数印本均作为礼物赠人。再次，无论是下层士人还是上层士人，无论是在南方还是在北方，无论是汉人还是旗人，均普遍以书为礼。最后，士大夫的赠书，既有巩固性的、核心性的投赠，也有投机性的、拓展性的投赠，前者体现了书籍之交的深度，而后者体现了书籍之交的广度。此外，本文还尝试对清代私刻本一次开印的印数作推断：大多数应该在20部至200部之间。

关键词：以书为礼　文字狱档　蔡显　黄检

明清图书流通的一个重要途径是赠送（以书为礼），这在私家刻书中体现得最为明显。可以说，大部分的家刻是为了赠送而出版的。笔者曾以《明代徽州方氏亲友手札七百通考释》为依据较全面讨论过明代以书为礼的普遍性①，而徐雁平则主要依据管庭芬和黄金台的日记，较深入地分析了清代下层士人普遍存在着以书为礼现象，并明确指出：“大多数文人刊

*　本文为教育部人文社科基金项目“明清士大夫书籍之交研究”（项目编号：19YJA770023）的阶段成果。

①　张升：《以书为礼：明代士大夫的书籍之交》，《北京师范大学学报》2017年第5期。

印自己的集子，或父亲、祖父及其他家人的集子，其主要目的不在销售谋利，而是作为得体的礼物。”[①] 这一结论无疑是正确的。不过，徐氏的结论仍有可进一步补充完善的地方。例如，文集之外的私家刻本，是否也多以书为礼呢？黄金台的赠书行为在下层士人中有多大的代表性呢？如黄金台这样的下层士人，其私刻本的赠送对象主要是哪些人呢[②]？此外，清代上层士人是否也同样普遍存在着以书为礼现象呢？因此，笔者希望能针对上述四个问题对徐文作补充讨论。

《清代文字狱档》收录的档案涉及较多官方追查相关书籍流向的材料，能为我们研究古代图书流通提供重要依据[③]。笔者从中选取了两个案件：其一为“蔡显《闲渔闲闲录》案”。蔡显为普通下层文人，其将所刻的著作《闲渔闲闲录》（是部笔记，不是文集）送人，体现了下层士人以书（私刻）为礼现象；其二为“黄检私刻奏疏案”。黄检是高级官员，其将所刻其祖父的奏疏集送人，体现了上层士大夫以书（私刻）为礼现象。通过对这两个案件中的以书为礼现象作考察，笔者尝试回答上文提到的四个问题。

一 “蔡显《闲渔闲闲录》案”中的以书为礼

蔡显《闲渔闲闲录》一案的基本情况是这样的：蔡显，字景真，号闲渔，江苏松江府华亭县（今上海松江县）人，雍正七年（1729）举人[④]，以开馆授徒为业，所著有《闲渔闲闲录》《宵行杂识》《红蕉诗话》《潭上闲渔稿》《闲渔剩稿》《老渔尚存草》《续刻红蕉诗话》等。这些书自乾隆二十二年（1757）起陆续刊刻，其中《闲渔闲闲录》于乾隆三十二年三月刻成。蔡显“欲自夸其著作之长”，将书分送其门人和亲朋。此书引起了当地一些乡绅的注意，他们见书中“语涉狂悖，且多讦发他人阴私之处”，遂在华亭县街头张贴匿名揭帖，说蔡显私刻文书，“怨望讪谤”，号召本县

---

① 徐雁平：《用书籍编织世界：黄金台日记研究》，《学术研究》2015 年第 12 期。另可参徐雁平《〈管庭芬日记〉与道咸两朝江南书籍社会》，《文献》2014 年第 6 期。

② 徐雁平的《用书籍编织世界：黄金台日记研究》虽然讨论了若干具体的赠送对象，但没有作统计分析。

③ 可惜的是，目前学界对这些材料的利用还非常少。

④ 〔清〕王显曾纂《（乾隆）华亭县志》（清乾隆年间刻本）卷十一“选举下”所载的举人中，没有收录蔡显之名，可能与此案有关。

乡绅一同到官府举报。蔡显心中感到非常害怕，但又自认为书中并没有什么不法文句，思忖再三，遂于该年五月到松江府衙门自首，呈出自著刊本《闲渔闲闲录》一册，请求官府做出公断[①]。后经松江府知府钟光豫、两江总督高晋、江苏巡抚明德、乾隆等反复审查，认定《闲渔闲闲录》一书有多处触犯清政府的忌讳，于是，蔡显被处死，其家人、门生、亲朋等多人均受到不同程度的牵连，蔡显的著作及书板被毁。

《闲渔闲闲录》共九卷，是一部见闻笔记，所载内容庞杂，或记人，或记事，或记诗文，间有评述，有一定的史料价值。其资料来源，有得于亲历者，有得于书上者，有得于道听途说者。该书于清末民初有抄本传世，后被刘承幹刻入《嘉业堂丛书》中。不过，该抄本已没有乾隆时审理此案中提及的犯讳内容，有可能是传抄者删削所致。

乾隆三十二年此书刻成后，浙江湖州书商吴建千自备纸张将《闲闲录》刷印了一百二十部，其中留二十部给蔡显抵偿板价，而自己带走了一百部。由于私刻本大多没有什么商业价值，往往由私家出资刻印，因此，由书商代为刷印拿去售卖的情况应该比较特殊。我们可以推想，如果蔡氏自己出资来印，则可能就只印二十部。有鉴于此，书商带走的那一百部的流向，就不能代表大多数私刻本的流向，而归蔡氏所有的那二十部的流向，才真正体现大多数私刻本的流向。蔡显那二十部书的流向如下。[②]

1. 送给黄锦堂、李保成、吴秋渔、戴晴江、王充之（即王元之）、金子敬六人各一部。以上六人均系生员或监生，与蔡显或亲或友，估计都是松江府人。其中吴秋渔，名光裕，字秋渔，松江府华亭县人，副贡，工诗，也是书商。王充之，即王元之（或作王元定），松江府娄县人，诸生，才甚鸿博。

2. 送给吴西序一部。吴西序是蔡显妻子之侄，在蔡显送书之先，已前往江宁贩布，故书是吴西序妻许氏接受的。

3. 送给胡鸣玉一部。胡鸣玉，字廷佩，号吟鸥，松江府青浦县人，岁贡生，工词赋，乾隆元年荐举博学鸿词科，不第，归隐于家。胡氏著有《胡吟鸥诗》、《订讹杂录》10卷，后者被收入《四库全书》。档案中提到，

---

① 《清代文字狱档》，上海书店出版社，2007，第85~87页。

② 以下流向线索、人物信息主要来自《清代文字狱档》（第85~92页），“蔡显《闲渔闲闲录》案”；孟森《心史丛刊》（岳麓书社，1986，第229~239页），“《闲闲录》案”；许指严《文字大狱：牡丹劫》，《快活》1922年第2期；（清）蔡显《闲渔闲闲录》，民国初《嘉业堂丛书》本。

胡氏为蔡显的友人。胡氏曾给蔡显《宵行杂识》作序。据档案载：“至寄与廖古坛、陆湘萍各一部，前据蔡显供明，同送给胡鸣玉一部，交给朱驼子托夜航船寄去。胡鸣玉先经供明并未收到，今确查朱驼子、陆湘萍俱已身故，而廖古坛与陆湘萍之子陆云璥亦未接到此书，自系中途遗失。”① 可知，寄给胡鸣玉的一部应该遗失在途中了。

4. 送给廖古檀（档案中误作“坛”）、陆湘萍各一部。廖景文，字琴学，一字觐扬，号檀园，又号羡行氏、古檀氏，松江府娄县（一说青浦）人，乾隆十二年（1747）举人，官合肥知县，有《廖古檀诗》等存世。其较蔡显约小二十岁。蔡氏赠书时，廖氏已不任知县。可见，廖氏是蔡显的同乡后辈乡绅，有一定的地位与文名。廖氏是否为蔡氏的友人不是很清楚，姑且算作其同乡中地位较尊贵的人物。陆湘萍，名贻穀，字露传，号湘苹，贡生，青浦人，著有《陆湘萍诗》。《闲渔闲闲录》中所载与陆氏的来往较多，可证陆湘萍应为蔡显的友人。据上一条可知，这两部与赠胡鸣玉的一部一起，交给朱驼子托夜航船寄送，但均未送达，估计也是中途遗失了。

5. 送给闻人倓一部。闻人倓为蔡显门人，复姓闻人，名倓，字讷甫，华亭县人，工诗，任候补训导，曾给《闲渔剩稿》作序，著有《古诗笺》（王士禛选，闻人倓笺，清乾隆三十一年刻本）。闻人倓见《闲闲录》语多狂悖，阅读之后即送还，并劝蔡显将书板销毁。

6. 送给吴承芳（即吴思�）一部。吴承芳为蔡显门人，与蔡氏颇投契。

7. 送给徐介堂一部。徐氏为蔡显门人，据档案载：“徐介堂年甫十八，幼虽从过蔡显，但后患弱症，不能读书，送给之逆书不能通晓。”②

8. 送给闻声远一部。闻声远是刻字匠闻子尚之子。蔡显曾雇闻子尚刊刻《闲闲录》。闻子尚刻成后即病故，蔡显为感谢其刻书，送给其子一部《闲闲录》。闻姓家族可能是当地（松江府）有名的刻工，因为《（乾隆）华亭县志》目录后署该志的刻工就是闻锦达。

9. 送给马刻匠一部。马刻匠是以印刷图书为业的，曾被书商吴建千雇往蔡显家印书，而蔡显亦送其《闲闲录》一部，抵作酒资。

10. 与陈鸣山交换一部。陈鸣山以时文和蔡显交换了一部《闲闲录》。陈鸣山应是位书商，因为他将书交换去是为了售卖的。不过，案发之时，

① 《清代文字狱档》，第90页。
② 《清代文字狱档》，第91页。

其所换之书尚未售出。

11. 蔡显自己留下四部。蔡显在案发时呈送官府五部，就包括了此四部以及闻人倓退回的一部。

归纳以上二十部的流向，可以分为三类。其一，作礼物赠送。礼物赠送的基础是人情，因此，以上前 7 条所载均符合这一情况，而第 8 条也应该符合这一情况，因为闻子尚刻一书的工钱，应该不止一部《闲闲录》的价钱(参照第 9 条送马刻匠一部来看更是如此，因为刻书肯定要比印书工价报酬更高)，因此，蔡显送闻子尚之子书，应该是表示刻书酬劳之外的额外感谢。其二，作商品交换。第 9、10 条符合这一情况。从第 9 条可以看出，印书的酬劳应该等于或高于一部《闲闲录》的价钱。其三，自藏。

以下重点讨论其中两个问题。

首先，为何蔡显只有二十部自己著作的印本？

古代私家刻书，考虑到成本、印本用途、自藏原板可根据需要重印等因素，往往一次印刷的书都不会很多。但是，如果与黄金台一次印刷自己的文集 150～200 部（这些书应该基本为其自留）相较，蔡显只自留二十部是不是太少了？

笔者认为，二十部应该是蔡显可以接受的一次开印的印数，因为：其一，这一印数应该是蔡显与书商吴建千商量折中的结果，肯定体现了蔡显期望的印数。否则，蔡显可能会让吴建千多印一些，而使自己能多留一些。而且，以蔡显的身份来看，应有能力多印一些。其二，从实际情况来看，二十部也基本可以满足蔡显的需要。他除了送给亲友、门人等之外，还有剩余的书可以作他用（如抵作酒资，与人交换），而且还能自留 4 部。况且，连其门人徐介堂这样既年轻又有病，还不能读书的人都获得了赠书，可见蔡显要赠送的对象不会很多。其三，结合下文黄检印书数（也是一次印二十部）看，私家刻书一次印二十部并不是一个特殊的个案。其四，据清代中期李绿园的小说《歧路灯》记载，谭观察想让盛希侨将其家藏书板印刷一遍，说道："卷帙浩繁，也恐一时纸价腾贵，赀力不给。大约一块板得三十张，方可刷印一番，不然润板刷墨，不是轻易动作的。"盛希瑗道："如今要印多少部？"盛希侨道："得三十部。"① 所谓"一块板

① 以上分别见李绿园《歧路灯》，中州古籍出版社，1998，第 703、704 页。李绿园生活在清代乾隆时期，《歧路灯》反映的应该是当时的社会情况。关于一次开印所印刷的部数，还可参见《清代文字狱档》第 198 页，石卓槐的诗集"于（乾隆）四十年二月交与族侄石思密带往江西刊刻板片，并刷成三十四部带回"。

得三十张”，即一块刻板一次刷印要印三十张。也就是说，要对藏板开印，一次最少要印三十部才合算。考虑到盛氏要印的书“卷帙浩繁”，故可能需要稍为多印一些，而《闲渔闲闲录》篇幅不大（共九卷），故只印二十部也是可以接受的。

其次，接受蔡显赠书者都是什么人?

据前所述，在蔡显所拥有的二十部《闲渔闲闲录》中，有 14 部是作为礼物送人的，占了大多数。这些受赠者的基本特征如下：

受赠者与蔡显的关系：雇工（刻工）之子一人。门人共 3 人。“或亲或友”（档案之语）6 人，即黄锦堂、李保成、吴秋渔、戴晴江、王充之（即王元之)、金子敬。从姓氏看，这 6 人似乎友人居多。姑且以一半友人一半亲人计算，则友人共 5 人（加上胡鸣玉与陆湘萍)，亲人共 4 人（加上吴西序)。此外，还有一位是廖景文，肯定不是蔡氏之亲人，但也不明确是否为其友人，故姑且算作当地较有地位的乡绅（既有一定的文名，还曾任县官)。

受赠者的身份：雇工（刻工）之子一人。生监，共 8 人。退职县令（举人出身）一人。候补训导一人。不详者三人。蔡显是位未曾出仕的举人，因此，大多数受赠者的功名或地位与蔡氏的功名或地位相当（或略高，或略低)。

受赠者的籍贯：黄锦堂、李保成、吴秋渔、戴晴江、王充之（即王元之)、金子敬这 6 人，除吴秋渔、王充之可以明确是松江府人之外，其余不太清楚。但是，据档案载，这 6 人均是松江府直接查办的，应均是松江府人。因此，结合上述的介绍可以明确，以上 14 位受赠者应该都是松江府人。

综上所述，蔡显私刻著作赠送对象的主要特征可以概括为：其一，以友人为主，其次为亲人，再次为门人，此外还有一位地位较尊贵的乡绅，以及一位雇工（刻工）之子。由于最后一位太特殊，因此，比较有代表性的应该是前面四类受赠者。其二，这些受赠者的功名或地位与赠送者的功名或地位相当。其三，受赠者与赠送者均为同乡，即松江府人。

那么，蔡显赠书对象的这些特征在清代以书为礼中有多大的代表性呢？或者换言之，是否清代下层士人以书为礼的赠书对象大致都符合上述的这三个特征呢？笔者认为，这三个特征还是具有很大的代表性的。以下试与黄金台的赠书相比较来认识。

从黄金台的赠书（只是指其赠送所著文集，不包括其他赠书）对象来看，黄金台赠书要较蔡显赠书覆盖的范围要大得多，既有本地者，又有外地者，既有挚友、乡绅，也有一些现任官员（如知府、知县等）。正如徐雁平所说的，后一种“投赠有功利意味”。蔡显和黄金台都是比较典型的下层士人（蔡显的功名甚至较黄金台为高，黄氏只是个秀才），但是两人的赠书对象为何差别这么大呢？笔者认为，这与两人的身份、交游、性格以及书籍印数等方面的差异有关：其一，蔡显当时乡居，赠书期间也没有出外，而黄金台则周游多地以谋生。其二，蔡显的赠书是在两个月内完成的，而黄金台的赠书则持续了数十年时间。其三，蔡显的性格比较狂狷①，其交游圈有限，而黄金台性格比较随和，且因辗转各地谋生的关系，编织了庞大的交游网。其四，蔡显年龄偏大（赠书时已七十余岁），在官场上已没有什么追求。否则，当时松江府大人物很多（包括众多居高官者），而且当地官员也不少，以蔡显的身份，应该比较容易扩大其上层的交游圈。黄金台则相对较年轻，因做私幕的关系与官员交往较多。其五，蔡显的书印数少，而黄金台的书印数多。印数少，自然受赠者就少。印数多，受赠者则相对较多。

那么，两人之赠书中何者更有代表性呢？笔者认为，两者均有一定的代表性，不过相对而言，蔡显的赠书应该更能反映下层士人以书为礼的最基本情况，因为印数少者更能体现投赠（书籍之交）的核心范围。

蔡显只有二十部印本，而黄金台则有一百五十至二百部印本。印本少，自然只能有选择性地赠送，而其赠送对象体现了其最为核心的交游圈。印本多，则可以发散性赠送，包括对一些初次认识之人的赠送，以及一些偶发性、随机性、投机性的赠送（如赠送上级官员等）。由于黄金台长期在外谋生（任私幕），辗转多地，这种随机、偶发的赠送就尤显突出。可以说，蔡氏的赠书更多地体现出巩固性的交往、交游圈的内层，以及书籍之交的深度，而黄金台的赠书则更多地体现出拓展性的交往、交游圈的外延，以及书籍之交的广度。因此，尽管两者均有一定的代表性，但相对来说，蔡显的赠书更具有普遍性，因为其代表着最为基础的、核心的投赠。

当然，我们也要注意到蔡显赠书的特殊性。因为蔡显年龄较大，性格也比较狂狷，而且门人较多（这在档案中有特别的强调），故其交游相对

---

① 可能也因此造成了蔡显与当地某些乡绅不和，并与当地官员关系疏远，从而为“蔡显《闲渔闲闲录》案”的发生埋下了伏笔。

较为封闭，在赠书上则体现为对门人赠书较多。那么，如果下层士人没有门人或适合赠书的门人，则可能会像黄金台一样将赠送对象较多地调整为地位较尊贵者（包括官员和乡绅等）。因此，如果抛开这些特殊性，我们以蔡显的以书为礼为基础，再参考黄金台的以书为礼，应该可以归纳出清代下层士人私刻本的基础印数、用途及以书为礼的大致范围：

其一，私刻本一次开印的印数在二十部至二百部之间。二十部可能是私刻本中一次开印所能接受的比较低（如果不是最低的话）的印数。

其二，私刻印本之用途：大部分用以赠送，一小部分自藏，还有极小部分用以作为商品交换。需要注意的是，由于《闲闲录》有一定的商业价值（书商代印了一百二十部），故其商品性体现得较为明显，而对于其他绝大多数私刻来说，其商品性则可能比较难体现出来。

其三，以书为礼的范围会受诸多因素的影响，包括印数以及书主的活动范围、交游圈、年龄、身份、性格、乡贯、家世、名望等，但无论如何，普通下层士人私刻本赠送对象的主要特征是：就地方而言，以本地为主。就身份（功名或官职）而言，与赠送者相当（或稍高，或稍低）。就关系而言，主要是友人，其次是亲人，再其次是地位较尊贵者或门人等。

二　“黄检私刻奏疏案”中的以书为礼

“黄检私刻奏疏案”的基本情况是这样的：乾隆四十四年二月，乾隆在审阅高朴案所抄高朴家藏书中发现黄检所刻其祖父黄廷桂奏疏，其中载有雍正朱批，认为此非臣下所得私刻，下令追查所有该书刻本下落。据档案记载，该书刻本大部分被追查出来，而黄检则自请辞去福建巡抚一职。追查出来的刻本后来应都被销毁了，而黄检虽不再任福建巡抚一职，但据《清高宗实录》卷 1095 可知，乾隆四十四年十一月，黄检即补授直隶布政使①。至于那些接受赠书者也都没有太大的影响，大多仍旧任职如故。

此案所涉的黄检家族，在清代前期是有较高地位的家族。其家族先世为福建人，后居辽东，入汉军镶红旗。黄检曾祖为福建巡抚黄秉中；祖父为黄廷桂（1690 - 1759），字丹崖，号前黄，历任两江总督、陕甘总督、四川总督、吏部尚书、武英殿大学士等职。黄检兄弟有黄模、黄栻，子辈有黄文灿、黄文炘、黄文耀，族侄有黄文爃。乾隆三十六年九月，黄检被

① 《清高宗实录（十四）》，《清实录》第 22 册，中华书局，1986，第 692 页。

任命为山西按察使。乾隆四十年五月，黄检被任命为山西布政使。乾隆四十三年七月，黄检被任命为福建布政使。同年八月，黄检被任命为福建巡抚。

此案所涉的“黄廷桂奏疏”刻本，其正式的书名叫什么目前并不清楚，但肯定不会称为“黄廷桂奏疏”[①]。目前一些论著直称该书为《黄廷桂奏疏》[②]，应该是不对的。为方便论述，以下暂以“黄廷桂奏疏”代其书名。该书是黄检于乾隆三十八年任职山西按察使时刻的，共印了二十部，每部二十四册，分装成四函，另有一部样本（应为刻样）。此书的篇幅是比较大的，而且因为有朱批，刻印质量应较高，刻印工价也应比较高。因此，尽管黄检有一定的财力，但也只是印了二十部。显然，20 部的印数，黄检肯定是经过考虑的，并不会是随便定的。需要注意的是，这一印数与蔡显的印数是完全一样的。由此可见，20 部尽管比较少，但也是私刻中可接受的一次开印的印数。

黄检刻成此书后，于乾隆三十九年将板片差家人赍送涿州：“所有刊刻板片刻成刷印二十部之后，即带至涿州奴才旧宅存贮。”[③] 据相关记载可知，黄廷桂旧宅在北京房山区张坊镇南白岱村前黄自然村（黄家祖坟亦在此附近），而房山在清代曾归属涿州，因此，板片应该是送回了此地。另据档案记载，乾隆四十四年二月二十一日，军机处传唤黄廷桂曾孙黄文璟来询问关于“黄廷桂奏疏”刻本的情况，黄氏表示并不清楚此书，说要回家查查，第二天五鼓（凌晨）再回复。第二天的上谕就提到了黄氏的回复：黄氏说其家祠堂及曾祖母处均没有，问老家人（老家在房山张坊，这老家人应指当时在北京的老家人）也不清楚[④]。其家祠堂、曾祖母应在京城，故能很快了解，而老家远在房山张坊，故只能问老家人。黄检将书板寄回涿州是几年前的事，因而个别老家人也不一定清楚此事。

据相关档案可知，上述 21 部“黄廷桂奏疏”中的大部分都能查清其下落[⑤]：

---

① 俞炳坤、张书才主编《乾隆朝惩办贪污档案选编》第 1 册，中华书局，1994，第 928 页。该处收录了查办高朴名下书籍的清单，但其中并没有包括此书，有可能在此之前已移出了。

② 孔令升：《清代文字狱解密》，古吴轩出版社，2013，第 187 页。

③《清代文字狱档》，第 248 页。

④《清代文字狱档》，第 243 ~ 244 页。

⑤ 以下所引档案均出自《清代文字狱档》，“黄检私刻奏疏案”，第 240 ~ 254 页，不再另行标注。

1. 送给缪其吉一部。档案载：“在晋候补道缪其吉于前冀宁道任内亦据送给，因丁忧带回原籍。”缪其吉，安徽芜湖人，贡生，乾隆三十年任凤台县知县，后官至四川按察司。黄检送书时，缪其吉任山西冀宁道道员。

2. 送给巴延三一部。巴延三，满洲觉罗氏，曾任军机处章京。黄检送书时，巴延三任山西巡抚。

3. 送给朱珪一部。朱珪（1731～1807），字石君，号南崖，晚号盘陀老人，朱筠之弟，北京大兴县人，乾隆十二年（1747）进士，选庶吉士，散馆授编修，后官至两广总督，吏、兵、户部尚书、协办大学士。《朱珪年谱》卷上载：“乾隆三十九年甲午，府君（指朱珪）四十四岁……寻有旨与臬司黄检，问藩司朱珪居官如何。黄覆奏谓：操守好，性情和平，惟待属员一味宽容，办事时形迟钝。臣每见其终日读书，于地方事毫无整顿云云。盖府君素不诡随，且与黄趋尚殊。然卒不以此怨黄。后黄得罪贫甚，府君终始周恤之十余年，至黄卒乃已。”① 可见黄检与朱珪关系不一般。黄检送书时，朱珪任山西布政使。

4. 送给吕昌际一部。吕昌际（1735～1807），字峄亭，号莱园，江苏沭阳县韩山人，嗜宋明理学，兼治易学。乾隆二十四年（1759），由贡生援例授县丞，历任山西平阳府知府、太原知府等，著有《山右宦游录》等。黄检送书时，吕昌际任山西冀宁道道员。

5. 送给周克开一部。周克开，字乾三，湖南长沙人，乾隆十二年（1747）举人，授甘肃陇西知县。黄检送书时，周克开任太原府知府。据“萨载奏将黄廷桂奏疏一部咨毁折”载：“兹据署江宁布政使常镇道袁鉴禀，据候补同知周克开禀称，窃照已故大学士黄廷桂奏疏刻本现奉谕旨查缴，职前在山西太原府知府任内曾奉发给一部，计共四套，理合将原书呈请转禀汇缴。”周克开说“发给”，用意是要淡化赠送的色彩，淡化与黄检的私人关系。

6. 送给高朴一部。高朴（？～1778），满洲镶黄旗人，大学士高斌之孙、两淮盐运使高恒之子。高朴于乾隆三十七年任都察院左副都御史，三十九年四月任兵部右侍郎。乾隆四十三年赴叶尔羌办事，暗中指使当地平民开采玉石，索要金宝，不久被乌什办事大臣永贵告到乾隆御前。乾隆帝下诏将高朴逮捕诛杀。档案载：“高朴至山西审案时送过一部。”查《清高

① （清）朱锡经编《朱珪年谱》，清嘉庆年间刻本，第25页。

宗实录》卷975、卷990可知，高朴于乾隆四十年正月、九月两度赴山西办案，因此，黄检送书的时间应在乾隆四十年，而当时高朴任兵部右侍郎。另据《清高宗实录》卷993载，乾隆四十年十月丁酉，“又谕：昨侍郎高朴自山西查审案件回京，召见时，询以晋省之事，据奏巴延三曾向伊谈及布政使黄检才具明练，到山西后诸事皆赖其帮办。……黄检原系勇往能事之人，朕所素悉，巴延三之言自属公当。”① 高朴从山西回来后即向乾隆美言黄检，估计黄检送书也起到一定的作用。高朴还将此书带到了新疆，故有后来乾隆审查时的发现。

7. 送给尹嘉铨一部。尹嘉铨，直隶博野县人，举人，官至大理寺卿，著述甚多，有《贻教堂文集》《小学大全》等。乾隆四十六年因犯文字狱案被处死，家产全部入官，所有著述尽行销毁。据档案载：“伏查乾隆四十一年夏间臣以香差路过晋省，曾经黄检分送所刊黄廷桂奏疏一部，比因给假回籍扫墓，顺带至家存贮，臣即寄信博野县令臣子尹绍淳查全四套解京销毁。”② 黄检送书时，尹嘉铨任大理寺卿。

8. 送给叶佩荪一部。叶佩荪，字丹颖，号辛麓，浙江归安人，乾隆十九年（1753）进士，授兵部主事，累官湖南布政使，著有《传经堂诗文集》十二卷、《易守》四十卷。黄检送书时，叶佩荪任山西河东道道员。

9. 送给吴重光一部。吴重光，字营山，号岱泉，江苏江都县（今扬州市）人，乾隆三十七年（1772）任太原知县，后升为代州知州。黄检送书时，吴重光任山西代州知州。

10. 送给农起一部。农起，满洲索佳氏，乾隆四十年乙未（1775）二月调山西按察使。十月，改安徽按察使。据“奏将黄廷桂奏疏呈缴折”载：“伏念臣于乾隆四十年十月内由山西按察使调任安徽，黄检系山西藩司，臣起程时曾送刊刻伊祖黄廷桂奏疏一部，随带来安。”黄检送书时，农起正由山西按察使改任安徽按察使。

11. 送给沈元振一部。据“国泰奏将黄廷桂奏疏一部解毁折”载：“适沈元振因公在省，经臣延据该员覆称：前在山西冀宁道任内曾经黄检送过所刻大学士黄廷桂奏疏一部，计四套。”沈元振，江苏苏州府吴县人，监生。黄检送书时，沈元振任山西冀宁道道员。

12. 送给迟之鉴一部。据“黄模奏请一并交部议处折”（乾隆四十四

① 《清高宗实录（十三）》，《清实录》第21册，中华书局，1986，第269页上。

② 香差，可能是指到五台山进香。

年四月二十八日）载：“湖南镇筸镇总兵官革职留任奴才黄模跪奏，为恭折奏闻仰祈睿鉴事。……奴才于乾隆四十一年在河南河北总兵任内，有河内县县丞赫申之弟迟之鉴，俱系奴才弟黄检妻兄，因会晤时叙及曾自黄检山西布政使任所得有奴才祖父黄廷桂奏疏刻本，付奴才阅看，奴才愚昧无知，照抄二十四本。”[①] 迟之鉴为黄检妻兄，而黄检在山西布政使任上送他书，因此，估计送书时间是在乾隆四十年五月（黄检被任命为布政使）至乾隆四十一年（其时书已送完）之间。

13. 送给李承邺一部。据档案记载：“臬司李承邺于四十一年到任之后曾送一部，因板片先已送京，黄检旋差其龙姓家人取回送人，未经补给。”可知，此书在送给李氏不久后又被黄检取回，再转送他人。这说明到乾隆四十一年黄检的 21 部书可能已送完了，否则不至于取回所赠之书。李承邺，山东济宁州人，荫生，曾任山西按察使、四川布政使等职。黄检送书时，李承邺任山西按察使。

综上所述，接受黄检赠书之人可考者为以上 13 人。这些人可以分为两类：其一为官员，共 12 人；其二为亲戚，1 人。以下试对这一赠书现象稍作分析。

其一，尽管无法获知黄检所有 21 部书的下落，但据上述亦可推断，其赠书对象以官员为主，以亲戚为辅。在亲戚中，目前所知，只有其妻兄一人。而且，此人无论从何种角度（如亲缘关系、为官与否、文化水平等）来看，在黄检亲戚中应属比较次要的人物，因此，其赠书给亲戚应是比较随机的，或者说是偶然为之，并不是精心准备的。正因如此，其兄弟、祠堂、祖母处均没有收到黄检的赠书，故乾隆在“黄检私刻奏种种疏乖谬谕”中说：“但伊既为伊祖汇刻奏疏，乃于伊祖祠堂及伊祖母处俱不留置一部，可见其镌刻此书，并非实欲效法其祖，思为表扬，不过刷印多本，分送众人，图于颜面增光，且博取虚名耳。或其事由于庸劣幕友之怂恿，亦未可定。”黄检在案发后回忆说，这些刻本“俱在山西陆续分送各官”。可见，黄检认为这 21 部都送给了官员。尽管黄检所记有误（起码有一部送给了亲戚迟之鉴，而迟之鉴并不是官员），但据此来推测，21 部中绝大部分都送给了官员应该是可以肯定的。

其二，以书为礼的充分体现。在黄检看来，这些书应该都是用来送礼

---

① 《清代文字狱档》，第 252 ~ 253 页。另据《（道光）河内县志》（清道光五年刻本）卷六“职官表”载：赫申，山阳人，监生，乾隆三十七年任县丞。

的。正如前引乾隆所言“图于颜面增光，且博取虚名耳”。这21部最后都送了人，而黄检甚至一部都不留（连刻样也没有）。

其三，绝大部分受赠者是经过黄检精心选择的。首先，书印成后，并没有都马上送出，而是陆续在两年内（乾隆三十九年至四十一年）送完。其次，受赠者大部分是山西地方官，还有个别是出差山西的朝廷大臣。再次，黄检在将书送给山西按察使李承邺后，很快即取回，再转送他人。这位“他者”，应该是较李承邺更为重要的人物（可能是位朝廷大臣），否则黄检不会这样处理。最后，绝大部分受赠者都是级别比较高的官员，与黄检相当（或稍高，或稍低）。从上述受赠官员的官职（指受书时的官职）看，朝廷大臣有大理寺卿、兵部右侍郎，地方官有山西巡抚、布政使、按察使及山西道员、知府、知州。在这些官员中，官品最低是知州，最高是兵部右侍郎。可见，受赠者如果是官员的话，应该都在知州以上。由此我们亦可推知，上述未能考出的那八部书的受赠者，可能大多数为于乾隆三十九年至四十一年间在山西任知州以上的官员。

那么，黄检赠书行为在上层社会中有多大的代表性呢？

正如前引乾隆所言，黄检刻书、印书的行为是模仿汉族士大夫之所为，所谓刻奏疏是明人陋习，以邀声誉。可以说，黄氏刻书、赠书，完全是依照汉族士大夫的套路来做的。而且，与蔡显的情况一样，黄检所印的刻本也只有20部，因此，其赠书的对象也体现出核心的书籍之交。综上所述，笔者认为，黄检赠书行为在上层社会中还是很有代表性的。

当然，黄检之赠书也有一定的特殊性，例如，黄氏毕竟是位满洲汉军，尽管其有意模仿汉族士大夫之所为，但其交游圈中官员较多，而文人较少。因此，如果赠书者是汉族上层高官，其文友可能更多，而受赠者可能会有更多的文友。

三　总结与思考

综上所述，拟对本文开头所提的四个问题做出回答：

其一，文集之外的私家刻本，是否也多以书为礼？

蔡显的《闲闲录》是一部见闻笔记，并不是文集，但是，在两个月之内《闲闲录》刻本中的大部分即作为礼物赠送了出去。而且，黄检所刻其父奏疏集（既可视为文集，也可视为非文集）在两年时间也被全部（包括刻样）作为礼物送人。这两个例子说明，文集之外的私家著述刻本也普遍以书为礼。

其二，黄金台的赠书行为在下层士人中有多大的代表性？

通过上面的分析可以看出，蔡氏的赠书更多地体现了巩固性的、核心性的书籍之交，而黄金台的赠书则更多地体现了投机性的、拓展性的书籍之交。可以说，蔡显的赠书展现了书籍之交的深度，而黄金台的赠书展现了书籍之交的广度。两者都有一定的代表性。不过，相对来说，蔡显的赠书更具有普遍性，因为其代表着最为基础的、核心的投赠。

其三，下层士人私刻本的赠书对象主要是哪些人呢？

就下层士人的以书为礼而言，其赠书对象的主要特征是：就地方而言，以本地为主；就身份而言，与赠书者相当（或稍高，或稍低）；就关系而言，主要是友人，其次是亲人，再次是本地尊贵者或门人等。

其四，清代上层士人是否也同样普遍存在着以书为礼现象呢？

黄检的例子说明了上层士人以书（私刻本）为礼的普遍性。而且，就上层官员的以书为礼而言，其赠书对象的主要特征是：以现任官员为主，以亲友为次。这些受赠官员的品级与赠书者相当（或稍高，或稍低）。

总之，蔡显和黄检虽分处士人之下层和上层，但其以书（私刻本）为礼则大约同时发生于一南一北，显然不是纯粹的巧合。这充分说明清代士人普遍存在着以私刻本为礼的现象。其实，《清代文字狱档》中还有不少这样的例子，而且无论是乾隆还是查办各案的主管官员，都知道通过追索受赠者来查缴禁书，亦从另一角度说明当时人们充分认识到以书为礼的普遍性。我们以这些案例为基础，再结合翁心存、管庭芬、黄金台等有代表性的以书为礼个案作考察，应能对清代士人以书为礼现象有一个较为全面的认识。

此外，通过上文的考述，我们还可对清代私刻本一次开印的印数作推断。如前所述，由于成本等因素影响，私刻本一次开印不可能印太多，也不可能印太少，那么其印数范围值到底是多少呢？笔者认为，黄金台一次印其文集达二百部，应该是私刻本中比较高的一次印数。至于蔡显、黄检一次开印都只印了 20 部，则是私刻本中比较低的一次印数。也就是说，私刻本一次开印的印数，大多数应该在 20 部至 200 部的范围之内。

近代青海考察记及调查资料考述

张双智　杜常顺
（北京师范大学历史学院，北京　100875；
青海师范大学历史学院，青海西宁　810008）

摘　要： 晚清时期，庄俊元、阔普通武、裴景福、康敷镕等官员因公或遣戍西宁，将在青海亲历见闻记录下来，形成了最早的考察记。北洋政府时期，青海隶属甘肃省。周希武、林兢、杨希尧、曹瑞荣等人因事调查，更深入地考察青海。由于军阀征战、中央力量不足、内地人不重视西北等因素，尚没有成规模的团体活动，数量还是不足。九一八事变后，政府和国人都重视西北大后方开发和建设，青海也备受关注，中央机构、官员、记者、学者纷纷到青海考察和学术调查，发表上百种考察行记、调查报告、文章。很多学者都受过现代科学训练，运用田野调查、比较、仪器勘测、个案分析等方法，记录了青海海拔、气候、民族、人口、宗教、经济、教育、民俗、畜牧、地理、地质等，配以表格、地图、照片，提供了青海社会的全方位资料，对民族、边疆、地理、农牧等学科的研究有很大的帮助。青海调查与著述发表的时间与14年抗战基本是同步的，有鲜明的时代气息。

关键词： 民国　青海　考察　社会调查

北京师范大学历史学院与青海师范大学联合一些学者进行青藏高原历史文化的研究，为了深化对青藏高原各民族历史和社会情况的了解，拟先整理蒙藏历史资料，编纂相关基础研究丛书，近代以来青海考察行记和调查报告就是其中重要组成部分。

青海是农牧交错、民族杂居地区，也是中央政府经营西北，治藏、治新的关键之地。稳定西北应先经略青海，青海不稳定则新、藏危险。清政府设立西宁办事大臣，作为独立的军府制度，与新疆伊犁将军、驻藏大臣平级，是很有眼光的战略举措，对新疆、西藏起到巩固和防御的作用。“中华民国”成立后，开发建设青海成为时代的要求，官员、学者、记者纷纷到青海考察或调查，了解社会、宗教、民族、经济、地理情况，进行总结，并提出具体建议，为今天的学术研究留下了珍贵历史资料，有必要进行整理和评述。①

一　清末至北洋时期的青海考察行记

青海东接秦陇，西通新疆，南交川藏，北护甘凉，绳结边疆民族地区，民族、宗教多，也是康雍乾时期蒙、藏、回、汉等族纷争之地，清廷多次派钦差大臣、大将军亲至平叛，形成了《抚远大将军允禵奏稿》《年羹尧奏折》《岳襄勤公行略》《豫师青海奏稿》《那文毅公青海奏议》《西征随笔》等奏议，是了解这时期青海政治、军事、民族情况的必读书，易于查找。青海人民出版社 2016 年出版一套“青海地方史志文献丛书”，囊括了青海地区地方志，已比较全面，不在本文考述之内。

道光、咸丰年间，西北边疆地区危急，刺激了部分有识之士整理西北边疆史地文献，多关注于蒙古、新疆、东北地方。但有极少数官员因公途经青海或遣戍西宁任职时，记录沿途见闻。其中首推庄俊元《湟中公余日记》，道光十六年（1836）进士，点翰林，习满文，道光二十三年（1843年），授甘肃西宁府知府，署西宁道台，在任 6 年，为官清正。以日记体记录了公署日常之事，人员往来、道路行程等。②

另一名篇是《湟中行记》，作者阔普通武，满人，光绪进士，为满洲通达者，素亲近维新派。1898 年，康有为伪造内阁学士阔普通武《变法自强宜仿泰西设议院折》上奏光绪，请定立宪开国会，使得阔普通武名声大

① 国内专门研究青海考察的论文有刘赛《民国时期国内人士青海考察述评》，硕士学位论文，青海师范大学人文学院历史学系，2015。该文主要依据《西北行记丛萃》《中国西北文献丛书》《民国藏事史料汇编》等大型史料集中的青海考察记，归纳整理而成。主要不足是还有二十多种青海考察、调查报告及几十种期刊的文章没有收录。本论文尽量全面地搜集、评析相关的论著。国内以西北考察为研究对象的学术论文也会捎带提到青海，内容不占主要，在此就不一一列举。

② （清）庄俊元：《湟中公余日记》，手抄本。

震。戊戌年，阔普通武获任西宁办事大臣，赴西宁上任，1903 年返回，将途中见闻成文，记述了沿途自然地理、道路交通、城镇、物产民俗。[①]

裴景福 1906 年撰写成《河海昆仑录》，是安徽霍丘县新店埠人，光绪十二年（1886）进士，授户部主事。光绪十八年（1892），补广东陆丰、番禺、潮阳、南海四县县令。1904 年，两广总督岑春煊参劾其贪污，收禁其于番禺。1905 年，裴贬戍新疆，从南海出发，次年四月抵迪化，沿途经过青海，记载“西宁，宁夏有湟鱼、鲤鱼来，价廉而味美，湟鱼处青海，海中有山，番人据之，死者弃尸于海，鱼吞食之，味腥秽，人不贵也”。说出了青海湖 100 多年前藏族人不吃鱼的风俗。又记录西宁碾伯县产沙金、有丰富的羊毛，建议开矿，购机器织造毛货发展经济。[②]

方希孟，安徽寿州人，光绪三十二年（1906），为伊犁将军长庚幕府宾客，随其出关，于 10 月 15 日自郑州启程，于次年 4 月 14 日抵达迪化，途经西宁，以日记体记录沿途见闻，成文为《西行续录》。[③]

康敷镕，四川人，曾任清末甘肃安定县知县。宣统三年（1911）至 1913 年，为青海西宁府管辖丹噶尔县首任知事，以个人经历，撰修《青海记》（又名《青海志略》《青海调查》），分卷记述蒙古、藏族分布、户口、畜牧、矿产、垦地、森林、水源、名山、寺院、名酋、气候、方域、蒙番强弱等。又撰《青海地志略》三卷，主要讲城镇、山川、河流的分布，文字虽简，也引证了青海的历史资料。[④]

武昌起义波及边疆地区，川军在拉萨变乱。曾在 1909 年，随川军钟颖部进藏的陈渠珍管带被藏军驱除，1912 年取道柴达木、青海湖，返回兰州。1936 年冬追忆往事成书《艽野尘梦》，记述了途经青海的见闻，记述取盐的方法“商人携革囊一，捆撅杆一束，至海边，初以铁撅击冰，深数尺，再以铁杆击之，碎冰四溅，成小孔，深二三尺，冰洞穿矣”，以皮革装之，翌日，皮革中青盐充盈，粗粒如豆，莹洁有光，色微青，较精盐味尤为浓厚，天然物产，付之荒漠，殊可惜也。[⑤] 此取盐之说尚未见于其他记载，可见青海盐质地优于内地。

---

① （清）阔普通武：《湟中行记》，豹隐山房丛书，1903。

② （清）裴景福：《河海昆仑录》，载沈文龙主编《近代中国史料丛刊》第 3 辑，文海出版社，1974。

③ （清）方希孟：《西行续录》手抄本。

④ （清）康敷镕：《青海记》《青海地志略》手抄本。

⑤ 陈渠珍：《艽野尘梦》，1937 年铅印本。

北洋政府时期青海隶属于甘肃省。1912 年，四川、青海争夺玉树二十五族归属。1914 年，甘肃都督张广建请北京政府派忠武军统领周务学作为勘界大员赴青海，调查边界解决纷争，邀周希武、牛载坤为随员，8 月 19 日自兰州出发，到西宁，经昆仑山、河源、无人之地千余里，冒严寒、遍历各族长老，参考图志，条陈两省误会之由及番情。由张广建转达中央，玉树仍归甘肃西宁管辖。林兢在《西北丛编》记述："君曰地以番音译，川曰隆庆、甘曰囊谦，当以番音为标准。牛载坤乃临时习番文，不数日，能辨其音，复证以旧日证据，囊谦正也，卒归甘，此役君著有分界图，其同行周希武君著有玉树调查记为近代有关青海之名著。"① 确定了玉树、囊谦、隆庆为同义异音，皆指的是玉树。周希武在公牍之余，结合牛载坤调查，撰写了《玉树调查记》（又名《玉树土司调查记》），比较翔实记载了玉树二十五族部落分布、户口、山脉、海拔、水道、地形、道路、寺院、喇嘛、风俗、实业、寒暑调查表，历史掌故，并考证《卫藏通志》《西宁府志》之记载。番文无经典，西宁档册多散缺，多记长老所传近世之事，作为经略青海之策。每篇开始都写有一段小序，以叙述沿变，记事、列表。② 周希武又将日记整理成《宁海纪行》，记录沿途所见藏货贸易、产金、皮毛，详细论述了对青盐的治理措施，"盐池颇多，以达不逊淖尔为最大，东西二百余里，南北六十余里，青盐系天然产成，小池甚多，实有取之不尽，用之不竭之势"。"夫坐弃自然之利，而公私交受其病。天下可嗔之事，孰过于此？倘亟经营青海附近，开辟道路，使数百里中，屯牧相望，寄宿有所，则收青盐为国有，自运自销，每岁出盐，当增至二十倍以上。销场日益推广，盐价亦可稍平，国课日增，而一切拓殖之大业，皆有所挹注以经始矣。将来经略青海，此为第一要着，而振兴皮毛公司，抑其次也"。③ 首倡青盐国有化，比皮毛更有利于青海经济发展。

1916 年，林兢任广东护国军总司令部秘书。《西北丛编》是他考察大西北的日记，共八卷，第 1～2 卷记，1916 年秋受财政部、农业部派遣，赴陕西、甘肃、新疆考察实业的经过。第 3～4 卷记，1918 年赴绥远、宁夏、甘肃、新疆等考察的经历。1925 年，他赴甘肃、青海考察。1926 年，奉命筹办西宁党部。1927 年，任西宁区行政长官兼垦务总办。1928 年，任

---

① 林兢：《西北丛编》，神州国光社，1931。

② 周希武：《玉树调查记》，商务印书馆，1920。

③ 周希武：《玉树调查记》附《宁海纪行》，商务印书馆，1920。

青海民政厅厅长。他常驻青海三年，环游青海的记录都在第5～8卷中，涉及青海的居民、山川、河流、土地、人口、交通、商贸、植被、教育、民族、宗教、风俗、农田、水利、历史沿革、名人逸事以及天灾人祸等，是了解1920年代青海的珍贵资料。[①] 他一生都关注西北，组织成立西北协会和新亚细亚学会，被人称为“西北拓荒者”。

杨希尧，字子高，是同盟会员，1917年因二次革命，被张广建通缉，“君在被捕之列，遂亡于青海，寄食番寺”，一年多来漫游青海，考察民俗撰写了《青海风土记》，对婚姻、育儿、丧葬、社会习俗、职业、房屋等都有详细记载，是日常生活的体验和观察，连周希武都认为风俗方面史料价值高于《玉树调查记》。例如，“佛教戒律，关于肉类只食蹄子分作双蹄的，如牛羊猪，其余蹄子不是分开的，或不是蹄子而为爪的，均不食”，“鱼为龙的一种，伤害鱼类时，便会起恶风暴雨，损害帐房人畜”，青海番人不吃鱼，任其生长，满水都是，鱼见人也不怕，探手可得。[②] 生动地描写青海湖附近少数民族不吃鱼的原因及鱼类泛滥的情景。

朱绣，字锦屏，今青海湟源县人。民国初，掌握青海军政大权马麒的智囊黎丹推荐朱绣为西宁道尹公府随员。1918年5月，英方再次提出划分内、外藏界限问题，拟将青海南部地区划为“内藏”，要求中国不设官驻兵，又煽动藏军内犯川边。甘边宁海镇守使马麒认为青海是西藏门户，上书甘肃都督张广建和北京政府，建议遣使入藏，进行和平谈判。次年，北京政府同意以朱绣为入藏特使，偕同甘肃督军公署谘议李亚青等前往拉萨。朱绣与达赖、班禅数次会晤，要求藏事和平解决，最终与达赖达成协议。1919年闰7月29日，朱绣自湟源出发，出使西藏，经玉树、结古，到达拉萨，以日记体记录沿途见闻，对青海问题提出看法，例如玉树二十五族男女4万余，僧徒却有1万人坐享布施，以致生齿日减，民众终日劳作而不停息。后人整理其遗稿陆续发表在《新青海》，集结为《海藏纪行》。[③]

生于青海湟中的丁耀奎，字星桥，先祖为山西人，光绪十九年以后因考进士七八次不第，遂于中年赴成都为官，被赵尔巽赏识，奏管后藏粮务，在省厅办要差，政绩突出，在拉萨、扎什伦布之间来往三年，多与达

① 林兢：《西北丛编》，神州国光社，1930。
② 杨子高：《青海风土记》，新亚细亚月刊社，1933，第68页。
③ 朱绣：《海藏纪行》，西藏社会科学院资料情报研究所复印本，1982。

赖、班禅接洽。1907 年上书条陈藏事，建议以青海为特别行政区。1924 年 8 月，在兰州将川边日记、西藏管见、青海建省政见书三篇策论汇编成《西北筹边要言》，建议保西藏莫如青海建行省，与川边互为犄角，屏障西藏安全。[①] 丁耀奎由于军务经常来往于青海、川边、西藏，熟悉边情，根据亲历条陈藏事，也是地方官员最早筹策西藏、建议改青海为行省的政论文章，有很大的参考价值。

1927 年夏，曹瑞荣因公赴青海，从西宁途经玉树二十余日，并住玉树结古镇二十四日，调查玉树之一切情形，历时三个月，著有《青海旅行记》《玉树志略》。《青海旅行记》记录沿途经过的城镇、道路、房屋情况，比较简略。《玉树志略》对玉树地理、疆域、水道、山脉、河流、气候、部落、交通、风俗、寺院、军政做了介绍，可以与周希武《玉树调查记》对比看，玉树各部落畜牧业仍远超农业；玉树二十五族信奉藏传佛教，教派主要为宁玛派即红教、噶举派即白教、格鲁派即黄教、萨迦派即花教，皆以红、白、黄旧的分法为名。黄教的人数仍为最多。红教搞符咒、消灾治病，在青海民间仍有一定的影响力，结合看足以启发人们的认识。[②]

1925 年，冯玉祥国民军入甘肃，任命薛笃弼为省长，委派聂守仁为大通县知事。青海大通县名义上归甘肃管辖。聂守仁人品端正，整顿吏治，关心民众疾苦，花了 10 个月调查全县各地，编成《甘肃大通县风土调查录》一书，沿革、面积、山川、地形、平原、人物、人口、实业等,[③] 相当于地方志，是了解大通县的第一手资料。

北洋时期的青海由于军阀征战、中央力量不足、内地人不重视西北等因素，没有成规模的团体活动，个别人的考察也集中在玉树、青海湖地区，偏远的部落、县乡无法涉及。林兢为《青海风土记》作序说："民国五年我去新疆，回到内地谈起西北两个字，听的人十个有九个要瞌睡"，此书在 1918 年写完后，"在家里居然睡了好几年，一直到现在，终可可怜怜的付与西宁区公署印局去印"。[④] 时代决定了青海调查只是有缘人的行为。19 世纪以来，西方国家不断派遣探险队到我国西北边疆从事调查活动。现代中国气象学奠基人徐尔灏，1939 年毕业于中央大学地理系气象专

① 丁耀奎:《西北筹边要言》，中华民国乙丑年（1925）永记石印馆承印本。

② 曹瑞荣:《青海旅行记》附《玉树志略》，1928 年铅印本 。

③ 聂守仁:《甘肃大通县风土调查录》，国家图书馆手抄本。

④ 杨希尧:《青海风土记》，新亚细亚月刊出版社，1931，第 10 页。

业，1945 年至 1948 年赴英国留学，1948 年任教于中央大学气象学系，曾花了很大工夫编纂《青康藏新西人考察史略》，统计“1834 - 1936 年间，西人来青、康、藏、新、川、滇、甘、宁等省考察测量共 116 次，罗列了名字、时间、著作名称。[①] 外人来青海的考察主要集中在青康交界处、青海湖周围，这对我们了解西方对青藏高原的探险大有裨益。

二 1930、1940 年代青海考察与调查报告

1912 - 1927 年，青海隶属甘肃省。1915 年 10 月，北京废除青海办事长官、西宁镇总兵的官职，委任马麒为甘边宁海镇守使。马麒组织马家军，用弟弟马麟，子马步青、马步芳控制军队，聘用黎丹等人为幕僚，禁止种植鸦片，开垦、道路建设、水利；利用毛皮、金、盐等物产贸易创收，形成青海地方割据势力 30 多年。1929 年 1 月，青海省政府成立，组织人员调查各县的风土，汇集成《青海省各县风土概况调查记》，共计 14 县，即玉树、都兰、民和、同仁、台源、共和、互助、湟源、西宁、贵德、化隆、循化、大通、乐都，内容包含了疆域沿革、种族、户口、宗教、风俗、山川、气候、古迹、政治、实业、公益、卫生、司法、教育、赋税等，相当于青海的地方志。[②] 1932 年，青海省民政厅编印了《最近之青海》，侧重于青海各县行政建制，附有图片 68 幅，包含了厅务、建制、吏治、公安、地方自治、水利、社会事业、垦殖状况等，机构数、经费数、人员翔实，是研究行政建制的珍贵资料，附录宣慰青海蒙藏各族计划书和地图等。[③] 1933 年 5 月青藏战争结束后，马步芳在西宁组织人员编印《玉树近事记》，上编记民国元年至二十一年事，包括甘肃、青海省政府对玉树地区的行政、军事设置；下编记民国二十一年至二十二年事，载玉树地区山脉、道路、地形、边隘、津渡等情况，绘有玉树结古地图一份，玉树二十五族区分表、玉树二十五族寺院表、玉树寒暑对比表及玉树各族可耕地面积表，附录了战事来往电文及《马骕玉树旅行日记》，是研究官修青藏战争第一手资料及玉树地区的“调查志”。[④] 除此之外，还有一些有名

① 徐尔灏：《青康藏新西人考察史略》，国立中央大学理科研究所地理学部丛刊第 8 号，1945 年 7 月。

② 佚名：《青海省各县风土概况调查记》，青海人民出版社，1985。

③ 青海省政府民政厅编《最近之青海》，新亚细亚学会出版科，1934。

④ 佚名：《玉树近事记》，边事月刊社，1934 年铅印本。

的考察行记和调查报告，具有很高的学术价值。

（一）考察行记

马鹤天是考察青海时间最久的人士。1927 年 9 月 12 日到 11 月 2 日，他以甘肃省政府委员、教育厅厅长的身份，从兰州赴西宁考察，行程千余里，所经之地大多为藏族聚居区，每日记下路途见闻，达数万言，出版了《西北考察记 · 青海篇》，记录了青海祭海及玉树二十五族争界事件，及政治、风俗、工业、农业、畜牧业、教育、民族等情况，较为全面展现了青海社会风貌。① 他对西藏有浓厚的兴趣，1935 年，恰逢“蒙藏委员会欲派大员驻藏，征我同意，喜得考察西藏的机会，因入藏尚有问题，适班禅回藏，即以护送班禅回藏专使行署的参赞名义前往”。马鹤天护送班禅进藏，“在这三年悠久的岁月中，在万里长途的边区内……凡在藏民聚居的各地，以及边境途中，每日都有记载。所见所闻所参考，无论政治的，经济的，文化的，社会的，不管重要的，琐屑的，一一都写在我的日记本上。”② 1936 年 1 月 14 日到 8 月 24 日，共考察玉树及周边 223 天。1937 年 8 月 25 日至 12 月 28 日，考察拉休寺等藏边约 105 天。马鹤天足迹遍及青海，记录了地理、山川、河流、气候、矿产、沿革、交通、行道、山脉、水系、农牧、建筑、教育、衣食、住行、婚丧嫁娶、刑罚、礼俗、逸事等，都是实地调查，是为最翔实的资料。由于经费困难，最后不得不从五十万字整理为三十余万字的《甘青藏边区考察记》出版。③

“九一八事变”发生后，国人看重西北的战略地位。戴季陶、马鹤天等人于 1931 年发起成立新亚细亚学会，创办《新亚细亚》月刊；又将戴季陶历次讲救济西北、开发西北、建设西北的文章及马鹤天《开发西北的步骤和方法》《西北三新省之实情》《青海蒙藏民族之衣食住行》《青海产业之现状与其将来》，陈海滨、丁士源《蒙新青藏经济交通之初步开发》，吴龢《西北铁道系统与殖边》，彭文和《开发西北应以畜牧事业为先驱》，朱允明《新青海之回顾与展望》，蔡元本《青海各蒙旗史略》，刘镇华《开发西北计划书》等文结集出版。④ 1932 年 6 月，开发西北协会创立，戴季陶、张继、邵力子、杨虎城、马鸿奎等人为会员或名誉理事，创办

① 马鹤天：《西北考察记 · 青海篇》，国民印务局，1936 年 3 月。

② 马鹤天：《甘宁藏边区考察记》，商务印书馆，1947，第 2 页。

③ 马鹤天：《甘青藏边区考察记》，商务印书馆，1947。

④ 戴季陶等：《西北之实况与开发》，新亚细亚学会，1931 年 9 月。

《开发西北》月刊，蒋介石、汪精卫、何应钦等人题词。1932 年 7 月，西北问题研究会在上海成立，创办了《西北问题研究季刊》。1932 年 12 月，国民党中央执行委员会第四届第三次全体会议上，通过《开发西北案》，次年 3 月颁布了《行政院关于国民党中央政治会议四届三中全会开发西北各案训令》。之后又通过了《关于开发西北之各种决议应即速实行案》等十余种法案。西北关系国防民族安危，鲜少有人踏足的果洛等藏区也成为国人关注的对象。在“西北开发”浪潮的推动下，中央的官员、记者、学者纷纷到了西北，考察经济生活、风土人情等，记述见闻，汇录结集或发表于国内报刊，告诉国人开发西北的重要性和建议。

林鹏侠生于福建，长于南洋，留学英法，学习飞行。其母愤慨日本侵华，一·二八淞沪抗战爆发后，召子女回国效力。惜战事结束，其母深感国难危机，时人对西北茫然无知，命其赴西北考察，以唤起国人注意。1932 年 1 月 17 日至 2 月 19 日，林鹏侠考察青海，拍照记录青海历史、民族、住所、衣食、生活习俗、男女关系、塔尔寺灯会等。又不畏艰险，渡过青海湖，至海心山，对该地寺院、气候、喇嘛进行了介绍。作为女性，呼吁重视女子教育，提倡妇女学习知识，提高女性社会地位，撰写成《西北行》，是其他考察者所没有的。①

1932 年高长柱从日本士官学校毕业归国后，奉参谋本部命调查西北。1932 年，以上校参谋的身份随黄慕松赴新疆。回京后，又随黄慕松赴拉萨致祭十三世达赖。1935 年，作为护送九世班禅返藏专使，驻扎玉树待命。他久专边务，将历年所经山川、人物、风俗等，及个人对边疆事务的思考，撰写成文。著有《青海之历史地理及种族分布》《青海教育现况及将来改进之计划》《青海经济之现况及其发展之意见》《青海交通之现况及其发展之管见》《青海种族与宗教及人民风俗概说》《玉树二十五族之现况及其开发之我见》《青海视察记》《青海玉树西宁途中旅行日记》《开发青海之目的与意见》等，最可贵的地方是数字非常翔实，取材于当地政府统计资料，为其他著作所未见。②

1933 年 4 月 28 日，国民政府特任黄慕松为宣慰使赴新疆处理四·一二政变。1933 年 7 月 2 日 ~8 月 2 日，薛桂轮作为黄慕松的随行参议，受财政部盐务稽核总所训令，调查西北盐务产销情况，途经青海，顺道记述

① 林鹏侠：《西北行》，1936 年铅印本。

② 高长柱：《边疆问题论文集》，重庆正中书局，1941。

了青海的实业情况、存在的问题、土地面积、物产资源、教育、军政、风景风俗，并分析了地方战争的原因，完成了《西北视察记》。[①]

1933 年 5 月，上海《新闻报》记者顾执中、陆诒组织青海考察团，7 月 3 日启程，9 月 17 日返回，将通讯稿编成《到青海去》，序中道：处于严重的现时代的我们，已不暇为目前的国难，作无益的呻吟和悲叹；我们只有紧紧地把握住现在，对于已失的领土，我们当以铁血去收回，对于尚未失去而危机四伏的边疆，尤其是广大富饶的西北，当奋全力以经营它，充实它，以免重蹈覆辙。其中《金碧辉煌的塔尔寺》《民和县之复杂种族》《佛前滚蛋和油锅捞斧》《活佛在番土两族中之权威》等文记录了青海民族、宗教、风俗等。[②] 1932 年，中国殖边社组织西北考察团推汪扬主其事，因经费困难，无法成行。汪扬遂加入顾执中青海考察团，游历西宁、湟源、塔尔寺，收集了大量资料，回京后撰写《西行散记》附西北考察团报告书，介绍了青海贸易产销、青海湖、番民生活、婚姻，塔尔寺喇嘛等情况。[③]

1934 年，《申报》记者陈赓雅受中山教育馆的委托，前往西北考察，撰写了《西北视察记》，记述青海林产、民政、生产、教育、藏族生活概况、塔尔寺、乐都骡马大会等，认为交通、水利、农业、畜牧业都得到了改善，出现了繁荣的景象。“一妻多夫制”在玉树地区是主要婚姻形态，兄弟共娶妻，不分家产，妇女干体力活。[④] 可供学术研究参考。

1935 年，著名记者范长江以天津《大公报》特约通讯员的名义，赴陕西、甘肃、青海、蒙古采访，将通讯稿在《大公报》连载，激起了极大社会反响，最后集结成册《中国的西北角》，谈及马步芳的政治作业、动荡中的青海、班禅在塔尔寺、祁连山、西宁等情况，与马步芳、班禅都有交谈。他说历代诗人对青海的描写太坏，给人荒凉的印象。入了青海，至少有充军到西伯利亚那样的滋味。在甘肃所得似乎青海完全在上古野蛮时代，外面人进去十之六七都有生命危险，亲身经历后才发现，“青海的内情，并不如一般世俗所谣传的那样”。[⑤] 作者将自己的见闻和思考如实地记录下来，呼吁促进西北民族在经济、政治、文化等方面的平等，使青海的

① 薛桂轮：《西北视察记》，上海申报馆，1934。
② 顾执中、陆诒：《到青海去》，商务印书馆，1934。
③ 汪扬：《西行散记》，中国殖边社，1935。
④ 陈赓雅：《西北视察记》，上海申报馆，1936。
⑤ 范长江：《中国的西北角》，天津大公报社，1936，第 132、158 页。

一切与全国各方面发生关系。

国民党中央为发扬民族精神，规定每年清明节举行民族扫墓礼，国民党中央执行委员会委员邵元冲、监察委员会委员张继为代表，1935 年 3 月 31 日自南京启程，先到西安，4 月 6 日拜谒黄帝陵，5 月 8 日自兰州赴青海，回京后写了《西北揽胜》。[①] 1935 年，高良佐奉命陪同邵元冲考察，对西宁、湟源、乐都的沿革、物产、人口数量、宗教人数、蔬菜种类、羊毛出口数量、学校教育做了详细的统计。专门记录了祭青海典礼："一、全体肃立；二、上香；三、读祭文：民国二十四年五月十七日，中国国民党中央执行委员邵元冲谨率随行人员致祭于青海大神而誓之曰，我中华民国，五族苗裔，誓勠力同心，洗刷国耻，恢复中华，以丕显我五千年来列祖列宗耿光大烈，惟神其相之，其有二心，不忠于国，神其殛之，白日海水，实鉴斯诚，谨告。四、鞠躬；五焚帛；六摄影；七礼成。"[②] 中央政府通过祭海宣扬五族共和，团结抵抗外侮。

侯鸿鉴是著名的教育家、旅行家，1935 年，前往西北考察旅行，记述了青海的山川河流、风情、教育等，写成《西北漫游记》。[③] 1936 年，民族学家庄泽宣受教育部之聘，到西北视察教育，撰写了《陇蜀之游》（又名《西北视察记》），其中一章是青海之行，简略记述了青海的学校分布、数量、经费来源等。[④] 李孤帆《西行杂记》，主要收录了石家湾观桃林、游小西湖和金山寺的感想、甘青道中、西宁观感、谒佛教圣地塔尔寺。[⑤] 潘泰封将发表在《旅行杂志》上的 10 篇游记汇集成《西北行》，收录麦群玉《兰宁途中》《到祁连山去》；鞠孝铭《青康之行》、田一鸣《西北行》等与青海有关的文章。[⑥] 第二集收录了《甘宁二千四百里》《青海行》《西宁一瞥》《西宁塔尔寺三大盛会》等文章。[⑦]

刘曼卿，藏名雍金，通晓汉语和藏语。国民政府文官处官员，1929 年 7 月赴西藏，1930 年 3 月抵达拉萨，与十三世达赖喇嘛见面交谈，返回南京后著《康藏轺征》，引为传奇。刘曼卿调查边疆教育现状，进行统计，

---

① 邵元冲等：《西北揽胜》，中正书局，1936。
② 高良佐：《西北随轺记》，建国月刊社，1936，第 104 页。
③ 侯鸿鉴：《西北漫游记》，无锡锡成印刷公司，1937。
④ 庄则宣：《陇蜀之游》，上海中华书局，1937。
⑤ 李孤帆：《西行杂记》，上海开明书店，1942。
⑥ 潘泰封编：《西北行》第一集，中国旅行杂志社 1942 年 11 月。
⑦ 凌鸿勋等：《西北行》第二集，中国旅行杂志社 1945 年 7 月。

认为“一个国家的基础是否巩固，要看这个国家国防教育的实施成效如何以为断；国防教育实施的成效，更必须要从全民族教育的发展观察出来。因为边疆教育，是中华民族教育重要的一部，其重要性不仅与边疆问题本身有重大的关系，更无疑的，对于国家前途的安危，是有重大影响力的。”编著《边疆教育》一书，是民国第一部关注边疆教育的著作，概述青海教育、小学教育、中等教育、社会教育、蒙藏教育、回教教育等情况，强调教育是解决问题的根本途径。[①]

（二）团体调查报告

国民党中央在陕西武功创办国立西北农林专科学校，作为开发西北的大本营，校长于右任提倡推广甘青宁三省农业试验场为开发西北的先锋。考察是第一步，1934年，西北农林专科学校派安汉、李自发等四人赴西北考察农业，从西安出发，年底返回，前后五个月，行程一万三千里。安汉返回后完成《西北农业考察报告》，对青海农作物种类、园艺、农田水利、畜牧、肥料、垦务等情况全面记录，附有每亩粮食产量表、水果种类、羊毛产量、荒地数目统计表，最后附上筹办甘青宁农业试验场计划。出版时，汪精卫、于右任、陈公博、蔡元培等人题序，是研究青海农业重要的资料。[②] 贸易委员会西北办事处调查人李自发撰写完成《青海羊毛产销调查报告》，对青海藏族、蒙古族牧民的情况，羊毛产区在环海、河西、柴达木、玉树、祁连山、西宁分布及产量，羊毛价格的市场变化，价格涨落原因，羊毛交易方式等都有详细介绍。[③]

1935年，张其昀、李玉林作为行政院资源委员会西北考察团的成员，调查近两年，整理编制年余，撰写了《青海省人文地理志》，分沿革、面积、人口、地形、土壤、气候、水理、灾荒、耕地、农业、林产、畜产、矿产、工业、贸易、交通、都市、民族、宗教、名胜、盟旗、部落、省界问题等章节，内容相对简略。[④]《西宁》一文的作者浩随张其昀记述西宁城中学校、寺庙、居民的情况。

黎小苏1924－1929年在青海蒙藏学校工作，后协助担任青海垦务帮办

---

① 刘曼卿：《边疆教育》，商务印书馆，1936，第1页。

② 安汉：《西北农业考察》，国立西北农林专科学校，1936年4月。

③ 李自发：《青海羊毛产销调查报告》，贸易委员会西北办事处调查课1935年12月编印。

④ 张其昀、李玉林：《青海人文地理志》，《资源委员会季刊》第2卷第1期西北专号，第156－203页。

的堂兄整理文稿，在青海广泛调查，陆续在《新亚细亚》月刊上发表调查文章，成为新亚细亚学会会员。许公武将黎小苏、卢向鲁、朱允明等人发表在《新亚细亚》上等文章集结成册，补充了部分内容取名《青海志略》，较全面介绍了青海历史沿革、自然环境、政治区划、经济状况、民族分布、宗教寺院、交通、教育等地方志。①

资源委员会农垦组的汤惠荪、雷男、陆年青负责调查青海农业环境、现状，在当地政府查找档案和资料，在各县选择有代表性的农村入农家调查，在农田访问农民收集种子或标本，以备实验和研究之用。调查有西宁、大通、民和等12县，时间自1934年9月至1935年1月，撰写成《青海省农业调查》，对农业人口、农具、肥料、水利、灾害、赋税、借贷等详细记录，综合结论是12县可耕5834.487亩，尚余未耕地4018.328亩。平均每户农家耕地29.46亩，建议增种经济作物和开设畜牧试验场，奖励种植和军垦。②中央银行经济研究处《甘青宁经济纪略》，土地、人口、交通、物产、金融、商业、工业、林牧、农垦、地方财政、社会生计，内容包括青海省1933年全年收支概况表、矿产、羊毛、盐井等一览表，是非常专业的经济调查数据。③

1935年3月，暨南大学教育系应届毕业生为响应陈果夫“向西北看看”的号召，组织了西北教育考察团，探寻西北的民族杂处，在如何的条件下才能团结有效；西北的开发，教育是相当有作用的。团长吴熙祖，共14人，4月12日从沪出发，由西安经平凉抵兰州，再由兰州往青海，复转宁夏、绥远、察哈尔返回，费时79天，完成《西北教育考察报告书》，内容包括西北教育之经济背景、过去、近况，初等教育、中等教育、师范教育、职业教育、社会教育、女子教育、童子军教育、蒙回藏教育、义务教育，记录了教育的历史、经费、规模、师资课本、适龄儿童的入学率等。④

“七七事变”之后，中英庚款董事会组织西北教育考察，成员有陶孟和、顾颉刚、湖北中学校长王文俊及董事戴乐仁，1937年9月抵达兰州后，分成二组，戴、顾至甘肃西南部的临洮、夏河考察，陶、王在兰州郊外参观。10月，同赴青海考察教育情况。顾颉刚将考察结果撰写成《补助

---

① 许公武编：《青海志略》，商务印书馆，1943。

② 汤惠荪、雷男、陆年青：《青海省农业调查》，资源委员会农垦组1936年10月印。

③ 中央银行经济研究处：《甘青宁经济纪略》，中央银行经济研究处总务科1935年1月印。

④ 国立暨南大学西北教育考察团编辑：《西北教育考察报告书》，上海国立暨南大学出版课，1936。

西北教育设计报告书》。[1]

1935年夏，蒙藏委员会在归绥、银川、酒泉、西宁、康定五处设立调查组，择蒙藏文较好的蒙藏训练班学生调查。青海方面有组长陈尊泉、见习员吕治平、陈代鄂、阴景元、王接盛，拟前往都兰、玉树两地调查计划，蒙藏委员会因经费紧张没有批准。1941年，蒙藏委员会派员对青海玉树、囊谦、称多三县调查，撰写《青海玉树囊谦称多三县调查报告书》，分地理概况、行政概况、交通与实业、宗教、礼俗与生活等论述，附玉树二十五族人口、牧地表，记录了诸如红教、白教、黄教等有99寺庙，僧徒10764人等史料。[2] 祁连山是青海省东北部与甘肃省西部的山脉。蒙藏委员会调查室派人调查“黄番”的地理、人口、民族分布、马蹄寺十四族、四个小学以及藏传佛教信仰，形成《祁连山北麓调查报告》。[3] “黄番”在清代称西喇古儿黄番，宋代称为“黄头回纥”，元称“撒里畏吾”，明称“撒里畏兀儿”，祖先可以追溯到回纥。新中国成立后，经过民族识别，统一族称为“裕固族”，这是民国唯一的裕固族调查报告，弥足珍贵。果洛藏族部落在青海东南部，由部落头人管理。蒙藏委员会调查室编的《果洛调查报告》记载果洛是阿穷部、汪千部、白马部三大部落统称，有大小数十部落，彼此互不统属，人口多寡不一，各部有自己的寺院和土官，对果洛的衣食住行、婚丧嫁娶、教育、物产展开实地调查，[4] 获得当时极为珍贵的一手资料，填补了空白，学术价值高。蒙藏委员会调查室还编有《玉树二十五族调查报告》，篇幅较短，其中记录的玉树各族间程站及乌拉供应情形，值得重视。[5]

地理学家严德一在中央大学地理系毕业后，1933年留校任教；1934年，参加黄国璋率领的中央大学云南地理考察团，首次赴滇考察八个月。1937～1939年，受重庆原交通部委派，进入云南保山滇缅公路总工程处，勘察设计公路线路。1940～1942年，参加青海资源利用、澜沧江航运与滇缅公路水陆衔接联运调查队工作；1941年又参加中印公路勘测队，担任地理专员。因工作关系，7年多都在西南从事地理勘测。返回重庆后，陆续

① 顾颉刚：《补助西北教育设计报告书》，载《甘肃文史资料选辑》第28辑，甘肃人民出版社，1988。

② 蒙藏委员会调查室：《青海玉树囊谦称多三县调查报告书》，1941年铅印本。

③ 蒙藏委员会调查室：《祁连山北麓调查报告》，1942年4月编印。

④ 蒙藏委员会调查室：《果洛调查报告》，1944年铅印本。

⑤ 蒙藏委员会调查室：《玉树二十五族调查报告》，1944年12月铅印本。

整理成11篇文章，汇编成《边疆调查实录》，其中《青康滇万尺高原上之路线探查》、《柴达木屯垦问题》是关于青海地理调查，也有不少社会状况和风土人情的记述。[①]

1940年，国立西北大学地理系副教授李式金穿越甘、青、康、滇四省，从兰州出发至西宁，经青海湖、柴达木东南，涉黄河上源，越巴颜哈喇（克拉）山而抵玉树，入昌都，顺澜沧江、怒江上流而下，经云南西北部而抵大理，著成《青海南部调查记》。[②]

1941年下半年，民族学家俞湘文到甘、青、川、康游牧藏区考察部落、人口、经济、教育、卫生、生活习惯，首次运用恩格斯原始社会进化阶段说解读父系、母系社会家庭、婚姻形态，认为藏民没有氏族只有家庭，对一夫一妻制、一妻多夫制进行民族学分析，出版《西北游牧藏区之社会调查》，是著名的民族学调查报告。[③] 民族学者葛赤峰、胡庆钧带领学生到甘肃南部、青海果洛、川南苗区考察，汇成《藏苗两区采风记》。[④] 西北通讯社则整理《边疆异俗漫谭》，收录了青海玉树社会尚迟滞上古时期、青海玉树番民之风尚、青海民俗锁闻、青海民情述异、青海都兰尚在游牧时代、青海土番妇女赘婿之风盛行、青海归德县之奇风异俗等文章。[⑤]

1940年军事委员会委员长天水行营组织西北实业调查团，马凌甫陪同，整理了《青海调查报告》。[⑥] 1941年7月，中华自然科学社组织西北科学考察团，团长李旭旦，团员任美锷、张松荫、郝景盛，由赴川、甘、青省考察地理、森林、畜牧事业。10月，返回重庆，1942年出版《中华自然科学社西北科学考察团》。[⑦] 陈恩凤是我国著名土壤学家和农业教育家，1940~1943年，任中国地理研究所副研究员，并在复旦大学兼课，1942年初与李宗可、冯秀藻赴青海调查环海荒地，撰成《青海中部荒区调查报告》，记录气候、土壤、土地价格、森林、畜牧、荒地、农作物、人口、调查意见，附青海中部荒地地图。[⑧]

1942年，经济部下令工矿调整处及迁川工厂联合会召集工业界各类专

---

① 严德一：《边疆调查实录》，商务印书馆，1950。

② 李式金：《青海南部调查记》，《旅行杂志》1945年第19卷第3期，第25~40页。

③ 俞湘文：《西北游牧藏区之社会调查》，商务印书馆，1947。

④ 赤峰、胡庆钧：《藏苗两区采风记》，中周出版社，1944。

⑤ 新西北通讯社南京总社编《边疆异俗漫谭》，西北通讯社，1930。

⑥ 马凌甫：《青海调查报告》，西北实业调查团1940年铅印本。

⑦ 李旭旦：《中华自然科学社西北科学考察团》，中华自然科学社，1942。

⑧ 陈恩凤、李宗可、冯秀藻：《青海中部荒区调查报告》，农林部垦务总局1942年12月印。

家及技术人员共21人，组成西北工业考察团，团长林继庸、副团长颜耀秋，于9月21日自重庆出发，前往西北考察，1943年2月12日返回重庆，曾到民和、乐都、西宁、湟源，逾日月山、绕青海南边草地，至茶卡盐湖，调查青海的矿产资源，整理有《西北工业考察团报告》。[①] 团员化工巨子李烛尘出版《西北历程》记述了青海的矿产资源分布、储量、质量、衰落原因、建议等。[②]

1943年7月，盐务总局与黄海化学工业研究社联合组织西北盐产调查团，谋求开发西北盐湖，发展中国的盐化工业，袁见齐是该团唯一的地质学家，负责盐矿地质调查和盐产储量，出版了《西北盐业调查实录》，第七章专讲青海茶卡盐池位置、交通、地理、地质、盐池近况。[③] 1943年6月7日，由罗家伦领导的西北建设考察团，自重庆启程，团员中有学者、工程师、官员、畜牧水利专家等28人，是派往西北规模最大的团体，全面考察西北五省的公路、铁路、农业、水利、林业、畜牧、矿业、卫生、民族、教育等，1944年2月22日返回，在青海的时间为14天，从西宁出发经湟源、青藏公路沿线、青海湖，关注畜牧、垦殖、民族、卫生、教育等诸情况，整理了《西北建设考察团报告》。[④] 罗家伦看到西北大好河山，诗兴大发，沿途赋诗纪念，1944年11月回到天水后，汇集成《西北行吟》，其中塞外高歌集，是专门记录青海之行。[⑤]

行政院水利委员会委托中央大学研究院理科研究所地理学部宋家泰去青海柴达木调查，1944年出版了《柴达木盆地》，记录了地形与水系、气候、雨量、湿度云量与日照、气压与风、能见度、土壤与植物、农垦、畜牧、宗教与人口、市镇与交通，[⑥] 是国内第一部关于柴达木盆地的调查报告。

1940年代出现了对青海总体概况介绍的著作，如《边疆一览初编》，谈及青海人口、气候、高原区、环海八族、保安十二族、果洛九大族、教育、社会教育等，内容相对简单。[⑦] 著名学者周振鹤参考前人调查成果，

---

① 林继庸：《经济部西北工业考察团报告》，中国第二历史档案馆国民政府经济部档案。
② 李烛尘：《西北历程》，重庆文化印书馆，1945。
③ 袁见齐：《西北盐政调查实录》，财政部盐政总局1944年印。
④ 罗家伦等：《西北建设考察团报告》，台北“国史馆”，1968。
⑤ 罗家伦：《西北行吟》，商务印书馆，1945。
⑥ 宋家泰：《柴达木盆地》，1944年6月铅印本。
⑦ 张承炽：《边疆一览初编》，蒙藏委员会，1947。

花了七八年的时间梳理文献，撰写成《青海》，全书分为十五章，举凡地理位置、气候、地形、山脉、水系、沙漠、种族源流、户口、历史沿革、政治、党务、财政、军警、司法、民生、教育、宗教、交通、产业、风俗等方面，无不详备，结论中提出治理青海二十策，是研究青海最全面的著作。① 严重敏，中央大学理学院地理学系毕业后，在重庆南开中学高中部专任地理教员，搜集有关西北资料，对西北各省环境、物产种类，包括青海地形、气候、土壤、农村、水利、畜牧、工矿、交通、人口、宗族等，参考用书上百种，编成《西北地理》。② 王金绂《西北之地文与人文》对青海地形、气候、水系、药材、矿藏、交通、民族、行政区划都有介绍。③ 地理学家刘虎如编著的《青海西康两省》，介绍了青海地理、西宁、湟源及柴达木盆地和玉树土司的情况。④

三　关于青海的论文和报刊

以上多数是专著和考察报告，除了上述考察团的成员文章之外，还有一些独立的研究性和考察文章发表在民国时期各种期刊上，有很大的价值。九一八事变之后，在南京蒙藏学校学习的青海籍学生，在开发大西北、建设国防大后方热潮感召下，1932 年 10 月创办了《新青海》期刊，1937 年 6 月停刊，共 5 卷 49 期，谈及青海教育、政治、社会调查的有 601 篇文章，主要作者是张元彬、张得善、李自发、董涵荣、宋积琏等，就不一一列举了。《边事月刊》是青海省南部边区警备司令部 1932 年创办月刊，宗旨是根据三民主义向青海及蒙藏民众作阐明蒙藏民族现势之危，帝国主义侵略之急进与煽惑，并唤醒蒙藏同胞一致团结拥护政府之宣传，刊载对边事有价值的论述、国内外要闻、蒙藏地区的调查，主要起到定青拓边作用。其他涉及青海问题的期刊如《新亚细亚》《新西北》《西北开发》《西陲宣化使公署月刊》《西藏班禅驻京办公处月刊》《边声月刊》《西北月刊》《西北研究》《康藏前锋》《蒙藏旬刊》《蒙藏月刊》《边疆通讯》等。青海省自办的期刊还有 1926 年《中山周刊》；1927 年《妇女月刊》；1929 年《湟中通讯》；1931 年《党务周报》，1931 年《青海民国日报》等

① 周振鹤：《青海》，商务印书馆，1938。
② 严重敏：《西北地理》，大东书局，1946。
③ 王金绂：《西北之地文与人文》，商务印书馆，1935。
④ 刘虎如编《青海西康两省》，商务印书馆，1931。

都刊发了上百篇文章，从不同角度反映了这一时期青海的社会面貌。

《新青海》《西陲宣化使公署月刊》《西藏班禅驻京办公处月刊》《新亚细亚》《边事月刊》等期刊上的文章比较集中。本文摘举其他期刊上关于青海的文章。例如，考证青海历史和行政的有湟源县教育局局长韩宝善《青海一瞥》（《新亚细亚》1931 年 3 卷 6 期）；魏崇阳《西北巡礼》（《新亚细亚》1934 年 8 卷 5 期、1935 年 9 卷 3、4 期、10 卷 1 期）；卢澄《青海之史地考》（《开发西北》1934 年 1 卷 1 期）；荆玄生《青海的历史古迹》（《西北论衡》1938 年 6 卷 1、5、6 期）；陈秉渊《青海历史之演变》（《新西北》1939 年 2 卷 1、2 期）；章凡《青海之政治区域》（《开发西北》1935 年 4 卷 1 期）；向波《青海省概观》（《西北研究》1932 年第 4 期）；慕少堂《青海各县沿革》（《新西北》1943 年 6 卷 9 期）；孟昭藩《青海省地理志》（《新西北》1940 年 2 卷 6 期）。

青海分布玉树二十五族、果洛三族等藏族、蒙古族及回族，涉及部落、人口、牧地等方面文章主要有孙翰文《青海民族概观》（《西北论衡》1937 年 5 卷 4、5 期）；蒙藏委员会行政人员方范九《玉树二十五族之过去与现在》（《新亚细亚》1935 年 9 卷 1 期）；倪云杰《玉树二十五族现状》（《边疆通讯》1943 年 1 卷 12 期）；李式金《玉树 - 海南要镇》（《力行月刊》1944 年 9 卷 5、6 期）；振天《玉树 - 康藏高原之枢纽》（《和平日报》1948 年 10 月 31 日）；太阳《柴达木小史》（《西北通讯》1947 年 4 期）；吴均《玉树区藏族部落之变迁》（《西北世纪》1949 年 4 卷 6、7 期）；吴均《环海八族之名称及现状》（《和平日报》1948 年 8 月 1 日第二版）。

蒙藏人民都信仰藏传佛教，塔尔寺又是青海最大的寺庙，民族宗教是重要一面，涉及寺庙、喇嘛人数、庙会、教派、喇嘛生活等。魏明章《青海的祭海》（《西北通讯》1947 年 7 期）；王文汉《青海蒙藏人民之宗教信仰》（《边疆通讯》1948 年 1 月 5 卷 1 期）；乐天《青海之果洛》（《公道》1933 年 1 卷 7 期）；吴景敖《川边边境果洛驻部之探讨》（《新中华》1944 年复刊 2 卷 2 期）；绳景信《果洛及阿瓦行记》（《边政公论》1945 年 4 卷 4 ~ 8 期；黄举安《进步中的果洛》（《中国边疆》1943 年 2 卷 10、11 期）；李式金《囊谦一瞥》（《新西北》1944 年 7 卷 1 期）；倪锴《囊谦及其附近》（《边疆通讯》1944 年 2 卷 2 期）；魏明章《青海的蒙旗》（《新西北》1944 年 7 卷 12 期）；乐天《青海之土人》（《公道》1933 年 1 卷 6 期）；王文汉《青海蒙藏人民之宗教信仰》（《边疆通讯》1948 年 5 卷 1 期）；祁昌善《青海塔尔寺游记》（《统一评论》1936 年 1 卷 9 期）；维之《佛教圣地塔尔寺及其习俗》(《蒙藏月报》1936年6卷4期)。

此外，还有冯国瑞《开发西北与蒙藏教育》(《新亚细亚》1935年9卷2期)；黄伯选《青海之教育》(《开发西北》1934年1卷1期)；杨质夫《青海蒙藏教育计划大纲》(《边事月刊》1932年2期)；陈尊泉:《蒙藏地方教育问题之探讨》(《新亚细亚》1935年10卷1期)；海澜《青海民俗志略》(《振华季刊》1934年1卷4~23期)、《青海产业志略》(《振华季刊》1936年2卷3、4期)；马献瑞《青海防疫事业之重要性》(《西北通讯》1948年2卷2期)；《青藏交通近况》(《蒙藏旬刊》1934年53期)；远人《兰玉公路与西北国防之关系》(《蒙藏旬刊》1934年49期)等。

对青海考察和调查集中于20世纪三四十年代，与14年抗战同呼吸，有鲜明的时代气息，发挥了应有的作用。第一，考察团体、学术刊物、调查报告、游记、专著涌现，刊登有关青海各方面的文章，在广度、深度上都前所未有。内地民众对青海的认识多为奇寒不毛之地，通过实地调查发现青海资源丰富，不是荒凉野蛮之地。越来越多的人了解青海，密切了青海与内地的联系，也推动了政府各机构和团体为建设青海贡献力量。第二，科学团体的成员多受过现代的科学教育，调查由传统的文献考证扩大到运用西方学科知识，进行科学勘测、民族、地理调查，配以表格、地图、照片，提供了全方位记录，是弥足珍贵的资料，非常有助于今天的学术研究。有所不足的是，考察行记多是汉族人，部分人对边疆民族风俗存在偏见，无法客观理解民族传统。一些考察者时间短，几个星期或数月，辗转青海各地，不能长期生活观察，难免对民族、宗教的理解无法深入。部分考察行记在内容上有相似之处，还记载了甘、宁、新、陕、川、绥等相关省份的地理、社会、习俗、教育、宗教、山川、物产等，并不是专门以青海作为研究对象，但仍是整体观察青海历史文化的有益参考。

当代史学评论

唐代户籍研究的新进展*

——以孙宁《唐代户籍编造史稿》为中心

赵　贞

（北京师范大学历史学院，北京　100875）

中国古代，人口的调查和统计一直受到历代王朝的高度重视。而户籍作为户内家口登记的文簿，是中央王朝推行政治、经济、军事等诸多制度的基本依据。比如基层政务的处理，戍边兵士的征行，乃至民众赋役的科配，始终都以户籍登录的人口为依据。朝廷通过地方报送的户籍，加深了对州县乡里的真切了解，进而对于有效地推进地方治理，施行道德礼教、谋求社会治安和巩固统治基础都有积极意义。近10年来，随着《天圣令》整理的完成和《新获吐鲁番出土文献》的刊布，围绕唐代律令而展开有关户籍、差科、赋役等问题的研究，愈来愈引起学界的重视。比如唐代的户籍制度，不仅是中古社会经济史研讨中的课题之一，也是深入理解唐代律令制度的重要内容，成为近年来唐史研究的一大热点。新近出版的孙宁《唐代户籍编造史稿》（简称《史稿》）[①] 在重新审视户籍问题的基础上，力求对唐代户籍编造制度的产生、发展与变化有更加深刻而全面的认识，理应予以介绍和评析。

一

1922年，王国维刊布《唐写本敦煌县户籍跋》一文，正式拉开了唐代

---

* 本文系为国家社科基金一般项目“纪日序事：中古历日社会文化意义探研”（16BZS058）阶段性成果。

① 孙宁：《唐代户籍编造史稿》，中国社会科学出版社，2017。本文凡引此书皆随文给出页码。

户籍研究的序幕。此后，中日学者在户籍文书刊布、整理和研究中表现出极大的探究和关注热情，先后涌现出《中国古代籍帐研究》、《唐朝户籍法与均田制研究》等一批优秀成果。毋庸置疑，这些成果立足律令记载和敦煌吐鲁番文书，对唐代的户籍制度作了深入探讨，但总括言之，学界的户籍研究呈现出明显的侧重和倾向性，比如与户籍有关的人口管理、与丁中相关的赋役征发、与身份相联系的差科摊派，以及与授田挂钩的土地制度等，历来是户籍探究中的热点问题。相反，户籍修造的阶段性与历时性问题，却往往不为学者所注意。《史稿》第一、二章以时间为序勾勒了唐五代户籍编造的概貌，即武德年间户籍法令的颁布为户籍编造奠定了制度基石；贞观时期的特色是各类户籍文书的出现，可以视为依法编造并初步展示户籍编造层次的时期；高宗、武周之际，户籍编造经过适度的调整，不断向常态化的步伐迈进；至开元、天宝时期，伴随着户籍法令不断得到有效的调整与维护，户籍编造也达到了顶峰（第 186 页）。而户籍“三年一造”、“造籍以季年”的周期正好与“丑、辰、未、戌”的轮值顺序相契合，由此，干支纪年因素的引入，使得唐前期百余年的造籍呈现出持续的稳定性。至于唐后期的户籍编造，由于材料有限，长期以来学界并不清楚，相关的论著也多是语焉不详。《史稿》在“材料不足徵”的窘境下，还是通过户口统计、户等审定和赋役征收等间接材料的剥离，分析唐后期乃至五代户籍编造上的些许变化与特征：“道”一级行政长官负责户等的审定；占有土地的客户被编入当地户籍；归义军时期的“户状”成为事实上的户籍等。相比之下，中晚唐的户籍修造被赋予了更多的政治内涵。这些看似细微的变化，恰可弥补以往学界研究的不足，对深入了解唐代户籍编造的整体面貌不乏积极意义。

众所周知，户籍的制作非常重视民户年岁的审核与登录，这看似一项琐碎而又毫无新意的日常工作，但实为贯彻国家意志控制编户民人身活动的重要举措，因而也是当前户籍研究中引人注目的问题。《史稿》第三章是从律令规定和簿籍书写的不同层面讨论核心的关键词“籍年”——即编户民在户籍上登录的年龄及其功用。按照黄、小、中、丁、老的规定，不同阶段的年龄划分往往反映出编户民身份制的差异，而不同的丁中身份又对应着不同的赋役。从国家层面来说，年龄的分层和控制在户口管理、差科簿制作、赋税征收、徭役摊派和土地还受等方面均有十分重要的意义。通常来说，户籍登录的主体是普通民户人口、年岁、身份及授田信息，而对那些特殊的僧尼道士群体，其著籍情况由于材料所限长期以来不为人们所重视。2008年，《新获吐鲁番出土文献》刊布了《龙朔二年（662）正月西州高昌县思恩寺僧籍》和《唐神龙三年（707）正月西州高昌县开觉等寺手实》两件寺院籍帐文书，引起了学者对僧尼籍相关问题的关注。[①] 在此基础上，《史稿》第四章对唐代的特别户籍——僧尼籍作了专题探讨，重点讨论了寺院手实与僧籍的关系、僧尼籍帐的编造情况、僧尼造籍的份额等问题，并比较了吐鲁番僧尼籍帐和敦煌僧尼籍编造背景的异同，认为籍帐的编造受到当时政局的影响。前者正是唐前期律令体制下户籍编造成效的体现，张扬了唐帝国早年如日初生的气魄；而后者则是中央威权在唐末五代的一个尾音（第184页），印证了吐蕃归义军时期敦煌僧尼人口膨胀和寺院经济发展的社会实际。

总体来看，《史稿》对于唐代户籍编造概貌的讨论相当充分，借此不难看出唐代国家治理在制度建设中的成绩。正如作者所说："户籍编造与人口统计的制度化是唐代政治经济出现鼎盛的基本保障，而保存至今的户籍法令与户籍文书是唐代国家治理的宝贵遗产。"（第189页）这是很有见地的卓识。许倬云先生曾说，"整个中国两千多年的历史显示，中国最主要的生产者就是编户齐民。"[②] 尽管传世史籍对于编户民的记载略显匮乏，但不能否认，"史籍上姓名不传的平民百姓都在写历史，他们在历史发展中占据多么关键的地位，扮演多么重要的角色。"[③] 而登录这些平民百姓姓名、年龄、身份、田地、赋役等信息在内的户籍，无疑在国家治理中起着不可替代的重要作用。

二

谈到唐代户籍的研究，日本学者池田温先生的大著《中国古代籍帐研究》可谓奠基之作。此著结合出土文献，较为系统地考察了古代籍帐制度形成、变质、完成与崩溃的过程，其中对于隋唐时代籍帐形制、内容与书式的论述尤为精当。在序言中，他说"籍帐研究，当然必须以旧存的文献和新发现的断简残编二者作综合的考察"，"本世纪在中国西陲的敦煌和吐鲁番所发现的文书资料……特别是包括有关户口、公课、田土的各户记事

---

① 孟宪实：《吐鲁番新发现的〈唐龙朔二年西州高昌县思恩寺僧籍〉》，《文物》2007年第2期；《新出唐代寺院手实研究》，《历史研究》2009年第5期。

② 〔美〕许倬云：《中国古代文化的特质》，联经出版事业公司，1988，第25页。

③ 杜正胜：《编户齐民》，联经出版事业公司，2004，封底介绍。

的籍帐类，乃是最能直接说明当时人民生活的实际情况和政府统治的意图的一种基本资料。”[①] 无疑，池田氏在籍帐研究上的成功得益于他将传世典籍与敦煌吐鲁番所出籍帐文书的有机结合。这种带有“二重证据法”特征的研究模式具有“范式”的启示意义。此后的相关论著，如宋家钰《唐朝户籍法与均田制研究》、朱雷《敦煌吐鲁番文书论丛》、张荣强《汉唐籍帐制度研究》等，其实都是这种路径的延伸和拓展。囿于传世文献记载的简略，前辈学者不约而同地将出土文献纳入研究视野，并在精雕细琢的考证中勾勒中国古代户籍发展的演进过程。如今方兴未艾的秦汉简牍、走马楼吴简研究可谓最好的证明。在这样的学术背景中，《史稿》对于户籍编造的讨论，始终耕植于法律条文和帝王敕令的规定，并适时与敦煌吐鲁番所出簿籍资料相参照，乃至实现出土文献与传世史料的水乳交融。这在造籍事项、籍年统计和僧尼籍的探究中有着至为生动的反映。

若从物质形态来说，敦煌吐鲁番文书大多是一些零星的、琐碎的，且是不连续的、不完整的“历史碎片”，这些鸡零狗碎的材料看似受到主流话语压制而边缘化的知识碎片，但其实正是弥补传世文献中“断裂、缺陷、缺口”[②] 的素材。正如杜正胜所言：“历史学家最好还是根据零碎史料，努力建构有机的、整体的历史面貌，提炼简洁的概念来解释丛脞复杂的历史现象。”[③] 从此意义来说，历史碎片越多，越有助于研究者对整体历史面貌的建构和对复杂问题的阐释。《史稿》对于干支纪年与唐前期造籍稳定的讨论，征引了自永徽元年（650）至大历四年（769）的户籍文书22件，以此来考辨户籍“三年一造”的频率和周期，指出唐前期百余年来的造籍，没有因为君主易位、国号更改、历法变动、年号迭换而受到影响，西州、沙州作为丝路枢纽和边疆重镇完全按照干支纪年的轮值年份进行户籍编造。可以说，干支纪年循环性的引入户籍编造的制度设计中，使其更具稳定性，这为州县及乡里的管理者带来了方便，唐前期百余年来造籍的稳定性赖此得以实现（第71页）。

近20年来，由于学科划分的愈益细密，宏大叙事的论题渐趋沉寂，而琐碎褊狭的选题却层出不穷，研究者多在熟悉的领域内耕耘，力求在深

---

① 〔日〕池田温：《中国古代籍帐研究》序，龚泽铣译，中华书局，2007，第1～2页。

② 法国思想家福柯指出，知识考古学“更多地谈论断裂、缺陷、缺口、实证性的崭新形式乃至突然的再分配。”参见〔法〕福柯《知识考古学》，谢强等译，生活·读书·新知三联书店，2003，第188页。

③ 杜正胜：《编户齐民》，序第2页。

度、高度方面有所突破，但往往受视域的限制而在广度上难有作为。《史稿》对于“籍年”审定及功用的讨论，堪称精细，极大丰富了传统意义上人们对于年龄的认知。作者依据敦煌吐鲁番籍帐资料，结合律令中“籍年”的规定，指出现存手实、户籍、差科簿、九等定簿四类文书中都有户口的年龄注记，其中手实是籍年统计的初始资料。籍年的现实意义，并不限于丁中的差役征发，在民事之外同样发挥着基础性的作用，比如官员选任、士兵申报军功，都要如实填写年龄、乡贯、户主身份等“郡县乡里名籍”，有时甚至还要列出曾、祖、父三代名讳和官名，说明户籍及其登录的籍年是选官不可或缺的基本资料（第 142 页）。进一步来说，籍年呈现的绝不仅仅是编户民的实际年龄，还有与年龄相伴而生的合法身份。中央王朝也正是通过籍年的审核与认定来实现对不同身份民众的有效管理，不仅编户民是如此，其他如官员、兵士、工匠、奴婢等的管理，也与籍年因素紧密挂钩。从这个意义来说，籍年统计是国家通过年龄分层进而实施户籍管理和人口控制的一种行之有效的方式，也是政治、经济、军事、法律、社会等诸多制度运转的保障之一。即使在今天社会生活的诸多方面，我们仍然可以看到籍年的重要作用和影响所在。不唯如此，《唐律》中的量刑定罪，体现出对年七十以上老口和十五以下小口的特别关照。甚至妇女在流刑的实际执行中，也要考虑对十五以下和六十以上女性的区别对待。这样看来，年龄登录的准确与否就显得尤为重要，“籍书”或户籍上的年岁则是最具说服力和法定性的信息。因此，或为逃避王役，或为享受国家给予的给田、侍丁和“三疾”优待，户籍中登录的年龄常有“诈老诈小”和籍年作伪的现象，这就使得对编户民年龄、形貌的审阅与复核，成为县令亲历亲为的惯常事务，籍帐文书中“貌加就实”“貌减就实”的信息，即是县令主持“貌阅”与籍年审定工作的反映。

三

我们知道，将传世典籍与出土文献结合起来，这是中古史研究惯用的范式，陈寅恪先生称其为“取地下之实物与纸上之遗文互相释证”。[①] 其核心是通过关键词的纽带，建构传世史料与出土文书之间的关联。甚至可以

---

① 陈寅恪：《王静安先生遗书序》，载《金明馆丛稿二编》，生活·读书·新知三联书店，2001，第 247 页。

说，对于关键语词的准确释证已成为解读敦煌吐鲁番文书的一把钥匙。以此来看，《史稿》对“籍年”“貌阅”“户状”“还姓”等词的考辨比较成功，且对户籍编造进程的讨论亦相当充分，进一步推进了唐代户籍的研究。但仔细考量，作者对于户籍相关问题的理解并非完全准确，有些认识恐怕仍有商讨的必要。

首先，户籍“三年一造”的问题，作者认为天宝十四年（755）是证据确凿的唐前期造籍的终结年份（77 页）。但实际上，德藏吐鲁番文书 Ch. 1455《唐至德二载（757?）交河郡户口损益帐》有“天拾叁载籍”、“天拾肆载帐后新生附”① 的记载，说明天宝十三年（754）曾有造籍，天宝十四年则修造了计账。天宝十三年干支甲午，联系 S. 514《唐大历四年（769）手实》所见“乾元三年（760）籍”（干支庚子）、“转前籍”即大历元年（766）籍（干支丙午）和大历四年手实（干支己酉）来看，唐代的造籍年份最迟在天宝十三年又一次发生了变化，即变更在仲年（子、卯、午、酉）造籍。这说明天宝十三年应是唐前期造籍的终结年份，而计账的造作则止步于天宝十四年。

其次，籍年审定的问题。作者结合池田温《中国古代籍帐研究》的成果，制作了编户民貌加貌减事例表（148 页），极具说服力。不过，若以出土文书为据，尚有三条材料可以补充。其一，阿斯塔那 360 号墓所出《武周西州柳中县户籍残卷》第 2 行：“▭ 二年帐后貌加从实。”② 其二，Дx. 5937《唐开元七年（719）沙州敦煌县龙勒乡籍》第 4 行：“男仁本年壹拾柒岁，中男，转前籍年十四，开元五年帐后貌加就实，空。”③ 其三，BD16147A《唐开元十九年（731）沙州敦煌县籍》第 1 行：“户主索崇贞年壹拾捌岁，中男，转前籍年十九，开元十八年帐后貌减□□（就实），下下户，空，不课户。”④ 这三条“历史碎片”为进一步了解武周、开元时期“中男”的貌阅实况提供了生动的案例。

最后，沙州归义军的户籍问题。《史稿》在唐后期户籍编造的论述中，注意到晚唐五代宋初归义军户口申报的资料，但可惜的是相关分析和讨论

① 〔日〕池田温：《中国古代籍帐研究·后图》，龚泽铣译，第 119 页。

② 柳洪亮：《新出吐鲁番文书及其研究》，新疆人民出版社，1997，第 100 页。

③ 唐耕耦、陆宏基编《敦煌社会经济文献真迹释录》第 2 辑，全国图书馆文献缩微复制中心，1990，第 491 页。

④ 中国国家图书馆编《国家图书馆藏敦煌遗书》第 145 册，北京图书馆出版社，2012，第 197 页。

较少。大中四年（850）张议潮开始着手沙州人口的调查与统计。从日本京都藤井有邻馆藏51号《令狐进达申报户口牒》、S.4710《沙州阴屯屯等户口簿》、S.6235《唐君盈申报户口田地状》等文书来看，此时的户籍中还有僧尼奴婢人口的著录，尤其是僧尼人口编入民籍，可以说是归义军初期户籍编造的一大特点，甚至9世纪后半期，仍能在P.4989《沙州安善进等户口田地状》中看到“父僧法▭”“妹尼印子年卅”“外甥僧法□年▭”[①] 等僧尼人口的记载。这说明僧尼入籍的现象绝非短期试行的过渡之策，而是在很长时间里都有切实可行的社会基础。考虑到S.3287《吐蕃子年沙州左二将百姓氾履倩等户口状》中亦有男口、女口“出度”的标注，[②] 可以认为归义军初期的户籍编造明显受到了吐蕃制度的影响。

如学者所言，敦煌所出“户状”文书是探讨归义军户籍制度的重要资料。从这些申报户口田地的牒状中，不难看出籍年因素在归义军户籍中的变化，这是非常值得注意的现象。大体说来，自大中六年（852）至大顺二年（891），“户状”中登记的户主及户内家口都有具体的年龄信息，但与唐前期的籍年相比，这些编户民由于没有黄、小、中、丁、老的划分，也没有身状、身份、户等及脚注的记载，[③] 因而并未出现由于年龄不同而衍生的身份差异。而从后周广顺二年（952）至宋至道元年（995），敦煌保存的5件“户状”文书中（羽28、Дx.2954、S.4125、Ch/U7525、P.3290+S.4172），已经看不到户主及户内成员的年龄信息了。“户状”中籍年因素的剔除，意味着赋税制度的重大变化，即归义军的赋税以土地为据，量地而税，[④] 每户交纳赋税的多少与该户实际占有田地的数量成正比，而与户内成员的实际年龄无关，所以籍年因素也就日渐取消了。

作者在附录中说，身为户主的姓名完整的女子在国家户籍法令与赋役规定上，应当具有与男性户头一样“平等”的权利与义务（第201页），这样的表述恐非其实。按照均田令的规定，寡妻妾授田30亩，若为户主则授田50亩，这与18岁以上中男以及丁男授田100亩的情况相比，还是有

① 唐耕耦、陆宏基编《敦煌社会经济文献真迹释录》第2辑，第471页。

② 比较典型的索宪忠户中，“女犯娘，出度”“男性奴，出度”“女意娘，出度”“男再和，出度”，说明索宪忠申报的户内家口中，包含了已经“出度”的僧尼人口。参见〔日〕池田温：《中国古代籍帐研究·后图》，龚泽铣译，第376页。

③ 宋家钰：《唐朝户籍法与均田制研究》，中州古籍出版社，1988，第119页。

④ 刘进宝：《敦煌归义军赋税制的特点》，《南京师范大学学报》2003年第4期。

很大距离。进一步来说，寡妻妾作为户主即使授田50亩，也不交纳租调，属于不课口或不课户。因此，从唐令的规定中不难看出，身为户主的妇女，显然不可能享有（或承担）与男性户头相同的权利与义务。

这样看来，推进唐代户籍的研究，恐怕不能局限于传统意义上宏大叙事的问题，毕竟前辈学者已有成功的经验。相反，在传世典籍和史志文献失载的情况下，敦煌吐鲁番籍帐文书揭示的若干细节或碎片，或许才是接近户籍原貌的关键。未来有志于籍帐制度研究的学者，无疑要珍视这些“历史碎片”的潜在价值，矢志不移地朝此方向努力。

乔治忠教授对清朝官方史学研究述评

时培磊
（廊坊师范学院社会发展学院，河北廊坊　065000）

从20世纪20年代梁启超倡导史学史的研究以来，中国史学史学科已经走过了近百年的发展历程。新中国成立70年来的中国史学史研究取得了辉煌的成就，白寿彝、吴泽、尹达、杨翼骧等前辈学人对于推动中国史学史学科的发展做出了卓越的贡献。如何在前人的基础上继续开创中国史学史研究的新局面，一直是近些年来学术界讨论的热点问题。[①] 乔治忠教授作为改革开放以后培养出来的史学史学者，在清朝官方史学研究领域取得了突破性的学术进展。以此为个案进行学术分析，对于思考新时代的中国史学史学科建设问题不无裨益。

一　乔治忠教授清朝官方史学研究的学术成就

乔治忠教授是新中国的同龄人，但由于特殊的历史原因直至1978年，他才考进南开大学历史系读书。1981年，乔治忠提前结束本科学业考入杨翼骧先生门下攻读史学史硕士学位。三年后以研究章学诚的史学思想为题完成学位论文，获得硕士学位以后留在南开大学古籍所工作。

---

① 如《史学月刊》2012年第8期就刊登了中国史学史学科发展问题的一组笔谈文章，瞿林东、乔治忠、胡逢祥、王记录、杨艳秋、李振宏等学者从中国史学的多途发展、中外史学比较、研究范式、发展趋势等多个角度各抒己见。此外，还有诸多学者就中国史学史学科如何深化研究和开拓局面提出真知灼见并撰文见诸报端，探讨中国史学史研究再出发的学术研讨会也屡有召开。近些年来的讨论热潮，并不亚于20世纪60年代初为撰写中国史学史教材而掀起的那次大讨论。这既是中国史学史学科发展成熟的表现，也有发展至转型期进行路径探索的尝试意味。

乔治忠教授从事清朝官方史学研究始于 1986 年底在职攻读博士学位时，将此确定为博士论文选题，此后在此领域辛勤耕耘三十余年，取得了丰硕的学术成果。

乔治忠教授清朝官方史学研究的学术成就主要体现在他的系列学术专著和论文中。主要的学术专著有：1994 年由中国台湾文津出版社出版的《清朝官方史学研究》，这是在其博士学位论文基础上修订而成的。2008 年由北京图书馆出版社出版《中国古代官方史学与私家史学》，收录了作者 1983 –2006 年发表的五十余篇学术论文，其中研究清朝官方史学方面问题的论文近二十篇。2011 年由中国人民大学出版社出版《中国史学史》，在第七章《清代对传统史学的清理和总结》中专辟六节内容讲述清朝的官方史学。2013 年商务印书馆出版《增订中国史学史资料编年》（清代卷，与朱洪斌合作），收录有关清代官方史学资料上千条，撰有考订按语。2016 年花木兰文化出版社出版三册本《清代官方史学与私家史学相互关系研究》，系作者主持的国家社科基金项目结题成果。2018 年天津古籍出版社出版《增编清朝官方史学之研究》，收录研究清朝官方史学的论文 34 篇。此外，从 1990 年在《史学集刊》发表《〈四库全书总目〉清代官修史书提要订误》第一篇研究清朝官方史学的文章算起，近三十年间乔治忠教授共在各类报刊发表此研究领域的学术论文四十余篇。

综合乔治忠教授的已有论著来看，其在清朝官方史学研究领域的学术成就主要突出体现在两个方面，一是攻克了清朝官方史学研究中的若干学术难题，二是铺就了清朝官方史学研究的资料基础。就第一个方面来讲，乔治忠教授的学术贡献体现在系统梳理了清朝官方史学的成就、总结了清朝官方史学的特点、揭示了清朝官方史学与私家史学互动关系的发展规律。第二个方面的贡献体现在通过进行资料编年工作，系统清理了涉及清朝官方史学的基本史料，并为后学提供了研究的重要线索。

二　乔治忠教授清朝官方史学研究的学术特点

纵观乔治忠教授在清朝官方史学研究上取得的学术成就，可以发现他在传统史学史的研究领域中开辟了一片新的天地，在治史思想和治学方法上也呈现出鲜明的学术特点。

不囿旧说、发覆求新的治史精神。自近代以来，对于清代官方史学的成就常常或被人忽视，或评价不高，直接反映了这方面深入研究的欠缺。如梁启超等近代学者在谈及清代学术成就时，往往大提私家史学成就，而对官方史学成就几乎是一笔带过，甚至将官修史书也看作某几位史官的功绩。有感于此，乔治忠教授高举官方史学研究的大旗，出版了第一部以“官方史学”命名的专著《清朝官方史学研究》。该书引发了学术界的广泛关注和高度评价，著名史学史专家施丁先生亲自撰文推介。[①] 乾隆帝是中国历史上一位非常有作为的皇帝，学界对其的研究成果不胜枚举，仅在20世纪末就出现了五六种专门的传记。乔治忠教授发挥史学史学科的学术批评特长，仔细审视这些传记后发现存在共同的薄弱环节，即对于乾隆皇帝思想的研究还很不够。[②] 而在这方面，乔治忠教授率先开展了对乾隆帝史学思想的研究，深刻解析了他的正统论观点、贯彻于史学中的“臣节”准则、垂训鉴戒、匡助政治的修史宗旨、彰善瘅恶、信今传后的史学观念、精思善疑、考据求实的治史精神，并且认为其史学思想具有“史学上的帝王立场、对史学的垄断意识和总体保守而又追求翻新的治史倾向”[③] 这些值得注意的特点。以往对中国史学史的研究偏重于史官和私人史家，而忽视最高统治者在史学上的建树和影响，乔治忠教授通过阐发乾隆帝的史学思想，就开启了对清高宗思想和乾隆朝历史认识的新视野。

注重档案、考信征实的治史方法。新史料的发现和利用是近代历史学获得大发展的重要契机，殷墟甲骨、汉晋简牍、敦煌经卷、明清档案等一大批新材料为历史研究注入了新动力。乔治忠教授研治清朝官方史学十分重视对官方档案文献资料的发掘和使用，特别是对清朝入关前的汉文档案进行了深入的研究。如他对国家图书馆善本部所藏清太祖努尔哈赤后金政权时期的汉文刻本文献《后金檄明万历皇帝文》就进行了细致的考析，认为其“蕴含着后金与明朝战争与交涉的历史背景，体现了后金统治者学习和运用历史知识的成绩，也真实地反映出努尔哈赤等人的历史观念”[④]。对于清朝官方史学的研究应该追溯到入关之前，乔治忠教授专门考察了清太祖和太宗两朝用满文记录史事形成的满文档册，并

① 施丁：《〈清朝官方史学研究〉简评》，《光明日报》1994年7月18日，第3版。
② 乔治忠：《增编清朝官方史学之研究》，天津古籍出版社，2018，第381页。
③ 乔治忠：《增编清朝官方史学之研究》，天津古籍出版社，2018，第445页。
④ 乔治忠：《增编清朝官方史学之研究》，天津古籍出版社，2018，第9页。

指出这种早期形成的历史观念和方法对清朝官方修史活动的意义重大。对于入关前的汉文档案文献，乔治忠教授也考订出了其史料价值，并厘清了其在纂修《清太宗实录》中的利用情况。虽然档案史料能够为揭示历史真相提供强有力的支撑，但也绝不能唯史料为上，变成纯让史料来说话，而是应该客观辨析，经过一番去粗取精、去伪存真的过程。特别是对于冷僻的史料，不能贸然信据，更不能曲为解释。乔治忠教授在对清顺治朝和康熙朝初期《明史》纂修问题的考辨上就做出了很好的示范。如有学者根据谈迁《北游录》中的记载推演出了顺治朝修成编年体《明史》及议修纪传体《明史》的结论，乔治忠教授不仅指出了其断章取义、腰斩史料的错误，还从该史料的史源学角度考证了该记载之不可信。[①] 由此可见，我们应该辩证分析发掘新史料的价值，除了能够带来新发现和新认识之外，也有可能导致偏颇的见解，所以应该不断提高史学工作者驾驭史料的能力。

考订资料、嘉惠后学的治史理念。乔治忠教授对清朝官方史学研究的拓荒之功，不仅体现在筚路蓝缕对重要学术问题的发覆求新上，还表现在披荆斩棘对史学史研究资料的考订和整理上，两者都对后学有着重要意义。后者的贡献主要体现在《增订中国史学史资料编年》（清代卷）和《清代官方史学与私家史学相互关系研究》下册附录《清代官方史学与私家史学系年要录》中。乔治忠教授通过编年的方式，将清朝官方史学的重要文献资料进行一一罗列，并且均加以按语的形式进行细致考订。这对于后学者来讲，一方面可以从中梳理出清朝官方史学发展的基本脉络，形成宏观上的以时间先后为序的基本认识，进而生发出深入研究的各种思绪；另一方面又提供了宝贵的史料库，可以省却翻检之力，并且是经过考订的可信资料，读者可以从中发现若干学术课题的研究线索。正如有学者对《增订中国史学史资料编年》（清代卷）所评价的那样，“这部嘉惠后学、功在学林的著述，在今后的中国史学史研究中一定会发挥不可替代的作用”[②]。乔治忠教授这种资料编年的方法深得业师杨翼骧先生的真传，杨先生曾经编纂了《中国史学史资料编年》三大册和《中国历史大辞典·史学史》，其嘉惠学林之功有口皆碑，乔治忠教授将此治史理念进一步发扬光

① 乔治忠：《增编清朝官方史学之研究》，天津古籍出版社，2018，第196～200页。

② 金久红：《时移世转仍遵嘱　业继薪传敢续麟——评〈增订中国史学史资料编年〉清代卷》，《史学理论研究》2014年第4期，第143页。

大，启迪后学之功甚巨。

理论思维、抽象认识的治史思想。恩格斯曾说，一个民族要想站在世界之巅，就一刻也离不开理论思维。历史是由客观事物发展形成的多维复杂体，要对历史有通透的把握，就必须运用理论思维从事物发展的对立统一中把握其演进过程和运转规律。乔治忠教授治史除了具备扎实的考证辨伪能力之外，还特别重视理论思维能力的提升，留校工作后不久就与刘泽华先生合作完成了《历史研究中的抽象性认识》一文，从归类式抽象、本质的抽象、必然性抽象、统一多样化抽象等几个层次解析了历史的抽象性认识①，从治史初期就显示了较高的历史理论思维水平。在中国古代，官方始终将史学活动和史学建设作为一项重要的政府职能，出现了独具特色的史官制度和官修史书，形成了规范化、制度化的修史机制。乔治忠教授将此抽象成为“官方史学”的视角，并出版了第一部以此命名的专著《清朝官方史学研究》。这比以往的“史官制度”“皇朝修史”“官修史书”等概念层次更高，其结构既包括官方所有的修史机制和相关举措，又包括官方对私家史学的监控和干预，还包括地方官府主持的纂修方志活动等等。与“官方史学”概念相对应的就是“私家史学”，由此视角和理论，乔治忠教授抽象出中国传统史学的发展规律，即官方史学与私家史学的互动、互补又相互排抑是促进史学发展的重要因素，又从官、私史学的互动中抽绎出记史求真与治史致用的矛盾，使中国史学史的学术研究深化至理论层次。正如其本人所言：“如果没有理论思维方法的运用，很难发现问题，更不容易找到解决问题的路径。”②

三　乔治忠教授清朝官方史学研究的学术意义和影响

乔治忠教授在清朝官方史学研究上取得的重要成就，既对深化中国史学史的学术研究具有重要的意义，又对中国史学史的学科发展产生了重要影响。

首先，乔治忠教授开创了国内断代官方史学研究的先河，树立了一

① 刘泽华、乔治忠：《历史研究中的抽象性认识》，《红旗》1988 年第 11 期。

② 乔治忠、金久红：《构筑中国史学史的学术高地——乔治忠教授访谈录》，《史学月刊》2013 年第 8 期，第 112 页。

个官方史学研究的新范式。《清朝官方史学研究》出版之后，就引起了国内外学者的巨大反响，著名清史专家王锺瀚先生称赞道："深感乔君此书对清朝一代的官方修史制度、官方修史活动以及康熙、乾隆诸帝的史学思想与一些重要的官修史书，均能一一分别予以论述，既有宏观上整体考察的概括，又有微观上具体史实的考证，史论结合，足见功底，在目前国内中青年学者的学术著作中是一部具有较高水平的广度和深度的成功之作。"[①] 该书更重要的是引发了学者们广泛关注官方史学的研究，出现了不少的研究论文和专著，单以官方史学为名的著作就有岳纯之《唐代官方史学研究》（天津人民出版社 2003 年）、王盛恩《宋代官方史学研究》（人民出版社 2008 年），此外杨永康《明代官方修史与朝廷政治》（人民出版社 2015 年）也是在乔治忠教授指导的博士学位论文基础上修订出版的著作。学术研究最难之处也是贡献最大之处在于开拓新的研究领域，使后来之学者沿着这种研究方式继续探索下去。乔治忠教授在清朝官方史学研究领域就起了开路先锋的作用，不仅影响了一批硕士和博士论文的选题，而且启发了大批国家社科基金项目等各层级课题的研究方向。

其次，乔治忠教授在清朝官方史学研究上的学术创新，拓展了中国史学史研究的新视野。比如由清代官方史学的系统研讨，就引发了学术界思考历代官方史学的特色和地位问题，以及历代官方史学与私家史学的相互关系问题。这种研究思路和学术视野的拓宽，不仅引发了史学史研究理路和许多学术结论的变化，而且也带动中国史学史学科开辟新境、深化认识。比如乔治忠教授在探索清代官方史学与私家史学相互关系时就发现，"互补互益仍是主要方面，对立冲突是一种变异状况，这应是研究官方史学与私家史学相互关系的基本估量"[②]，这对于认识中国古代史学的基本发展状况具有启发意义。对于史学史学科的发展来讲也有突破性的学术意义，因为乔治忠教授由此探索到了中国古代史学发展的一项规律，那就是"中国古代官方史学与私家史学的互动，为中国古代朝廷文化的一些创造，是区别于古代世界任何一个国家的特色文化，是中国传统史学的兴盛发达的根本原因之一"[③]。而且乔治忠教授还将中国古代史学与古希腊、古罗马

① 王锺瀚：《乔治忠著〈清朝官方史学研究〉评介》，《燕京学报》新二期，后收入王锺瀚著《清史补考》，辽宁大学出版社，2004。

② 乔治忠：《清代官方史学与私家史学相互关系研究》，花木兰文化出版社，2016，第 378 页。

③ 乔治忠：《清代官方史学与私家史学相互关系研究》，花木兰文化出版社，2016，第 379 页。

的史学以及受中国古典文化影响的朝鲜、日本、越南的史学进行比较，从而在全球视野内进行了官方史学的比较研究，发现了中国传统官方史学所独具的文化魅力。有了这种认识之后，“以此思路探讨中国传统史学的内在动因与发展规律，中国古代史学史研究的宏观结构和具体结论都会出现很大的改观，促使学科体系有所更新”①。也是在此理论基础之上，乔治忠教授探索出了历史记述的真实性与历史撰述的社会功用之间的矛盾这个历史学发展的内在动力。这种理论思维的能力来源于乔治忠教授对唯物辩证法的坚守，正如其所言：“能否自觉地运用唯物辩证法的思维方式，决定了学术成果的正确程度及深切与否……用辩证逻辑审视史论或史料，貌似隐蔽的史论谬误和史料蕴义，都能够像层层剥笋一样被发掘出来，此乃笔者研治史学史的最大体会。”② 乔治忠教授就是在唯物辩证法的理论观照之下，结合自己清朝官方史学研究的实践基础，形成了对史学史研究理论层次的系统性认识，揭示了中国传统史学的内在矛盾和发展动力，从而完成了探索中国史学发展规律的关键性工作。

但是我们也应该清醒地认识到，清朝官方史学的研究远没有完结，虽经乔治忠教授等人的努力取得了很大的进步，但仍有很多工作要做。比如国家清史纂修工程中就不设立“史学志”，这就反映了学术界部分人仍然轻视乃至根本就不了解清朝官方史学。既然清史纂修中可以将诗文小说、戏曲书画等列入典志，那么具有重要政治文化价值的史学自然也可以入志。而近些年来，虽有不少学者从事清朝官方史学的研讨，但也出现了一些错误的认识和论点，因此乔治忠教授也呼吁学术界尽快完成“一部系统性的五十万字左右的‘清朝官方之史学’的专著”③。这也是乔治忠教授二十多年前在《清朝官方史学研究》后记中的夙愿：“前后三易寒暑，始得要领，意欲撰就一系统完整之《清朝官方之史学》，且已写出部分草稿。然而迫于毕业期限，乃择其中若干较大专题先行探讨，撰成这册《清朝官方史学研究》。至于系统之著，只好留待来日。”④ 虽然乔治忠教授又完成了《清代官方史学与私家史学相互关系研究》的专著和《增编清朝官方史学研究》的文集，但离系统性专著的目标还有一段距离。然而乔治忠教授

① 乔治忠：《增编清朝官方史学之研究》，天津古籍出版社，2018，第 542 页。

② 乔治忠：《唯物辩证法与中国史学史研究——我的一项治学体会》，《淮阴师范学院学报》2018 年第 5 期，第 469 页。

③ 乔治忠：《增编清朝官方史学之研究》，天津古籍出版社，2018，自序第 5 页。

④ 乔治忠：《清朝官方史学研究》，文津出版社，1994，第 311 页。

逐步探索出了对中国传统官方史学的一些比较系统和独得的创新性见解，又为清朝官方史学的研究提供了更加坚实的基础和高屋建瓴的认识，相信不久的将来学术界会出现一部系统完整的《清朝官方之史学》的大著。我们也更加期待将来更加系统完整的多卷本的《中国古代官方史学通史》的问世。

附录一　北京师范大学史学理论与史学史研究中心大事记

（2018 年 9 月 ~2019 年 8 月）

李　艳

（北京师范大学史学理论与史学史研究中心 北京　100876）

2018 年

9 月

▲ 瞿林东先生获“2018 年北京市师德榜样”荣誉称号

2018 年教师节，由北京市教工委、市教委、市教育工会联合评选的 2018 年北京市师德榜样（先锋）名单公布，我校资深教授、史学理论与史学史研究中心瞿林东先生获“2018 年北京市师德榜样”荣誉称号。长期以来，瞿先生坚持立德树人与教书育人相结合，潜心学术，精心培养学生，始终能够以德施教、以德立身，带头弘扬和践行社会主义核心价值观和优良师德师风，争做“四有好老师”，在师生中起到了良好的示范引领作用，成为师生学习的楷模。

10 月

▲ 杨共乐、张昭军教授主编《柳诒徵文集》出版

近期整理出版的《柳诒徵文集》是由北京师范大学史学理论与史学史研究中心完成的重大成果。《柳诒徵文集》从选题策划到编校完成历时近九年，由杨共乐、张昭军两位教授担任主编，最终交由商务印书馆出版发行。其间参与整理点校的专家学者多达 20 余人，历史学院杨共乐、张昭军、周文玖、罗炳良（已故）、向燕南等教授承担了主要整理和出版协调工作并为之付出诸多辛劳。

柳诒徵（1880 ~ 1956），字翼谋，号知非，晚号劬堂，江苏丹徒人，

我国著名历史学家、古典文学家、图书馆学家、书法家，也是中国文化史学的奠基人。《中国文化史》是柳诒徵最负盛名的著作，这部呈现中国文化精髓的学术著作既是中国文化史的开山之作，也是中国文化史学的奠基之石。而柳诒徵在 1905 年完成的《中国商业史》是我国最早的商业史专著；他在 1910 年完成的《中国教育史》是我国首部系统的教育史著作。20 世纪 40 年代，柳诒徵又完成了他的另一部重要学术著作《国史要义》，该书以维系中华文化为宗旨，从史原、时权、史统、史联、史德、史识、史义、史例、史术、史化十个方面对中国史学传统作了全面回顾，阐述中国史学精义所在，全书叙论结合，观点鲜明，充分体现柳诒徵宏通博雅、文理密察的学术特点，是一部兼具学术之醇与思想之厚的“命世奇作”。

▲“第九届中国古文献与传统文化国际学术研讨会”成功举办

2018 年 10 月 13 ~ 14 日，由北京师范大学史学理论与史学史研究中心、北京师范大学历史学院、中国社会科学院历史研究所和香港理工大学中国文化学系联合主办的“第九届中国古文献与传统文化国际学术研讨会”在我校京师大厦召开。来自日韩及海峡两岸暨港澳的近 40 位学者参加了大会。我中心主任、历史学院院长杨共乐教授、香港理工大学谢伟杰教授和中国社会科学院历史研究所副所长杨艳秋研究员分别为大会致辞。本次会议以“国际视野下的中国古文献学”为主题，与会学者围绕“传世文献与出土文献”“思想史与史学史”“域外汉籍与域外文化”“社会文化史”等专题踊跃发言，热烈讨论。大会进一步丰富和推动了中国古文献与传统文化的相关研究，取得了圆满成功。

11 月

▲ 晁福林先生著作获第三届全球华人国学大典国学成果奖

11 月 18 日，第三届全球华人国学大典颁奖典礼在北京举行。我中心晁福林先生的著作《上博简〈诗论〉研究》喜获国学成果奖。《上博简〈诗论〉研究》是国家社科基金重大项目的阶段性成果之一。著作分为三编：上编对上博简《诗论》进行疏证，中编分别对简文进行综合研究，下编则是对《诗论》进行专题研究。该著资料翔实，论证严密，新意迭出，具有很高的学术价值。

▲《中国地方志分类史料丛刊》（1663 册）出版

11 月中旬，《中国地方志分类史料丛刊》出版，该丛刊是教育部人文社会科学重点研究基地北京师范大学史学理论与史学史研究中心重大项目、北京师范大学历史学院“985 工程”重大建设项目，丛刊收录 15 省

1200余部地方志（府州县旧志），总计1663册（含目录卷1册）。丛刊入选史料分为8类，分别是地理类、政治类、军事类、经济类、教育类、社会类、人物类、艺文类，各类之下为卷，共48卷。如地理类下分疆域星野卷、路桥津渡卷、名胜古迹卷、气候卷、山水卷、物产卷、沿革卷、舆图卷、灾祥卷；人物类下分方技卷、宦绩卷、烈女卷、耆寿卷、仙释道隐卷、乡贤卷、孝友卷、愚贤卷、忠义卷；艺文类下分金石卷、诗文卷、序跋卷、著述卷等。中国地方志以起源早、持续久、类型全、数量多而享誉世界，它保留了大量有关当地疆域沿革、历史地理、生态环境、政治军事、社会经济、风土人情、艺文金石、各色人物、纪事杂录等方面弥足珍贵的一手资料，具有研索信史、鉴古知今、足资参证的史料价值。

▲《中国史学思想会通》新书发布暨学术研讨会成功召开

2018年11月30日，我中心与北京师范大学历史学院联合举办《中国史学思想会通》新书发布暨学术研讨会。中心刘家和、瞿林东、陈其泰等先生，中国社会科学院原党组成员、副院长武寅，人民出版社副总编辑、编审陈鹏鸣，北京市社科联学术活动部主任张涛，北京大学历史学系教授高岱，中国人民大学历史学院教授牛润珍，中心向燕南、周文玖、汪高鑫等教授，共20余人参加了研讨会。中心主任杨共乐教授致欢迎词。北京市社科联、福建人民出版社发来致贺词。

与会专家就《中国史学思想会通》的出版展开探讨。武寅副院长强调思想文化史研究在历史研究中的重要性，指出中国史学思想史是其他领域思想史的基础，肯定了《中国史学思想会通》的出版具有重要的学术价值和时代意义。瞿林东先生认为，在改革开放四十年的时代背景和老一辈学者的学术积淀下，吴怀祺先生与其学术团队的学术研究及《中国史学思想会通》的出版，为北京师范大史学史学科以及中国史学界做出了突出贡献。高岱教授认为，史学研究应当注重继承传统，加强团队合作，这两点在《中国史学思想会通》的编撰上都有较好的体现。他指出，当下我们中国的史学研究应向全世界讲好中国故事，要从文化、文明的角度讲有深度的中国故事，《中国史学思想会通》正是一部很好地讲述中国故事的代表著作。牛润珍教授提出，《中国史学思想会通》可以有三个定位：一是改革开放新时期历史研究的一项标志性的成果，二是史学史研究的一座纪里碑，三是践行白寿彝先生会通思想的重大成果。

与会专家还就吴怀祺先生的学术思想及学术交往进行交流。刘家和先生从学术传承角度肯定了吴怀祺先生充分继承了白寿彝先生史学研究的思想和方法，认为这样的学术传统，应当在北京师范大历史学院和史学理论与史学史研究中心不断地传承下去。他重点论述了吴先生对易学的研究，认为这是继承了司马迁“正《易传》，继《春秋》”的学术主张。瞿林东先生从创办《史学史研究》杂志一丝不苟、研究史学思想史一以贯之、研究郑樵会通之学有独到见解、讲易学与史学的关系成一家之言、讲史学民族性彰显中国史学特色、培养学生呕心沥血等六个方面，系统评述了吴怀祺先生的学术思想与贡献。陈其泰先生对吴怀祺先生及其学术团队在中国史学思想史领域取得的成就做了充分肯定，强调吴先生及其学术团队的研究继承了白寿彝先生挖掘和发扬中国传统史学的优良遗产的学术主张，在史学研究面向世界的同时，注重总结传统史学的文化精髓，这对当前的史学研究有着重要的指导意义。

吴怀祺先生主编的《中国史学思想会通》，作为“十三五”国家重点出版物出版规划项目，于2018年9月由福建人民出版社正式出版。这套大型系列学术著作共16卷，500余万字，是吴怀祺先生及其带领的学术团队本着会通的精神，多年来精心探究中国史学思想的结晶，为中国史学思想的研究奠定了坚实基础。

12月

▲ 提高科研素质，探寻创新之路——晁福林先生为珠海校区博士后作讲座

12月10日下午，晁福林先生在珠海校区国际交流中心第一会议室为博士后作了一场题为“浅议科研工作的几个问题”的讲座。晁先生以学术论文的选题为切入点，指出选题应具有较强的学术意义，多选取具有开创性的题目，尤其重视在思维上有所创新的题目；选题应具有较大的开拓空间，不宜过大或过小，力戒烦琐考证；选题时应学思结合，虚心求教，反复推敲，谨防失败选题；日常学习时应有怀疑精神，不盲从，不迷信，发现问题应及时记录，做有心之人。晁先生强调，青年学者在进行学术选题时应结合主客观情况，既要开拓新课题、攻克难问题，又要有自知之明。他指出：“知难而进，是勇气；知难而退，是智慧。”

晁先生结合陈寅恪“预流”说、甲骨文、彝铭、敦煌文书、苏联解密档案、《天圣令》研究、灵魂问题等具体案例，阐明新材料、新思维对学术创新的重要意义。他通过讲述阎若璩、王国维、陈寅恪等古今学者和陈垣、何兹全、赵光贤、刘家和等北京师范大学前辈学者的学术经历，勉励大家珍惜时光，潜心研究，勇于探索，为将来的学术发展奠定坚实的基

础。晁先生谦逊风趣、才思敏捷，在讲座过程中高屋建瓴、深入浅出，既着眼理论方法的指导，又注重具体案例的分析，既立足现实性，又强调前瞻性。

▲“2018 年史学理论与史学史学术研讨会”在京召开

2018 年 12 月 15 日至 16 日，我中心主办的“2018 年史学理论与史学史学术研讨会”在北京召开。来自全国 40 余所高校、科研机构和学术期刊的百余名学者参会。与会学者围绕“改革开放四十年来史学理论与史学史研究的回顾与展望”“中国史学理论及史学史研究”“外国史学理论及史学史研究”和“中西史学比较研究的理论与实践”四个主题展开讨论与交流。

北京师范大学刘家和先生回顾了中西古史比较研究在改革开放四十年中的发展历程。瞿林东先生对新时期中国史学史的学科建设进行了系统阐释。陈其泰先生总结了 40 年来学术界在阐释中国古典史学领域所获成就，在此基础上探讨了推进中国史学史学科建设的相关重要问题。南开大学乔治忠教授就史学史专业未来发展问题提出了专业团队需要承担的学术使命。天津师范大学庞卓恒教授追溯了中西史家百余年来有关“史”和“论”或“事实”与“解释”是非轻重问题的争论。中国社会科学院吴英研究员梳理了改革开放四十年来史学界唯物史观研究大体的发展历程。首都师范大学邹兆辰教授回顾了改革开放四十年来史学理论学科建设取得的显著成绩。

本次会议有关中国史学理论及史学史研究的讨论视野开阔，主题多样，且出现一些新的研究方法，引发与会学者的关注与讨论。学者们关注的重点集中在特定史著、史家（思想家）及史家间学术传承关系，历史文献学、历史观与史学流派，中外史学交流状况以及当前史学发展趋向等方面。在外国史学理论及史学史研究领域，学者们既立足于时代前沿，思考当下史学发展所面临的关键问题，也把握住传统路径，寻求通过扎实的史学研究解决当前仍处于争论中的问题。在中西史学比较研究的理论与实践主题中，学者们既有对宏观问题、中西史学观念的比较研究，也有对具体领域中微观问题的比较探讨。

此次会议由北京师范大学历史学院副院长姜海军副教授致开幕词。北京师范大学史学理论与史学史研究中心主任、历史学院院长杨共乐教授致闭幕词。杨教授指出，北京师范大学历史学科自建立以来，不断发展，涌现出一大批学者，目前已形成自身的学术特色，即陈垣校长开创的“根柢之学”、白寿彝先生开创的“贯通之学”与刘家和先生开创的“中西会通之学”。在前辈先生的带领下，近十几年来，北京师范大学历史学院产出了一批经典作品。在此基础上，北京师范大学历史学科也要树立更高目标，跟上时代要求，发挥更好的引领作用。杨教授感谢一大批专家学者多年来给予史学理论与史学史研究中心的支持和帮助。此次会议的召开，在一定程度上更好地厘清了史学理论与史学史各学科领域在过去阶段中的发展历程与所获成果和经验，在一些领域明确了未来的发展方向。通过此次会议，与会学者开拓了学术视野，增进了交流，深化了对一些重要问题的认识。会议取得圆满成功。

2019 年

1 月

▲ 通古今之变，周万事之理——学习习近平总书记致中国历史研究院成立贺信精神座谈会

新年伊始，中国社会科学院中国历史研究院在京成立。习近平总书记代表党中央致信祝贺。为深刻领会习近平总书记贺信精神，北京师范大学历史学院与史学理论与史学史研究中心于 1 月 11 日下午组织师生在北京师范大学前主楼 600 会议室，召开学习习近平总书记致中国历史研究院成立贺信精神座谈会。我中心刘家和、瞿林东、陈其泰三位先生分别以“没有突破就没有穿透力”“思考历史，汲取智慧”“把握研究工作重点，努力打造精品力作”为题发言。郑师渠、晁福林、周少川先生分别以“史学工作者的自豪感、使命感与责任感”“责任和信心”“继往开来，不负厚望”为题发言。中心主任、历史学院院长杨共乐教授发言的题目为“历史研究是一切社会科学的基础”。与会专家研讨热烈，效果显著。《中国社会科学报》对此次座谈会进行了详细报道。

3 月

▲“一带一路”古文明书系新书发布暨学术研讨会在北京师范大学珠海校区举办

3 月 29 日，“一带一路”古文明书系新书发布会暨学术研讨会在北京师范大学珠海校区召开。本次学术活动由我中心与北京师范大学珠海分校、北京师范大学历史学院、北京师范大学出版社（集团）有限公司联合举办。“一带一路”古文明书系共计 6 种 7 卷，字数达 450 万字，由中心主任杨共乐教授担任总主编。本书系主要研究“一带一路”沿线对人类历史发展有重要影响的古代文明，主要包括古代埃及、印度、波斯、中国、

希腊、罗马、巴比伦与亚述等。书系既从当下观察古代文明的整体性变迁，以宏大的视角展示古文明的兴衰，又注重具体问题的实证性研究，并反映学术研究的最新动态。与会专家一致认为，本书系利用现有国内外的相关史料，反映各区域文明的动态发展和各项成果，融学术性、文献性、普及性为一体，既是专业研究者案头必备之书，又是普通读者了解人类古代文明的重要窗口。它的出版为国家“一带一路”倡议提供智力支持，有助于人们正确认识中国主倡的“开放包容”“文明互鉴”精神的重要价值，助力“一带一路”以及“人类命运共同体建设”。本次会议由中共中央机关刊物《求是》杂志社旗下的圆点直播进行全球同步在线直播，总点击量高达600多万；《中华读书报》《南方都市报》《珠海特区报》等多家媒体进行了会议报道，受到社会各界关注。

▲ 励耘书院促本科教学改革，资深教授刘家和先生开讲

开设励耘书院，得到北京师范大学资深教授刘家和先生的鼎力支持。91岁高龄的刘家和先生以强烈的学术使命感，亲自指导并为历史学院专业本科拔尖人才开堂讲授中国古代史学经典研读、小学、史源学、考证学、文献学等课程内容。在刘先生看来，一流的大学，离不开一流的学科的支撑与一流学者的努力，更离不开对“根柢之学”的重视。陈垣先生作为当时一流教育家，不仅奠定了今天北京师范大学一流大学的根基，更是以史学家的身份传承、发展了传统的小学、史源学、考证学、文献学与历史学，从而为今天北京师范大学一流学科中国史乃至中国史学的发展做出了突出贡献。基于此，励耘书院将秉承陈垣先生的治学传统与思想方法，注重从史学经典入手，基于对经典篇章的研读与分析，突出夯实基础，培养问题意识，将年代学、地理学、职官学、目录学等相关内容融入其中，在学习中实践，在实践中学习，融会贯通，切实掌握历史学治学的基本思想与方法。

中心主任杨共乐教授对刘先生这种崇高的学术使命精神给予了高度的肯定与称赞，并强调励耘书院的开设旨在传承、弘扬老一辈史学家陈垣先生为学的精神与方法，更是借此为国家、社会培养一批专业基础扎实、综合能力超群的年轻学人。

4月

▲　我中心教授主编、参编“马工程”教材多部

近日，习近平总书记在高校思想政治理论课座谈会上指出，党中央“对思想政治工作高度重视，始终坚持马克思主义指导地位，大力推进中

国特色社会主义学科体系建设，为思政课建设提供了根本保证”。马克思主义理论研究和建设工程（简称“马工程”）是中国特色社会主义学科体系建设的重要组成部分，是巩固马克思主义在意识形态领域指导地位的基础工程。近年来，北京师范大学历史学院发挥自身学科优势，积极组织教师参与“马工程”教材编写工作，为“马工程”建设贡献力量。由我中心教师担任“马工程”教材首席专家主编、参编的教材共4部，分别是《中国近现代史纲要》（已故龚书铎先生任教材编写课题组首席专家）、《中国史学史》（瞿林东先生主编）、《中国近代史》（郑师渠先生任教材编写课题组首席专家）、《世界古代史》（杨共乐教授任副主编）。此外，我中心陈其泰、史革新（已故）、向燕南、张越、侯树栋、刘林海、张昭军等多位教授也参加了上述部分教材的编写工作。“马工程”教材由中宣部、教育部统一部署，精选专业领域内权威专家编写，由高等教育出版社和人民出版社统一出版发行，供全国高校优先选用，应用范围广泛。《中国近现代史纲要》是全国高等院校本科生必修的公共理论课程指定教材，累计印刷数百万册。

▲ 我中心多名教授承担并完成《中华大典》编纂工作

习近平总书记在给中国历史研究院成立的贺信中指出：“历史是一面镜子，鉴古知今，学史明智。重视历史、研究历史、借鉴历史是中华民族5000多年文明史的一个优良传统。”中心多名教师承担并完成《中华大典》的编纂工作，正是重视历史、研究历史、借鉴历史的一次生动实践。《中华大典》是国务院正式批准的新中国成立以来最大的文化出版工程，也是当代继承中国古代类书传统的最全面的古籍整理工作。全书涉及人文社会科学及自然科学学科计24个，下设114个分典，将先秦至1911年的中国传统典籍分类汇编。据统计全书完成时将参考图书2万余部，总字数近8亿，规模将是《永乐大典》的两倍。来自全国数十家高校、科研院所、出版社的数百名学者通力合作，为《中华大典》的编纂贡献力量，其中史学理论与史学史研究中心刘家和教授、周少川教授担任《中华大典》编纂委员会编委。

《历史典·史学理论与史学史分典》由瞿林东先生和龚书铎先生（已故）担任主编，陈其泰、吴怀祺、许殿才、向燕南、张越、罗炳良（已故）诸位教授担任编委，王志刚、江湄、李珍等学者参与编纂。此典共设置三个总部，即《历史理论总部》《史学理论总部》和《史学史总部》，搜集整合先秦至清末中国史学领域的相关论述。全书计600余万字，由上海古籍出版社于2007年出版。刘家和先生担任顾问，周少川教授任主编、邓瑞全副教授任副主编的《文献目录典》于2015年由广西师范大学出版社出版，全书共计3500万字。此典下设《文献学分典》与《古籍目录分典》，前者汇集古代学者各专学概念、收录实例，后者不论存佚全面著录产生于1911年以前的中国古籍。我中心汪高鑫、向燕南教授等任《文献学分典》编委并参与本书的编纂工作。

5月

▲ 资深教授刘家和先生《史苑学步》新书发布暨学术研讨会举行

5月15日，《史苑学步》新书发布暨学术研讨会在北京师范大学京师学堂举行。会议由我中心与北京师范大学历史学院共同举办。与会专家就《史苑学步》的出版与刘家和先生的学术思想展开探讨。清华大学历史学系教授刘桂生在书面发言中高度评价刘家和先生坚守身心家国一致之正、儒家为己之学之正，称赞《史苑学步》是一部守正创新之作。陈祖武认为刘家和先生是陈垣、白寿彝先生两支学术谱系汇合而形成的大家，他的研究成果充分体现了当代中国的真学问、大学问。复旦大学历史系教授张广智在书面发言中指出，刘家和先生的作品都经过长期准备、思考和打磨，展现出精益求精的学者风范。瞿林东认为，《史苑学步》充分反映了一位历史学家通过"读书、思考到研究"，"中国史、外国史到中外比较"，"历史、史学到理论"的治学路径，达到由博返约、厚积薄发的境界，值得反复学习和体悟。陈其泰认为，《史苑学步》针对如何发掘中华传统文化中的精华、中华文明如何与世界交流这两大现实问题做出了重要推进。郑师渠认为，《史苑学步》是一部极具思想穿透力的作品，对中国如何建立自身的学术话语权极具启发意义。朱孝远分享了阅读《史苑学步》所产生的"动心、初心、慧心和平心"之体会，感到全书充满对人类终极问题的思考。李红岩认为，刘家和先生展现的中与西、才学识德、理论研究与实证研究的贯通境界，对新时代学术发展道路具有重要启迪。蒋重跃指出，刘先生充满对"挑战与回应"的责任感和自觉精神，对学术问题的内部结构拥有深刻洞察。

《史苑学步：史学与理论探研》一书汇集了刘家和先生近年来在史学理论领域的研究成果，兼及对世界史、中国史以及中外历史对比研究等领域的理论思考。该书共分四辑：第一辑"中国古代史学与经学"，第二辑"比较研究与史学"，第三辑"史学的体与用"，第四辑"历史理性与逻辑理性"。书中四辑文章关注问题宏阔，不束缚于学科和国别的界限，是刘先生自我超越精神的体现。此著是刘家和先生多年治学的结晶，可从中一窥先生治学的方法。

▲ 我中心获得多项北京市哲学社会科学优秀成果奖

5 月 28 日，北京市第十五届哲学社会科学优秀成果奖表彰座谈会在北京市委召开。我中心瞿林东先生的《瞿林东文集》（10 卷本）获得北京市第十五届哲学社会科学优秀成果奖（特等奖），陈其泰先生的《陈其泰史学萃编》（9 卷本）获得一等奖，杨共乐、张昭军教授主持整理的《柳诒徵文集》（12 卷本）获得二等奖。会上，瞿林东先生做了题为“感谢伟大的时代”的主题发言。习近平总书记在 2016 年全国哲学社会科学工作座谈会上的讲话中指出，坚持和发展中国特色社会主义必须高度重视哲学社会科学，并强调：“中国古代大量鸿篇巨制中包含着丰富的哲学社会科学内容、治国理政智慧，为古人认识世界、改造世界提供了重要依据，也为中华文明提供了重要内容，为人类文明做出了重大贡献。”《瞿林东文集》《陈其泰史学萃编》和《柳诒徵文集》的相继出版，是北京师范大学历史学院响应习近平总书记讲话精神，在研究古代历史与史学、整理相关文献等方面做出的实际工作。

6 月

▲ 我中心教授参加“司马迁生年十年之差百年论争梳理”学术研讨会

2019 年 5 月 26 日，由北京师范大学历史学院、北京史记研究会主办的“司马迁生年十年之差百年论争梳理”学术研讨会暨北京史记研究会第四届年会在北京师范大学京师学堂第五会议室召开，来自中国社会科学院、北京大学、中国人民大学、北京师范大学、国防大学、华中师范大学、山西大学、浙江师范大学等京内外高校和科研院所的 50 余位专家学者与会。“司马迁生年十年之差”是司马迁行年研究的重要问题，参会嘉宾学者以圆桌座谈的形式重点研讨了“司马迁生年十年之差”论争的意义、百年论争的论点、论据以及研究方法等问题。中心主任杨共乐教授致开幕辞。陈其泰先生在会上详细阐明自己的观点，受到与会学者的重视。

8 月

▲ 我中心三项课题获批教育部人文社会科学重点研究基地重大项目

8 月 26 日，教育部社科司公布 2019 年度教育部人文社会科学重点研究基地重大项目立项名单，我中心杨共乐教授申报的课题“西方古代学术名著译注”、张越教授申报的课题“中国马克思主义史学的发展历程及重大问题研究”、周文玖教授申报的课题“中国近代史学与中华民族精神研究”，被批准为2019年度教育部人文社会科学重点研究基地重大项目，项目号分别为19JJD770002、19JJD770004、19JJD770005。三项课题获准立项，将进一步推动我中心学术的发展。

附录二　史学理论与史学史论著要目

（2018 年 9 月~2019 年 8 月）

许玉宽

一　论文要目

（一）史学理论与中国史学史论文要目

安敏、陈逸鸣：《从〈左传〉看春秋时期的信仰体系》，《广西社会科学》2018 年第 11 期。

卜宪群：《林甘泉史学研究的理论与方法》，《学术界》2018 年第 11 期。

卜宪群：《新中国七十年的史学发展道路》，《中国史研究》2019 年第 3 期。

卜兴蕾：《〈南史·文学传〉体例辨正》，《北京社会科学》2019 年第 9 期。

曹巍：《朱寰先生的治学与教学方法》，《历史教学问题》2019 年第 4 期。

曾亦：《经史之别：程颐与朱熹〈春秋〉学之歧异》，《社会科学辑刊》2019 年第 1 期。

陈淳：《从考古学理论方法进展谈古史重建》，《历史研究》2018 年第 6 期。

陈峰：《走出“史学危机”：20 世纪 80 年代中国马克思主义史学的反省与重塑》，《史学月刊》2019 年第 8 期。

陈海斌：《科大卫与明清华南宗族研究》，《史学理论研究》2019 年第 2 期。

陈力：《徐中舒先生遗札考述》，《四川大学学报》（哲学社会科学版）

2018年第6期。

陈其泰:《出土文献与历史叙事》,《东岳论丛》2019年第3期。

陈其泰:《历史编纂学史与史学史学科关系辨析》,《南开学报》(哲学社会科学版)2019年第1期。

陈爽:《〈世说敬胤注〉所见东晋佚史考》,《文史》2019年第1期。

陈伟:《〈史记〉诸表"邪上"新探》,《文史》2019年第1期。

陈欣:《犹有可以兴国而保种之效乎——〈国学概论〉与钱穆创新文化的路径及底蕴》,《学术研究》2019年第5期。

陈娅妮:《晋代非吴地著史者的孙吴历史书写——以〈吴纪〉〈江表传〉为中心》,《东吴学术》2019年第3期。

陈雁:《当妇女提问时:新时代的妇女史研究》,《河北学刊》2019年第1期。

陈勇、王嘉淳:《钱穆与李埏的交谊和学术传承》,《史学史研究》2019年第1期。

成一农:《近70年来中国古地图与地图学史研究的主要进展》,《中国历史地理论丛》2019年第3期。

迟云飞:《趋向与问题——近40年来的中国近代史研究》,《安徽史学》2019年第1期。

仇鹿鸣:《失焦:历史分期论争与中文世界的士族研究》,《文史哲》2018年第6期。

崔志海:《晚清政治史研究70年回眸与展望》,《史林》2019年第4期。

崔壮:《章学诚"浙东学术"新论》,《历史教学问题》2019年第4期。

代继华:《"为大众写史":现实关切与大众史书内容的侧重》,《华南师范大学学报》(社会科学版)2019年第4期。

董根明:《论桐城派的史学成就》,《安徽史学》2019年第3期。

杜艳华:《唯物史观视域下的历史与历史研究再探讨》,《复旦学报》(社会科学版)2018年第6期。

段晓亮:《郑天挺和孟森的学术交谊与明清史研究》,《史学史研究》2019年第1期。

段玉明:《论少数民族文献的经史双重特性——以白族文献〈白古通纪〉为例》,《四川大学学报》(哲学社会科学版)2019年第3期。

冯翠、姜良芹:《亲历、书写、传播:费吴生与南京大屠杀研究》,《民国档案》2019年第3期。

葛荃：《刘泽华先生的治学与思想视界》，《南开学报》（哲学社会科学版）2019年第5期。

顾銮斋：《马克垚的封建经济史研究》，《清华大学学报》（哲学社会科学版）2019年第1期。

顾少华：《晚清中国的“彼得兴俄”叙事及其演变》，《史学理论研究》2018年第4期。

郭康松、陈莉：《清代考据学派的学术特色及学术贡献》，《史学史研究》2019年第2期。

郭震旦：《根植本土：当代中国史学主体性的崛起》，《文史哲》2019年第4期。

过常宝：《世系和统系的构建及其意义——〈史记·太史公自序〉相关内容解读》，《中国人民大学学报》2019年第2期。

何平：《马克思主义、世界历史与中国历史》，《济南大学学报》（社会科学版）2018年第6期。

何晓明：《“于前史为中流砥柱，于后学为蚕丛开山”——章学诚史学思想的历史地位》，《湖北大学学报》（哲学社会科学版）2019年第3期。

何永生：《章学诚方志理论与实践的学理逻辑》，《湖北大学学报》（哲学社会科学版）2019年第3期。

桁林：《〈明夷待访录〉国家治理观探讨》，《学术界》2019年第2期。

洪认清：《吉谢列夫与苏联考古学在中国的传播》，《史学理论与史学史学刊》2018年第2期。

侯杰、马晓驰：《影像史学视域中的抗战及其史学思考——以长城抗战为例》，《烟台大学学报》（哲学社会科学版）2019年第3期。

侯深：《“例外的”自然——论中美比较环境史研究的重要性》，《学术研究》2019年第2期。

侯毅：《图理琛〈异域录〉在西方世界的传播》，《历史档案》2019年第2期。

胡昌智、李孝迁：《伯伦汉〈史学方法论〉及其在东亚的知识旅行》，《中华文史论丛》2018年第3期。

胡昌智：《〈史学原论〉的缘起及其思想》，《历史教学问题》2018年第6期。

胡健：《论章学诚“文集辅史”的观念》，《史学理论研究》2019年第1期。

胡孝忠:《饶宗颐早期甲骨学研究的渊源、方法与成就——兼论广东省立文理学院在光孝寺之校史》,《华南师范大学学报》(社会科学版) 2018 年第 6 期。

黄广友:《时代、政治与史学: 20 世纪后半期中外史学交流的演变》,《东岳论丛》2019 年第 7 期。

黄兆强:《日本学者章学诚研究述评 (1920~1985)》,《南开学报》(哲学社会科学版) 2019 年第 2 期。

贾鹏涛:《从致用到求真: 论杨宽古史分期观的演变》,《历史教学问题》2019 年第 3 期。

江湄:《怎样认识 10 至 13 世纪中华世界的分裂与再统一》,《史学月刊》2019 年第 6 期。

蓝勇、陈俊宇:《文化的历史对科学的历史的渗透——五百年重庆得名臆说成为主流观点的反思》,《江汉论坛》2019 年第 7 期。

蓝勇:《近 70 年来中国历史交通地理研究的回顾与思考》,《中国历史地理论丛》2019 年第 3 期。

雷戈:《〈诗经〉文体与王权秩序——〈诗〉〈书〉时代的思想史研究之一》,《史学月刊》2018 年第 12 期。

李波:《吕思勉与中国通史编撰》,《华东师范大学学报》(哲学社会科学版) 2019 年第 1 期。

李德锋:《论朱熹的史学表现及其影响》,《史学月刊》2019 年第 4 期。

李帆:《概念史与历史教科书史的研究》,《河北学刊》2019 年第 1 期。

李寒箫:《再论〈行程录〉的真伪问题》,《历史教学》(下半月刊) 2019 年第 3 期。

李俊芳:《宋人著述中的"华夷秩序"书写——"蛮"与"外国"》,《人文杂志》2018 年第 11 期。

李凯:《例谈史料实证的限度》,《历史教学》(上半月刊) 2019 年第 7 期。

李乐:《张星烺与辅仁大学史学系》,《史学理论与史学史学刊》2018 年第 2 期。

李磊:《〈魏书·岛夷萧衍传〉的叙事与魏齐易代之际的南北观》,《史学月刊》2018 年第 11 期。

李磊:《东晋初年的国史叙事与正统性建构》,《史林》2018 年第 5 期。

李亮:《〈明史〉历志中大统和回回历法的编修》,《中国科技史杂志》

2018年第4期。

李琳琦：《改革开放40年来安徽历史学的鸟瞰与寻思——以安徽历史文化研究为中心》，《安徽史学》2019年第2期。

李细珠：《改革开放40年来晚清政治史研究的基本路向》，《广东社会科学》2018年第6期。

李细珠：《追求之境：张海鹏先生与中国近代史研究》，《晋阳学刊》2019年第1期。

李先明、李莹：《历史研究中"碎片"与"碎片化"问题再检讨》，《南京社会科学》2019年第6期。

李宪堂：《王权主义反思学派的理论与方法》，《天津社会科学》2019年第2期。

李晓方：《明清南赣方志王阳明历史书写的时空形态及其变迁》，《江西师范大学学报》（哲学社会科学版）2019年第2期。

李孝迁：《观念旅行：〈史学原论〉在中国的接受》，《天津社会科学》2019年第1期。

李新贵：《明万里海防图之章潢系探研》，《史学史研究》2019年第1期。

李玉君、孔维京：《士志于道——"华夷之辨"与历史文化认同》，《中国边疆史地研究》2019年第2期。

李长银：《"学则须疑"：李大钊对顾颉刚的学术影响》，《兰州学刊》2019年第5期。

李长银：《"因怀疑而思索"：罗根泽的老子研究述评》，《历史教学问题》2019年第3期。

李振宏：《当代中国史学范式状况的评估与改善》，《天津社会科学》2018年第6期。

李振宏：《关于建设中国历史哲学的初步构想》，《四川师范大学学报》（社会科学版）2018年第6期。

李志茗：《〈惜阴堂笔记〉：赵凤昌的晚清记忆与书写》，《史林》2019年第3期。

李治安：《杨志玖先生与马可·波罗来华的"世纪论战"》，《历史教学》（下半月刊）2019年第6期。

李周峰：《良禽择木而栖：顾颉刚与燕京大学》，《贵州社会科学》2019年第8期。

梁晨、董浩:《从绘一幅画到做一幕戏:互联网时代历史教研新动向探微》,《文史哲》2018 年第 6 期。

梁仁志:《大数据:作为史学研究的一种基本方法》,《南京社会科学》2019 年第 6 期。

梁山:《日本学界的中国近代政治史研究刍议(2010~2015)》,《国际汉学》2019 年第 1 期。

林磊:《严耕望与"科学化史学"》,《历史教学问题》2019 年第 2 期。

林炫羽:《书写、记忆与权力:南宋至明初琉球书写的转变及动因》,《史林》2018 年第 6 期。

刘丹忱:《清末民初中华民族历史文化认同思想研究》,《学习与探索》2019 年第 4 期。

刘国忠:《李学勤先生与国际汉学研究的学科建设》,《国际汉学》2019 年第 2 期。

刘海波:《"志在避祸"?——钱大昕〈史通〉解读析论》,《史学理论研究》2019 年第 1 期。

刘洪强:《"科学"与中国上古史重建——以 20 世纪初陈汉章的中国上古史研究为例》,《史学理论研究》2019 年第 2 期。

刘家和:《40 年来中西古史比较研究的进展》,《北京师范大学学报》(社会科学版)2019 年第 2 期。

刘家和:《试说中外历史比较研究的理论与方法——〈史苑学步:史学与理论探研〉自序》,《淮阴师范学院学报》(哲学社会科学版)2018 年第 5 期。

刘经富、卢冰冰:《从陈寅恪的"双俸"待遇看其崇高学术地位》,《学术研究》2018 年第 12 期。

刘开军:《刘咸炘"推十学"在民国史学界的影响——基于民国时期史家引用的一项考察》,《北京师范大学学报》(社会科学版)2018 年第 6 期。

刘开军:《略论乾嘉时期考据派与浙东学派的文风》,《史学理论与史学史学刊》2018 年第 2 期。

刘芹:《金毓黻对唯物史观的体认——以〈静晤室日记〉为中心》,《齐鲁学刊》2018 年第 6 期。

刘永祥:《大力创新史学史研究基本理念与方法——以〈陈其泰史学萃编〉的学术风格为中心》,《学术研究》2019 年第 6 期。

刘永祥：《文明史学：20世纪初“新史学”建构的知识谱系》，《济南大学学报》（社会科学版）2019年第3期。

鲁西奇：《中国历史研究的主体性、核心问题与基本路径》，《中国社会科学评价》2018年第3期。

路新生：《历史美学：史学研究的一个重要分支》，《河北学刊》2018年第6期。

罗敏：《民国史研究七十年：成就与新趋势》，《南京大学学报》（哲学·人文科学·社会科学）2019年第4期。

罗群、林曦：《“民惟邦本，本固邦宁”——论边疆研究中的人本主义历史建构》，《中国边疆史地研究》2018年第3期。

吕颖：《〈史记〉在法国的译介与研究》，《国际汉学》2018年第4期。

马恒、房鑫亮：《经典的另一面——梁启超〈清代学术概论〉的诸日译本》，《福建论坛》（人文社会科学版）2018年第7期。

马晓林：《金元汪古马氏家族先祖史的书写与认同》，《文史》2018年第4期。

马瑶：《哈尼神话中的原始历史时间观》，《史学理论研究》2019年第1期。

毛瑞方：《陈垣“提倡有意义之史学”新证》，《史学史研究》2019年第2期。

毛瑞方：《向达的中西交通史研究之路》，《淮阴师范学院学报》（哲学社会科学版）2019年第1期。

孟钟捷：《关于“西方史学史”未来发展的几点思考》，《史学理论研究》2019年第1期。

闵祥鹏、赵玲：《中古干旱与旱灾史料的文本指向及其历史语境》，《云南社会科学》2019年第2期。

南炳文：《易生错觉的现存明代起居注》，《史学史研究》2019年第1期。

聂溦萌：《中古地理书的源流与〈隋志〉史部地理篇》，《史林》2019年第4期。

宁腾飞：《梁启超“孔北老南”说的建立及其意义》，《史学月刊》2019年第2期。

牛润珍：《试论陈援庵先生的学术精神》，《史学史研究》2019年第2期。

牛润珍：《学忍堂承教录——纪念著名史家杨翼骧先生诞辰百年》，《历史教学》2018 年第 10 期。

欧阳哲生：《材料、诠释与意义探寻——百年五四运动史研究之检视》，《历史研究》2019 年第 2 期。

潘捷军：《从“史‘志’”到“方‘志’”》，《东南学术》2019 年第 2 期。

戚学民：《论清国史与〈清史稿〉中〈阮元传〉之辑纂》，《东南学术》2019 年第 3 期。

祁美琴、陈骏：《中国学者研究中的“内亚”概念及其问题反思》，《中国人民大学学报》2019 年第 3 期。

祁志祥：《“乱世之文，有英伟气”：〈战国策〉人文思想研究》，《湖北社会科学》2018 年第 11 期。

乔治忠：《张居正编纂〈帝鉴图说〉及其在官方史学上的建树》2018 年第 4 期。

乔治忠：《中国近代史学研究值得反思的一个问题》，《河北学刊》2019 年第 5 期。

秦丽：《宋元明普及性史书的东传朝鲜——以〈少微通鉴节要〉与〈十八史略〉为中心》，《古代文明》2019 年第 2 期

邱胜利：《新世纪以来中国的欧洲猎巫运动史研究》，《史学月刊》2019 年第 6 期。

瞿林东：《传播·反思·新的前景——新中国 70 年史学的三大跨越》，《中国史研究动态》2019 年第 4 期。

曲柄睿：《〈三国志·魏书〉史论与人物合传》，《史学史研究》2018 年第 4 期。

曲丽娜：《西学东渐视域下的〈西洋史〉》，《晋阳学刊》2019 年第 2 期。

任光宇：《“王刘联合发现说”和甲骨文发现研究新论》，《广西师范大学学报》（哲学社会科学版）2018 年第 6 期。

桑兵：《长编考异法与编年体的演进》，《武汉大学学报》（哲学社会科学版）2019 年第 4 期。

沈培建：《后现代主义及其史观对中国学术研究的负面影响》，《中国史研究动态》2019 年第 1 期。

师雅惠：《桐城派早期作家的明季史事书写》，《厦门大学学报》（哲学社会科学版）2019 年第 1 期。

石鹏：《黄佐〈翰林记〉的编纂及其价值——兼论翰林志发展的历史谱系》，《史学史研究》2018年第4期。

宋培军：《马克思“农业公社”思想放弃论之我见》，《史学理论研究》2018年第4期。

宋学勤、李晋珩：《当代中国社会史研究的议题与边界》，《当代中国史研究》2019年第2期。

苏晓涵：《董作宾与历史语言研究所殷墟发掘（1928～1937）》，《史学理论与史学史学刊》2018年第2期。

孙江：《概念史研究的中国转向》，《学术月刊》2018年第10期。

孙卫国：《谷应泰〈明史纪事本末〉对万历朝鲜之役的历史书写》，《史学集刊》2019年第2期。

孙卫国：《清官修〈明史〉对万历朝鲜之役的历史书写》，《历史研究》2018年第5期。

孙卫国：《郑天挺与历史地理学研究》，《天津社会科学》2019年第2期。

孙颖、李长莉：《改革开放40年来的中国近代社会史研究：反省与寻求突破》，《广东社会科学》2018年第6期。

孙岳：《大历史与“超越”》，《史学集刊》2019年第1期。

唐燮军：《〈西魏书〉作年与宗旨及其他》，《社会科学战线》2019年第4期。

陶磊：《古史传说与政治文化：对古史传说流变本质之新阐释》，《史学月刊》2019年第5期。

陶亚敏：《论金梁入馆与〈清史稿〉版本之争》，《北京社会科学》2019年第6期。

汪高鑫、尚晨蕊：《近年来桐城派史学研究述论》，《史学理论与史学史学刊》2018年第2期。

汪高鑫：《汉代目录学的发展及其成就》，《学术研究》2019年第1期。

汪高鑫：《刘歆五德终始说与班固史学》，《河北学刊》2018年第6期。

汪效驷：《建设精神国防：抗战时期史学经世功能的旨归》，《理论学刊》2019年第4期。

王昌燧：《科技方法与历史学研究》，《河北学刊》2019年第1期。

王传：《华南学派史学理论溯源》，《文史哲》2018年第5期。

王大文：《大清一统志馆初探》，《历史档案》2018年第3期。

王笛：《微观世界的宏观思考：从成都个案看中国城市史研究》，《清华大学学报》（哲学社会科学版）2018年第6期。

王东、杨扬：《客家研究的知识谱系——从“地方性知识”到“客家学”》，《史林》2019年第3期。

王法周：《西学方法、考据传统与中国现代学术典范之转移——以胡适与冯友兰的中国哲学史研究为中心》，《民国档案》2019年第2期。

王记录、肖夏：《〈绎史〉三论》，《史学理论与史学史学刊》2018年第2期。

王冀青：《金绍城与中国简牍学的起源》，《敦煌学辑刊》2019年第1期。

王加丰：《“当代史”和历史认识的客观性问题》，《历史教学》（下半月刊）2019年第7期。

王加丰：《王韬的历史观是进化史观吗？》，《贵州社会科学》2019年第5期。

王嘉川：《顾名必须思义，循名更需责实——〈十七史蒙求〉研究》，《史学月刊》2019年第5期。

王建朗：《中国近代史研究70年（1949～2019）》，《近代史研究》2019年第4期。

王珂：《必也正名乎——吕思勉〈医籍知津〉与谢观〈中国医学源流论〉关系辨证》，《华东师范大学学报》（哲学社会科学版）2019年第1期。

王立新：《民国史研究如何从全球史和跨国史方法中受益》，《社会科学战线》2019年第3期。

王利华：《学名·义理·骨架——中国特色环境史学理思考之一》，《社会科学战线》2019年第9期。

王秋月：《邓之诚“错综为体”的史学探索——论〈中华二千年史〉的编纂特点》，《南开学报》（哲学社会科学版）2019年第5期。

王锐：《吕思勉与朝鲜学者金泽荣的交往——兼论金泽荣对吕思勉治史的影响》，《历史教学问题》2019年第3期。

王舒琳：《郭沫若与日本汉学界之学术关联考述——以〈中国古代社会研究〉为中心》，《中南大学学报》（社会科学版）2018年第5期。

王涛：《数字人文框架下〈德意志人物志〉的群像描绘与类型分析》，《历史研究》2018年第5期。

王学典：《历史研究为什么需要“理论”？——与青年学生谈治学》，

《思想战线》2019 年第 5 期。

王学典：《中国历史学的再出发——改革开放 40 年历史学的回顾与展望》,《中国高校社会科学》2019 年第 1 期。

王震中：《近四十年中国文明与国家起源研究的主要趋势与反思》,《历史学》2019 年第 7 期。

吴海兰：《体思维视域下的“通史家风”》,《天津社会科学》2018 年第 6 期。

吴景平：《关于中华民国史对象与体系的思考——从民国档案史料的刊行谈起》,《史学月刊》2018 年第 12 期。

吴晓群：《无问西东：浅谈中国西方史学史研究范式的建构》,《史学理论研究》2019 年第 1 期。

吴兴德：《李大钊社会形态观的形成及其与唯物史观的关系》,《史学史研究》2019 年第 2 期。

吴重庆、柏奕旻：《革命与文明：“新中国研究”的方法与理论》,《文化纵横》2019 年第 1 期。

武晓兵：《唯物史观与〈历史教学〉创刊》,《史学理论与史学史学刊》2018 年第 2 期。

席会东：《宋元明地图中的西域观》,《学术月刊》2018 年第 11 期。

夏春涛、左玉河：《历史虚无主义解析》,《史学理论研究》2019 年第 3 期。

夏含夷、程羽黑：《〈竹书纪年〉和夏代编年：我对历史方法的反思》,《文史哲》2019 年第 2 期。

向晋卫：《“究天人之际”与“通古今之变”新论》,《兰州学刊》2019 年第 8 期。

向燕南：《从表彰乡贤到汉宋门户：明清学术思潮与郑樵接受史之分析》,《贵州社会科学》2019 年第 4 期。

肖慧琛：《光绪国史续修文苑传纂修考略》,《厦门大学学报》（哲学社会科学版）2019 年第 1 期。

谢贵安、龚卉：《江户时期日本对中国传统史学的吸收与改造——以〈大日本史〉编纂为例》,《南开学报》（哲学社会科学版）2019 年第 2 期。

谢贵安、谢盛：《吹皱春水：明清笔记对西器东传的关注与书写》,《史学集刊》2019 年第 2 期。

谢贵安：《东亚文化圈的史学共振：中越实录修纂比较研究》,《史学理论研究》2018 年第 4 期。

谢贵安：《民国与伪满在〈清实录〉整理及研究上的学术竞争》,《人文杂志》2019 年第 3 期。

谢贵安：《义理下的史学：朱熹对〈史记〉的认识与评价》,《安徽史学》2019 年第 2 期。

徐凤：《探析顾颉刚为商务印书馆编书始末》,《兰州学刊》2019 年第 3 期。

徐国利：《20 世纪上半叶陈垣论中国传统史学》,《史学史研究》2018 年第 4 期。

徐国利：《陈寅恪对“以诗文证史”史学传统的继承和发展》,《郑州大学学报》(哲学社会科学版) 2019 年第 1 期。

徐国利：《马克思主义史学家对“通史家风”的批判继承——以 20 世纪上半叶吕振羽、范文澜和翦伯赞的中国通史编纂与理论为中心》,《史学理论研究》2019 年第 2 期。

徐国利：《傅斯年对传统历史学和语言学的继承与发展》,《南开学报》(哲学社会科学版) 2019 年第 1 期。

徐秀丽：《中国近代史研究 70 年 (1949 ~ 2019)》,《经济社会史评论》2019 年第 2 期。

许兆昌、姜军：《试论〈春秋〉历史叙事的成就——兼论清华简〈系年〉的史料来源问题》,《史学月刊》2019 年第 2 期。

薛璞喆、俞钢：《章学诚“文”“史”汇通明义学术观念之新探》,《上海师范大学学报》(哲学社会科学版) 2019 年第 4 期。

阎步克：《古代政治制度研究的一个可选项：揭示“技术原理”》,《河北学刊》2019 年第 1 期。

颜克成：《缪凤林通史研究再探》,《史学理论与史学史学刊》2018 年第 2 期。

杨红伟：《西北考察与顾颉刚的民族思想》,《江汉论坛》2019 年第 4 期。

杨际平：《走出“唐宋变革论”的误区》,《文史哲》2019 年第 4 期。

杨念群：《“经世”观念史三题》,《文史哲》2019 年第 2 期。

杨念群：《近百年来清代思想文化研究范式的形成与转换》,《上海交通大学学报》(哲学社会科学版) 2019 年第 4 期。

杨念群：《清代考据学的科学解释与现代想象》,《史学史研究》2019

年第2期。

杨念群：《晚清时期中国民族主义思潮的学术流变——“同化论”“根基论”“建构论”之反思》,《天津社会科学》2019年第4期。

杨天宏：《“心通意会”：历史研究中的“虚证”》,《社会科学研究》2019年第3期。

杨绪敏、乔海燕：《论张岱〈石匮书〉的史论》,《史学史研究》2018年第4期。

杨永康：《〈汉书〉并非断代史——以“光武受命中兴”天命历史观为视角》,《学术界》2019年第7期。

杨永康、贾亿宝：《“力战而死”还是“缒城而亡”——〈明史·周遇吉传〉史源问题及史事考辨》,《史学史研究》2019年第3期。

杨钊：《齐思和的中国史博士论文与哈佛大学的美国史学术传统》,《史学史研究》2019年第1期。

姚正平：《从“图不入史”到“图史合一”——清末民国中小学历史教科书运用地图方式的演变》,《史学理论与史学史学刊》2018年第2期。

姚正平：《近代中国学术分科背景下“史地合一”现象原因论析——以史地期刊为中心》,《江汉学术》2018年第4期。

叶蓓卿：《论〈庄子〉阐释史上的经传说》,《人文杂志》2019年第4期。

叶斌：《从文化主义到世界主义：列文森史学的主题与立场》,《史林》2018年第5期。

叶岗：《战国秦燕史中〈荆轲传〉辨正三题》,《社会科学战线》2019年第4期。

叶汉明：《口述史的性别维度——以工作与家庭对香港制衣业工人的意义为中心》,《社会科学战线》2019年第5期。

尹素敏：《论〈瀛寰志略〉的近代性因素》,《晋阳学刊》2019年第3期。

尤小立：《〈说儒〉中“文士”、“法利赛人”之隐喻及多重意涵》,《史学理论研究》2019年第3期。

尤学工：《“良史”与中国古代史学话语体系》,《四川师范大学学报》(社会科学版)2018年第6期。

於梅舫：《“艺术家”的约束——陈寅恪、张尔田释“万里风波”诗的争议及取法》,《清华大学学报》(哲学社会科学版)2019年第5期。

于凯：《早期古史书写及其体例的流变与分衍——以近40年新发现涉史类简帛为中心》,《社会科学战线》2018年第10期。

于磊：《元代历史书写中的宋元交替——以宋季常州守城为例》,《江海学刊》2019年第4期。

于沛：《马克思“世界历史”理论与十九世纪》,《史学理论研究》2019年第3期。

于沛：《与时代同行：中国史学理论研究40年》,《陕西师范大学学报》（哲学社会科学版）2018年第6期。

余新忠：《融通内外：跨学科视野下的中医知识史研究刍议》,《齐鲁学刊》2018年第5期。

袁国友：《西南联大史学研究的成就与取向》,《思想战线》2019年第4期。

张邦炜：《启迪与不解——研习钱穆论著的又一个读书报告》,《西北师大学报》（社会科学版）2019年第2期。

张春泉：《〈史记〉“太史公曰”中的设问及其互文性》,《浙江社会科学》2019年第5期。

张峰：《史语所学人考证学新境界与中国气派》,《济南大学学报》（社会科学版）2019年第5期。

张光华：《20世纪通史编纂的类型与读者群体》,《南开学报》（哲学社会科学版）2019年第1期。

张国刚：《国际汉学研究的意义——纪念李学勤先生》,《国际汉学》2019年第2期。

张宏宇、颜蕾：《海洋环境史研究的发展与展望》,《史学理论研究》2018年第4期。

张凯：《“超今文学”与近现代经史转型》,《浙江大学学报》（人文社会科学版）2019年第2期。

张学见：《当代民间史料的基本样态及其史料价值——兼论党史研究中的民间史料利用》,《江汉论坛》2018年第12期。

张燕婴：《浅谈日记资料的有效性问题——以俞樾函札整理为中心》,《华南师范大学学报》（社会科学版）2019年第1期。

张一弛、刘凤云：《清代“大一统”政治文化的构建——以〈盛京通志〉的纂修与传播为例》,《中国人民大学学报》2018年第6期。

张宇龙：《论王钟翰与马克思主义史学》,《史学理论研究》2019年第

3 期。

张雨：《死生有命与病不服药——明代墓志中的老年人却药书写》，《历史教学》（下半月刊）2018 年第 11 期。

张玉翠：《近十年国内历史认识论研究述评》，《史学月刊》2019 年第 6 期。

张越：《中国史学史的学科位置与研究框架》，《河北学刊》2019 年第 1 期。

张云华：《〈魏书〉号为秽史的历史原因》，《社会科学战线》2019 年第 6 期。

张振鹍：《刘大年与抗日战争研究》，《抗日战争研究》2019 年第 2 期。

赵冰锋：《〈晋纪〉编纂与庾、王之争》，《中国史研究》2018 年第 3 期。

赵梅春：《张孟伦先生的史学成就与治学特点》，《史学理论与史学史学刊》2018 年第 2 期。

赵庆云：《其惟笃行：张海鹏先生与中国史学会》，《晋阳学刊》2019 年第 1 期。

赵少峰：《拿破仑形象在中国的塑造与传衍》，《史学史研究》2018 年第 4 期。

赵太和：《如何治理中国？——吕思勉对儒法政论的阐述》，《历史教学问题》2019 年第 3 期。

赵汀阳：《渔樵与历史哲学》，《人文杂志》2018 年第 11 期。

赵轶峰：《国族重构与中国现代历史学》，《南京社会科学》2019 年第 5 期。

赵永春、马溢澳：《中国历史不应等同于汉民族发展史》，《东岳论丛》2018 年第 11 期。

郑大华、邓燕：《“民族复兴”与历史书写——基于抗战时期历史教育视角的考察》，《湖北大学学报》（哲学社会科学版）2019 年第 2 期。

郑大华：《改革开放 40 年来的中国近代思想史研究》，《广东社会科学》2018 年第 6 期。

郑洪：《不同的向度：中医史研究的内与外》，《齐鲁学刊》2018 年第 5 期。

郑善庆：《20 世纪 40 年代史学著述的评判标准问题——以审查意见为中心的探讨》，《南开学报》（哲学社会科学版）2019 年第 1 期。

郑炜明、陈民镇：《饶宗颐关于复兴中华民族文化的思想研究》，《当代中国史研究》2019 年第 2 期。

郑炜明、罗慧：《饶宗颐香港史研究略论》，《华南师范大学学报》（社会科学版）2018 年第 6 期。

郑小悠：《“国事误于正人”：庚子主战派的错位认同——以刚毅、赵舒翘为例》，《学习与探索》2019 年第 4 期。

周丹丹、李若晖：《历史社会学视域中经典概念及其研究范式之反思——以“差序格局”为中心》，《史学月刊》2019 年第 2 期。

周竞红：《马克思主义理论与民族史书写——重读吕振羽〈中国民族简史〉》，《学术界》2019 年第 2 期。

周励恒：《国学大义与个人志业：苏州章氏国学讲习会创办缘起新探》，《河南师范大学学报》（哲学社会科学版）2018 年第 5 期。

周励恒：《试论中国早期马克思主义者的中西文化观》，《史学理论与史学史学刊》2018 年第 1 期。

周励恒：《激进抑或保守？——古史辨派、南高学派学术路径之比较》，《郑州大学学报》（哲学社会科学版）2019 年第 1 期。

周少川：《与时共奋：陈垣对 20 世纪中国史学的贡献与影响》，《史学史研究》2019 年第 2 期。

周文玖：《师生厚谊甲骨情：郭沫若与金祖同》，《理论与史学》第 4 辑（2018 年卷）。

周文玖：《刘知幾史学批评的理性主义精神》，《史学理论与史学史学刊》2018 年第 2 期。

周文玖：《中华民族的家谱：二十四史漫谈》，《新华文摘》2019 年第 11 期。

周文玖：《史学史研究与白寿彝先生的史学器局》，《史学理论与史学史学刊》2019 年第 1 期。

周毅：《方志中的“历史书写”研究范式——一个方志研究的新取向》，《中国史研究动态》2019 年第 2 期。

周志永、徐茂明：《顾颉刚的家学渊源与学术传承》，《史学史研究》2019 年第 2 期。

朱洪斌：《刘节的大学生活侧影及其学术思想之趋向》，《南开学报》（哲学社会科学版）2019 年第 5 期。

朱露川：《唐代史注家的史学批评意识》，《中州学刊》2019 年第 3 期。

朱士光：《初论中国历史地理学之民族特色》，《济南大学学报》（社会科学版）2019 年第 5 期。

朱小田：《论费孝通的历史观》，《史学理论研究》2019 年第 2 期。

朱晓鹏：《论吕学的“中原文献之传”及其思想渊源》，《浙江社会科学》2018 年第 12 期。

卓立：《实证史学概念辨异与观念考源》，《江海学刊》2019 年第 1 期。

邹振环：《20 世纪中国翻译史学史与近代史学新领域的拓展》，《河北学刊》2019 年第 2 期。

左玉河：《改革开放 40 年来的中国近代文化史研究》，《广东社会科学》2018 年第 6 期。

（二）史学理论与西方史学史论文要目

艾俊树：《历史叙事与“语言学转向”的兴衰——以文本主义史学理论为中心的考察》，《人文杂志》2019 年第 2 期。

蔡丽娟：《罗马建城的历史书写与罗马人身份认同构建》，《华中师范大学学报》（人文社会科学版）2019 年第 3 期。

陈鸿超、杨祥银：《英国早期口述史学的马克思主义史学传统》，《社会科学战线》2019 年第 5 期。

陈怀宇：《动物史的起源与目标》，《史学月刊》2019 年第 3 期。

陈怀宇：《历史学的“动物转向”与“后人类史学”》，《史学集刊》2019 年第 1 期。

陈慧本：《论历史时间的空间化及其与隐喻、叙事的关系》，《史学月刊》2019 年第 4 期。

陈新：《论历史意识——关于吕森〈何谓历史意识〉的札记》，《学术研究》2018 年第 10 期。

初庆东：《英国马克思主义史学家群体的史学观念与实践——以英国共产党历史学家小组为中心》，《史学理论研究》2019 年第 2 期。

邓京力、李鹏超：《历史时间与厄尔玛斯的“节奏时间”观念》，《史学月刊》2018 年第 11 期。

邓京力：《跨文化的史学史研究范式》，《史学理论研究》2019 年第 1 期。

邓锐：《真理与美学的实验室——历史表现论视域中的影像史学的历史教育价值论与方法论》，《史学史研究》2018 年第 4 期。

杜宪兵：《“医”“史”互动视角下西方医史研究的回顾与前瞻》，《齐鲁学刊》2018年第5期。

范丁梁:《现代德国史学历史知识的认知建构及其诉求转向》,《天津社会科学》2019年第4期。

冯定雄:《社会思潮与史学研究:近代以来西方学界对希腊罗马世界中的埃塞俄比亚人研究》,《世界历史》2018年第5期。

付杰:《〈犹太战记〉的双重历史叙事》,《史学理论与史学史学刊》2018年第2期。

哈里·李伯森、乐启良:《什么是全球史?——新讨论与新趋势》,《社会科学战线》2019年第3期。

何娜、胡祥雨:《清史研究在英国》,《清史研究》2019年第2期。

何平、马芸芸:《再论历史研究的范式转型——当前西方史学若干前沿问题》,《历史教学》(下半月刊)2018年第12期。

侯树栋:《论新历史主义的理论旨趣及其文化影响》,《北京师范大学学报》(社会科学版)2019年第4期。

胡宇哲:《从新政治史到环境政治史:塞缪尔·海斯治史路径的转变》,《史学理论研究》2019年第3期。

黄东兰:《作为隐喻的空间——日本史学研究中的"东洋""东亚"与"东部欧亚"概念》,《学术月刊》2019年第2期。

黄广连:《近二十年西方十字军东征研究的新动向》,《史学理论研究》2019年第3期。

贾珺:《一战西线老兵记忆的两种研究路径:从新军事史到军事环境史》,《史学理论研究》2019年第2期。

姜永琳、普利娅·查柯:《萨义德的〈东方主义〉及其当代价值》,《史学理论研究》2019年第2期。

金嵌雯:《海登·怀特与半个世纪以来的英美史学理论研究》,《学术研究》2019年第4期。

金志高:《雅克·勒高夫史学研究特点探析》,《历史教学》(下半月刊)2019年第2期。

赖国栋:《创伤、历史叙事与海登·怀特的伦理意识》,《学术研究》2019年第4期。

李根:《从微观到宏观——卡洛·金兹伯格的形态学比较研究》,《史学理论研究》2019年第1期。

李宏图:《社会语境与西方史学史研究》,《史学理论研究》2019年第

1期。

李莉:《从“失败论”到“迷思说”:美国公共住房研究叙事模式的演变》,《世界历史》2019年第2期。

李鹏涛:《近二十年来非洲环境史研究的新动向》,《史学理论研究》,2018年第4期。

李腾:《理查德·威廉·萨瑟恩及其对中世纪盛期思想世界的阐释》,《史学史研究》2019年第1期。

李文明:《日本明治维新史编撰与叙述中的史观问题》,《史学理论研究》2019年第1期。

李学智:《“长时段”理论与马克思的唯物史观》,《史学理论研究》2019年第2期。

李永斌:《地中海共同体视野中的荷马史诗与古代东方文学传统——以“宙斯受骗”为中心的考察》,《历史教学》(下半月刊)2019年第7期。

李永明:《修昔底德〈伯罗奔尼撒战争史〉中的演说辞及其真实性问题研究》,《史学史研究》2019年第1期。

李新宽:《西方消费史研究方法的反思》,《史学月刊》2019年第7期。

李友东:《西方文明叙事模式评议》,《史学理论研究》2018年第4期。

李渊:《居鲁士形象的塑造:以希罗多德和色诺芬为例》,《史学史研究》2019年第2期。

李子建:《历史研究中的因果性与价值——以马克斯·韦伯与爱德华·迈耶的争论为中心》,《学术研究》2018年第10期。

刘丁一:《历史书写及其政治语境——霍华德·津恩的“人民历史”及其影响》,《史学理论研究》2018年第4期。

刘合波:《史学新边疆:冷战环境史研究的缘起、内容和意义》,《世界历史》2019年第2期。

刘婷玉:《从费维恺到德里克——20世纪80年代美国的“中国资本主义萌芽”研究》,《史学理论研究》2019年第2期。

刘文明、汪辉:《“新全球史”:马兹利什对当代全球化的思考》,《史学理论研究》2019年第1期。

刘耀辉:《霍布斯鲍姆的劳工史研究探析》,《社会科学战线》2019年第7期。

刘耀辉:《罗德尼·希尔顿的中世纪社会研究》,《史学理论研究》2019年第1期。

刘宇方：《11 世纪拜占庭历史书写转型探析——以邹伊和塞奥多拉的“紫衣女性”形象为例》,《世界历史》2018 年第 6 期。

刘岳兵、王萌：《村冈典嗣的“日本精神”论与近代日本思想史学》,《历史教学》（下半月刊）2018 年第 9 期。

刘招静：《〈曼德维尔游记〉里的中国——“普遍史”视角的考察》,《世界历史》2019 年第 1 期。

刘志来：《19 世纪西方史家建构国家认同的修辞策略——以兰克、米什莱和麦考莱为例》,《历史教学问题》2018 年第 6 期。

吕厚量：《波桑尼阿斯的文化记忆与〈希腊纪行〉中的罗马帝国》,《史学理论研究》2018 年第 4 期。

吕厚量：《古典时代西西里文明边疆形象的二重性及其历史源流》,《古代文明》2019 年第 3 期。

庞国庆：《拜占廷时期〈荷马史诗〉的文化特征》,《历史教学》（下半月刊）2019 年第 2 期。

乔瑜：《澳大利亚历史书写中的人与自然：以殖民农业史为中心》,《史学理论研究》2019 年第 3 期。

沈宇斌：《全球史研究的动物转向》,《史学月刊》2019 年第 3 期。

史海波：《古希腊爱奥尼亚哲学对于历史学起源的影响》,《贵州社会科学》2019 年第 7 期。

史湘洁：《希罗多德〈历史〉中的埃及王表——与曼涅托〈埃及史〉比较研究》,《古代文明》2019 年第 2 期。

苏萌：《当代西方史学理论中的“创伤”问题——以吕森、怀特和安克斯密特为中心》,《史学理论与史学史学刊》2018 年第 2 期。

苏萌：《论艾尔克·鲁尼亚的“在场”理论》,《史学史研究》2019 年第 2 期。

苏珊·波普、杨琪：《公众史学与历史教育学》,《历史教学问题》2019 年第 1 期。

孙健：《试论杜赫德对宋代历史的诠释方式》,《国际汉学》2019 年第 2 期。

唐运冠、沈坚：《“文明化”视野下 16—18 世纪法国的拉伯雷阅读史浅析——兼论巴赫金的狂欢化理论》,《浙江大学学报》（人文社会科学版）2019 年第 2 期。

屠含章：《后人类主义与“后人类史学”：理念与实践之张力》,《史学集刊》2019 年第 1 期。

王华：《太平洋史：一个研究领域的发展与转向》,《世界历史》2019 年第 3 期。

王晋新：《〈富尔达年代记〉探析》《东北师大学报》（哲学社会科学版）2019 年第 2 期。

王晋新：《〈王室法兰克年代记〉探析》,《史学史研究》2019 年第 2 期。

王萌：《村冈典嗣思想史学探析》,《史学理论研究》2019 年第 2 期。

王培利、侯昀晨：《第二国际理论家唯物史观述评》,《历史教学》（下半月刊）2018 年第 11 期。

王晴佳：《历史的终结还是目标：作为历史哲学家的弗朗西斯·福山》,《社会科学研究》2019 年第 2 期。

王晴佳：《米歇尔·福柯与现代史学思潮变化之渊源》,《河北学刊》2019 年第 3 期。

王晴佳：《人写的历史必须是人的历史吗？“后人类史学”的挑战》,《史学集刊》2019 年第 1 期。

王晴佳：《史学史研究如何全球化？——对格奥尔格·伊格尔斯史学遗产的反思》,《历史学》2019 年第 8 期。

王晴佳：《拓展历史学的新领域：情感史的兴盛及其三大特点》,《北京大学学报》（哲学社会科学版）2019 年第 4 期。

王三义：《戴维·菲尔德豪斯的“帝国”论断与“殖民”研究》,《复旦学报》（社会科学版）2019 年第 4 期。

王向远：《日本“东洋史”三种模式及东洋史观批判》,《首都师范大学学报》（社会科学版）2019 年第 4 期。

王燕：《美国汉学家贺萧的中国妇女史研究》,《国际汉学》2019 年第 2 期。

王羽飞：《论波利比乌斯“普世史”的真实观——从亚里士多德〈诗学〉说起》,《北京师范大学学报》（社会科学版）2019 年第 4 期。

尉佩云：《历史文化：当代德国史学理论的一个范畴》,《学术研究》2018 年第 10 期。

魏坚、孙丹：《女性主义对西方考古学的建构——女性主义与性别考古》,《中国人民大学学报》2019 年第 4 期。

魏涛：《伯纳德·贝林与美国早期移民史研究》,《史学理论研究》2019

年第1期。

吴万库:《美利坚殖民地史研究的帝国转向:“帝国学派”史学述评》,《历史教学》(下半月刊)2019年第4期。

夏继果、王玖玖:《从“哥特神话”到“互动共生”:中世纪西班牙史叙事模式的演变》,《世界历史》2019年第2期。

肖琦:《法国比较社会史研究的兴起、方法与争论》,《史学理论研究》2019年第1期。

谢进东:《印度史家高善必的马克思主义史学观》,《史学史研究》2018年第4期。

徐波:《传统事例史的兴衰与近代早期西方史学的转变》,《史学史研究》2019年第1期。

徐浩:《史学范式变化与16世纪不信神之争》,《中国人民大学学报》2019年第4期。

徐晓旭:《历史语言学、考古学与希腊人种族起源研究》,《史学理论研究》2019年第1期。

许平:《历史叙事与历史现实——关于法国革命的历史书写》,《辽宁大学学报》(哲学社会科学版)2018年第5期。

许镇梅:《美国平民主义研究的百年起伏》,《史学月刊》2019年第4期。

薛冰清:《美国革命史研究中时空维度的扩展及其意义》,《世界历史》2018年第6期。

杨华:《近四十年来美国中国学理论、范式与方法对国内史学研究的影响》,《史学理论研究》2019年第2期。

杨晶、卓立:《近代西方史学三种客观主义观念辨异》,《历史教学问题》2018年第6期。

杨韶杰:《20世纪英国中世纪世俗教士研究述评》,《史学理论研究》2018年第4期。

易建平:《论塞维斯与弗里德文化演进理论的区别》,《世界历史》2018年第5期。

余春江:《继承与发扬:狄奥多鲁斯对史学功能的认识》,《史学理论与史学史学刊》2018年第2期。

余伟:《论柯林武德的“历史证据”》,《学术研究》2018年第10期。

翟强:《重新解读历史:越南战争研究的四个新视角》,《历史研究》

2019 年第 1 期。

翟韬：《超越冷战史：美国冷战宣传研究的新趋势》,《历史研究》2018 年第 5 期。

张乃和：《全球史视野中的英国经济社会史研究》,《史学理论研究》2019 年第 3 期。

张文涛：《论阿克顿的历史哲学》,《史学理论研究》2019 年第 3 期。

张西平、郭景红：《海外汉学（中国学）研究模式探究》,《国际汉学》2019 年第 1 期。

张晓刚、段凡：《战后日本学术界关于“满洲移民”问题的研究管窥》,《延边大学学报》（社会科学版）2019 年第 5 期。

张小忠：《长时段、历史解释与大历史叙事——以〈时间地图〉为中心》,《天津社会科学》2018 年第 6 期。

张旭鹏：《“人类世”与后人类的历史观》,《史学集刊》2019 年第 1 期。

张艳茹：《管窥二战前日本的国史研究流派——以〈日本近代史学事始〉为线索》《史学理论研究》2019 年第 2 期。

张云：《东南亚史的编撰：从区域史观到全球史观》,《史学理论研究》2019 年第 3 期。

张忠祥：《阿杜·博亨与非洲史研究》,《上海师范大学学报》（哲学社会科学版）2019 年第 3 期。

张作成：《论克罗齐历史书写中的“当代性”》,《史学理论研究》2018 年第 4 期。

赵培玲：《史学、文学与修辞学理论：中外海登·怀特研究 40 年（1978－2018）回望》,《学术研究》2019 年第 4 期。

钟鸣旦、王学深：《低地国家的清史研究》,《清史研究》2019 年第 2 期。

钟孜：《“环境转型”研究：法国环境史研究的新趋向》,《世界历史》2019 年第 3 期。

周春生：《民族性格与文艺复兴：论英国诗人历史学家西蒙兹解答罗马难题的学术思路》,《上海师范大学学报》（哲学社会科学版）2018 年第 5 期。

周春生：《一部沉寂两个世纪的文艺复兴史研究拓荒之作——皮尼奥蒂〈托斯卡纳史〉评介》,《史学理论研究》2018 年第 4 期。

周小兰：《记忆与历史——基于法国共济会历史编纂学的考察》,《中山大学学报》（社会科学版）2018 年第 5 期。

邹翔：《欧美史家对福柯〈疯狂史〉的评价与反思》，《齐鲁学刊》2018 年第 5 期。

佐尔坦·博迪查·西蒙、屠含章：《人类的故事与后人类的挑战》，《史学集刊》2019 年第 1 期。

二　著作要目

邓京力：《近二十年西方史学理论与历史书写》，中国社会科学出版社，2018。

冈田英弘：《日本史的诞生》，郭颖译，海南出版社，2018。

史金波：《中国民族史学史纲要》，中国社会科学出版社，2018。

孙立新、孟钟捷、范丁梁：《联邦德国史学研究》，社会科学文献出版社，2018。

吴怀祺主编《中国史学思想会通》，福建人民出版社，2018。

杨俊光：《齐思和史学研究》，中国社会科学出版社，2018。

赵少峰：《西史东渐与中国史学演进（1840－1927）》，商务印书馆，2018。

《外国史学史》编写组：《外国史学史》，高等教育出版社，2019。

《中国史学史》编写组：《中国史学史》，高等教育出版社，2019。

阿兰·梅吉尔：《历史知识与历史谬误：实践史学引论》，黄红霞译，北京大学出版社，2019。

伯纳德·贝林：《时而艺术：史学九章》，孙宏哲译，中国政法大学出版社，2019。

陈恒、洪庆明编《世界历史评论 10：格奥尔格·伊格尔斯的史学史研究》，上海人民出版社，2019。

程美宝：《走出地方史：社会文化史研究的视野》，中华书局，2019。

恩斯特·布赖萨赫：《西方史学史：古代、中世纪和近代》（第 3 版），黄艳红译，北京大学出版社，2019。

方维规：《概念的历史分量：近代中国思想的概念史研究》，北京大学出版社，2019。

弗朗索瓦·阿尔托格：《历史性的体制：当下主义与时间经验》，黄艳红译，中信出版集团，2019。

弗雷德·斯皮尔:《大历史与人类的未来》(修订版),孙岳译,中信出版集团,2019。

高明士:《战后日本的中国史研究》,中西书局,2019。

古育安:《战国时代的古史记忆:虞夏之际篇》,万卷楼图书有限公司,2019。

海登·怀特:《叙事的虚构性:有关历史、文学和理论的论文(1957-2007)》,马丽莉译,南京大学出版社,2019。

胡逢祥、王东、李远涛、张文建:《中国近现代史学思潮与流派》,商务印书馆,2019。

卡萝尔·芬克:《为历史而生:马克·布洛赫传》,郑春光译,北京师范大学出版社,2019。

李德英:《多元视角下口述历史方法的探索与实践》,四川人民出版社,2019。

刘家和:《史苑学步:史学与理论探研》,北京大学出版社,2019。

罗新:《有所不为的反叛者:批判、怀疑与想象力》,上海三联书店,2019。

蒙文通:《中国史学史》,巴蜀书社,2019年7月。

乔治忠:《中国史学史的考析与评判》,生活·读书·新知三联书店,2019。

苏源熙:《话语的长城:文化中国探险记》,江苏人民出版社,2019。

涂丰恩、王晴佳、李仁渊等:《当代历史学新趋势》,联经出版公司,2019。

王家范:《史家与史学》(增订版),北京师范大学出版社,2019。

王军:《口述历史研究》,广西师范大学出版社,2019。

张小军:《让历史有“实践”:历史人类学思想之旅》,清华大学出版社,2019 。

章锡琛:《〈文史通义〉选注》,西北大学出版社,2019。

赵庆云:《创榛辟莽:近代史研究所与史学发展》,社会科学文献出版社,2019。

朱渊清编《朱希祖史学史选集》,中西书局,2019。

佐藤正幸:《历史认识的时空》,郭海良译,上海三联书店,2019。

周文玖:《史家、史著与史学——中国史学史探研》,社会科学文献出版社,2019。

图书在版编目(CIP)数据

史学理论与史学史学刊. 2019年. 下卷: 总第21卷 / 杨共乐主编. --北京: 社会科学文献出版社, 2020. 1
ISBN 978-7-5201-5903-6

Ⅰ. ①史… Ⅱ. ①杨… Ⅲ. ①史学理论-文集②史学史-文集 Ⅳ. ①K0-53

中国版本图书馆CIP数据核字(2019)第288408号

史学理论与史学史学刊 2019年下卷(总第21卷)

主　　编 / 杨共乐

出 版 人 / 谢寿光
组稿编辑 / 宋月华　罗卫平
责任编辑 / 罗卫平

出　　版 / 社会科学文献出版社 · 人文分社(010)59367215
　　　　地址: 北京市北三环中路甲29号院华龙大厦　邮编: 100029
　　　　网址: www. ssap. com. cn
发　　行 / 市场营销中心(010)59367081　59367083
印　　装 / 三河市东方印刷有限公司

规　　格 / 开　本: 787mm × 1092mm　1/16
　　　　印　张: 25.75　字　数: 435千字
版　　次 / 2020年1月第1版　2020年1月第1次印刷
书　　号 / ISBN 978-7-5201-5903-6
定　　价 / 128.00元

本书如有印装质量问题, 请与读者服务中心(010-59367028)联系